累犯加重の研究

中島広樹 著

信山社

恩師小暮得雄先生に捧げる

はしがき

本書は、平成法政研究（二～九号、一四～一五号）に掲載した「累犯加重規定解釈の一試論（一）～（一〇・完）」を一書にまとめたものである。その基本的部分は、一〇年ほど前に執筆した博士論文であるが、平成法政研究掲載中に考えを改める部分もあり、引用文献を新たに付け加えて、適宜加筆・修正を施した。

累犯加重は、従来、周知のとおりどちらかといえばもっぱら刑罰論において論じられてきたが、しかし、責任主義などとの関連では犯罪論においても多少議論されていた。

すなわち、累犯加重の根拠が責任主義、とりわけ行為責任に合致しているのか、という問題である。この点に関しては、学部時代から漠然と興味を惹かれ、結局大学院において本格的に研究テーマとすることになった。

そして、ドイツの累犯加重規定との比較法的研究にかんがみて、これまで責任主義に合致することの根拠とされてきたいわゆる警告理論では、累犯加重を十分に正当化し尽せないのではないか、という疑問が生じ、あらためて違法性増大の観点から累犯加重を根拠づけようと試みたのが本書である。書き進めている過程においても、議論の不十分さを次々と感じさせられたが、累犯加重の問題性が少しでも明確化できたとすれば望外の幸せである。

わたくしの研究生活は、北海道大学大学院に入学を許され、小暮得雄先生に師事したことに始まるが、そのさい、先生から最初に研究テーマとして与えられたのが「常習犯について」であったが、結局「累犯について」というテーマを先行的に研究するようにご指導を受けたのであった。

本書を公刊することができたのも、一〇年以上にわたる先生のご指導の賜物である。

その学恩に対する深い感謝の気持ちを込めて、本書を恩師・小暮得雄先生に捧げさせていただきたいと思う。

また、北大の大学院時代にお世話になった諸先生方にも、厚く御礼申し上げなくてはならない。渡部保夫先生、故能勢弘之先生、白取祐司先生、今井猛嘉先生には、大学院修了にいたるまで懇切丁寧なご指導をいただいた。ときおり、往時を想うと、あまりにもなつかしい。

そして、北海道大学法学部および同大学院、大学院修了後赴任した平成国際大学、現在奉職している大宮法科大学院大学との関係で、多くの諸先生、諸先輩、同僚、後輩の方々のお力添えがあったことも、忘れ得ない。それぞれの皆様のお名前を挙げることは差し控えさせていただくが、この機会を借りて深く御礼申し上げる次第である。

さらに、本書刊行については、大宮法科大学院大学の宮澤節生先生から強くお勧めをいただくとともに出版にあたり書肆との仲介の労をとっていただいたが、先生のご好意に心から御礼申し上げる。

もちろん、私事で恐縮ではあるが、父母をはじめとする家族、友人からの支えがなければ、やはり研究生活に安んじることはできなかったことをも記しておかなくてはならない。

最後に、商業ベースに乗りにくい本書出版にあたって、信山社の渡辺左近氏、柴田尚到氏のご高配をいただいたこと、元平成国際大学法学部大学院生の新井諭、浦野幸則、齋藤啓太の各氏には、校正等でご尽力をいただいたことにつき、それぞれ記して謝意を表する。

平成一七年六月

中島広樹

目次

第一章　問題の所在

㈠　考察の対象と視点

刑法上の大原則である「責任主義」に合致した累犯の構造を研究し、その結果を実体法上の解釈に反映させようというのが本稿の考察内容の核心である。(1)

すでに旧約聖書が、犯罪の反復に際して刑を加重すべきことを示唆していたことからも窺われるように、(2)くりかえし公共の秩序に違反する者は、一度だけ罪を犯す者よりも一層重い刑罰に値するという観念は、古代においても民衆の正義感情によく合致するきわめて自然なものであったことが知られている。(3)

要するに、いわば犯罪反復現象としての累犯とそれに対する刑罰の加重の歴史は人類の歴史と重なり合う、と言っても過言ではないのであるが、本稿の考察の対象はかように広汎な累犯加重そのものの世界ではなく、遺憾ながらごく限られた領域にすぎない。

すなわち、わが国の現行法上の累犯加重規定がそれである。具体的には刑法典の総則に定められた累犯加重（第一〇章）および特別法上唯一の累犯規定である、盗犯等ノ防止及処分ニ関スル法律三条に定める常習累犯強窃盗の罪を考察の対象としているのである。

ところで、本研究の契機は、累犯規定が従来から行為責任主義に反すると批判されてきた、という事実に求められる。(4) つまり、累犯加重規定をいわゆる「責任主義」の観点から見直した場合、いかなる議論が帰結するのかという点が問題なのであった。言うまでもなく、「責任主義」は刑法上の大原則であるがゆえに、累犯規定がそれに反するということになれば、場合によっては累犯規定の廃止論を導く可能性があるのみならず、少なくとも何らかの限定解釈ないし責任主義との調和を可能ならしめるような法の運用が求められるはずである。(5)

そこで、具体的にはどのような考察が行われるべきであろうか。

本稿では、わが国とほぼ同様に「累犯加重と責任主義」という解決の困難な緊張関係に直面しているドイツの議論を素材としながら、比較法的考察を行う。

そしてその際、累犯加重の責任主義との適合性を吟味するにあたり、二つの視点が基本的に重要であることを認めるのである。詳細は別の章に譲るが、まず第一にいわゆる「警告理論（Warntheorie）」にもとづく高められた行為責任（erhöhte Tatschuld）という視点が存在する。また第二の視点として、軽微累犯に対する責任相応刑（die schuldangemessene Bestrafung von Bagatelldelikten im Rückfall）を挙げなければならない。(6) この二つの視点から、比較法的考察を通じて「責任主義」に合致した累犯の構造を探究し、その結果を考察の対象たる二個の累犯規定の解釈に反映させよう、というのが本論文のねらいなのである。

さて、第一の視点に関しては「累犯は前刑の警告機能によって違法性の意識が強化されるとともに、それに応じて強められた反対動機を乗り越えて犯罪行為に出た点で、行為責任が増大する」という、累犯加重に関して通説化している警告理論の当否という問題が生じる。たとえば、以前の刑の言渡しやその執行に、そもそも将来の犯罪行為を阻止するに足りる警告機能が認められるのであろうか。警告機能などは存在しないからこそ、まさに累犯に陥ったのではないのか。(7)

さらに、仮に一定の場合には前刑に警告機能を肯定しうるとしても、このような警告の名宛人たる累犯者の平均像が前刑の警告を受け入れがたいような人格によって特徴づけられるならば、せっかく客観的には前刑の警告機能が認められても、結局主観的には警告機能の有効性は否定されるのではなかろうか。そうであるならば、累犯者には、強い違法性の意識ないしその可能性およびそれに伴う平均人以上の反対動機の存在もしくはその可能性を前提とする警告理論は維持できないこととなるのではなかろうか(8)。

もし、これらの疑問が十分に理由のあるものであるとすれば、そのことは従来行為責任主義と調和するように考えられてきた累犯加重の根拠づけが決定的に破綻することを意味するであろう。また、前刑の警告機能の無視が行為責任を高める場合にのみ、累犯またはその他の前科を刑罰加重的に考慮しうる、というような累犯規定の限定的な解釈・運用の途も、その結果として閉ざされる可能性がある。その場合には、あらためて責任主義と矛盾しないような累犯加重の理由が探し求められねばならない。その意味で、第一の視点およびそこからもたらされる論点は、累犯加重規定を責任主義の観点から考察する場合、中核的な性格を有するのである。

次いで第二の視点についてであるが、この軽微累犯の責任相応刑という視点は、たとえ上述の警告理論が完全に受け入れられると仮定しても、累犯行為の法益侵害性が相対的に軽微な場合には、それより重大な累犯に対しても言い渡しうるのと同一の法定刑の下限を科すことは許されないのではないか、という議論を生み出すのである(9)。

たとえば累犯の場合、累犯行為が窃盗であれ殺人であれ、または同じ窃盗でも被害額の僅少なものであると重大なものであるとを問わず、必ず刑の下限を五年に固定することは責任主義に反するのではなかろうか。すなわち、警告無視に由来する行為責任の増加が存するとしても、法益侵害という意味での不法内容が軽微な場合には全体として行為責任は重大な法益侵害を惹起した累犯行為のそれよりも小さいはずであり、しかも前者が初犯であれば累犯加重において法定されている刑の下限以下の刑が相応であると解されるような事案を想定すれば、累犯に対して刑の下限を固定することは不法内容と相応すべき行為責任の分量を超過した刑罰を許容することになってしまうであろう。さらに、近年の刑事学的知見は軽微累犯に対する加重刑を不当視する傾向が強いことを考え合わせるならば、一定の類型的に重大な法益侵害を伴う累犯行為のみを加重処罰すべきではないか、という問題が発生するはずである。(10)

以上の二つの視点およびそこから派生する論点は、わが国の二つの累犯規定においてはそれぞれどのような形で顕在化するであろうか。その点について、具体的な問題を明確化する前に本稿が前提とする「責任主義」の意義について確認しておくこととする。

(二) 責任主義の意義

(1) 行為責任主義

本稿が前提とする「責任」とは、構成要件に該当する違法な行為に対する刑罰による法的な非難可能性を意味するのであり、(1)「責任主義」とは、刑罰は行為責任を「前提条件」とし、また行為責任を「限界」としてその限度を超えてはならないという原則として理解している。(2)すなわち、行為責任主義に立脚するのである。(3)しかも、それは違法の実質を法益の侵害・危険に求めるいわゆる「結果無価値論」を前提とする行為責任、(4)つまり法的責任論を意味する。(5)このことは、等しく行為責任論といっても、違法行為を反道義的行為としてとらえ、その行為に対する非難は道義的非難であることを強調する、いわゆる道義的責任論に立たず、刑法上の責任は、法益を侵害したことについて、刑罰を手段として法の立場から問われる責任であり、その意味で責任は法的非難可能性である、と解することにほかならない。そして、このような解釈は、現代社会は法と社会論理の区別をその一つの前提としており、現代法の一部門としての刑法は人間の重要な生活利益（法益）を保護するために存在するのであって、人の内心を第一の問題とする社会論理を維持することを目的とするものではない、という基本的な立場を支持することを最大の根拠とするのである。

言うまでもなく、責任判断の基礎・対象となるのは個々の行為であると考えるのが行為責任論であるが、それが支持されるのは、行為責任主義が思想・感情や性格・人格それ自体は処罰の対象となることはなく、行為として外部的に現実化した場合にのみ処罰の対象となるという近代刑法の原則たる「行為主義」の責任論における表現であるからである。(6) つまり、犯罪は行為であり、その行為の法的な非難可能性の存否・分量が問題なのである以上、刑法上の責任を行為責任として把握する行為責任論は妥当な核心をもっているのである。

しかし、このような単純な行為責任論では犯罪予防目的と調和しえないとして、いわゆる人格（形成）責任論、さらにいわゆる性格論的責任論を基礎とする実質的行為責任論と呼ばれる見解が現れたことは周知のとおりである。両説についての詳細は、累犯加重の根拠との関係で後述するが、前者は行為責任の背後に人格形成責任を認め、これらを合一したものを人格責任として刑法上の責任の本質と解するものであり、後者の方は責任の対象を個別行為に限定しつつも、行為者人格の規範心理層との関連において行為者の責任を把握しようとする見解である。

しかし、人格形成責任論(7)も実質的行為責任論(8)も、犯罪予防の必要性を責任において考慮すべきである、と示唆している点で重要性を有することは否定しえないものの、人格形成や人格要素は科学的に確定することが本来困難な性質を有する以上、これらの責任論を前提とする場合には、責任主義が担うべき刑罰限定機能は失われると言わざるをえない。

(二) 責任主義の意義

したがって、責任の対象・基礎を個々の行為にではなく、行為者の社会的に危険な性格に求める近代学派の性格責任論は勿論、部分的に行為責任論を標榜している人格形成責任論や実質的行為責任論も、人格形成や人格内容の本質的不明確性に起因する種々の疑問点を解消しえない以上、結局行為責任を拡張した責任を肯定するに至り、そのような責任概念を受け入れるならば国家刑罰権制約の原理と理解したはずの責任主義の意義を没却する結果に陥るであろう。それゆえ、責任主義がその刑罰限定機能を十分に発揮するためには、個別行為責任を前提としなければならず、行為の背後の行為者人格の考慮はそれが行為に現れた限度で、しかも人格内容の本質的不明確さに徴すると、原則として責任非難を軽減する方向においてのみ許されるというのが上述の責任主義の意義に照らして適切な結論である。[9]

すなわち、その判断において本質的に不明確性・恣意性が伴わざるをえない行為者人格を原則的・積極的に考慮することを許容するならば、行為責任によって限定されるはずの予防目的の追求、つまり将来の再犯を予防するための条件づけの追求のために考慮されるべき「性格の危険性」が、「行為に現れた限度で」と称しながら、その不明確性のゆえに実際には行為とは無関係な部分にまで入り込み、かえって予防目的によって行為責任が規定される事態となり、そのかぎりで行為責任の予防目的限定機能が損なわれるに至ることが懸念されるのである。

その結果、たとえば行為者の前科などの行為者人格にかかわる事情を責任・刑罰を加重する方向で考慮することは例外であって、厳格な根拠・要件のもとにおいて許されるにすぎない、という理解を生み出すはずである。[10]

そして、責任主義の内容を「刑罰限定的・消極的行為責任主義」として把握するこの解釈は、次の様な責任主義および刑罰の本質的性格から導かれるのである。

まず第一に、責任主義は、すべての人間を自由かつ平等な「法的主体」としてとらえ、個人責任と行為責任とを犯罪と刑罰の前提としかつ限界とすることによって、個人の尊厳（ひとりひとりの人間がもつ生存と自律的人格性のゆえに、個人がかけがえのないものとして尊重されるべき存在であるということ）に基礎づけられる「人権」を、国家権力による無限定の犯罪予防目的追求に対して保障するために、国家刑罰権を制約する原理として形成されたものとみるべきなのである。[11]

また第二に、国家刑罰権の根拠は確かに、国家が個人の生命・身体・自由・財産、および、それらの生活利益を保護するために不可欠の外部的前提条件を、国民の合意の限度内において、刑罰を手段として、その侵害や危険化としての犯罪から保護し、また、その侵害として犯罪が行われたときには、刑罰を科すことにより生活利益保護のために、国民全体に受け入れられるべき統一的決定・解決をつくりだす点に求められるとしても、他方で、刑罰はかように犯罪予防目的を追求するものであるだけに、権力作用の特性としてつねに過度にわたる危険があり、しかもそれは物理的強制力によって個人の法益に対して重大な侵害を加えるという本質的性格を有するものであるということを忘失すべきではないのである。[12]

しかし、もちろんこのような議論に対しては、やはりなお個別行為責任を基礎とする責任主義を採るならば、行為責任が刑罰の前提・限界であることによって、予防目的の十分な追求を阻止せざるをえないために、犯罪予防目的を軽視してしまう、という批判も生じるのである。

(二) 責任主義の意義

だがしかし、そもそも刑罰の特別予防効果と一般予防効果は、行為者本人と社会一般人に対する威嚇によってではなく、その規範意識にはたらきかけることによって、はじめて継続的効果をもちうるはずなのである。そして、行為者の意思活動の範囲内の行為について責任を問われ刑罰を科されたときにはじめて、行為者本人や社会一般人の規範意識に働きかけて、将来犯罪行為をしないように意思活動をコントロールしうるであろう。すなわち、行為責任の前提としない行動や、行為責任の限度を超える行動を犯罪として刑罰を科しても、それは行為者の意思活動の範囲を超過した部分に科刑するわけであるから、そのような刑罰は行為者本人と社会一般人の恐怖心によって一時的な効果をもちえたとしても、その規範意識を確認・強化することによる継続的な効果を発揮することはできないといいうる。[13]要するに犯罪予防目的の追求といっても、それは行為責任の範囲内ではじめて正当化されるにすぎないのである。[14]

これらの点に鑑みると、個人の尊厳と権利・自由（その意味での人権）を国家権力に対して保障するための原則として「刑罰限定的・消極的行為責任主義」が確立されなければならない、という結論に至らざるをえない。

したがって、一般予防と特別予防の観点から必要とされる刑罰がいかに重いものであっても、行為責任が「前提条件」として存在しない場合には刑罰を科してはならないし、また、行為責任が存在する場合にも刑罰の分量は行為責任の限度を超えてはならないのである。

(2)　規範的責任論

上述したように、本稿は責任の基礎・対象を個々の行為に求める個別行為責任論を支持するとともに、その行為責任を法的な立場から刑罰をもって問う法的責任であるととらえ、このような考え方を基礎としつつ責任主義の機能を国家刑罰権の限定に求める消極的行為責任主義を堅持しようとするものである。

そこで、さらにこのような責任主義の内容をなす責任判断の構造が問題となる。

いまさら説明するまでもなく、かつては責任の内容を外部的な違法行為に対する行為者の心理的な関係としてとらえる、いわゆる「心理的責任論（psychologische Schuldauffassung）」が支配的見解であり、そこでは責任能力者が故意または過失をもって行為すれば、ただちに責任があると考えられていたが、故意における犯罪事実の認識は心理的事実であるとしても、過失については犯罪事実の認識という故意にあるべき心理的要素が欠けており、他方、故意に存しない「犯罪事実を認識すべきであったのにもかかわらず認識しなかった」という義務違反の要素を有することから、故意についても義務違反的要素が求められることになった。[1]

そして、よく知られているようにフランクが「付随事情の正常性」を責任能力、故意・過失と並ぶ責任要素であると主張して以来、期待可能性（Zumutbarkeit）の理論が発展させられ、やがてこの理論を中核として「規範的責任論（normative Schuldauffassung）」が確立し、現在通説的地位を占めている。すなわち、責任の実体を規範的な非難可能性としてとらえ、故意・過失を統合する概念として行為者に適法行為の期待可能性が認められることを責任要素とする立場が規範的責任論にほかならない。(2)

思うに、規範的責任論により責任の本質とされる「非難可能性」とは、行為者心理に対する規範的評価であり、かような規範的側面が重視されるあまり、評価の対象としての心理面が空洞化されてはならないこと、多言を要しないが、(3)「非難可能性」を欠如した刑罰は国民の理解を得ることはできず、結局刑罰制度の有効な機能を阻害すると考えられることから（もちろん、前述の責任の構造論からも）(4)、本稿では規範的責任論が妥当であると解する。

ただ、責任判断は、刑罰を科すための前提として行われるものであり、その法的非難は刑罰を手段とするものであり、それゆえ法規範との関係からみた「規範的責任」を問題とするだけでは足りず、さらに、処罰に値する程度の「責任」があるかどうかを、責任を軽減・阻却する方向に向かって「可罰的責任」として問題としなければならないが、これは前述した「法的責任論」からの帰結である。(5)

ところで、上記の規範的責任論によれば責任とは法的非難可能性である。

(3) 意思の自由

そして、このような非難可能性の根拠は、刑法規範が一定の行為を禁止・命令することにより、行為者に対して規範に合致した意思決定の義務を課し、行為者は適法な行為の決意に出ねばならないにもかかわらず、義務に違反して適法な行為の決意に出ず、違法な行為の決意をなしたことにあるが、しかし、「義務は不可能を強いるものではない

(Impossibilium nulla obligatio)」から、合義務的態度に出るべく、かつ、出ることが可能であるのに、その決意に出なかったことによって、責任非難は可能になるのである。[1]

すなわちこのような考え方は、行為の付随事情および行為者における違法性の意識の可能性を考慮した具体的状況において、行為者が実際に行った行為とは別の意思決定による行為をすることができた、換言すれば、他行為可能性が存在しえたということを前提としている。問題は、かような他行為可能性があると言えるのならば、素質・環境の制約を受けつつも自由意思の存在を認めなければならないのではなかろうか、という点にある。[2]

周知の通り、後期古典学派はその道義的責任論の前提として、非決定論（自由意思肯定論）を主張し、これに対して近代学派はその社会的責任論の基礎に決定論（自由意思否定論）を置いていたが、その後のいわゆる「学派の争い」の緩和に伴って自由意思論も決定論・非決定論が相当程度接近し、今日ではその理論的対立は主に「相対的非決定論」と「やわらかな決定論」をめぐって生じている状況にある。[3]

ただ、このような論争に先立って、そもそも自由意思が人間に備わっているかどうか、という存在論的問題と同時に、その有無を知りうるのかという認識論的な問題が存するが、前者については現在のところ決定論も非決定論も、究極的には自己の立場を完全に証明することはできない、といわざるをえないし、[4] それゆえ後者についても人間の認識能力を超える問題である、とするいわゆる「不可知論」にも相応の理由があるであろう。[5] しかし、言うまでもなくここで問題なのは、経験科学的な証明の彼岸に存する形而上学的な自由意思についての論及ではなく、あくまでも刑法の解釈・適用、立法の領域における自由意思の要否に関する考察なのである。[6]

すなわち、規範的責任論に立脚する立場からすると、一般的には「他行為可能性」の前提としての「自由意思」を必要とせざるをえない[7]がゆえに、本稿においては基本的に自由意思不要論の方向に存する「やわらかな決定論」と当否について検討しなければならない(8)。

まず、「やわらかな決定論」は、人間の意思も法則性に従い、その意味では決定されていることを認めつつ、このような意味で決定されていることと、意思が自由であることとは矛盾しない、とするのである。なぜならば、自由か否かは、決定されているかどうかの問題ではなく、何によって決定されているかの問題だからであり、刑法の場合には刑罰(社会的非難)によって決定されうることが自由なのである、とした上で、刑罰もまた、人間の意思のもつ法則性を利用して、将来、行為者および一般人が同じような事態において犯罪を行わないように新たに「条件づけ」を行おうとするものにほかならない、と論ずるのである(9)。

そして、「やわらかな決定論」は、まず人格ないし精神構造の中に二つの層が存することを認めつつ、「規範心理の層」に決定された場合と「生理的な層」に決定された場合とを区別し、前者の層によって決定された場合を「自由」であるとし、次に、決定論と自由意思の両立を認める、という二点において「かたい決定論」と異なると主張するのである(10)。

しかし、「規範心理の層」によって決定されている場合に、「自由」であるといっても、おそらく意思決定それ自体は必然的なものとして一つしかありえず、意思決定とそれによる行為の選択可能性は排除されると解されるので、やはり「自由意思」の存否についていえば、「かたい決定論」と同様に自由な意思決定ということは否定されるであろう(11)。

また、最も重要な点は、「やわらかな決定論」において主張されている「決定論と矛盾しない自由」という際の「自由」とは、意思が行為を決定する場合に意思は強制を受けない、という意味のそれであり、つまり「外部からの自由」を問題にしているにもかかわらず、決定論と非決定論の間の議論において核心的なのは、そのような強制の有無ではなく、意思決定や行為に関する選択可能性（つまり「内部からの自由」）である、ということなのである。そして、「やわらかな決定論」も「決定論」である以上、当然かような選択可能性を否定するのである。[12] したがって、「やわらかな決定論」が前提とする「責任（自由意思）」は、（選択可能性と結びつく他行為可能性を前提とする）規範的責任論が考える「責任」とは異なる責任概念を想定している、ということになるであろう。

さらに、前述したように、[13] 人格の「規範心理の層」と「生理的な層」との区別は経験科学によっても必ずしも明らかではなく、そしてまた「やわらかな決定論」が、社会的非難を将来への条件づけに結び付ける展望的な構成をとる場合には、一般予防・特別予防の観点からは有効であろうが、刑罰限定原理としての非難は、他行為可能性の存した過去の行為に限って論ずるべき「回顧的」な性格なものであるはずであるから、「やわらかな決定論」の予定する「責任」と両立しえないのである。

以上の考察に鑑みると、「やわらかな決定論」はとりがたい。結局素質と環境による制約を受けつつも自由意思を肯定する「相対的非決定論」を前提にすべきである、という結論に至る。

このように、「相対的非決定論」に依拠する基本的な理由は、刑法の解釈・適用、立法を問題とする世界では、「責任なければ刑罰なし」という「消極的行為責任主義」の原則に立って、刑罰を限定する必要が認められるが、[14] そのためには「責任」すなわち「過去の違法行為についての法的非難可能性」を前提条件とするとともに限界とすべきであり、[15] 結局はそのような「非難可能性」の前提となるべき他行為可能性、およびそれを派生せしめる他の意思決定の可能性（＝自由意思）の存在を肯定せざるをえない、[16] という点にまず求められる。

次に、決定論を採用するならば、意思の自由を前提とする非難可能性という意味での「責任」の存在を否定することとなり、そのような「責任」を前提とする「刑罰」と「責任」を前提としない「（保安）処分」との原理的な区別

は消滅し、刑法は処分法に解消されると解されるが、それは妥当ではないと考えられるからである。(17)

しかし、上述したように自由意思の存否は、決定論においてもまた非決定論においても自己の立場を完全に証明しえていないし、(18)裁判手続において、非決定論が、健常者の具体的行為は当該行為に際して他行為可能性をもっていたということを科学的に確定すること、そして決定論が当該行為は因果的に決定されていた、ということを科学的に証明することは、どちらも不可能なのである。(19)

それゆえ、自由意思は、他行為可能性があるから非難可能性があり、処罰することができる、という処罰の正当化根拠としてではなく、むしろ原則として、他行為可能性がないから、もしくはその可能性が減少しているから、責任を阻却ないし軽減するという形で意味を有する、すなわち、消極的行為責任主義の根拠づけにおいて重要となる、と解されるのである。(20)その限度で自由意思の肯定は「規範的要請」であり、限りなく「擬制」・「仮説」の様相を帯びることは避けられず、だからこそ刑罰加重(累犯・常習犯等)の根拠づけは、消極的行為責任主義の例外的な場面として厳格に解され、行為責任の増加を正当化することは困難とならざるをえないのである。(21)

(4) 違法性の意識の存否に関する問題

① すでに述べたように、(1)規範的責任論によれば責任とは法的非難可能性のことであるが、このような責任非難が可能であるためには、合義務的な態度に出るべく、かつ、出ることが可能であるのに、その決意に出なかったこと、言い換えると、行為者が決定規範の命令・禁止に従って(義務の側面)意思決定することができたのに(可能の側面)、そうしないで一定の行為に出たことを要するのである。(2)

そして、かような反対動機の形成可能性が肯定されるためには、行為の客観的条件に関し、行為の事情が普通一般のものであって正常な意思決定に対して影響を与えず、常規的であったこと、そして行為者の主観的な条件として、行為者において適法な決意に出ることが可能であったことが必要である。

前者の問題は、特殊な外部的事情が存在しているため、その違法行為をせざるをえないような心理的圧迫が外部から加えられるときは、反対動機による抑止が期待できないことから、違法行為に出たことに対する責任非難が止むことになる、という形でいわゆる「期待可能性」の理論と関係する。(3)

他方、後者については、責任非難は、行為者が自己の行為が違法であることを意識する可能性があり、これを意識すれば違法行為に出ないという反対動機を形成する可能性が与えられていたのだから、責任要素として必要なのは「違法性の意識」ではなく「違法性の意識の可能性」ではないか、という論点と結びつくのである。(4) いずれも、本稿が前提とする規範的責任論の領域における重要な派生問題であり、これらは、後述する累犯加重の根拠との関連で基本的な立場が確認されておく必要のあるものである。(5)

まず、行為者に規範的な責任非難を向けるための主観的要件として違法性の意識が求められるべきか否か、という点が問題となる。なぜならば、後に詳しくみるように累犯加重の根拠づけに関して、累犯は「前刑の警告機能によって、違法性の意識もしくは違法性の意識の可能性が強められているために、通常の違法性の意識または違法性の意識の可能性しかない場合よりも、非難可能性が増大する」という議論が今日もなお通説的な立場を占めており、そこでは「違法性の意識」を前提とするか、「違法性の意識の可能性」で足りるのかは、累犯に関する上述のいわゆる「警告理論」についての考え方に微妙な差異を生じる要素を形成すると解されるからである。したがって、ここでは違法性の意識に関する多岐にわたる議論を包括的に展開するのではなく、「違法性の意識」を前提とするのか「違法性の意識の可能性」を基礎とすべきなのかについての論者の立場を確認するとともに、(6) 前刑の警告機能の有効性の範囲に関して、やはり立場の選択によって相違を生じる可能性のある違法性の意識の内容についても、累犯加重の議論に必

要な限度で検討を加えることとする。(7)

②　そもそも、違法性の意識の問題が重要なのは、周知の通り犯罪事実の認識がありながら錯誤によって違法性の意識を欠くに至った場合、いわゆる「違法性の錯誤」(8)が刑事責任に及ぼす影響を判断する場面においてであった。いわば、違法性の錯誤による責任減軽・阻却の場面においてであった。これに対して、累犯加重は違法性の錯誤の裏返しとして違法性の意識が問題視される場面である、と解されている。(9)

それでは、故意責任の要件として違法性の意識が必要なのか、という点についての学説はどのような状況にあるのか、といえば従来の判例の多くによって踏襲されてきた(10)「違法性の意識不要説（不要説）」を除くと、「違法性の意識必要説（必要説）」と「違法性の意識可能性必要説（可能性説）」の二つに大別される、と解されている。(11)

まず、現在学説によってほとんど支持されていないにもかかわらず、判例の基本的な立場となっている不要説であるが、その根拠としては第一に、犯罪事実の認識があるだけで、反対動機を形成する可能性があるがゆえに犯罪事実の認識をもって足りるという点が指摘される。また、次に責任能力者である以上、違法性を認識する能力を備えているのだから、あらためて違法性の意識の可能性を議論するまでもない、という論拠が挙げられる。(12)しかし、前者については、通常犯罪事実の認識があれば、違法性の意識を伴うことが認められるのは確かであるが、違法性の意識の可能性もない例外的な場合には、行為者は適法行為への決意を阻まれるのだから、このような場合に故意責任を肯定できないはずである、という批判がなされ、後者に関しては、同じく違法性を意識できない場合であっても、責任能力の存在と違法性の意識の可能性の存在は完全に重なり合うものではない、と反論されているのであり、結局不要説によれば、非難不可能な場合でも故意責任を追求して、責任主義を無視するに至るので、支持しえないといわざるをえない。(13)

そこで、違法性の意識必要説であるが、これにはいわゆる厳格故意説と準故意説とがある。後者は、故意の成立には違法性の意識を必要とするが、違法性の意識がないことについて過失があった場合には、これを故意と同一に取り扱う説である。[14] ただ、結論についてみると、可能性説とほぼ同一であることに鑑みるならば、[15] 必要説に関しては厳格故意説が検討に値すると思われる。さて、厳格故意説は自然犯であると法定犯であるとを問わず、違法性の意識は故意の要件であるとし、したがって、違法性の錯誤は故意を阻却する、という見解である。[16] そして、その基本的論拠は、犯罪事実を認識したうえに違法性の意識があるときは、違法行為を抑制する反対動機が存在することになり、この反対動機を突破して行為の決意に出るところに故意の重い責任非難を加える理由がある、という点に求められる。[17]

だがしかし、厳格故意説に対しては種々の批判が加えられている。試みにその幾つかを挙げると、①常習犯人の場合、犯行の反復によって違法性の意識が鈍麻・減弱しているから、初犯者よりも軽い非難しか加えられないはずである、②激情犯に関し、行為時には違法だというはっきりした意識がないこともあるから不可罰となる可能性が生じる、③確信犯人につき、自己の行為が正しいと思って行為に出ているわけだから、これを非難し処罰することができなくなる、④行政犯においては、違法性の意識の立証を行うことは困難であり、行政取締目的を達成できないこととなる等である。これらに対しては、厳格故意説の側から、ある程度の再批判も行われてはいるが、実際上この見解を貫徹しうるかはやはり疑問といわなければならない。[18]

これに対して可能性説の側からは、厳格故意説への疑問をふまえた上でいわゆる制限故意説と責任説とが主張されている。制限故意説は、故意の成立には現実に違法性を意識する必要はなく、違法性の意識の可能性があれば足りるとし、それゆえ違法性の意識を欠いても違法性の錯誤が回避可能ならば故意を阻却する、とする説である。[19] これは、一般に人格責任論の立場から根拠づけられており、原則として個別行為責任論に立脚する本稿においてはそもそも採りがたい見解である。[20]

そこで最後に、可能性説の中の責任説が検討されるべきこととなる。責任説は、違法性の意識の可能性を故意・過失と区別された独立の責任要素と解し、違法性の錯誤(禁止の錯誤)は故意の成立とは無関係であって、ただその錯誤が回避不能であった場合(違法性の意識の可能性がない場合)には責任を阻却するが、回避可能な場合(違法性の意識の可能性がある場合)には責任を軽減しうるにすぎないとする見解である。[21] そもそも責任説は目的的行為論の展開と関連して主張されているが、ここでは基本的には目的的行為論には拠ることなく以下の様に考える。

すなわち、違法性の意識の可能性においては、犯罪事実の認識(故意)の存在を前提として、[22] 行為者が故意をもつに至った動機形成過程を非難できるかどうかが問題となるのであり、違法行為に出る意思決定を抑制する規範意識として違法行為に出ないという反対動機を形成する可能性が存在したかを問題にした上で、故意が存在しても、違法性の意識の可能性が存在しなかったときは違法行為を抑制すべき反対動機の形成可能性を欠き、行為者を非難できないこととなるから、違法性の意識の可能性の不存在は責任阻却事由である、と解するわけである。

それでは何故違法性の意識の可能性があれば、現実に違法性を意識していなくとも故意責任が可能となるのであろうか。

思うに、違法性の意識は法的非難可能性としての責任を限界づける責任要素として、違法性を意識しているという心理的事実そのものに意味があるのではなく、違法行為に出る意思決定を抑制する規範的な意識として、違法行為に出ないという反対動機を形成する可能性が行為者に与えられていたかどうかが問題となるのだから、行為者が行為のときに現実に違法性を意識していたか、それとも現実に違法性を意識することなくただ違法性を意識する可能性があったにすぎないのか、という規範的意識における差異は反対動機の形成可能性という点からすると、責任非難に量的

相違をもたらすにせよ、質的な違いを生じさせるものではない。(23)

このように、違法性の意識の問題を反対動機形成の可能性という観点から考えるとき、故意責任の肯定のためには違法性の意識の可能性の存在をもって足りる、という結論に至るのである。(24)

③　次に、上述した違法性の意識の可能性における違法性の意識の内容如何に関してであるが、現在の見解は三つの類型に大別されている。まず第一に、前法律的規範に違反することの意識をもって違法性の意識とする考え方であるが、(25)この立場によると、違法性の意識の内容が不明確に拡大されるという問題が生じるばかりではなく、前法律的規範違反の意識をもって法的非難可能性としての法的責任を根拠づけることはできないはずである、という根本的疑問があり賛成できない。(26)

次に、違法性の意識とは、行為が法律上許されないことの意識である、とする通説的な立場である。(27)しかし、この見解は刑法以外の法によって許されないことを意識していれば、「違法性の意識」が存することとなるが、それでは刑法的な非難の限界として違法性の意識を問題とする以上、疑問が残らざるを得ない。(28)

最後に、違法性の意識には単なる「刑法違反」の認識にとどまらず、具体的に可罰性の認識を含んだ「可罰的刑法違反」の認識を要する、という見解が存する。(29)すなわち、自己の行為の可罰性の認識ないし認識可能性が存在しないのに、行為者に非難を加え処罰することは、刑罰による犯罪抑止という刑法の目的と無関係なところに刑法上の責任を認めることとなって、妥当ではない、と解するのである。

本稿は、この立場を支持して累犯加重の問題を考察してゆくものである。その理由は、規範的責任論における法的非難可能性は刑法上の非難可能性であり、したがってその限界は刑罰威嚇を必要条件とする刑法によって与えられるところの、行為ごとの反対動機の形成可能性によって画されると考えられるからであり、さらに、責任説の見地においては、違法性の意識の可能性の有無が責任の成否を決定する重要な要素となるが、量的な概念である「可能性」の判断が無限定に拡大することを防止するためには、「可能性」判断の対象となる「違法性の意識」の内容を精確かつ限定的に理解する必要があるからでもある。(30)

なお、このような意味での違法性の意識の可能性の有無を判断する一般的基準は、具体的状況のもとで行為者に自己の行為の違法性を意識する契機が与えられており、行為者に違法性を意識することを期待できたか否かに求められる。(31)

(5)　期待可能性の標準との関連

後述するように、いわゆる警告理論に基づく通説的な累犯加重の根拠づけに関しては、期待可能性の標準との関係で問題を生ずる。すなわち、累犯者について前刑の警告無視をただちに非難の増大につなげるのは、国家が行為者の「自由」を擬制した上で、より強い期待と非難を加えるもので、非難の説得力を欠くのではないか、という疑問が提起されているが、(1)これに対しては期待可能性の標準に関する見解の相違に応じて異なった解答が可能となるであろう。そこで、最後に期待可能性の標準について累犯加重の問題と関係する限度において、本稿の立場を確認しておきたい。(2)

さて、期待可能性の理論とは、行為が構成要件該当性と違法性を具備しており、さらに、故意または過失があり、さらに責任能力、違法性の意識の可能性があっても、行為時の具体的な事情のもとで、その違法行為以外の他の適法行為をすることを期待しうる可能性（適法行為の期待可能性）がなければ、行為者に責任非難を加えることはできない、というものであるが、それは存否の場面のみならず、程度の領域においても機能しうる、とされている。すなわち、適法行為の期待可能性が大きいときは刑事責任は重く、小さいときは軽いのである。(3)瀧川博士の言葉を借りると「責任の重い輕いは、非難の大きい小さいによってきまる。非難の大きい小さいは、行為者の反對動機の強い弱いによってきまる。反對動機が強く働くときは非難が大きく、……行為者が違法行為に向かって強い反對動機を作るだけの能力を備えているときは、違法行為を抑えることに向けられている法の期待は強」いということになる。(4) これを累犯加重の問題にあてはめると、累犯は前刑の警告機能により違法性の意識ないしその可能性が強化され、そのことから反対動機が強められたはずだから、期待可能性も強い、という議論が可能となるであろう。(5)

しかし、もし分別にもとづいて自己をコントロールできるような普通の市民ではなく、自分の力ではどうすることもできないいわゆる「精神病質」・「人格障害」などのために犯罪を反復してしまいがちな当該累犯者を基準として、強い反対動機の形成可能性の有無を問い返したならばどうであろうか。(6)

このように累犯者本人を基準とした場合には、たとえ違法性の意識の可能性は前刑の警告機能によって強められたとしても、すなわち、違法性の意識の可能性の段階では非難の増加を基礎づけられたとしても、(7) 期待可能性の段階では特異な人格的特徴ゆえに反対動機の形成可能性の強化を肯定できなくなる公算が大きくなるであろう。すなわち、期待可能性の標準は警告理論にとって重要な問題である。それでは、期待可能性の標準についてはどのように解すべきであろうか。

周知のとおり、期待可能性の標準については行為者標準説、平均人標準説、国家標準説（類型的行為事情標準説）が対立するといわれている。

まず、行為者標準説であるが、行為の際の具体的事情のもとで、「行為者」に他の適法行為をなしうる可能性があったかどうかを判断基準とする見解であり、責任非難は行為者にとって可能なことを限界としなければならない、という点にその根拠を求めている。(8) しかし、行為者標準説によれば、行為者が違法行為をしたこと自体が行為者にとって他の行為を期待しえなかったことを示すのであるから、責任非難は不可能となり刑事司法の弱体化を招く、と批判されている。

また他方、行為者標準説に依拠しつつ、「純粋の行為者個人が標準とされているわけではなく（かかる純粋の個人は認識できない）、行為者本人が属する類型人（本人の年齢、性別、職業、経歴等によって構成された）」を標準とする、「修正された行為者標準説」ともいうべき主張もなされているが、これに対しては、行為者標準説の放棄を意味するという旨の批判が加えられている。(9)

次に、平均人標準説であるが、この見解は当該行為事情のもとに平均人（通常人・一般人）を置いた場合に、平均人に対して他の適法行為を期待しうるかどうかを判断基準とするもので、その論拠は、刑法は社会の一般人を標準として、社会の一般人が行為者の立場にあったならば適法行為の決意が可能であったか否かによって定めるのが妥当である、という点に置かれている。(10)

しかし、平均人標準説に対しては、①責任非難の対象は行為者であるとしても、行為者に期待が不可能な場合に、平均人を標準として非難を加えることは責任の擬制を正面から認めることとなる、②平均人という概念は抽象的で不明確であり、これを前提とする限り期待可能性の判断は曖昧になる。平均人を社会科学的な概念と解しても抽象性の否定にはならない、等の批判がなされている。(11)

そして最後に、いわゆる国家（法規範）標準説であるが、この説は期待可能性判断の構造を、期待する主体（国家）と期待される客体（個人）との「対立緊張関係」において期待する主体が行う判断である、と把握しつつ、期待可能性の標準は、行為者がそのもとにおいて態度をとるに至ったところの「行為事情の類型的把握」により得られるべきである、とするのである（したがって「類型的行為事情標準説」と称するべきだといわれる）。(12)

以上が学説の概況であるが、本稿はすでに確認したように、責任非難はあくまで具体的な行為者本人の行為についての法的な非難可能性であり、責任主義を国家刑罰権の制約原理と解するのであるから、責任非難は行為者本人にとって可能なことを限界としなければならない、と解すべきこととなるはずであり、したがって行為者標準説に妥当な核心がある、という結論に至る。少なくとも、行為者をとりまく具体的状況や行為者の内心的事情を可能な限り詳細かつ精確に判断資料として、期待可能性の有無を判断すべきであろう。ただ、行為者の規範対応能力や意思決定過程等は実証科学的に完全に証明して認識することはできないので、「行為者本人の属する類型人」を標準として判断するほかはない。(13)

さらに、現行法上、行為者標準説によっても平均人標準説によっても説明困難な事態が存することに(14)鑑みると、類型的行為事情も基準とすべき場合があることを否定しえない。

思うに、期待可能性の判断基準に関して問題となるのは、具体的な行為事情のもとで、適法行為に出ることが極度に困難な行為者の立場への配慮を、国家の法益保護への要求と緊張の中で責任判断にどのように反映させるかであり、その判断基準としては、結局前述した諸事情を考慮すると、修正された行為者標準説を基本としながらも、類型的行為事情標準説を併用すべきこととなるのである。(15)

㈢　個別的問題

さて、㈡においては責任主義の意義に関する、本稿におけるいくつかの前提事項を確認した。すなわち、論者の基本的立場は、いわゆる法的責任論に立脚した消極的行為責任主義なのである。その根拠は、㈠責任主義は、本来刑罰限定原理であったと解される、㈡刑罰は本質的に過度に追求されがちで、責任主義による制約を必要とする、㈢責任の内容たる非難可能性を生み出す意思の自由の存否は、証明不能であるから、刑法では責任を消極的にあつかうべきである、㈣いわゆる行為主義を責任論にも反映させるべきである、等の諸点に求められる。

そして、さらにこのような基本的立場に依拠することにより、㈠行為者人格の考慮は、その判断が、恣意的・不明確になりやすいことから、消極的に把握されるべきである、㈡違法と無関係な責任のみによる刑罰加重の排除、㈢規範的責任論を基礎とする非難可能性の内容も、それ自体には制約原理を内在させていない予防原理に解消されかねない展望的な性格ではなく、過去の行為に対する回顧的なものであるべきである、等の具体的な帰結がもたらされた。

このような責任主義を前提とする場合、累犯加重は責任主義とどのような関係に立つであろうか。この問いは抽象的であるから、具体的な累犯規定との関係で、それぞれの問題点を明らかにしたい。

(1)　刑法の累犯規定

すでに、これまで何度か言及してきた「警告理論」の当否が検討されるべきである。警告理論の内容をどのように解するかについては、後述するように論者ごとに異なった表現が与えられている。(1)

しかし、その本質的内容は警告理論の論者たちが行為責任主義と規範的責任論に立脚している、という点に鑑みると、「前刑の警告機能によって、違法性の意識もしくは違法性の意識の可能性が強められているために、それに応じて反対動機が強化されうるのに、それを乗り越えて違法行為に出た点で、累犯の行為責任は増大する」と要約されると思われる。累犯加重の根拠をこのように解すると、それは行為責任主義に合致しているように思われる。

しかし、本稿の依拠する消極的行為責任主義の立場から、まず疑問が生じるのである。すなわち、㈠責任主義は本来刑罰限定原理であるのに、累犯加重の場合、行為責任増加論という形で刑罰拡張原理に転化している、㈡かような行為責任増加論は、違法性の増加とは、少なくとも法益侵害・危殆化というレベルでは結合しにくい、㈢非難可能性の増大を基礎づけるために、限りなく擬制的存在に接近している意思自由を積極的に把握している、㈣前科という行為者人格にかかわる要素が刑罰拡張的な方向において作用している、という諸点に基づき、警告理論は消極的行為責任主義からは、原則的に受け入れがたく、せいぜい厳格な要件のもとにおいてのみ許容される例外的な理論である、といわざるをえない。

しかも、前刑の警告機能によって違法性の意識の可能性・反対動機が強化されている、という主張は現実的ではない、という批判が存する。つまり、累犯者の場合、原則として犯罪に抵抗する力が弱まっているとする刑事学的知見によれば(2)、累犯者の多くについては、彼らが以前の有罪判決・執行を認識していたとしても、違法性の意識が強められないか、それとも反対動機が全く形成されないか、またはそれが有効に働かないために、警告理論の予定する規範の内面化は行われない、ということとなるはずである(3)。すなわち、累犯者については「違法性の意識の可能性の増大にもとづく、反対動機の強化の可能性」はただちには想定することが許されない、といえよう。したがって、累犯者のかようなリアリスティックな心理状態を考慮せずに、一律に規範的非難の増大を許容する警告理論には重大な疑問が存することとなる。

そこで、消極的行為責任主義の例外的な事例として警告理論をなお維持しうるとすれば、現実に「反対動機が強化されていた」累犯者のみを選別して個別的に警告無視の非難を加えることとしかないであろう。果たして、それは可能なのであろうか。

ドイツの刑法旧四八条は、このような選択的な累犯加重によって累犯加重と行為責任主義の調和を維持しようとしたものであり、このドイツ刑法上の累犯加重規定に関する、立法・判例・学説を検討することを通じて、警告理論の有効性の有無につき考察を加えるのが、本稿の具体的ねらいの一つである。

そして、警告理論は一般的な前科による刑罰加重的考慮の際にも応用されていることから、[4] 四八条廃止後、さらに四六条の前科考慮において未だに問題となっている警告理論の当否に関するドイツの最近の議論にも言及せねばならなかった。[5]

このようにして、㈠刑法上の累犯加重規定は責任主義に合致するのか、㈡合致しないとして、量刑の際に警告理論にもとづき、具体的な前科を刑罰加重的に考慮するということならば責任主義と調和しうるのか、という二つの論点が刑法上の累犯規定に即して問題となる。

㈢ 個別的問題

(2) 常習累犯強窃盗の罪

a 問題の所在

特別刑法上、唯一の累犯加重規定と目されるのが、窃盗等ノ防止及処分ニ関スル法律三条に定める常習累犯強窃盗の罪である。刑法総則に規定する上述の累犯規定と比較すると、①同種前科に限定していること、②前科を六か月以上のものに限定していること、③前刑の執行は着手されれば足り、その完了が要件とされていないこと、④常習性を要件としていること等において異なっている。

累犯規定である以上、本規定についても刑法総則の累犯加重規定同様に、警告理論の有効性の有無が問われるはずである。しかし、そのことは刑法総則上の累犯規定に関する上述の個別的論点の中において考察されるはずであるから、この規定に関しては、警告理論の問題をあらためて考察する必要はないであろう。

むしろ本規定の場合、刑の下限が引き上げられている（窃盗の場合は三年、強盗の場合は七年）点に関連して、警告理論の場合とは別の角度から「責任主義」違反の問題を生じるのである。

すなわち、累犯行為の法益侵害が軽微な場合であれ、重大な場合であれ、つねに警告無視による非難可能性の増大を理由に、同一の刑の下限を科するのは、違法と無関係な責任の増加のみによる刑罰加重の排除という、行為責任主義からの要求に反するであろう。ドイツにおいても、刑法四八条の累犯規定は刑の下限を六か月に固定していたため、軽微な累犯に対しても、重大な累犯と同様に少なくとも六か月の刑を科するのは責任不相応である、とした軽微累犯に対する刑罰加重の範囲を限定するための解釈が模索されたのであった(1)。

確かに、責任の分量は違法の程度を越えてはならない、という意味において行為責任主義を把握するならば、累犯加重の根拠づけは、積極的に違法性の増加、とりわけ法的責任論の立場からは法益侵害性・危険性の増大の中に求められなければならない、であろう。しかし、違法と無関係な責任の増加による刑の加重を認容する立場からは、累犯の増加をただちに違法性の増大に結びつける必然性はない。だがそのような立場であっても、警告理論が維持しえないとすればあくまで責任相応刑の要求に応えるべく、違法性の増加に見合った行為責任の増加というアプローチによって累犯加重を根拠づけるほかないであろう(2)。

このような意味において、刑の下限が加重された累犯規定の場合、軽微累犯に対する責任不相応刑を回避するために、類型的に法益侵害の重大な不法内容を有する累犯行為についてのみ刑を加重すべきである、という要求が生じるのである。

ただ注意すべきことは、本稿では以下の一連の考察の前提として累犯の本質的特徴を前科（=再犯）ではなく、反復性に見出している点であるが、それについては第四章第三節以下において論述することとする。

そして、問題は類型的に法益侵害性の重大な累犯行為とは、いかなる構造を有しているのか、という点にあることは明らかであろう。本稿では、同様の問題を抱えて「重大な累犯行為」の構造を探ろうと試みたドイツの議論に示唆を得て、刑罰を加重される常習累犯窃盗・強盗の構造は、いわゆる危険性説的に把握された故意ある結果的加重犯類

似の内容を有するのではないか、という結論に至った。(3)

このように常習累犯の基本的構造をとらえた場合、盗犯防止法三条の常習累犯強窃盗罪は、いかなる場合に成立するのであろうか、という問題も派生するであろう。

すなわち、常習累犯強窃盗罪に関しては、㈠刑の下限が加重されている累犯については、責任主義の観点からいかなる不法内容を有すると解すべきか、㈡その解答として得られた常習累犯の不法内容を前提とすると、盗犯防止法三条は具体的にどのような場合に成立するのか、という二点が問題となるのである。

なお、盗犯防止法は二条においても常習犯規定を設けており、その法定刑も三条と同一なので両者の関係が問題となりうる。換言すれば、二条の問題と切り離して三条の問題のみは扱いえないのではないか、という疑問が起こる可能性があるのだが、ここでは三条の問題は原則として二条の規定とは独立に解釈されると考える。

その理由は、両条の関係について立法趣旨は不明であるが、(4)二条の罪は特定の危険な方法による窃盗の常習犯を対象とするもので、沿革的には旧刑法の加重窃盗類型に遡りうると解されるのに対し、三条は犯行方法についての常習性を要件とせず、一定の前科を条件として常習窃盗犯を加重処罰しようとするものであり、両者は窃盗の常習犯である、という共通性をもっているとはいえ、犯罪類型としては明らかに異なっている、と解されることに加えて、(5)さらに、二条と同様の犯行方法を黙示的に規定するとすれば、すでに前科によっても刑の加重がなされていると考えられうる三条の法定刑が二条のそれと同一である理由の説明に窮するからである。(6)したがって、両罪の要件を満たす事態においては、両罪の観念的競合が認められるべきである。(7)

㈢ 個別的問題

b 常習性の意義に関するさしあたっての私見

最後に、本稿が前提とする常習性の意義に関する前提事項についてふれておかなくてはならない。具体的には、特に常習性を行為の属性とみるか行為者の属性とみるか、という問題が本稿の考察にとって重要だと思われるので、その点について検討することとしたい。

詳しくは、後述するが、結論を先に述べると本稿においては、常習性を行為の属性ととらえる。(1)その理由をあげると以下の様になる。

まず、法文によれば「常習として」と規定されていることが指摘される。(2)

文理解釈としては、行為の属性とみるべきである。もちろん、常習性を有する常習犯人という犯罪学的概念(3)としての側面に着眼するならば、行為者の属性という考え方も、それなりに首肯しうるところであるし、立法趣旨に徴すると、むしろ行為者の属性と解する方が自然であるとも解される。(4)しかし、一般論としても制定法の解釈において立案者の主観的意図は参考資料以上の意味をもつものではないし、まして盗犯等ノ防止及処分ニ関スル法律における常習累犯規定については同法が異常な時期に、しかも急遽立案制定されたものであるため、立法の当初から厳しい批判を受けていた、という事情に鑑みるならば、いっそう立法趣旨に拘束される理由に乏しいこととなろう。(5)

次に、責任主義の意義の場面においても確認した通り、行為責任主義の背後にあるいわゆる行為主義の観点からも、行為の属性という考え方が支持されるべきこととなろう。すなわち、「常習性」を行為者の属性と解すると、罰せられるべきは「行為者」であるという行為者主義に陥る可能性が強いと思われる。

たとえば、最高裁判所は盗犯等ノ防止及処分ニ関スル法律三条のいわゆる常習累犯強窃盗の罪と窃盗の着手に至らなかった住居侵入罪との罪数関係が問題となった事例において、「(盗犯防止法三条中)常習累犯窃盗に関する部分は、一定期間内に数個の同種前科のあることを要件として常習性の発現と認められる窃盗罪(窃盗未遂罪を含む。)を包括して処罰することとし、これに対する刑罰を加重する趣旨のものであるところ、右窃盗を目的として犯された住居侵入の罪は、窃盗の着手にまで至った場合にはもちろん、窃盗の着手にまで至らなかった場合にも、右常習累犯窃盗の罪と一罪の関係にあるものと解するのが、同法の趣旨に照らして相当」である、と判示する。(6) そして窃盗目的の住居侵入が常習累犯窃盗と一罪の関係にある、という趣旨が「常習累犯窃盗が常習性の発現としての窃盗罪を包括して重く処罰する趣旨であることから窃盗目的の住居侵入罪も、窃盗罪の常習性の発現として評価すべきである」という内容を意味するとすれば、明文上、住居侵入を構成要件中に含んでいない盗犯防止法三条について、窃盗の着手に至らない窃盗目的の住居侵入行為を常習累犯窃盗罪として処罰する途を開きかねないだろう。(7) このことは、まさに行為者の属性と解された常習性すなわち習癖を媒介として、構成要件行為として明文上規定された行為以外のものまで構成要件行為とすること、ひいては行為ではなく行為者が処罰されうる可能性が現実のものであることを示しているといえよう。(8) この点に鑑みると、常習性は行為の属性として理解すべきである。

さらに、行為者の属性としての常習性概念は、実行行為の範囲を不明確にするため、罪刑法定主義の見地からも問題がある、といわなければならない。(9)

たとえば、ゲーム機賭博の成立範囲が問題となった事例においてかような問題性の存在が窺われる。最高裁判所は、多数の遊戯機を設置した遊戯場を経営する者が、不特定多数の遊戯客との賭博を反復継続した場合につき、その遊戯場は営業開始日から広く常習賭博罪の成立を認めたが、(10) 一審においては常習賭博罪が成立するためには、個々の賭客の存在が要求されるとしていた。(11)

思うにこのような見解の分裂は、行為者の属性としての常習性すなわち習癖というその内容の曖昧な概念を前提とする場合、それによって包括される実行行為の範囲が広狭さまざまに変容しうることに起因する、言い換えると常習性を行為の属性とすることによって実行行為の内容を明確に構造化しえなかったことにもとづくと解されるのである。[12] こうして、常習性を行為の属性とすることを通じて実行行為を明確にする必要が生じる、といえるであろう。そして最後に、個別行為責任の観点からも、常習性を行為者の属性と把握すべきではない、という結論がもたらされる。周知のように、常習性を行為者の属性としての習癖と解するならば、そのような習癖によって規範意識の鈍麻した常習者に対する刑罰加重の根拠づけに困難をきたすであろう。[13] そこから人格責任論や性格論的責任論による常習犯加重の根拠づけの試みが生み出されるのだが、既述の通り本稿では人格責任論や性格論的責任論は批判の対象となったはずである。[14]

かようにして、ここでは常習性を行為の属性と解するのだが、他方法定刑が加重された常習犯が問題となっており、しかも常習犯は、構成要件上同種行為の反復が予定されている、いわゆる集合犯に属するとされるのが一般なのであるから、結局客観的な行為の反復が、なんらかの理由で「行為者の危険性」に依拠することなく、刑罰の増加をもたらす、と解さざるをえない。すなわち、常習犯は単に「反復して」という意義に理解すれば足りる、という結論に至るであろう。[16]

以上で、本稿にとって必要と思われる基本的概念の意義および個別・具体的な論点が確認されたはずである。以下においては、これらの前提をふまえて個々の論点を解明してゆきたい。

㈠

(1)　従来、累犯問題の重点は刑事学的な知見にリードされてきたことから、構成要件解釈という理論的側面よりも、むしろ法的効果すなわち量刑面に置かれてきたと指摘されるが（Frosch, Die allgemeine Rückfallvorschrift des § 48 StGB, 1976, S. 147）、本稿は、このように累犯加重問題のいわば「政策的」性格を重視しすぎることなく、これまで軽視されがちであった「責任主義」と関連する理論的領域にウェイトを置いた考察を試みるものである。

なお、本稿同様、ドイツ刑法旧四八条を素材にして、韓国の累犯加重規定との比較法的研究を行ったものとして

Gyu-Won Chang, Rückfall und Starfzumessung, 1993, S. 1ff. がある

（2） レビ記二六章一四〜一六、一八節では「……その場にもなお、私に従わなければ私はあなたがたの罪につき、こらしめを七倍に増やすであろう」などと戒律や神との契約の反復的無視に対する重い罰が予告されている。

（3） Effert, Die strafrechtliche Behandlung des Rückfalls, 1927, S. 1ff.

たとえば、イスラム法では、三回の体罰の後再度罪を犯す者は、死刑を宣告され、マヌ法典は、新たな犯罪を刑罰加重事由としていた。また、ペルシアではゼンド＝アヴェスタの中において、侮辱罪の未遂もしくは既遂に関して累犯の場合の殴打刑の強化が認められていた。ギリシア人には累犯は知られていなかったといわれるが、プラトンやアリストテレスの見解は、反復は重い処罰に値するというものであったと解されている。ローマ人にとっても、法律違反の反復が刑の加重に結びつくべきであるという公衆の感情は未知のものではなかったが、現代的な累犯（Rückfall）・競合犯（Konkurrenz）・連続犯（fortgesetzte Delikt）の各概念の間には明確な限界が画されていなかったようである。

また他方、常習犯人もしくは慣習的犯人という言葉は、既にローマ人の間に存在しており、中世を通して近世初期の諸立法の中に現れ、一九世紀の立法及び学説の中において徐々に多用されるようになった、といわれている（木村亀二・刑事政策の諸問題（昭和七年）二六三頁）。

なお、本稿においては「累犯」を「実体法上、通常前科を要件として規定される犯罪反復現象」と理解している（第二章第一節㈢注（1）参照）。

（4） 澤登俊雄「刑の適用」平場安治＝平野龍一（編）『改正刑法の研究1』（昭和四七年）二五三頁。

（5） 阿部純二「累犯加重の根拠」岩田誠先生傘寿祝賀『刑事裁判の諸問題』（昭和五七年）七八頁によれば、わが国では累犯加重の根拠に関する本格的議論は乏しい。また、B・シューネマン（編）／中山研一＝浅田和茂（監訳）・現代刑法体系の基本問題（平成二年）二七一頁において、中山教授は、わが国では（累犯加重を）「行為責任原理と調和させようとする『見せかけ』の立法的試みすら行われず、刑罰加重をいかに『正当化』しうるかという問題意識の方が強いように思われる」と指摘されている。

（6） 第一の視点については、第三章第三節において、第二の視点に関しては第三章第五節においてそれぞれ詳細に論じている。

（7） 吉川経夫・三訂刑法総論〔補訂版〕（平成八年）三三七頁、佐伯千仭・四訂刑法講義（総論）（昭和五六年）四一七頁。

(8) 奥沢良雄「常習犯罪人」宮澤浩一＝藤本哲也（編）『新講犯罪学』（昭和五三年）一八三頁。

(9) 第二章第三節参照。この問題については、アメリカ合衆国においては、罪刑均衡の原則との関係で一九八〇年代以降、連邦最高裁判所においてかなりつっこんだ議論が交わされ、ドイツでは、ほぼ、同時期に比例原則との適合性とも関連して類似の論争が行われた。

(10) たとえば、斎藤信治・刑法総論〔第五版〕（平成一五年）五二頁は、「(累犯加重は) 性懲りもなく罪を重ねる者のうちの重要部分につき、重い刑を科すのを認める方向で解決を図っており、これは殺傷・暴力的性犯罪を繰り返す者や暴力団員については不当ともいいにくいが、窃盗・詐欺（無銭飲食等）を繰り返すだけの者などは、概して社会的に危険というより厄介な存在に過ぎず、なるべく比較的短時間のうちに、……支援と親身の世話を与えて社会に送り出す方向で考えるべきものと思われる（高齢受刑者対策も重要性を増しつつある）。余り長く拘禁していると社会復帰のチャンスを失わせる恐れもある。」として、画一的な累犯加重に対して懐疑的な態度を示している。

(二)—(1)

(1) 内藤謙・刑法講義総論（下）Ｉ（平成三年）七三七頁。

このように、責任は構成要件に該当する違法な行為に対するものとして把握されるのであるから、その分量も行為の違法性の程度に相応すべきこととなる。すなわち、刑罰の量は違法性（＝不法）の分量・程度によって限定されるべきなのである（井田良「量刑事情の範囲とその帰責原理に関する基礎的考察」（法学研究五五巻一〇号（昭和五七年）八九頁、内田文昭「違法と責任」中山研一＝西原春夫＝藤木英雄＝宮澤浩一（編）『現代刑法講座第二巻』（昭和五四年）一五頁、城下裕二「量刑基準の研究」（平成七年）一一二頁）。

(2) これは、「刑罰限定的・消極的行為責任主義の原則」と呼ばれ、道義的「責任」を刑罰の正当化根拠とし、「責任あれば刑罰あり」という意味をもつ刑罰根拠的・積極的責任主義と対立させられる（大野平吉「行為責任と人格責任」阿部純二＝板倉宏＝内田文昭＝香川達夫＝川端博＝曽根威彦（編）『刑法基本講座第3巻』（平成六年）二一五頁、内藤・前掲書（注1）七三八頁）。

消極的責任主義を支持するものとして、内田文昭・改訂刑法Ｉ（総論）〔補正版〕（平成九年）二三三頁、佐伯千仭・四訂刑法講義総論（昭和五六年）七九頁、曽根威彦・刑法総論〔第三版〕（平成一二年）一四一頁、中山研一・刑法総論（昭和五七年）八〇頁、野村稔・刑法総論〔補訂版〕（平成一〇年）二六八頁、平野龍一・刑法総論Ⅰ（昭和四七年）五二頁等がある。

また、堀内捷三「均衡（比例）の原則と保安処分の限界」ジュリスト七七二号（昭和五七年）四四頁は、刑の量定の領域においては消極的責任主義は「刑の量定は予防目的に奉仕するものでなくてはならず、責任はその上限を画するにすぎない」という考え方を導くとする。なお、西原春夫・刑法総論（昭和五二年）四五五頁は、消極的・積極的という概念は用いていないが、その論旨に鑑みて消極的行為責任主義に属すると解される。

他方、大谷實・新版刑法講義総論〔追補版〕（平成一六年）三二六頁は、責任主義には帰責における責任主義（「責任がなければ刑罰はない」という原則）と量刑における責任主義（「刑罰は責任の量に比例すべし」という原則）とがあることを認めるものの、責任は刑罰を根拠づけるとともに限定づける機能を有すると解すべきであるから、積極的責任主義と消極的責任主義とを区別することを不当視する。大塚仁・犯罪論の基本問題（昭和五七年）二一七頁も同趣旨と解される。

これに対して、量刑における責任主義（刑罰の程度・分量は責任の程度・分量にしたがう）を一般的には承認しつつも、責任の軽重を正確に算定する方法がまだ存在していないことや、予防的考慮がどの程度この原則により排除されうるかが疑問視されること等から、その具体的な規制範囲を今後の論証課題とするのが、阿部純二「刑の量定の基準について（下）」法学四一巻四号（昭和五三年）四四頁である。
（3）　行為責任論には多数の支持者が存する。内田・前掲書（注2）二二五頁、大谷・前掲書（注2）三一九頁、香川達夫・刑法講義〔総論第三版〕（平成七年）二一〇頁、吉川経夫・三訂刑法総論〔補訂版〕（平成八年）一七〇頁、佐伯千仭・四訂刑法講義（総論）（昭和五六年）二三一頁、荘子邦雄・刑法総論〔第三版〕（昭和五六年）六七頁、曽根・前掲書（注2）一四七頁、中山・前掲書（注2）三三五頁、西原・前掲書（注2）三九九頁、野村・前掲書（注2）二七八頁、福田平・全訂刑法総論〔第四版〕（平成一六年）一八五頁、藤木英雄・刑法講義総論（昭和五〇年）八四頁、町野朔・刑法総論講義案Ⅰ〔第二版〕（平成七年）一二二頁等。青柳文雄・刑法通論Ⅰ総論（昭和四〇年）二三九頁は、訴訟法上の観点から行為責任論を支持する。すなわち、「……当事者主義を強調すると、手続きの公正が重視され反対尋問の吟味を経た供述証拠がその中心的部分を占めることから、人格全体の評価とか性格の評価は法廷に浮彫りされることができず、また被疑者の取調が制限されると自白を得る機会に乏しくなって人格または性格についての最重要な証拠を逸するのも已むを得ないことになる」のであり、（旧刑訴にくらべて当事者主義的色彩、手続の公正の要請を強めている現行刑訴の下では）「行為責任論がよりよく調和することであろう」として、当事者主義的訴訟構造と行為責任論の密接な関連を指摘している。

(4) 行為無価値論・結果無価値論という名称は問題を含んでおり、その内容も一義的に明確なものではないが、ここでは違法の実質を法益の侵害・危険に求め、「故意」一般を違法要素としない見解を「結果無価値論」と解し、行為無価値に法益の侵害・危険に還元できない意義を認め、「故意」一般を含め主観的要素をひろく違法要素とする見解を「行為無価値論」と理解することとする。両者の相違は、刑法の機能に対する考え方の差異に起因する。すなわち、前者は刑法の任務・機能を法益の保護に求め、後者はそれを少なくとも第一次的には社会倫理の維持と考えているのである。

しかし、現代法の一部たる刑法は人間の重要な生活利益（法益）を保護するために存在しているのであって、本来人の内心を第一の問題とする社会倫理は刑罰によって強制すべきではない、刑法の領域よりは高次元の領域に属しているのであるから、行為無価値論は刑法が原則的に人の内心にまで介入することを認容する結果となるのみならず、刑法の社会倫理的機能の強調は国家を社会倫理の創造者とすることを前提とせざるを得ないことから、国家機関が必ずしも生活利益に還元しえない社会倫理を刑罰によって強制し、現代の多様化した価値観に干渉するに至る、というおそれが行為無価値論には存する。

これに対して結果無価値論は、個人の法益を刑罰によって犯罪から保護する、という国家刑罰権の根拠から派生する、「犯罪としてとりあげられるべき行為は、法益およびそれらを保護するのに不可欠の前提条件を侵害すべき行為に限定されるべきである」という点、つねに濫用の危険をはらんだ国家権力による個人の法益の剥奪を本質的に内含する刑法の機能は、人権保障の見地から抑制的に把握されるべきであるという点から根拠づけられるべき、いわゆる客観的犯罪論（客観的・結果的要素が十分に存在する場合に、それに対応する主観的要素があるときに限って犯罪の成立を肯定する立場）の深化・発展に結びつく。

すなわち、客観主義犯罪論の本来のあり方は、刑法の機能をより明確で客観的・外部的な生活利益の保護に求める立場から出発して、「刑罰」を生活利益保護のための最後の手段であるとする「刑法の謙抑性」の考え方と結合しつつ、「犯罪」の成立をその存在のより確実な認定が可能であり、かつ「刑罰」という最後の手段をとらざるを得ない段階に達した場合、つまり、少なくとも、客観的な法益侵害・危険が生じた場合に限定しようとする考え方を基礎とすべきであるが、この考え方が違法論に反映して「結果無価値論」となると解されるからである（内藤謙・刑法講義総論（上）（昭和五八年）一一七頁）。

行為無価値論・結果無価値論の問題に関しては、内藤謙「違法性における行為無価値論と結果無価値論―結果無価値論の立

場から」中義勝（編）『論争刑法』（昭和五一年）三四頁、同「戦後刑法学における行為無価値論と結果無価値論の展開（一）（二）」刑法雑誌二一巻四号（昭和五二年）一頁、二二巻一号（昭和五二年）五八頁、平野龍一・刑法の機能的考察（昭和五九年一五頁、井田良「違法性における結果無価値と行為無価値（一）（二）」法学研究六三巻一〇号（平成二年）一頁、六三巻一一号（平成二年）五八頁、前田雅英・現代社会と実質的犯罪論（平成四年）六九頁等参照。

(5)　確かに、行為責任論には非難の対象たる違法行為を反道義的（反社会倫理的）行為としてとらえ、その意味で「行為無価値論」を前提とする道義的責任論と、責任非難の対象たる違法行為を法の立場から法益の侵害・危険として把握する、すなわち「結果無価値論」に立脚した法的責任論との二類型があるとされる（大野・前掲論文（注2）二〇九頁、内藤・前掲書（注1）七四二頁）。この場合、両類型とも意思自由の問題については非決定論に依拠している点で異なるところはないが、道義的責任論においては、責任判断の主体たる国家が、必ずしも「個人の尊厳」あるいは「個人の生活利益」に還元できない「国家的道義（社会倫理）」を実現する主体として、責任判断の客体である個人に対して道義を刑罰によって強制する道義的優越性をもち、究極的には道義（社会倫理）の創造者としての性格を有することを前提とせざるを得ない、という深刻な問題が存する（内藤・前掲書（注1）七四二頁）。すなわち、道義的責任論は、犯罪を社会倫理違反とする考え方と結びついて、責任ある行為はすべて処罰すべきだとする「犯罪化」の傾向をもちやすい、という意味で積極的責任主義に傾きがちである、と批判されるのである（平野・前掲書（注2）五三頁、同「草案と責任主義」平場安治＝平野龍一（編）『刑法改正の研究1』（昭和四七年）二一頁）。

ところで、本稿では「責任主義」を消極的行為責任主義ととらえ、基本的に責任を刑罰を限定する原理として理解している。したがって、「法益を侵害する行為（違法な行為）をしたことについて、刑罰を手段として法の立場から問われる責任、その意味で法的非難可能性としての責任」をもって刑法上の責任と考える「法的責任論」は、「責任」ないし「責任論」を国家刑罰権を制約する場面としてとらえ、行為責任をもその制約原理として理解し、行為責任論をできるだけ貫徹しようとするものとして道義的責任論よりも適切である、と解されるのである（内藤・前掲書（注1）七四三頁、同「刑事責任」岩波講座基本法学5（昭和五九年）三二〇頁）。さらに、このようにして「責任」を刑罰による非難可能性として把握するならば、処罰に値する「責任」であるかどうかを処罰を限定する方向において問題とすることとなり、いわゆる「可罰的責任」「実質的責任論」を取り上げることが可能となるのである（実質的責任概念については、林美月子・情動行為と責任能力（平成三年）一八頁以下参照）。

（6）　内藤・前掲書（注1）七四〇頁。近代刑法（古典学派）が「罰せられるべきは、その現実的な行為である」という意味における行為主義に立脚していることは、広く一般に承認されてきた命題であるが、そこでは行為者は自由意思の主体として平等であることから捨象されたのである。行為主義は近代学派により行為者主義的に修正されたが、今日でもなお行為主義を自覚的に擁護しようという主張は根強く存在している。たとえば、井田・前掲論文（注1）八八頁、内田・前掲書（注2）二二八頁、曽根・前掲書（注2）一五八頁、中山・前掲書（注2）七五頁、町野・前掲書（注3）一二二頁、前田雅英・刑法総論講義〔第三版〕（平成一〇年）三七頁等。

これに対して、行為当時の意思の自由ないし主体性を判断するための要素として、人格または性格が責任論上の意義を有する等として、行為者の主観的側面・行為者の性格を包含する「行為」責任を主張するのは、青柳・前掲書（注3）三一頁、大谷・前掲書（注2）三一九頁、荘子・前掲書（注3）六七頁、福田・前掲書（注3）一八五頁等であるが、小野清一郎・刑罰の本質について、その他（昭和三〇年）一〇〇頁が「刑法においては、行為責任が原則であり、性格責任又は人格責任は補充的なもの」と説くのも同趣旨と解される。また、木村亀二・刑法総論〔阿部純二増補〕（昭和五三年）三〇四頁は、「行為を行為者との関連において評価する責任」を「性格学的責任論」という用語で表現している。

なお、平野・前掲書（注2）一〇八頁は、行為責任の原則を支持してはいるものの、行為にあらわれた行為者の特性は行為の実質的内容である、としているので行為者人格が原則として「行為」の中において刑罰加重的に考慮されうることとなろう。しかし、内藤・前掲書（注1）七五八頁は、行為の背後に行為者人格が存することを認めつつも、判断が不明確で恣意的に判断される可能性が高い人格については、行為にあらわれた限度で責任非難を軽減する方向でのみ斟酌すべきである、と主張する。

本稿では、行為責任主義を刑罰限定的な原理として把握しているが、この立場からは仮に行為にあらわれた限度であっても、行為者人格の判断は本質的に明確性を欠く以上、常に刑罰を不当に拡張するおそれを伴うことは避けられず、したがって刑罰限定機能を担うべき行為責任の中において行為者人格を刑罰加重的に考慮することは例外的にしか認められないはずである。

（7）　団藤博士の人格責任論の内容については、第二章第二節参照。人格責任論に対する批判は多様である。すなわち、

(a)　人格形成過程はきわめて複雑であり、人格に対して主体的に何かできたとして非難しうる有責な部分と、有責でない部分

とを区別して判定することはほとんど不可能である。とりわけ現在の裁判制度においては、右の区別は証明の彼岸にあるといわざるをえないが、心理学・社会学・性格学等の知識によっても、その区別はほとんど不可能であろう（植松正・再訂刑法概論Ⅰ［総論］（昭和四九年）一九九頁、吉川・前掲書（注3）一七三頁、佐伯・前掲書（注3）二三一頁、中山・前掲書（注2）三二四頁、平野・前掲書（注2）六三頁、福田・前掲書（注3）一八五頁、藤木・前掲書（注3）八四頁等）。

(b)　かりに上記の区別が可能であるとしても、あるいは、たとえ第一次的に犯罪行為に着眼し、犯罪行為がなされたことを契機とするとしても、潜在的な人格体系を問題とし、行為以前の人格形成過程それ自体にまで刑罰による非難を及ぼすことは、個人の生活に対する刑罰による過度の干渉になる（内田・前掲書（注2）二二四頁、中山・前掲書（注2）三二四頁、平野・前掲書（注2）四三頁、藤木・前掲書（注3）八四頁等）。

(c)　人格を主体的に形成できたはずだ、悪い人格環境から主体的に抜け出ることができたはずだとはほとんど常にいえることであるから、実際上人格形成責任が責任非難を軽減する方向で働くことはほとんどないであろう（平野龍一・刑法の基礎（昭和四二年）四五頁）。

(d)　常習犯人は悪い環境のもとで人格形成をした場合も多いのだから、その刑を当然加重すべきだということにはならないであろう（柏木千秋・刑法総論（昭和五七年）一九九頁）。

(e)　人格態度そのものは必ずしも明確に認定できるものではないし、それがそのまま意思あるいは行為として現れるとは限らない（平野龍一・刑法概説（昭和五二年）七三頁）。

(f)　行為責任と人格形成責任とを合一して考える人格責任の幅がきわめて広いものであり、そのことが相対的不定期刑の正当化に連なることは否定できない。しかし、そのように広い幅の責任を認めることは責任の限度を超える保安の要素を持ち込むことになる（内藤・前掲書（注1）七五三頁）。

本稿が前提とする消極的行為責任主義に鑑みると、原則的にその有責性判断の困難な人格ないし人格形成過程にまで責任非難を及ぼすことを許容する人格責任論は受け入れ難い、というほかはない。

（8）　平野博士の実質的行為責任論については、第二章第二節を参照。ただし、この見解に対する批判をまとめると次のようになる。

(a)　実質的行為責任論の基礎に存する性格論的責任論は、行為主義を維持しつつも、その限度内で「危険な性格」を求めて行為者人格の内面に立ち入るものであるが、そのような人格の内容に何を数えるか、現在の科学をもってしてもほとんど明らかになっていないだけに、人格への干渉は非難性を軽減もしくは抹消する方向においてのみ許容される（西原・前掲書（注2）三九九頁）。

(b) 性格に生理的層と規範心理的層がある、といっても不分明であり、この理論によれば確信犯人は、後者の層において人格相当であるとして、つねに重く処罰するという結論になろうが、そのことにも疑問がある（内藤・前掲書（注1）七五八頁、真鍋毅「戦後刑事責任論の軌跡」刑法雑誌二四巻一号（昭和五五年）六一頁）。

(c) 将来の再犯を予防する新たな「条件づけ」に刑の目的と機能を限定する場合、刑罰・責任の分量は当該人格が将来犯罪意思を作り上げる可能性の程度であるとされるが、その場合それは性格の危険性の程度に比例することになるが、それは行為責任に向けられた理論とはいいがたい（中山研一・現代刑法学の課題（昭和四三年）二一七頁）。

(d) 社会的非難（刑罰）が将来への条件づけにとどまる限り、その非難は、本来の非難（他の行為をするように意思決定しえたこと）とはいえないように思われる。それゆえ常習犯の場合、刑に適するからといって無条件に「責任」が重いといいうるかは疑問である（中山・前掲書（注2）三二四頁）。

(e) 性格論的責任論は、刑罰限定原理としての責任主義と矛盾する。なぜならば、責任主義による刑罰の限定とは、犯罪予防目的の追求を刑事政策的考慮と対立する原理によって遮断することを意味するのであり、したがって、そのような予防目的追求を限定するためには、過去の違法行為に対する回顧的な非難可能性の意味における行為責任が最適であるのに、性格論的責任論が前提とする非難は、予防目的を限定する回顧的なものではなく、むしろ予防目的によって規定される展望的なものであって、このような意味での責任非難に立脚した責任主義は刑罰限定機能を本来的に持ちえないからである（井田・前掲論文（注1）九二頁）。

やはり、本稿が前提とする消極的行為責任主義は、性格論的責任論の基礎に存する「展望的非難」概念と相容れず、結局性格論的責任論の基礎の上に打ち立てられた実質的行為責任論も採用できないこととなる。

(9) 性格責任論については、累犯加重の根拠との関係で第二章第二節で考察している。

(10) なお、ドイツにおいては量刑の基礎となる責任は、犯罪性としての責任、「有責な違法行為」の総体であるが、その軽重を求めるのに「広い意味での行為責任」「行為者人格を考慮に入れた行為責任」という観念を用いるのが通説である（阿部・

前掲論文（注2）五五頁、同「量刑論の現状と展望」現代刑事法二一号（平成一三年）八頁）。

（11）井上大「刑罰論の展開と刑法における予防目的の考慮（一）」専修法学論集四七号（昭和六三年）二八九頁、内藤・前掲書（注1）七三八頁、宮内裕「現代刑法における行為責任主義の原則」平野龍一（編）『現代法と刑罰11』（昭和四一年）一三七頁等参照。

（12）浅田和茂「責任と予防」阿部純二＝板倉宏＝内田文昭＝香川達夫＝川端博＝曽根威彦（編）『刑法基本講座第3巻』（平成六年）二二八頁、内藤・前掲書（注1）七五九頁。

（13）内藤・前掲書（注1）七六〇頁。

（14）ドイツにおいても、(行為) 責任の範囲内において予防目的との調和を図ろうとする見解が存する。たとえば、シュトラーテンヴェルトは量刑の基礎となる責任を純粋な行為責任と解し具体的な刑はこの行為責任の程度を超えない範囲内において、専ら予防目的から導かれるべきだ、という基本的な考え方に立つ（Stratenwerth, Tatschuld und Strafzumessung, 1971, S. 15ff.; 阿部・前掲論文（注2）五三頁）。

またバウマンの見解は、行為責任によって刑の上限が定められるが、下限も無制約ではなく、法益保護ないし一般予防の要求から一定の限界が画されるのであって、裁判官はこの範囲内で、特別予防の要求に応じて刑を決定すべきである、というものである（Baumann, Strafrecht, Allg. Teil, 7. Aufl., 1975, S. 13, 18, 647f. バウマン（編著）（佐伯千仭編訳）『新しい刑法典のためのプログラム』（昭和四七年）九頁、バウマン（編）（西原春夫＝宮澤浩一監訳）『西独刑法改正論争』（昭和五六年）一頁）。

さらに、ロクシンも責任と予防の調和に関して独自の主張を展開している。すなわち、刑事政策的な価値決定を刑法体系に導入するという基本的立場から、犯罪の第三の要件は答責性（Verantwortlichkeit）であるとし、責任は刑罰を限界付けるだけであって単独で刑罰を根拠づけるものではない、と説くのである（Roxin, Strafrechtliche Grundlagenproblem, 1973, S. 1ff.; ders. “Schuld” und “Verantwortlichkeit” als strafrechtliche Systemkategorien. Grundfragen der gesamten Strafrechtswissenschaft; Festschrift für Heinrich Henkel zum 70. Geburtstag, hrsg. von Claus Roxin, 1974. S. 171ff.; ders. Zur jüngsten Diskussion über Schuld, Prävention und Verantwortlichkeit im Strafrecht. Festschrift für Paul Bockelmann zum 70. Geburtstag, hrsg. von Arthur Kaufmann u. a., 1979, S. 279ff. これらの邦訳として、宮澤浩一（監訳）・刑法における責任と予防（昭和五九年）一頁、七一頁、一七九頁参照）。

なおロクシンの見解については、浅田和茂「責任と答責性」平場博士還暦祝賀『現代の刑事法学（上）』（昭和五二年）二七二頁、中川祐夫「責任と可罰的評価」前掲平場還暦祝賀二五二頁、大山弘「責任と予防に関する一考察」関大法学論集三一巻五号（昭和五七年）六六頁、真鍋毅「責任原則の帰趨」Law School 七号（昭和五四年）三八頁等参照。

(二)―(2)

（1）堀内捷三「責任論の課題」芝原邦爾＝堀内捷三＝町野朔＝西田典之（編）『刑法理論の現代的展開総論Ⅰ』（昭和六三年）一七四頁。期待可能性の理論に関する包括的研究としては、佐伯千仭・刑法に於ける期待可能性の思想〔増補版〕（昭和六〇年）一頁以下参照。

（2）青柳文雄・刑法通論Ⅰ総論（昭和四〇年）二三一頁、植松正・再訂刑法概論Ⅰ〔総論〕（昭和四九年）二〇二頁、内田文昭・改訂刑法Ⅰ（総論）（補正版）（平成九年）二三三頁、大塚仁・刑法概説〔総論・第三版増補版〕（平成一七年）四二五頁、大谷實・新版刑法講義総論〔追補版〕（平成一六年）三三一頁、香川達夫・刑法講義〔総論第三版〕（平成七年）二一三頁、吉川経夫・三訂刑法総論〔補訂版〕（平成八年）一七〇頁、木村亀二・刑法総論〔阿部純二増補〕（昭和五三年）三〇一頁、佐伯千仭・四訂刑法講義総論（昭和五六年）二二九頁、荘子邦雄・刑法総論〔第三版〕（平成八年）三〇二頁、曽根威彦・刑法総論〔第三版〕（平成一二年）一五〇頁、団藤重光・刑法綱要総論〔第三版〕（平成二年）二六四頁、内藤謙・刑法講義総論（下）（平成三年）七八四頁、中山研一・刑法総論（昭和五七年）三二七頁、西原春夫・刑法総論（昭和五二年）三八九頁、野村稔・刑法総論〔補訂版〕（平成一〇年）二七五頁、福田平・全訂刑法総論〔第四版〕（平成一六年）一八八頁、藤木英雄・刑法講義総論（昭和五〇年）二〇一頁、前田雅英・刑法総論講義〔第三版〕（平成一〇年）二六二頁等。規範的責任論の展開過程については、木村亀二「刑事責任の本質」法哲学四季報二号（昭和二四年）二頁以下参照。

（3）内田・前掲書（注2）二三〇頁、佐伯・前掲書（注2）二二九頁。

（4）前田・前掲書（注2）七一頁。それによれば、(a)一般人に肯定されるような非難を向けうるからこそ、国民は処罰を納得するのである、(b)「非難」に値する行為さえしなければ処罰されないと思うから、一般人は日常の行動における予測可能性を与えられ、また刑罰の一般予防効果を期待することも可能となる、(c)犯人は、非難に値しない場合に処罰されれば「不運だ」と思うに過ぎない、(d)「非難できない者」、例えば精神の障害により自己の行動をコントロールし得ない者を処罰しても、刑罰が行為に影響を与えることを期待できず、効果も期待しえない面がある、等のマイナス効果が刑罰制度に生じる、と分析されている。

ところで、ドイツでは近年、ヤコブスが刑罰は法的誠実の訓練の意味での積極的一般予防を目的とするとしたうえ、そのような一般予防のみが責任に内容を与える、として責任の予防による置き換えを主張している（Jacobs, Über die Behandlung von Wollensfehlern und von Wissensfehlern, ZStW 101 (1989), S. 516ff. シューネマン（編）（中山研一＝浅田和茂監訳）『現代刑法体系の基本問題』（平成二年）一五五頁）。また、同様の立場からハッセマーが、保安処分の先執行により刑罰の代替を認めることによって責任非難の意味は失われており、刑法の正当化は責任応報ではなく、自由（法益）の保護にあるとして、責任非難に代えて比例原則を基準にすべきであると主張した（Ellscheid / Hassemer, Strafe ohne Vorwurf, Lüderssen / Sack (Hrsg.), Abweichenders Verhalten II, 1975, S. 261ff. ヴィンフリード・ハッセマー（堀内捷三編訳）『現代刑法体系の基礎理論』（平成三年）九一頁）。

しかし、ヤコブスやハッセマーの主張は、結局不法な結果に相応した制裁という主張に至らざるを得ないのであり、責任がなくても刑事制裁を科すことを認める刑と保安処分の二元主義・保安処分一元主義を前提とする議論であり、刑罰一元主義に立脚するわが国の刑法の解釈には直ちには妥当しないと解される。責任は、結果の重大性として問題となる違法を受け取りつつ、独自の限定機能を保有するのである（浅田和茂「責任と予防」阿部純二＝板倉宏＝内田文昭＝香川達夫＝川端博＝曽根威彦（編）『刑法基本講座第3巻』（平成六年）二二九頁）。責任の予防による置き換えの主張に批判的なのはアルトゥール・カウフマンであるが、その議論についてはアルトゥール・カウフマン（上田健二監訳）『転換期の刑法哲学』（平成五年）一四四頁以下参照。

最近では、内田文昭「決定論と予防論」香川達夫博士古稀祝賀『刑事法学の課題と展望』（平成八年）二四一頁以下が、「予防的責任論」に批判的である。

ただ、わが国では堀内教授が、ハッセマー説を踏まえながら、他行為可能性＝非難は無内容だとして責任から非難という規範的要素を排除したうえ、責任は予防の必要性であり、比例原則が予防の必要性を規制するという実質的「事実的」責任論を提唱されている（堀内捷三「責任主義の現代的意義」警察研究六一巻一〇号（平成二年）三頁以下）。

また、ヤコブスに近接した議論として、林幹人・刑法の基礎理論（平成七年）一頁以下。

なお、責任と予防をめぐる近年の議論については以下の論文を参照。

伊東研祐「責任非難と積極的一般予防・特別予防」福田平大塚仁博士古稀祝賀『刑事法学の総合的検討（上）』（平成五年）二九九頁、井上大「責任論の展開と刑法における予防目的の考慮（一）（二・完）」専修法学論集四七号（昭和六三年）二八五頁、四八号（昭和六三年）一五三頁、同「刑罰目的としての特別予防と一般予防」専修法学五〇号（平成元年）一一三頁、大山弘「期待可能性の構造について」犯罪と刑罰二号（昭和六一年）二六頁、神田宏「責任と刑罰の積極的一般予防論的考察」法と政治四二巻三号（平成三年）六五頁、田中久智＝田中りつ子「積極的一般予防に関する一考察」名城法学三七巻別冊・西山富夫教授還暦祝賀論文集（昭和六三年）一一五頁、田中久智「積極的一般予防論ならびに結果無価値論に関する一考察」熊本法学五七号（昭和六三年）二五九頁、三宅孝之「責任能力と一般予防論」法学教室一三七号（平成四年）二三頁等。

（5）　内藤・前掲書（注2）七六三頁。可罰的責任論については、佐伯・前掲書（注2）二三二頁のほか、注㈡—⑴—（14）で掲げた諸論文を参照のこと。なお、平野博士の性格論的責任論を基礎とする実質的行為責任論もやはり、刑法上の責任を予防目的の観点から再構成しようとするもので、可罰的責任論に数えられるが（曽根・前掲書（注2）一六三頁）、そこで意図される刑罰の効果に結合された責任概念は従来の規範的責任論における回顧的非難と異なるものであることは、すでに述べた。

（注㈡—⑴—（8）参照）

㈡—⑶

（1）　木村亀二・刑法総論〔阿部純二増補〕（昭和五三年）三〇二頁。

（2）　内藤謙・刑法講義総論（下）Ⅰ（平成三年）七七五頁、木村・前掲書（注1）三〇三頁。

（3）　内藤・前掲書（注2）七七五頁。

（4）　内藤・前掲書（注2）七七九頁、堀内捷三「責任論の課題」芝原邦爾＝堀内捷三＝町野朔＝西田典之（編）『刑法理論の現代的展開総論Ⅰ』（昭和六三年）一八二頁。

なお、自由意思の存否につき、その挙証責任は決定論の側にある、と主張するのが団藤重光「刑法における自由意思の問題」尾高朝雄教授追悼論文集『自由の法理』（昭和三八年）二二四頁であり、反対に被告人の有責性を立証する責任が検察官にある以上、挙証責任は非決定論者の方にあると論ずるのが、平野龍一・刑法の基礎（昭和四一年）七〇頁であるが、内藤・前掲書（注2）七八一頁は、自由意思の存否については意見が分かれているのだから、それぞれの主張をする立場に挙証責任があるとする。

団藤博士の主張の基礎には、「主体的・実践的な人間像」が存しているのである。

(5)　他行為の可能性は説明できないが、だからといって自由意思が存在しないともいえないとして、責任刑法を維持するために自由意思をフィクションとして擬制する立場が不可知論（懐疑主義）であるが、わが国では佐伯・四訂刑法講義総論（昭和五六年）二三九頁、中義勝「刑事責任と意思自由論」刑法雑誌一四巻三＝四号（昭和四一年）四二三頁等で主張されている。ドイツの刑法学説ではかなり有力であるが、この点については、阿部純二「最近の西ドイツにおける責任論の傾向」刑法雑誌二四巻一号（昭和五五年）九一頁以下参照。しかし、不可知論によれば、行為者本人がなしえたことをなさなかったからではなく、一般の経験によれば平均人がなしえたことをなさなかったがゆえに、社会的に非難され、処罰されることとなる（内藤・前掲書（注2）七七九頁）が、このように一般人・平均人を基準とするならば、まさに性格責任論の基礎にある決定論を前提としている、という批判があてはまるであろう（中山研一・増補ソビエト刑法（昭和四七年）六九頁）。

しかし、責任判断はあくまで具体的な行為者本人の行為についての法的非難可能性の問題であるから、平均人の一般的な他行為可能性ではなく、行為者本人の自己決定への具体的自由、すなわち素質と環境の制約の下にある他行為可能性としての行動選択の自由こそが、責任判断の基準とされるべきである（内藤・前掲書（注2）七八〇頁）。中山研一・刑法総論（昭和四七年）三二一頁も、行為者本人にとっての他行為可能性を基準にするならば、非科学的な無原因的自由に依拠せざるを得ない、としながらも、人間の意思が法則によって支配されることを認めたうえでも、なお行為者にとって他行為可能性を認めることは可能であり、その場合にのみ責任非難は説得的たりうる、と主張する。

(6)　大谷實・刑事責任の基礎〔訂正版〕（昭和五二年）四頁は、自由意思の有無にかかわりなく、各論者の刑法観・責任観・刑罰観から逆に自由意思の要否が論じられるのが現状である、と指摘する。ただ、松村格「刑法と自由意思」阿部純二＝板倉宏＝内田文昭＝香川達夫＝川端博＝曽根威彦（編）『刑法基本講座第1巻』（平成四年）一七頁以下は自由意思要否論にひそむ少なからぬ問題点を指摘している。

(7)　堀内・前掲書（注4）一八五頁。ただし、前田雅英・刑法総論講義〔第三版〕（平成一〇年）三六頁は、規範的責任論を前提としつつも他行為可能性に基づく非難可能性は、旧来の道義的責任論者のいう形而上学的概念ではなく、国民の中に現存する規範意識によって認められるものであるとして、決定論の立場とも結び付けられるし、またこの立場からの要求であると述べている。ただ、このような外からの社会的非難という考え方自体は一応可能であるとしても、それが目的刑・予防刑を根拠とする場合には、「責任」による限定といっても結局は予防原理の中に解消され、刑法と処分法との区別が失われるおそれがあるとともに、非難による刑罰限定機能も喪失する可能性が高いのではないか、という疑問をなお払拭できない（中山研一・口述刑法総論〔第三版〕（平成六年）一九二頁）。それゆえ、やはり意思の自由を消極的な形であれ前提とするべきである、と解される。

(8)「やわらかな決定論」に関しては、大野平吉「刑法と自由意思」中山研一＝西原春夫＝藤木英雄＝宮澤浩一（編）『現代刑法講座第一巻』（昭和五二年）五〇頁、平野・前掲書（注4）六五頁、前田・前掲書（注7）三五頁等。

(9) 平野・前掲書（注4）四〇頁。

(10) 平野・前掲書（注4）四二頁。

(11) 内藤・前掲書（注2）七八二頁。

(12) 上原行雄「非決定論と自由の構図素描」上原行雄＝長尾龍一（編）『自由と規範—法哲学の現代的展開』（昭和六〇年）七三頁。

(13) 注(二)—(1)—（8）参照。

(14) 注(二)—(1)—（2）・（11）・（12）参照。

(15) 注(二)—(1)—（4）・（5）・（8）参照。

(16) 内藤・前掲書（注2）七七九頁。なお、相対的非決定論を支持するのは、大塚仁・刑法概説〔総論・第三版増補版〕（平成一七年）四二一頁、大谷實・新版刑法講義総論〔追補版〕（平成一六年）三九頁、荘子邦雄・刑法総論〔第三版〕（平成八年）六三頁、曽根威彦・刑法総論〔第三版〕（平成一二年）一五六頁、団藤重光・刑法綱要総論〔第三版〕（平成二年）三三頁、西原春夫・刑法総論（昭和五二年）三九一頁、野村稔・刑法総論〔補訂版〕（平成一〇年）七一頁、福田平・全訂刑法総論〔第四版〕（平成一六年）二〇頁、同・刑法解釈学の基本問題（昭和五〇年）八七頁、藤木英雄・刑法講義総論（昭和五〇年）八二頁等。

(17) 内藤・前掲書（注2）七八四頁。

(18) 堀内・前掲書（注4）一八二頁。ホセ・ヨンパルト「刑法と自由意思」原秀男ほか（編）『法の理論1』（昭和五六年）二六三頁以下。

(19)　堀内・前掲書（注4）一八五頁、内藤・前掲書（注2）七八四頁。
(20)　曽根・前掲書（注16）一六四頁、内藤・前掲書（注2）七八四頁。
(21)　中山研一・概説刑法Ⅰ〔第2版〕（平成一二年）一四五頁。

㈡—(4)

(1)　注㈡—(3)—（1）参照。
(2)　木村亀二・刑法総論〔阿部純二増補〕（昭和五三年）三〇二頁、曽根威彦・刑法総論〔第三版〕（平成一二年）一六〇頁、内藤謙・刑法講義総論（下）Ⅰ（平成三年）七七五頁、前田雅英・刑法総論講義〔第三版〕（平成一〇年）二六三頁等。
(3)　木村・前掲書（注2）三〇六頁、曽根・前掲書（注2）一七九頁、内藤・前掲書（注2）一一八五頁等。
(4)　木村・前掲書（注2）三〇五頁、曽根・前掲書（注2）一七七頁、内藤・前掲書（注2）一〇一七頁等。
(5)　第二章第二節参照。
(6)　ドイツでは「違法性の意識の可能性」をもって故意責任を肯定する、いわゆる「責任説」が安定した地位を占めているとされているが、違法性の意識の可能性を累犯加重の問題に直ちにあてはめうるかは疑問視されていた（第三章第三節参照）。
(7)　違法性の意識の内容から「可罰的性格」を払拭するほど、後述する「警告理論（Warntheorie）」のもとでは、前刑の警告効果の認められる犯罪行為の種類が多様化し、その結果いわゆる「異種累犯」の範囲が不当に拡大するように思われる（第三章第三節参照）。
(8)　違法性の意識ないし違法性の錯誤の問題に関する包括的研究としては、齋野彦弥・故意概念の再構成（平成七年）一頁以下、高山佳奈子・故意と違法性の意識（平成一一年）一頁以下、長井長信・故意概念と錯誤論（平成一〇年）一頁以下、福田平・違法性の錯誤（昭和三五年）一頁以下、松原久利・違法性の意識の可能性（平成四年）一頁以下等参照。
(9)　Hillenkamp, Zur materiellen Rückfallklausel des § 17 a StGB, GA 1974, S. 216.
(10)　判例については、中森喜彦「違法性の錯誤」芝原邦爾（編）『刑法の基本判例』（昭和六三年）四四頁等参照。ただし、最高裁は昭和五〇年代には不要説には積極的に言及しなくなった（長井長信「違法性の意識」阿部純二＝板倉宏＝内田文昭＝香川達夫＝川端博＝曽根威彦（編）『刑法基本講座第3巻』（平成六年）三〇三頁）。
(11)　松原・前掲書（注8）二頁。

(12) 内藤・前掲書（注2）一〇〇七頁、松原・前掲書（注8）八頁。

(13) 不要説を支持するのは、泉二新熊・日本刑法論上巻（総論）（昭和二年）四六八頁。なお、自然犯と法定犯を区別し、前者に関しては違法性の意識は不要だが後者については違法性の意識を必要と解することから、違法性の錯誤は自然犯においては故意を阻却しないが、法定犯においては故意を阻却する、とする説（自然犯・法定犯区別説）もあるが、この区別説は社会的責任論から出発する見解である点で、そもそも本稿の基本的立場と相容れない（松原・前掲書（注8）九頁）。

(14) 準故意説をとるのは、草野豹一郎・刑法要論（昭和三一年）八九頁、斎藤金作・刑法総論（改訂版）（昭和三〇年）一九六頁、佐伯千仭・四訂刑法講義総論（昭和五六年）二七八頁等。

(15) 内藤・前掲書（注2）一〇一三頁、松原・前掲書（注8）一三頁。

(16) 厳格故意説に立つのは植松正・再訂刑法概論Ⅰ〔総論〕（昭和四九年）二四三頁、内田文昭・改訂刑法Ⅰ（総論）〔補正版〕（平成九年）二四四頁、大塚仁・刑法概説〔総論・第三版増補版〕（平成一七年）四四三頁、小野清一郎・刑法概論〔増訂版〕（昭和三一年）一一六頁、柏木千秋・刑法総論（昭和五七年）二二六頁、吉川経夫・三訂刑法総論〔補訂版〕（平成八年）一九四頁、荘子邦雄・刑法総論〔第三版〕（平成八年）三七八頁、中野次雄・刑法総論概要〔第三版〕（平成四年）四一頁、中山研一・刑法総論（昭和五七年）三七二頁、奈良俊夫・新版概説刑法総論（平成五年）二〇六頁等。

(17) 内藤・前掲書（注2）一〇〇九頁、松原・前掲書（注8）一一頁。

(18) 内藤・前掲書（注2）一〇一〇頁、松原・前掲書（注8）一三頁。厳格故意説からの近年の議論としては、日高義博「違法性の錯誤」芝原邦爾＝堀内捷三＝町野朔＝西田典之（編）『刑法理論の現代的展開』（平成二年）三四頁以下参照。

(19) 内藤・前掲書（注2）一〇一四頁、松原・前掲書（注8）一七頁。

(20) 制限故意説は、板倉宏・刑事法教室Ⅰ（昭和六〇年）一九一頁、井上正治・刑法学（総則）（昭和二六年）一四四頁、正田満三郎・刑法体系総論（昭和五四年）二七五頁、団藤重光・刑法綱要総論〔第三版〕（平成二年）三一六頁、藤木英雄・刑法講義総論（昭和五〇年）二一二頁等によって支持されている。

(21) 責任説を採用するのは、青柳文雄・刑法通論Ⅰ総論（昭和四〇年）二八七頁、阿部純二「故意論の展望」藤木英雄＝板倉宏（編）『刑法の争点（新版）』（昭和六二年）八一頁、大野平吉・概説犯罪総論上巻［補訂版］（平成六年）二八八頁、大谷實・

新版刑法講義総論〔追補版〕（平成一六年）三六二頁、香川達夫・刑法講義〔総論第三版〕（平成七年）二四二頁、木村亀二・犯罪論の新構造（上）追補版（昭和四一年）三四二頁、曽根・前掲書（注2）一七八頁、内藤・前掲書（注2）一〇〇六頁、中義勝・講述犯罪総論（昭和五五年）一七四頁、西原春夫・刑法総論（昭和五二年）四一六頁、野村稔・刑法総論〔補訂版〕（平成一〇年）三〇七頁、平野龍一・刑法総論Ⅱ（昭和五〇年）二六三頁、福田平・全訂刑法総論〔第四版〕（平成八年）一九二頁、山口厚・刑法総論〔補訂版〕（平成一七年）二一五頁、山中敬一・刑法総論Ⅰ（平成一一年）二八四頁等。

(22) なお、前田雅英・刑法演習講座（平成三年）一六七頁以下では、故意概念を実質化しつつ意味の認識に違法性の意識を含ませようとする見解が主張されており、「違法性の意識の喚起機能を持つ事実の認識が故意の対象であるとするなら、逆に、違法性の認識、あるいはその可能性がある以上故意がある」という結論を避けられず不当な議論である、と批判されているが（町野朔「意味の認識について（上）」警察研究六一巻一一号（平成二年）四頁以下）、故意は反規範性の認識ではなく、それに対する規範的評価を捨象した、それ以前に存在する犯罪の実質の認識であって、規範との関係を有する違法性の認識とは異なった意思過程の段階に属すると解すべきであろう。

(23) 内藤・前掲書（注2）一〇一八頁。

(24) 「違法性の意識の可能性」で足りる、ということになると「違法性の意識」が要求される場合よりも、累犯の高められた責任非難を肯定しやすくなるのではないか、という問題が生じるのである。

(25) 長井・前掲論文（注10）三〇四頁。なお詳細については、長井長信「違法性の意識に関する一考察」北大法学論集三六巻三号（昭和六〇年）一三三頁以下参照。

(26) 内藤・前掲書（注2）一〇三二頁。

(27) たとえば、大塚・前掲書（注16）四〇七頁、木村・前掲書（注2）三〇八頁、平野・前掲書（注21）二六五頁、福田・前掲書（注21）一九四頁等により支持されている。

(28) 内藤・前掲書（注2）一〇三三頁。

(29) 町野朔「『違法性』の認識について」上智法学論集二四巻三号（昭和五六年）二二六頁以下、米田泰邦・犯罪と可罰的評価（昭和五八年）一一六頁。比較的最近のものとして、齋野彦弥「故意概念の再構成」刑法雑誌二八巻三号（昭和六三年）三六五頁以下。

(30) したがって、行為者が一定の構成要件該当行為の違法性を意識していたとしても、他の構成要件該当行為の違法性を意識していることにはならない、と解すべきである（内藤・前掲書（注2）一〇三五頁）。このいわゆる「違法性の意識の可分性」の問題については、長井・前掲論文（注25）一九五頁以下参照。

(31) 内藤・前掲書（注2）一〇三六頁。違法性の意識の可能性の有無の判断については、国家の側の取締目的という政策的判断を一方的に強調することは許されない。国家は法を国民に周知徹底させる努力を要する。なお、松原・前掲書（注8）六二頁以下参照。

㈡―⑸

(1) 中山研一・口述刑法総論〔第二版〕（昭和五八年）二二九頁、同・刑法総論（昭和五九年）五六二頁、同・概説刑法Ⅰ〔第二版〕（平成一二年）一四八頁。第二章第三節参照。

(2) 期待可能性の問題については、他にも「体系上の位置」「錯誤」等重要な問題が存するが、ここでは直接関係しないので立ち入らない。詳細は、佐伯千仭・刑法における期待可能性の思想〔増補版〕（昭和六〇年）三四二頁以下参照。

(3) 大塚仁・刑法概説〔総論・第三版補訂版〕（平成一七年）四六五頁。

(4) 瀧川幸辰「期待可能性の理論」日本刑法学会（編）『刑事法講座第二巻』（昭和二七年）二七九頁。

(5) 阿部純二「累犯加重の根拠」岩田誠先生傘寿祝賀『刑事裁判の諸問題』（昭和五七年）九一頁。

(6) 阿部・前掲論文（注5）九〇頁。中村悳「累犯と量刑」罪と罰一五巻四号（昭和五三年）一五頁。

(7) 違法性の意識の可能性と期待可能性との関係については、川端博「期待可能性」中山研一＝西原春夫＝藤木英雄＝宮澤浩一（編）『現代刑法講座第二巻』（昭和五四年）二五〇頁参照。ここでは、以下の様に考えている。違法性の意識の可能性が存在しない場合は、行為が違法であることを意識する可能性がなく、そのため違法行為に出ないという反対動機を形成する可能性がないから、行為者を非難できないのである。これに対して、期待可能性が存在しない場合には、行為が違法であることを意識する可能性があっても、行為者がそれに従って適法行為に出るという意思決定をなすことを期待することが不可能であるから、行為者を非難できないのである。それゆえ、期待可能性の不存在は、違法性の意識の可能性があった場合に、その後で問題になる（内藤謙・刑法講義総論（下）Ⅰ（平成三年）一二〇五頁）。

(8) 行為者標準説を支持するのは、井上正治・判例にあらわれた過失犯の理論（昭和三四年）二九七頁以下、内田文昭・改訂

刑法Ⅰ〔総論〕〔補正版〕（平成九年）二五三頁、大塚・前掲書（注3）四一九頁、大谷實・新版刑法講義総論〔追補版〕（平成一六年）三七八頁、吉川経夫・三訂刑法総論〔補訂版〕（平成八年）二二七頁、荘子邦雄・犯罪論の基本思想（昭和五四年）二二〇頁、団藤重光・刑法綱要総論〔第三版〕（平成二年）三二九頁、野村稔・刑法総論〔補訂版〕（平成一〇年）三一四頁等。

（9）　植田重正「期待可能性」日本刑法学会（編）『刑法講座3』（昭和三八年）二七頁。批判については、中森喜彦「期待可能性」阿部純二＝板倉宏＝内田文昭＝香川達夫＝川端博＝曽根威彦（編）『刑法基本講座第3巻』（平成六年）二八一頁以下参照。

（10）　平均人標準説は、小野清一郎・新訂刑法講義総論〔増補版〕（昭和二五年）一六六頁、川端・前掲論文（注7）二四九頁、木村亀二・刑法総論〔阿部純二増補〕（昭和五三年）三〇五頁、江家義男・刑法（総論）（昭和二七年）一四八頁、西原春夫・刑法総論（昭和五二年）四三一頁、日高義博「期待可能性」町野朔（編）『刑法キーワード』（平成四年）八一頁、福田平・全訂刑法総論〔第四版〕（平成一六年）二一八頁、藤木英雄・刑法講義総論（昭和五〇年）二二六頁、前田雅英・刑法総論講義〔第三版〕（平成一〇年）三七一頁等が支持している。

なお、植松正・再訂刑法概論Ⅰ〔総論〕（昭和四九年）二〇七頁は、平均人を責任能力者と同視している。

（11）　内藤・前掲書（注7）一二〇八頁、中森・前掲論文（注9）二八二頁。

（12）　いわゆる国家標準説は、青柳文雄・刑法通論Ⅰ総論（昭和四〇年）三二四頁、佐伯千仭・四訂刑法講義（総論）（昭和五六年）二九〇頁、中義勝・講述犯罪総論（昭和五五年）一八八頁、中森・前掲論文（注9）二八三頁、平野龍一・刑法総論Ⅱ（昭和五〇年）二七八頁、平場安治・刑法総論講義（昭和二七年）一一三頁、米田泰邦「超法規的責任阻却事由」法学セミナー一九五号（昭和四七年）六二頁等により採用されている。

（13）　内藤・前掲書（注7）一二一二頁。

（14）　たとえば、刑法三七条二項は、警察官・消防官などのように一定の危険に身を曝さなければならない「業務上特別の義務がある者」には緊急避難は許されないと規定しているが、この場合、国家が業務上特別義務者に対して、行為者にも平均人にも、期待しうる可能性がないことまで期待していることになるし、囚人の単純逃走が処罰される刑法九七条の場合も同様である（内藤・前掲書（注7）一二一二頁）。

（15）　内藤・前掲書（注7）一二一三頁

（1）第二章第二節参照。
（2）古くは植松正＝団藤重光＝牧野巽＝吉益脩夫（編）『累犯の研究』（昭和三五年）二二二頁—三一〇頁において、精神病質傾向のもの、および精神薄弱を合併しているものの合計を割り出しているが、それによると詐欺累犯者二三二名について九一・四%、放火累犯者一九名について八三・二%、暴力累犯者九三名について八〇・六%、女子累犯者八八名について六四・九%という結果となった。
さらに、福島章「窃盗累犯の研究」岩井弘融＝遠藤辰雄＝樋口幸吉＝平野龍一（編）『日本の犯罪学2原因Ⅱ』（昭和四四年）六七八頁は、窃盗累犯の性格学的特徴を、意思欠如単一型・分裂病質など無力性類型の優位にある、と結論づけている。

また、近年、市川敬雄＝渡辺佳明＝杉原弘泰＝富田猷生「危険な常習累犯者に対する実証的研究」『法務総合研究部紀要』二二号（昭和五四年）一一頁では、放火における再入者の七一・四%、強制わいせつ・同致死傷罪の再入者の四三・五%が異常人格者であるとされているし、岩崎四郎＝奥沢良雄＝岡部俊六＝奥出安雄＝富田猷生「窃盗累犯・詐欺累犯受刑者に関する実証的研究」『法務総合研究部紀要』二二号（昭和五四年）三六頁によれば、窃盗累犯群では何らかの精神障害のある者による頻回入所度数率の高さが証明されている。なお、岩井宜子「精神病質犯罪者の取扱いに関する法的問題」団藤重光博士古稀祝賀論文集第三巻（昭和五九年）二〇六頁も参照。
（3）Haffke, Rückfall und Strafzumessung, in; Bernd Schünemann (Hrsg.), Grundfragen des Modernen Strafrechtssystems, 1984, S. 208.
（4）阿部純二「累犯加重の根拠」岩田誠先生傘寿祝賀『刑事裁判の諸問題』（昭和五七年）九五頁では、法定刑の範囲内で宣告刑を導き出す場合においても、もし累犯者に対し同程度の行為について初犯者よりも重い刑を言渡すためには、累犯者の重い責任が必要である、とされている。
（5）ドイツでは、刑法四八条の一般的な累犯加重規定が廃止された後もなお、刑法四六条において警告理論による前科の刑罰加重的考慮が継続している。第三章第四節参照。
㈢—(2)—a
（1）第四章第五節参照。
（2）行為責任の増加を基礎づける方法としては、行為の違法性の増加に見合った行為責任の増大によるものと、行為の違法性とは無関係に狭義の責任、すなわち非難可能性の増大のみに依拠するものとが考えられるはずである（阿部純二「不定期刑と責任主義」福田平＝大塚仁（編）『刑法総論Ⅱ』（昭和五七年）九八頁）。
（3）　第四章参照。
（4）　飯田英男「常習累犯窃盗の間に窃盗目的の住居侵入が介在した場合の罪数」研修三五八号（昭和五三年）六四頁。
（5）　大塚仁「常習累犯窃盗罪と窃盗の着手にいたらない住居侵入罪との罪数関係」研修四〇二号（昭和五六年）一一頁。
（6）　庭山英雄「常習累犯窃盗の罪と窃盗の着手に至らない窃盗目的の住居侵入の罪との罪数関係」判例時報一〇〇一号（昭和五六年）一八四頁。
（7）　大塚・前掲論文（注5）一一頁。なお、両条の関係につき「補充関係」とみる見解と「択一関係」と解する立場とが、学説上存するがその問題については、渡辺靖子「盗犯等ノ防止及処分ニ関スル法律二条と同法三条との関係」研修三九四号（昭和五六年）二〇頁参照。

㈢—⑵—b
（1）　第三章第五節参照。
（2）　平野龍一・刑法総論Ⅱ（昭和五〇年）四二〇頁。
（3）　団藤重光・刑法綱要各論〔第三版〕（平成二年）三五五頁等。
（4）　第二章第一節参照。
（5）　盗犯防止法に対する批判に関しては、谷口正孝「盗犯防止法の運用について」法律時報二三巻一〇号（昭和二六年）三一頁、西原春夫・犯罪各論〔第二版〕（昭和五八年）二二六頁等参照。
（6）　最三判昭和五五年一二月二三日刑集三四巻七号七六七頁。ただし、一罪の内容までは明らかにしておらず、その点は将来の判例理論の展開が期待されている（稲田輝明「常習累犯窃盗の罪と窃盗の着手に至らない窃盗目的の住居侵入の罪との罪数関係、他」法曹時報三三巻一二号（昭和五六年）三三九頁、飛田清弘「常習累犯窃盗罪を犯した者が窃盗を目的とする住居侵入をも犯している場合における両罪の関係」警察学論集三四巻八号（昭和五六年）一五九頁等）。
（7）　古田佑紀「常習累犯窃盗の罪と窃盗目的の住居侵入罪との罪数関係」研修三九三号（昭和五六年）七五頁。この場合、窃盗目的の住居侵入罪と常習累犯窃盗罪とが一罪の関係にあるという論者の中においても、一罪の内容については見解が分かれている。

常習累犯窃盗罪として評価する（単純一罪・法条競合）のが、大塚仁「常習累犯窃盗罪と窃盗の着手にいたらない住居侵入罪との罪数関係」研修四〇二号（昭和五六年）一二頁、谷口正孝「常習累犯窃盗を構成する窃盗の手段として住居侵入がなされている場合の擬律」ジュリスト五〇九号（昭和四七年）一四〇頁、高松地裁昭和四四年九月一八日判決（判例時報五九〇号一〇六頁）であり、包括一罪と解するのが、庭山英雄「常習累犯窃盗の罪と窃盗の着手に至らない窃盗目的の住居侵入の罪との罪数関係」判例時報一〇〇一号（昭和五六年）一八四頁、林美月子「常習累犯窃盗罪と窃盗の着手に至らない窃盗目的の住居侵入の罪との罪数関係」警察研究五四巻一〇号（昭和五八年）七九頁、大阪高裁昭和五〇年五月二日判決（判例時報八〇一号一〇六頁）であり、科刑上一罪と考えるのが、飯田英男「常習累犯窃盗の間に窃盗目的の住居侵入が介在した場合の罪数」研修三五八号（昭和五三年）六八頁、山火正則「常習累犯窃盗罪の罪数関係」ジュリスト七六八号（昭和五七年）一六四頁であるが、前掲古田論文は単純一罪・包括一罪と解釈すると「窃盗にいたらない住居侵入行為についてもこれを常習累犯窃盗罪の訴因の一部として処罰することができるという考えを導き出す余地も出て来よう」と指摘する（七五頁）。
(8) なお、この問題に関する最近の論文として虫明満「常習累犯窃盗罪と罪数」福田平大塚仁博士古稀祝賀『刑事法学の総合的検討（下）』（平成五年）四八九頁以下参照。
(9) 常習犯を含む包括一罪は、刑罰の加重される併合罪と区別される点で有利な面を持っているが、反面包括一罪として扱うことが訴因の記載あるいは事実の認定において被告人に不利益をもたらしうるのである。すなわち罪刑法定主義との抵触の可能性をただちに否定できないのである（奈良俊夫「いわゆる『包括一罪』の再検討」研修四七一号（昭和六二年）六頁以下参照）。
(10) 最三判昭和六一年一〇月二八日刑集四〇巻六号五〇九頁。
(11) 東京地判昭和五九年一一月五日判例時報一一三五号一五五頁。
(12) ゲーム機賭博の営業犯的性格を強調して、個別的な賭博行為に出る以前の段階、すなわちゲーム機を設置して賭客がそれを利用しうる状態にした時点から常習賭博を認め、さらに個別・具体的な賭博行為をすることを要しないという趣旨の考え方は、賭博によって獲得された利益を剥奪して（広く没収・追徴の範囲を肯定して）犯罪を抑止しようとする見地に支えられているとしても、やはり常習賭博罪については通常の賭博行為と同様に個別具体的な行為の特定という要件が満たされなければ、犯罪の成立を認めないことが構成要件の厳格解釈という刑法解釈上の基本原則に合致する、と主張するのが森本益之「ゲーム機による賭博の事案における常習賭博罪の成立範囲」判例時報一一四八号（昭和六〇年）二三二頁である。この問題の背後には、ゲーム機賭博のような営業犯的性格の強い事例にも「習癖」の存在を肯定する最高裁の見解それ自体について、根本的な問題が存しているように思われる。

(13)　団藤重光・刑法綱要総論〔第三版〕（平成二年）三一六頁等。

(14)　注㈡―(1)―（7）・（8）参照。

(15)　青柳文雄・刑法通論Ⅰ総論（昭和四〇年）四一四頁、大谷實・刑法講義総論〔第四版補訂版〕（平成八年）四九一頁、香川達夫・刑法講義〔総論第三版〕（平成七年）四四八頁、斉藤金作・刑法総論〔改訂版〕（昭和三一年）二五六頁、正田満三郎・刑法体系総論（昭和五四年）三四九頁、曽根威彦・刑法総論〔第三版〕（平成一二年）三一二頁、団藤・前掲書（注13）四四〇頁、中野次雄・刑法総論概要〔第三版〕（平成四年）一七三頁、中山研一・刑法総論（昭和五七年）五二七頁、西原春夫・刑法総論（昭和五二年）三七四頁、野村稔・刑法総論（平成二年）四四二頁、福田平・全訂刑法総論〔第四版〕（平成一六年）三〇三頁、前田雅英・刑法総論講義〔第三版〕（平成一〇年）四七〇頁等。

「反復」の背後に一定の意思傾向の存在を要求するものとして、吉川経夫・三訂刑法総論〔新訂版〕（平成八年）二九六頁、佐伯千仭・四訂刑法講義（総論）（昭和五六年）三七五頁がある。なお、集合犯の法的性格について、拙稿「集合犯概念」平成法政研究七巻二号（平成一五年）一四一頁以下参照。

(16)　常習犯の加重規定において、常習性を行為の属性と解し、さらに常習犯が同種行為の反復を予定される集合犯であることに鑑みれば常習犯加重の根拠は、客観的な「行為の反復」の背後にある行為者の危険性ではなく、客観的な行為の反復自体に存在する一定の不法内容に求められることとなるはずである。第四章第五節参照。

なお、東京高裁昭和三一年七月七日判決（東高時報七巻七号二八一頁）は、常習累犯窃盗の常習性を肯定するには、犯人に多数の前科があって、しかも短期間内に同種行為を反復累行したことが認められれば足り、それが職業的あるいは習癖的に繰り返される必要はない旨の判示を行っている。

第二章　累犯加重の根拠と責任主義

第一節　累犯加重の沿革と立法

(一)　現行刑法まで

累犯加重規定が責任主義と矛盾するのではないか、との疑問に答えるためには、まず、そもそも累犯加重規定は歴史的にどのような性格を持たされてきたのか、という点を考察することが有益であると思われる。とりわけ、立法者意思における累犯対策志向がどのようなものであったのかを吟味することが重要である。

明治以前の時代まで遡るならば、わが国はすでに奈良時代の大宝律において累犯規定を有していたが、それは窃盗三犯をもって加重事由とするものであった、という。(1)江戸時代には、有名な公事方御定書に累犯加重の観念が存在した。(2)

明治以降になると、まず、明治三年に制定された新律綱領が、徒流人又犯罪および再犯加等罪例において広汎な累犯加重規定を設けていたのである。(3)そして、明治六年には、新律綱領を補充修正するものとして改定律例が公布され、懲役・禁錮などの近代的な刑種が導入される一方で、その第四一条から第四三条において累犯加重規定が存置されていたのである。[4]

新律綱領も、ヨーロッパ法制の影響を若干看取しうる改定律例も、内容的には古律を中心に中国法や徳川時代の刑法を参考にした旧態依然たるものであり、そのことは累犯加重規定にもあてはまる。[5]

累犯加重規定が、原則的に旧律の伝統から解放されたのは明治一三年に制定されたいわゆる旧刑法においてであった。旧刑法は周知の通り、フランス人のボワソナードがその原案を作成したものであり、その結果、ヨーロッパの刑法思想が継受され、それとともに刑罰体系は著しく近代化されたのであるが、特にフランス法制をモデルにしたことによる様々な影響は見逃せないであろう。[6]

旧刑法における累犯加重規定は、まさにそのようなフランス刑法の影響下に成立したものである。[7] フランスでは、一七九一年の刑法典における累犯加重規定をいわゆるナポレオン法典（一八一〇年）がそのまま受け継いできたのであった（五六～五八条、四八二条、四八三条）。[8] そして、旧刑法における累犯規定は、このナポレオン法典の広汎にして厳格な累犯規定に倣ったものなのである。

旧刑法とフランス刑法との累犯規定に関する共通の性格を挙げると次の通りである。

(1)　累犯の意義につき、それを再犯以上としたこと。

(2)　前犯の要件に関して、確定判決があれば足り、刑の執行を不要としたこと。

(3)　前犯と後犯とは異種であってもよいということ。

(4)　違警罪を除いては二つの行為の間の期間に制限がないということ。

旧刑法も、フランス刑法と同様に累犯を広くかつ厳しく捉えようとしていたといえよう。[9]

ところで、累犯を初犯に比して強く非難することは、素朴な正義感覚に合致するということから、累犯を加重処罰することはわが国はもちろん、洋の東西を問わず古くから行われてきたのであった。[10]

わが国の旧刑法における累犯加重の趣旨も、伝統的で素朴な正義の観念に立脚するものであったことが、当時の注釈書の記述から窺えるのである。[11]

このことは、旧刑法の累犯加重規定に関しては、それが累犯対策のための特別の刑事政策上の処分方式であるという自覚が十分に存在しなかったことを物語っているといえよう。ヨーロッパでは、自覚的な累犯対策の必要性が唱えられる契機となった累犯増大現象の背後に、資本主義の発展成熟という経済的な変動があったのに対して、わが国においては当時本格的な資本主義の発達がまだ生じていなかったことが、その要因となっていると思われる。[12]

(二) 現行刑法

旧刑法から現行刑法への改正は明治四〇年に行われたが、それによって以下の点が改められた（五六～五九条）。[1]

(1) 前犯と後犯との間に期限を設けない、旧刑法におけるいわゆる無期再犯は放棄され累犯規定の適用を前犯後五年内に限定した。[2]

(2) 累犯規定は旧刑法におけると同様に、前犯の刑の確定後ではなく、刑の執行の終了ないし刑の執行の免除後において適用可能となった。[3]

(3) 前犯の刑は懲役又はこれに準ずべき刑であり、新たな行為も、すなわち後犯も有期懲役に処すべき場合でなければならない。

旧刑法では、およそ累犯については刑を加重するというのが原則であったから、累犯加重をなしうる範囲は限定されたわけである。[4]

(4)　効果の点では、旧刑法は刑一等を必要的に加えるものであったが、新刑法では法定刑の長期の倍加を必要的なものとしている。(5)

すなわち現行刑法を旧刑法と比べると、累犯の要件は制限されたが累犯の効果という点ではより厳しいものに改められたと評価できよう。(6)

以上の考察から現行刑法の累犯規定は、立法者が累犯の増加という社会現象を認識しつつ、その「防遏」を旧刑法よりも長期の加重刑をもって果たそうとするものであり、要するに累犯対策のための特別の処分方式としての性格を与えられていたことが知られるのである。(7)

確かにわが国の累犯対策は、大正一五年の「刑法改正ノ綱領」以後の刑法改正作業の中において不定期刑が中心になっていたわけであるが、それに先立ってすでに立法者は累犯加重に対して累犯対策としての性格を付与しようと意図していたのであった。(8)

その後の現行刑法の累犯加重規定は、刑法改正作業の中でその要件の拡張が企てられるのである。まず、改正刑法仮案（第七五条以下で累犯加重を規定する）は、刑の加重を現行法の義務的なものから裁量的なものに改めたものの（第七六条）、前犯が禁錮である場合についても累犯加重が認められることとなった。(9)

改正刑法準備草案（第五九条以下において累犯加重を規定する）は、仮案と同様に刑の加重を裁量化したうえ（第六〇条）、前犯が禁錮の場合にも累犯を認めた（第五九条一項）。そしてさらに前犯については、禁錮以上の刑に処する確定判決があれば足り、刑の執行を必要としないこととしたのである（第五九条一項）。(10)

改正刑法草案は、加重を裁量的なものとしている点においては仮案以来の立場を維持しているのであり、さらに要件の拡張的な部分は準備草案の規定を継承した（要件の拡張は第五六条、刑の裁量的加重は第五七条）。(11)

さて、これまでの考察からすると、立法の動向としてわが国の累犯加重規定は成立要件の拡張および加重的効果の増強を通じて、累犯対策としての機能を強化してきたことが認められる。[12]

ところで現行法の累犯規定は、現実にはどのように機能しているのであろうか。

わが国の累犯規定は、すでに述べたように法定刑の上限を二倍にするという効果を有するが、各則の法定刑の幅は一般に広いので累犯加重規定の適用による法定刑長期の倍加が現実に意味をもつのは、法定刑の上限が一〇年以下の刑にあたる罪（窃盗・詐欺・傷害など）ということになる。[13]

しかし、これらの犯罪を理由として各々の法定刑の上限を超過する宣告刑が言い渡されるようなことは、実務では稀であるといわれる。[14]

また、現実に法定刑の上限を超えることが希有の事例だとしても、実務上累犯がある程度刑を重くする事情として機能していることが確認されれば、累犯加重規定は、量刑における一種のガイドラインとしての意義を持つこととなろうが、実際の量刑因子としてはさほど有意性がない、という報告も提出されている。[15]

そしてその限りで、累犯規定はその改正案における要件の拡大傾向にもかかわらず、量刑上どのような合理的理由を持ったものであるのか必ずしも明白に実証されていないと言えよう。[16]

ただ、たとえそのような一面があるとしても、法定刑の上限を引き上げる可能性を確保することによる潜在的効果に着目し、累犯加重規定の政策的意義、すなわち累犯対策の一内容としての価値を認容する考え方はいまだに少なくないのであり、保安処分や不定期刑に代わる累犯ないし常習犯に対する処分方式として有力に唱えられている。

たとえば、吉川元教授は、地味なようでも累犯加重をした範囲内で定期刑を科することとし、ただ、これに対する仮釈放の運用に工夫を加える（残刑期間の延長、必要的仮釈放制度の導入など）ことが累犯対策として比較的無難であろう、という趣旨の意見を述べておられる。[17]

また、内藤元教授はわが国における累犯対策としては、さしあたり累犯加重をした範囲内で定期刑を科し、刑務所内の改善的処遇を推し進めるとともに、仮釈放の運用を弾力的にして保護観察等によるアフターケアの充実を図るべきであろうと提言されている。[18]

さらに、宮澤浩一博士も同様な考え方を示される。すなわち、累犯加重を最後の切り札として用い、更生の意欲が認められる時点で仮釈放にし、保護観察期間を十分にとって強力な保護観察を実施しそれによって社会復帰を促すほかはない、と説かれるのである。[19]

ほかにも同趣旨の主張をなす見解が認められるが、この場合、累犯加重は保安処分や不定期刑等の他の処分方式と並べて論じられていることに注意しなければならない。つまり、累犯対策としての自由拘束はせいぜい刑の加重にとどめるべきであり、保安処分や不定期刑を導入するまでもない、というニュアンスが含まれているのであり、積極的に長期刑の必要を主張するものと解すべきではなく、むしろ社会復帰のための矯正や更生保護の充実こそが強く訴えられているものと評すべきなのである。[20]

さて、以上の考察からわが国においては、少なくとも明治時代のなかば以降、累犯加重規定は累犯対策としての性格を付与され、消極的ながら今日においても累犯加重規定における政策的な意義が一般に根強く認められているという現状を認識した。

ただ、累犯規定は刑法典にとどまらず特別法中にも存在することを忘れてはならないであろう。いわゆる「盗犯等ノ防止及処分ニ関スル法律」の第三条に「常習累犯強窃盗」という累犯規定があることは周知の通りである。

そこで、この特別法中の累犯規定についても考察しておきたい。

(三) 常習累犯強窃盗罪

さて、常習累犯強窃盗罪は、昭和五年法律第九号により制定された「盗犯等ノ防止及処分ニ関スル法律」第三条に該当する犯罪である。同条によると、常習として刑法二三五条（窃盗）・二三六条（強盗）・二三八条（事後強盗）・二三九条（昏酔強盗）の罪またはこれらの未遂罪を犯した者で、その行為前一〇年内にこれらの罪またはこれらの罪との併合罪について、三回以上、六月以上の懲役以上の刑の執行を受け、またその執行の免除を得たものに対して刑を科すべき場合には、窃盗をもって論じるべきときは三年以上、強盗をもって論じるべきときは七年以上の有期懲役に処することとなる（以下、常習累犯窃盗罪と略称する）。

この結果、窃盗罪であれば一月以上一〇年以下の懲役であるのに、かような常習累犯窃盗罪に対しては法定刑が加重されて三年以上一五年以下の懲役となる。特に、刑の下限が三六倍も引き上げられていることは注目される。ところで、かかる重罰を定めた常習「累犯」規定がどのような背景のもとに制定されたのかを検討することにより、その政策的な意義を認識することが刑法上の累犯規定についての同種の考察にひきつづいて必要であると考えられる。

ただ、常習累犯窃盗罪はその名の通り累犯であると同時に常習犯をも対象としており、常習犯との関連を考慮しつつその政策的意義を明らかにする必要があると解される(1)。

そこで、常習累犯窃盗罪の政策的意義に関して考察するに先立ち、常習犯規定が立法上どのような性格を付与されてきたのか、という点について概観することとする。

現行法の常習犯規定としては、まず刑法一八六条一項の常習賭博罪があげられ(2)、次に「暴力行為等処罰ニ関スル法律」中の常習暴行（一条二項）、常習脅迫（一条二項）、常習毀棄（一条二項）、常習面会強請（二条二項）、常習強談威迫

（二条二項）の各常習犯規定を列挙しうるであろう。(3)

また、上述の「盗犯等ノ防止及処分ニ関スル法律」にも常習犯規定が存する。すなわち、窃盗、強盗、準強盗、昏酔強盗（以上同法二条）、累犯強窃盗（同法三条）、強盗傷人、強盗強姦（以上同法四条）に関して常習犯規定があり、(4)他にも公職選挙法二二二条二項が買収および利害誘導につき常習犯の規定を設けている。(5)そして、いずれの場合においても常習性のゆえに法定刑の上限や下限を引き上げたり、財産刑の可能性を否定するなどして刑罰の加重が行われていることが認められる。(6)

ところで、これまでの刑法改正作業においては、上述した特別刑法中の常習犯規定を刑法典中に吸収するなどして、刑法典における常習犯規定の拡充が図られ続けているが、必ずしも満足すべきものとは評価されていない。むしろ根本的な批判にさらされているというべきである。(7)

まず、昭和一五年の改正仮案において各則の常習犯規定の拡大が企図された。(8)

しかし、そこで常習犯の加重が意図されたのは、性質上、比較的常習犯になりやすい犯罪と解されるものにとどまり、必ずしも常習性の予想される犯罪が網羅的に採り上げられたとはいい難く、他の特別刑法上の常習犯規定との調整も、未解決の問題として残されていた。すなわち、改正仮案の常習犯規定はいまだに十分に体系的ではなく、不満足なものと評されている。(9)

戦後の改正刑法準備草案においても仮案同様、常習犯規定の増加が認められているが、必ずしもその罪種は仮案のそれと同一ではない。(10)

刑法改正準備草案でとくに注意すべきなのは、常習犯の規定の文言を仮案にあっては「常習トシテ……シタル」という表現を用いていたのを改め、「常習者であるときは」という言い回しに変えたことである。準備草案の理由書によれば、このような用語例の採用は、それによって常習性の性格が行為の属性ではなく、行為者の属性であることを明確にする趣旨であるという(11)。

続く改正刑法草案においても、常習犯規定は各則で追加された。「常習者であるときは」という準備草案で採り入れられた表現方法はここでも維持されたのであった。常習犯を包括一罪とする現行法のもとでは、既判力の範囲が広くなりすぎ、犯人が不当に処罰を免れる場合があることが表現方法の変更の主たる理由である(12)。このように、刑法改正作業における常習犯規定に関しては常習犯人に対して、重罰を科すことにより、社会防衛目的を達成しようという傾向が濃厚に現れており、学説上さまざまな批判が行われているい(13)る。

確かに、改正刑法草案における常習犯対策の柱は総則に規定された「常習累犯に対する不定期刑」（五八条、五九条）であるが、各則における加重刑を科せられた常習犯規定も常習犯対策の一環であることは、特別法に規定された際の立法趣旨からも知られるはずである。

また、常習犯を「常習者」という行為者類型として捉えた点にも、そもそも犯罪学上の概念として登場した特別の対策を必要とするような、人格的傾向を有する犯罪者という意味での常習犯を加重刑の対象としていることが窺われるのである(14)。常習累犯窃盗罪にも、このような行為者の属性としての常習性という性格が相当に強く現れているのである(15)。

ところで、このような常習犯の立法に対して、判例は「常習性」の意義をどのように理解してきたであろうか。常習犯規定の条文には常習性についての定義が存しないので、常習性の意義内容はもっぱら判例の解釈によって明らかにされてきたのである。

すなわち、判例は常習性を行為者の属性としてとらえ、当該犯罪を反復累行する習癖であると解しており(16)、常習性の内容たる習癖の意義については具体的に説示してはいないものの、判例の趨勢はこれを性格的ないし人格的特性（傾向）と理解してきたといってよい。(17)

このことは、判例が立法者の意思に添うような形で常習犯を把握してきたことを意味するといってよいであろう。ただこのような判例の常習性理解はいわゆるゲーム機賭博の登場を契機としていくぶん変容をきたしており、常習性の解釈は行為類型的な方向に進んでいるともみられるようになっている。(18) 実務の現状についていえば、伝統的な習癖的形態の賭博の大部分は単純賭博罪に追いやられ、違法性の強い営利的・非伝統的な形態の賭博が常習賭博罪の対象とされている観がある、とも指摘されている。(19)

四　小　括

以上のことを要約すると、常習犯の加重規定は常習犯に対する長期の刑を確保して、行為者への特別予防的な働きかけを充実させることにより社会防衛を全うしようという政策的目的に支えられており、そのような常習犯対策としての常習犯加重という考え方は一連の刑法改正作業の中においても窺われるのであるが、とりわけ判例・実務には、常習賭博について伝統的な習癖的常習者よりも営利的な常習行為を捉えようとする傾向が近年顕著になってきている、ということになる。

さて、常習累犯窃盗罪も前述したような常習犯規定に関する立法という性格を帯びているわけであるが、この場合「累犯性」は直接には「常習性」の有無を識別するためのものではなく、実質的な常習性を具備している者のなかからさらにその著しいものを選びだすための基準という役割を果たしている、と言われており常習犯対策の目的を担わされている常習累犯窃盗罪において重点の置かれている「常習性」に付随した形式的な要件であるということになる。(1)

しかし、常習犯対策が当初累犯対策の一環として行われていたという歴史的な経緯や累犯と常習犯との概念上の密接な関係に鑑みるならば、常習犯対策としての常習犯加重が事実上累犯対策を兼ね備えているとみることは可能であろうから、[2] 常習累犯窃盗罪も累犯対策としての性格を備えているとみてさしつかえあるまい。

このように、累犯加重規定に対して立法者が予防目的を意図的に盛り込んだことは、責任主義による自覚的な刑罰抑制の要求を生み出す可能性がある。

では、学説は累犯加重に対して責任主義の観点からの制約を加えてきたであろうか。第二章では、累犯加重が責任の増加によって根拠づけられてきたかどうか、という観点から、まずこの問題について検討することとしたい。

㈠

（1）大宝律では「凡ソ盗断ヲ経テ後仍更ニ盗ヲ行ヒ前後三タビ徒ヲ犯ス者ハ近流、三タビ流ヲ犯ス者ハ絞」とされていた（岩崎二郎「累犯」総合判例研究叢書⑹（昭和三二年）七頁）。

（2）佐伯千仭・四訂刑法講義（総論）（昭和四九年）二八頁。例えば、軽い盗を犯した者は敲であるが（享保五年極）「一旦敲に成候上、軽き盗いたし候もの」は入墨に処せられ、また「家蔵之忍入、旧悪に候共、五度、以上之度数盗いたし候者、物不得取候共、引廻之上、死罪」（五六条）という様な累犯的観念が存在したのである。

さらに、宮野彬・刑法の社会学（平成元年）一二九頁によると、第五六条のほかにも第五条の「評定所前箱江度々訴状入候もの之事」、第四二条の「奉公人請人御仕置之事」、第六四条の「巧事かたり事重キねたり事いたし候もの御仕置之事」なども個別的な累犯加重規定の例であるとされ、第四条の「無取上再訴并筋違願之事」、第四三条の「欠落奉公人御仕置之事」などの規定が一回の行為では罪に問われないが、度数を重ねると刑を科すことにしていたことから累犯加重の思想の一つの現れと認めうるとされている。

また、累犯者に対する刑の加重は、赦律の中にも存し第二二項は遠島に処せられた者が島で再び罪を犯して島替となった場合には、赦免を許さないこととしており、第二七項も一旦赦にあった者が再び罪を犯して刑に処せられる場合には、同様の取扱がなされたが、赦律は累犯の場合をすべて赦免から遠ざけようとするものではなく、極端な場合の赦を制限するにとどまる。

なお、累犯に対しても刑の加重を行わない旨を特に明らかにする規定も存した。第二二条の但書には、「但、度々売買いたし候共、同断」とあるのがそれである（宮野・前掲書一三〇頁）。

（3）花井忠「累犯と常習犯」日本刑法学会（編）『刑事法講座第三巻』（昭和二七年）五四七頁注(2)に条文が掲げられている。その運用がどのようになされていたのか、という点については朝倉京一「累犯加重の法理」専修法学論集三七号（昭和五八年）三頁において説明されている。

（4）条文については、花井・前掲論文（注3）五四七頁。その解説については、朝倉・前掲「累犯加重の法理」（注3）四頁が参照されるべきである。

（5）中山研一・刑法総論（昭和五七年）三五頁、西原春夫・刑法総論（昭和五二年）一四〜一五頁等。

（6）中山・前掲書（注5）三六頁。

（7）阿部純二「累犯加重の根拠」岩田誠先生傘寿祝賀『刑事裁判の諸問題』（昭和五七年）八四頁。

（8）阿部・前掲論文（注7）八五頁。旧刑法に影響を与え、今日もその基本的性格を変えていないフランス刑法における累犯加重の特色は以下の通りである。

(a)　累犯は再犯以上を指す。

(b)　前犯については、確定判決があれば足り執行を要しない。

(c)　前犯と新たな行為は互いに同種のものである必要はない。

(d)　前犯と新たな行為との間の期間は問題とされない。

(e)　累犯の効果は、前犯と新たな行為がそれぞれ重罪、軽罪、違警罪のどれに該当するかという組み合わせによって異なるが、新たな行為に対する刑の長期に処し、しかもその刑を倍加することができる。

（9）阿部・前掲論文（注7）八五頁。旧刑法は、第五章「再犯加重」における第九一条から第九八条までの条文によって累犯加重を規定していたのである〔法令全書（明治一三年）一一八頁〕。

（10）田宮裕「累犯」団藤重光（編）『注釈刑法(2)のⅡ』（昭和四四年）六六三頁。

（11）村田保・刑法注釈再版巻二（明治一五年）三八丁においては旧刑法が累犯加重をする趣旨につき以下のように述べている。すなわち、「刑法ニ於テ再犯ノ時其刑ヲ加重シテ重ク罰スル所以ハ一タヒ悪事ヲ為シ已ニ其刑ニ処セラレタルニ尚ホ戒心悛改

（アシキコロヲアラタメ）セスシテ再ヒ悪事ヲナスニ至テハ其情状甚タ悪ムヘシ刑ヲ加重スルニ非サレハ之ヲ懲ラスニ足ラサレハナリ」。すなわち、端的に累犯の道義的非難の増大が注目されていたことが窺われる。

ただ、原案の作成者たるボワソナード自身は、（累犯の刑が加重される理由は）「其ノ犯人ノ道徳ニ背キ及ヒ社会ヲ脅カスコト初犯ノ者ニ比スレバ更ニ大ナレバナリ」として行為者の危険性の観点を考慮にいれていた模様である〔ボワソナード・刑法草案注解（明治二二年）二二二頁〕。旧刑法下における累犯加重に関する学説については、拙稿「旧刑法下における累犯加重論」小暮得雄先生古稀記念論文集『罪と罰・非情にして人間的なるもの』（平成一七年）九一頁以下参照。

なお、ボワソナードによってわが国に伝えられ、旧刑法の基礎とされた折衷主義刑法理論を生んだとされるフランスの新古典学派（école néo-classique）の見解によると、累犯は有責性（帰責されうる行為について、義務の違反〈faute〉があったこと）を加重する事由と考えられていた。すなわち、累犯者は法律が与えた厳粛な警告を無視したことにより通常の刑では不十分なことを立証したのであり、したがって法律は服従を求めて厳しさを増したのである、というわけである〔江口三角「フランス新古典学派の刑法思想」団藤重光博士古稀祝賀論文集第一巻（昭和五八年）八三頁〕。

（12）わが国において、新派刑法学が旧刑法に対する批判者として登場してくる契機となった犯罪急増現象が生じたのは、明治一八年頃のことである。ただ、これはヨーロッパにおけるようにいわゆる産業資本主義から独占資本主義への移行過程において生じた現象ではなく、政府による原資蓄積遂行の過程において生じた一時的な現象であった。しかし、それに対応するためには旧刑法は寛刑主義的で、犯罪対策には不適当と感じられていたのである。そこで、社会防衛のための刑法の厳格化が主張され、その後の刑法改正作業においては累犯加重範囲の拡大化が推進されたのである。

ところで、明治一八年頃の時期の累犯は、いまだに犯罪現象として有意性を持つまでには至っていなかったが、日清・日露戦争経過後の資本主義の急速な発展に基づき、明治二二年を境に犯罪は恒常的に増加し累犯者数も犯罪者総数の約七〇パーセントを占めるに至ったのである。こうして刑法改正が急がれ、累犯加重範囲の拡大等の新派の主張をとりいれた現行刑法典が明治四〇年に公布されたのである〔堀内捷三「刑事法」石井紫郎（編）『日本近代法史講義』（昭和四七年）一二五～一二九頁〕。

（二）

（1）旧刑法を現行刑法に改める過程で作成されたいくつかの草案中の累犯規定の内容は、相当に変化している。なお、現行刑法の累犯加重規定の制定過程については拙稿「現行累犯規定の成立過程」能勢弘之先生追悼論集『激動期の刑事法学』（平成一五年）三六九頁以下参照。

まず二三年案では、たとえば前犯が過失犯であった者に対して、再犯が故意犯であれ過失犯であれ等しく加重するのは「法理上當ヲ得サルノミナラス實際上必要ナキニ徒ニ刑ヲ重クスルモノ」という理由から、特定の犯罪についてのみ累犯加重を行うこととし（八二条）、他の犯罪の場合、累犯は法定刑の範囲内における量刑事情にとどめられた〔改正刑法草案同説明書（明治二四年）四四頁〕。

次いで三〇年案においては、累犯加重の根拠を「犯罪ノ増加ヲ防遏」することに求めたうえで、犯罪防遏の目的を達成するためには「一般加重ノ制ヲ採ルノ必要」はなく、「統計上最モ犯數ノ多キ犯罪又ハ犯人ノ之ニ感染シテ一種ノ犯罪狂トナルヘキ性質ノ犯罪」に対してのみ累犯加重するのが「得策」であるとし、前犯において懲役刑に処せられた者が、執行後一〇年以内に同種犯罪を犯した場合を再犯とし、各本条で定められた刑を倍加することとした（七一、七三、七四条）。

この場合、累犯加重の対象とされた同種犯罪とは、(a)阿片煙ニ關スル罪、(b)常習賭博罪、(c)富籤發賣ノ罪、(d)賊盜ノ罪、(e)占有物横領ノ罪、(f)贓物ニ關スル罪の六種類であった〔現行刑法對比改正刑法草案理由總則之部（明治三一年）二一五頁〕。

さらに三四年案では旧刑法における累犯加重の範囲は「廣キニ失」し、無用・無効の加重が多いため、「主トシテ累犯ノ虞アルモノニ付テノミ」累犯加重を行うこととし、同種累犯の制約を除去したうえで、「懲役ニ處セラレタル者其執行ヲ終リ又ハ執行ノ免除アリタル日ヨリ十年内ニ更ニ有期懲役ニ該ル罪ヲ犯シタルトキハ之を再犯トス」（六八条）という、現行刑法とほぼ同一内容の規定を置いていた〔刑法改正参考書（明治三四年）六六頁〕。

（2）無期再犯は「酷ニ失スルモノニシテ再犯加重ヲ為ス所以ノ趣旨ニ添ワサルモノ」であるから採用せず、「再犯ハ初犯後久シカラサル期間内ニ於テ最モ多ク発生スルヲ以テ」初犯後五年内の犯行に限定したのである〔倉富・平沼・花井・刑法沿革総覧（大正一二年）二一五二頁〕。

（3）裁判の確定だけでは、「未タ犯人ノ再犯ヲ防クニ足ル可キ実効ナキ」ものとされたのである〔倉富・平沼・花井・前掲刑法沿革総覧（注2）二一五三頁〕。

（4）旧刑法については、朝倉京一「累犯加重の法理」専修法学論集三七号（昭和五八年）四頁以下参照。前犯の刑と後犯の刑との関係につき解説されている。

（5）旧刑法のように刑一等を加えるだけでは「一般ニ加重ノ分量軽キニ失シ現時累犯者ノ増加スルコト夥シク再犯ヲ防遏スル

目的ヲ達スルコトヲ得ス」という現状認識があった〔倉富・平沼・花井・前掲刑法沿革総覧（注2）二一五三頁〕。

なお、牧野英一・刑事学の新思潮と新刑法（増訂四版）（大正一二年）一三九頁は、旧刑法の累犯加重の効果を新刑法に比べて臆病であったと評している。

（6）旧刑法は刑を四分の一加重することができたことになるのである〔大野平吉・概説犯罪総論上巻（補訂版）（平成六年）一一〇頁〕。ただし、現行刑法の場合刑の下限に変化が生じないのに対し、旧刑法では一等を加えると下限も上昇するので現行刑法が重くなるかどうかは実際の量刑如何によることとなる、という点に注意する必要がある〔阿部純二「累犯加重の根拠」岩田誠先生傘寿祝賀『刑事裁判の諸問題』（昭和五七年）八六頁〕。刑の下限を加重すべきだとする立法論の唱えられる所以であろう〔西村克彦・犯罪形態論（昭和四四年）二四八頁〕。

しかし、現行刑法の施行後数年間についていえば、累犯窃盗に対して懲役一二年とか懲役一三年という重刑が現実に言い渡され、その結果刑務所がすぐに非常な過剰拘禁状態に陥ったという歴史的事実が存するわけであり〔森下忠・犯罪者処遇論の課題（昭和六三年）七四頁〕、過剰拘禁の問題が解決されれば、累犯に対する重い量刑が復活しないともかぎらないであろう。なお、「過剰拘禁（overcrowding prison）」の問題に関しては、石塚伸一「過剰拘禁」藤本哲也（編）『現代アメリカ犯罪学事典』（平成三年）一六二頁以下参照。

（7）反面、わが国では現行刑法においてもフランス刑法的な累犯規定であった（再犯をもって累犯とする点、同一または同種の累犯に限定しない点、法定刑の上限を倍加できる点）ためか、ドイツの刑法におけるような（ドイツ法は、累犯は三犯以上であり、同種累犯に限定されていた）行為責任主義への指向が弱かったのではないかが疑われる。

平野龍一・犯罪者処遇法の諸問題（増補版）（昭和五七年）一〇〇頁においては、フランス刑法とドイツ刑法との累犯加重に対する考え方の違いが比較されている。

なお、フランスでは累犯加重の根拠として「繰り返し有罪判決を受けることは世論を不安に陥れ、行為者の不導性を際立たせ、矯正不能という考え方を呼び起こさせる」という見解が依然として有力に唱えられ、個別行為責任との抵触に関する疑念がなお払拭されていないが、この点については新倉修「フランスにおける再犯状況とその防止策」法律のひろば四一巻一〇号（昭和六三年）四六頁参照。

（8）ただし、当時世界の累犯対策の潮流が保安処分や不定期刑を抜きにしては語れない状況にあったということが、累犯対策としては加重刑のみでは不十分であるとの議論を生み出す要因となったものと思われる。

(9) 平野・前掲論文（注7）九五〜九六頁参照。

(10) 前犯について確定判決だけで足りるということになると、これまで累犯とならなかった仮釈放中の犯罪や刑務所から逃走して犯した犯罪なども累犯として数えられることになり、その意味では累犯加重される行為の範囲は拡張され、累犯対策に関する累犯加重規定の機能は強化されよう。

さらに、確定判決があれば常習犯人の認定資料としても十分なわけであるから、確定判決だけで足りるという要件への変更は、累犯規定が常習犯対策としての性格をとくに強めることを意味するのであり、結局刑の執行を不要としたことは累犯規定の機能の拡充をもたらすものといえよう〔平野・前掲論文（注7）一〇三頁〕。

しかし、このような要件の変更は行為責任主義の見地からは問題がある、といわれる〔阿部・前掲論文（注6）九五頁〕。

また、累犯を禁錮に処せられた前犯にも認めることは、言うまでもなく軽微な犯罪にも累犯加重を行うこととなり、この点においても累犯加重規定の累犯対策機能は強められているが、前刑の警告機能との関連でこのような方向に進むことには批判が寄せられている〔阿部・前掲論文（注6）九四頁〕。他に正木亮・刑法と刑事政策（増訂版）（昭和四三年）五七頁が、禁錮以上の罪に累犯を拡大することを批判している。

(11) 刑の加重が裁量化されたのは、各則の法定刑の幅が一般に広いので、処断刑の長期を超えた量刑を行う必要のある場合に限って累犯加重を認めれば足りる、という趣旨であるとされる〔法制審議会刑事法特別部会・改正刑法草案　附同説明書（昭和四七年）一三二頁〕。

ただし、このような修正に関しては責任主義の見地から歓迎する見解がある〔阿部・前掲論文（注6）九五頁〕一方、累犯に対する適切な刑事政策的対応という観点から反対する見解もある〔宮沢浩一「累犯」平場安治＝平野龍一（編）『刑法改正の研究1』（昭和四七年）二六七頁〕。

(12) なお、改正刑法草案の累犯規定は、結局累犯現象に対する真に科学的な観察や理論的な一貫性を欠いたものであって、実務上の便宜に流れ過ぎており、重罰主義の現れである、という趣旨の批判が存するが、〔日本弁護士連合会「刑法改正草案」に対する意見書（昭和四九年）一一四頁〕、そこにはわが国の累犯加重規定に関する立法上の動向への批判が集約的に表現されていると思われる。

(13)　阿部・前掲論文（注6）八七頁。

(14)　平野・前掲論文（注7）九六頁、阿部・前掲論文（注6）八七頁、森村進「行為責任・性格責任・人格責任」法の理論8（昭和六二年）九七頁等。

(15)　阿部・前掲論文（注6）八九頁。ただし、一定の累犯については、本刑の刑期が前刑の刑期を下回ることは少なく、その点では累犯性が加重的な量刑に際してかなり考慮されている旨の報告もある〔市川敬雄、渡辺佳明、杉原弘泰、富田猷生「危険な常習犯累犯者に関する実証的研究」『法務総合研究部紀要』二二号（昭和五四年）二〇～二一頁〕。

(16)　吉岡一男「累犯と常習犯」中山研一＝西原春夫＝藤木英雄＝宮澤浩一（編）『現代刑法講座第三巻』（昭和五四年）三一一頁では、累犯加重規定の意義につき二つの点を指摘している。

第一に、具体的事案の処理のために法定刑の上限を上回る重い刑罰を適用する可能性を残しておくこと。第二に、処断刑の形成に当たって考慮されるべき事項として累犯をかかげておくことにより、裁判官の注目を促しそれが刑罰の決定において重要な役割を果たすべきものであることを告知し、あるいは刑量の決定においてそれを考慮したことを示して納得せしめることであり、それらは処断刑形成規定としての性格に由来する固有の意義といえよう。

(17)　吉川経夫・刑法改正二三講（昭和五四年）一五四頁。

(18)　内藤謙・西ドイツ新刑法の成立（昭和五二年）二〇三頁。

(19)　宮澤浩一「常習犯罪とその対策」法学セミナー三一一号（昭和五六年）一三一頁。ただ、他方で「(スウェーデンでの「抑留」の廃止、ドイツでの「累犯加重規定の廃止」、多くの国での「保安監置」の制限といった一連の事態に注目すると）長期間、社会から隔離することは下策だとやっと気づいたのである。できるだけ効果的な処遇を充実し、処遇期間を可能なかぎり短縮するというのが、新しい累犯対策である。」として、累犯対策としての刑罰加重という手法に消極的な見解が示されている〔宮澤浩一「累犯者問題と我が国刑事政策の今後の展望」法律のひろば四一巻一号（昭和六三年）一九頁〕。さらに、常習犯罪者の前段階にいる非行少年の矯正教育の充実の必要性を訴えるのが、木村裕三＝平田紳・刑事政策概論（平成一三年）二四〇頁である。また、高橋則夫・刑法における損害回復の思想（平成九年）一四三頁では、「行為者と被害者の和解」が累犯少年に対して有意義であることを指摘する。なお、常習累犯者に対するドイツの社会治療処分に触れたものとして加藤久雄・人格障害犯罪者と社会治療（平成一四年）二五六頁以下参照。

(20) 他に類似の見解の支持者を掲げると、例えば以下の通りである。
大谷實・刑事政策講義［第四版］（平成八年）四五一頁、加藤久雄・治療・改善処分の研究（昭和五六年）四三頁、墨谷葵「累犯と常習犯」石原明＝墨谷葵＝前野育三＝森本益之『二訂刑事政策』（昭和五九年）四〇〇頁、瀬川晃「常習犯・累犯」森本益之＝瀬川晃＝上田寛＝三宅孝之『刑事政策講義』［第二版］（平成八年）一八九頁、瀧川春雄「治療処分・禁断処分と常習犯人の処遇についての素描」竹田博士・植田博士還暦祝賀『刑法改正の諸問題』（昭和四二年）二二九頁、冨田信穂「累犯・常習犯の現状とその対策」宮澤浩一＝藤本哲也（編）『講義刑事政策』（昭和五九年）三四四頁、中山研一・刑法改正と保安処分（昭和六一年）一九頁、夏目文雄「常習犯罪の対策」大塚仁（編）『刑事政策入門』（昭和五三年）三〇一頁、庭山英雄「常習犯人の処遇」森下忠＝香川達夫（編）『刑事政策を学ぶ』（昭和五三年）二六九頁、虫明満「常習犯罪とその対策」大塚仁（編）『新刑事政策入門』（平成七年）三三八頁、安平政吉・刑法理論の新展開（昭和四二年）四〇五頁等。

さらに、森下教授は問題解決の方法として仮釈放の改善・更生保護の充実を強調され〔森下忠・犯罪者処遇論の課題（昭和六三年）七六～八一頁〕、その際矯正処遇における個別化の原則（principle of individualization）を重視される〔森下忠・刑事政策大綱Ⅱ（昭和六〇年）二五六～二五七頁〕。

また、藤本教授は、このほかに迅速な検挙の一層の促進、起訴猶予および刑の執行猶予の十全な運用を付け加えられる〔藤本哲也・刑事政策概論（昭和五九年）三九五頁〕。このように近年の刑事政策の傾向として、単に加重刑によって長期間累犯者を社会から隔離することが矯正や社会復帰に資するのだという考え方は後退しているといえよう。また、犯数が多くなっても依然として二年以下の短期自由刑が言い渡されることが多いというのが、実務における累犯者に対する科刑の現状であるということも、それを物語っている〔土本武司「わが国の犯罪状況と累犯者の科刑」法律のひろば四二巻一号（平成元年）三六頁〕。ただ、その一方で仮釈放の積極的活用による保護観察期間の十分な確保という目的から、積極的な加重刑の活用も提唱されており〔百瀬武雄「高齢犯罪常習者の実態と刑事政策」罪と罰二四巻三号（昭和六二年）一六頁以下、ただし森下・前掲犯罪者処遇論の課題七九頁は、この考え方に批判的である〕、累犯加重の刑事政策的な必要性の有無に関する議論については流動的な面がないわけではない。

このようなわけで、一方で累犯加重の必要性がどこにあるかを検討する必要がある〔吉岡・前掲論文（注16）三二一頁〕とされ、累犯加重の効果を再検討すべきである〔中山研一・口述刑法総論第二版（昭和五八年）二三〇頁〕などと批判されつつも、累犯加重の必要性については（懐疑的な議論や責任主義の観点からの廃止論を別にすると）これを完全に否定するような見解はないといってよいのではなかろうか。

再犯率の数字が、現在のところ留保条件がありすぎて、ある種の結論・推論を導くような力を持っていないということも累犯加重の必要性を否認する見解が出にくい背景にあるとも思われる〔柳本正春「再犯率とは何か」刑法雑誌二六巻三・四号（昭和五九年）四三頁〕。

㈢

（1）　累犯と常習犯とは、しばしば並行して語られるが、それぞれの意義に関する一般的な見解につき検討を加えておきたい。
一九世紀後半以降、常習犯対策は累犯対策の一環として論じられてきたが、両者の問題を区別して議論するようになったのは、M・E・マイヤーの主張によってであるといわれる。マイヤーは「すべての累犯者が常習犯人ではない。ある人がたまま数回窃盗を犯すということもありうるだろう。しかし、またすべての常習犯人が累犯者でもない。多年、詐欺によって生活していながら、一度も処罰されないということもありうるのである」と述べている（M. E. Mayer, Der allgemeine Teil des Deutschen Strafrechts, 2. Aufl., 1923, S. 484）。

今日では「累犯は、常習犯の徴候とみることができる面をもっている」〔内田文昭・改訂刑法Ⅰ〔総論補正版〕（平成九年）三六九頁〕と、一般的には認識されていると思われる。

しかし、両者の区別は必ずしも明確ではなく、各概念の意義については一定していないのが現状である〔藤本哲也・刑事政策概論（全訂第二版）（平成一〇年）四二八頁〕。

ただ、通常、累犯は以下のように説明されている。

すなわち、累犯とは、最広義では犯罪を累積的に反復する犯罪者を意味する。そして、広義においては、一つの罪を犯し、逮捕その他の刑事上の処分や裁判の執行を受けたのに、さらに罪を犯した者を意味する。実務上、累犯ないし再犯という場合にはこのような意味で用いることが多いとされる。

これらの意義における累犯が、犯罪学上の累犯に対応するものと思われる。

更に、累犯は狭義では刑法上の累犯を指し、現行法上は、(1)「懲役に処せられた者」が、(2)「その執行を終」るか「執行の免除」のあった日から、(3)「五年内」に、(4)「更に罪を犯し」、(5)「有期懲役に処するとき」にその者を再犯といい、再犯以上をすべて累犯と称する〔墨谷葵「累犯と常習犯」石原明＝墨谷葵＝藤岡一郎＝荒川雅行『刑事政策』（平成五年）三九一頁等〕。すなわち、累犯とは「実体法上、通常前科を要件として規定される犯罪反復現象」と解される。

この狭義の累犯の意義を重視して、累犯はどちらかといえば法律的な概念であるのに対し、常習犯は犯罪学的概念であるという区別をたてることもある〔阿部純二「種々の犯罪」阿部純二＝斉藤誠二＝澤登俊雄＝所一彦『刑事政策入門』（昭和五七年）二六頁、後藤吉成、宮沢浩一「累犯者および常習犯人の類型と特性」森下忠（編）『犯罪学演習』（昭和四九年）二二〇頁、前田俊郎「常習犯人および累犯者の処遇」森下忠（編）『刑事政策演習［改訂増補版］』（昭和五四年）二七六頁〕しかし、累犯も常習犯もともに刑事学（犯罪学と刑事政策学）の観点と刑法学の観点との両面からこれを捉えうるのだから、そのような理解は正しくないと批判されている〔森下忠「常習犯とその対策」森下忠＝須々木主一（編）『刑事政策』（昭和五〇年）三七三頁〕。

次に常習犯の意義に関してであるが、これについては犯罪学上一致した定義は見い出されないものの、二つの代表的な見解が存する〔大谷實・刑事政策講義［第四版］（平成八年）四五〇頁、墨谷・前掲書三九五頁、森下忠・刑法改正と刑事政策（昭和三九年）一一八頁等〕。

その一は、常習犯とは性格的な素質に基づいて存在するか、慣行によって獲得された内的性癖のゆえに繰り返して犯罪を行い、かつ犯罪の反復的な傾向を有する人格である、とするものである〔この見解を支持するものとして、大谷・前掲書四三一頁、瀧川春雄「併合罪と累犯」日本刑法学会（編）『刑法講座4』（昭和三八年）一九九頁等〕。

その二は、一定種類の反復せられた行為によって表示される一定種類の犯行への傾向を有する犯罪者をいう、とするものである〔岩崎二郎「累犯」総合判例研究叢書(6)（昭和三二年）五九頁、正木亮・刑法と刑事政策（昭和三八年）六二頁等〕。

一般的には後者の様に理解されている（藤本・前掲書四二九頁）が、両説は減弱意思に基づく受動的な常習犯人のみならず、能動的な常習犯人つまり職業犯人をも含む点では一致しており、ただ前説が多種傾向型・混合傾向型の犯罪者をも包含するのに対し、後説はそれらを排除している点において異なっているのである（墨谷・前掲論文三九六頁）。

このように、常習犯概念は一般に行為者の特性との関連で理解されており、そのことは確かに常習犯が元来犯罪学的概念であることを物語っているのであろう。

ただ、このように行為者の類型として理解されている常習犯も刑法の常習賭博罪の構成要件においては、行為類型的に把握することが〔平野龍一・刑法概説（昭和五二年）二五二頁等〕可能であり、そうすると刑法上、累犯と常習犯とはいわば「犯罪反復現象」という形で包括的に扱いうるであろう〔Tröndle, Strafgesetzbuch und Nebengesetze, 48. Aufl., 1997, §46 Rn47. は、累犯と常習犯を「執拗な反復行為（beharrliche Wiederholungstaten）」の概念のもとに一括して扱っている〕。

また、行為者の特性に着眼するとしても、両者は累犯という科（generic class）に対する常習犯という種（species）の関係にあると理解することもできるのであり〔岩崎二郎「常習犯について」木村博士還暦祝賀『刑事法学の基本問題(上)』（昭和三二年）六一二頁〕、いずれにせよ両者は密接な関係にある、といえよう。なお、立法過程においては、常習性を行為の属性とみる議員と行為者の属性とする議員とがあったが、この点については、拙稿「常習犯に関する一考察」平成法政研究七巻一号（平成一四年）四三頁以下参照。

（2）本法において常習犯が刑罰を加重された理由に関しては、「其弊害頗ル大ナルヲ以テ重ク罰スルコト為セリ」とされ、法益侵害の重大さが指摘されている（倉富・平沼・花井・前掲刑法沿革総覧二一九四頁）。

なお、常習的犯罪の「常習性」の存否に関係する判例は、岩崎・前掲書（注1）六一一頁以下で網羅的に紹介されているほか、小暮得雄「常習賭博罪」団藤重光（編）『注釈刑法(2)』（昭和四〇年）三四〇頁以下においても詳しく解説されている。

さらに最近のいわゆるゲーム機賭博の事例を含めた常習性の認定についての綿密な分析が、谷村允裕「常習犯罪における常習性の認定」判例タイムズ七一一号（平成二年）五四頁以下において展開されている。

（3）本法の立法趣旨は集団的な暴力行動の横行した当時の社会情勢に対応するため、暴力団等を背景とする暴行、脅迫、器物毀棄、面会強請、強談威迫等の刑を加重するとともに、それが常習として行われる場合もまた同様に取り扱おうとするものであった〔岩崎・前掲論文（注1）六二〇頁〕。

ただし、本法については法案審議の段階において、「法律ノ適用範囲ガ頗ル不明瞭、曖昧模糊」としており、「人権ヲ蹂躙スル」おそれがあり、殊に農民運動、労働運動、水平社運動に対して不平等な適用がなされる危険のあることが指摘されていたことに注意すべきである〔衆議院議事速記録第三五号（大正一三年）九四九頁〕が、本法の解釈については、内田文昭「暴力行為等処罰ニ関スル法律」伊藤榮樹＝小野慶二＝荘子邦雄（編）『注釈特別刑法第二巻』（昭和五七年）二二一頁以下に詳しい。

判例については、小西秀宣「暴力行為等処罰に関する法律」西原春夫＝宮澤浩一＝阿部純二＝板倉宏＝大谷實＝芝原邦爾『判例刑法研究8』（昭和五六年）三〇三頁以下を参照すべきである。

（4）本法は昭和五年の制定であるが、その背景には前年の冬「説教強盗」、「講談強盗」などと称せられる強盗が頻々と横行して社会に脅威を与えたことによる。
本法の解釈については、中谷瑾子「盗犯等ノ防止及処分ニ関スル法律」伊藤榮樹＝小野慶二＝荘子邦雄（編）『注釈特別刑法第二巻』（昭和五七年）二五五頁以下が詳しい。

当時の司法大臣は、議会において「従来の経験によりすれば強盗窃盗犯人特にその常習犯人は出獄後まもなく犯罪を累行するのを通例とするのであって、社会はこれが為に重大な脅威を受けている。これに対して社会を保護するには比較的長期の刑を科して社会より犯人を隔離すると共にその改善を図ることが必要であるが、現行刑法の運用上の慣例においてはこれらの者に対する科刑が軽きに失し、短期間で、常習性の保持者であることが明らかな者を釈放するのやむなきにいたり、かくて社会防衛を全うできない状況にある。それゆえ、法律上、その刑を加重する必要がある」と加重刑による常習犯対策の必要性を唱えている〔貴族院議事速記録第三号（昭和五年）一三頁以下〕。
（5）本法の解説として、小林充「公職選挙法」伊藤榮樹＝小野慶二＝荘子邦雄（編）『注釈特別刑法第三巻』（昭和五八年）三〇五頁（特に常習買収罪）。
（6）累犯・常習犯加重の本質的問題は刑の下限の加重に存する（第三章第五節参照）。
（7）岩崎・前掲論文（注1）六一五頁、正木・前掲書（注1）六五頁。
（8）仮案では、以下の七個の常習犯規定が存在していた。なお、わが国の刑法改正事業における常習犯の理解については、林弘正・改正刑法假案成立過程の研究（平成一五年）三八七頁以下参照。
①　常習賭博罪（三三二条二項）
②　常習暴行罪（三四八条）
③　常習堕胎罪（三五九条一項）
④　常習略取誘拐罪（三七八条）
⑤　常習被拐取者等収受罪（三八五条）
⑥　常習脅迫罪（三九九条）
⑦　常習面会強要・強談威迫罪（四〇一条二項）

(9) 岩崎・前掲論文（注1）六一六頁。

(10) 改正刑法準備草案によれば、次の七個が挙げられる。

① 常習賭博罪（二六五条）
② 常習暴行・傷害罪（二七七条）
③ 常習堕胎罪（二九〇条）
④ 常習脅迫罪（三二〇条）
⑤ 常習面会強要罪（三二二条）
⑥ 常習強・窃盗罪（三四九条）
⑦ 常習賍物罪（三六六条）

なお、刑法典へのいわゆる「暴力行為処罰法」や「盗犯防止法」の編入が一般に肯定的に論じられていた当時の風潮の中においても、「暴力行為処罰法」が小作争議や労働争議に濫用された事実や「盗犯防止法」の威嚇力をもってしても、常習的な盗犯の鎮圧にはほとんど役立たなかったのではないか、という疑惑を根拠にむしろ消極的な見解を示す者もあったという〔岩崎・前掲論文（注1）六二三頁〕。

また、正木博士は常習者に対して定期刑と不定期刑が科せられるが、その関係が不明確であり常習犯加重を行う罪種の選択の恣意性を示唆されている。そして、再犯率の高さからみて加重刑だけでは不十分であり、保安処分との併用による改善と保安の必要性を説かれたのであった〔正木・前掲書（注1）七〇頁〕。

(11) 常習犯に関する表現方法の変更に対しては、次のような趣旨の批判がなされているのが注目される。すなわち、準備草案のような規定方式を採用した場合、従来一罪と考えられていた集合犯としての数個の行為が、常習犯人という主体の行った数個の行為として数罪となり、一部につき確定判決があっても、その既判力は他の部分に及ばず、結局重罰を意図する積極的責任主義に陥るというものである〔平場安治＝平野龍一（編）「刑法改正の研究1」（昭和四七年）三〇頁（平野龍一執筆）〕。

(12) 改正刑法草案で規定された常習犯は次の六個である。

① 常習賭博罪（二五五条二項）
② 常習暴行・傷害罪（二六五条）

③　常習脅迫罪（三〇五条）
④　常習強・窃盗罪（三二二条）
⑤　常習詐欺罪（三四一条）
⑥　常習恐喝罪（三四八条）

(13)　平場安治＝平野龍一（編）「刑法改正の研究2」（昭和四八年）二九三頁は、「常習者であるとき」という語を用いて「行為者刑法」を正面から打ち出した点につき、本当に常習者という行為者類型があるものなのか、行為から切り離しても認定できるような人格的特徴が本当に存在するものなのか、つきつめてみる必要がある（平野龍一執筆）、として常習犯一般に通じる批判を展開している。

ほかに軽微常習犯の除外規定の欠如や既判力制限の効果に対する批判が行われている（同書三八七頁〔平場安治執筆〕、三九四頁〔大谷實執筆〕）。

(14)　中義勝「賭博及び富くじに関する罪」法律時報臨時増刊『改正刑法草案の総合的検討』（昭和五〇年）一九八頁は、科学的根拠をもって（常習者の）認定をすることはなお困難であり、もし認定をするとすればそれは往々にして恣意によることを免れない、という旨を指摘している。

(15)　吉田仲次郎「盗犯等の防止及處分に關する法律に就て」司法研究第一四輯報告書集4（昭和六年）一〇〇頁以下。

(16)　たとえば大判大正三年四月六日刑録二〇輯四六五頁、大判昭和七年八月六日刑集一一巻一一六九頁、東京高判昭和四〇年四月一二日判例タイムズ一七八号一七七頁等。

(17)　谷村允裕「常習犯罪における常習性の認定」判例タイムズ七一一号（平成二年）五五頁。

(18)　前田俊郎「賭博常習性の認定基準」ジュリスト七五二号（昭和五六年）九二頁。

(19)　新倉修「賭博罪」西原春夫＝宮澤浩一＝阿部純二＝板倉宏＝大谷實＝芝原邦爾（編）『判例刑法研究7』（昭和五八年）三六〇頁。

㈣

(1)　平本喜祿「盗犯等ノ防止及処分ニ関スル法律三条の意義」研修三七九号（昭和五五年）八〇頁。

(2)　後藤吉成「盗犯等の防止及び処分に関する法律三条にいう三回以上の懲役刑と刑法五六条の要件の要否」法学研究四五巻

一号（昭和四七年）一二三頁、吉岡一男・自由刑論の新展開（平成九年）三九頁等。

第二節　累犯加重の根拠

(一) 総　説

現行刑法典第十章に規定されている累犯加重の根拠に関しては、これまでさまざまの説明が行われてきた。(1)

現在、もっとも有力に主張されているのが、行為責任の増大を前刑の警告作用の無視に係わらせる見解である（いわゆる「警告理論（Warntheorie）」）。

もちろん、累犯対策という立法者意思からも窺い知ることができるように、立法当初は、社会的責任の観点から犯罪を反復累行する行為者の強い反社会的危険性に対処する必要があるためだとする議論が存したし、今日においても責任の点とは無関係に、端的に刑罰の特別予防的機能に着目し前刑の執行が再犯防止に効果がなかったので刑期を長くする必要がある、という刑事政策的理由を重視する根拠づけは依然として認めることができる。

また、累犯は単に責任要素にとどまらず違法要素である、とする考え方も比較的古くから存したし今日においても説かれていることに注意しなければならない。

判例は、直接累犯加重の根拠づけについて語っていないが、常習累犯窃盗に関する事例においては累犯が刑の加重には関与していない旨の判示を行っているものもある。(2)

本節においては、累犯加重の根拠づけに関する上述の見解について検討を加え、累犯加重と責任主義との関係を探るための予備作業としたい。

(二) 学説

(1) 社会的責任論

牧野博士は、主観主義と刑罰個別論を内容とする新派理論が現行刑法の累犯加重規定において採用されたと説かれ、累犯の加重された刑は「新タナル犯罪ニ依テ表明セラレタル犯人ノ執拗ナル悪性ニ対スルモノ」と主張された。[1]

悪性とは、「法律の好まざる一定の侵害的行為を為す性格」であり、すなわち行為者の危険性のことであるが、[2] この「前犯ト後犯トニ依テ表明セラレタル犯人ノ悪性自體」によって量刑を行うべきであるとして、新派の拠って立つ特別予防主義と刑罰個別化の原則を具体的に展開されているのである。[3]

牧野博士の議論の出発点にあるのが、刑法の社会的機能に関する社会防衛論であることは周知のことである。そして、いわゆる客観主義が刑法のもう一つの社会的機能としての個人の保護に手厚い反面、社会防衛の点を忘失した結果、犯罪の撲滅に失敗したのみならず、かえって犯罪を増加せしめたことに鑑みるならば裁判官の専断から個人を保護すべき刑法の機能を認めつつも、基本的には主観主義に依拠して「犯罪分類ニ關スル舊時ノ客観的基礎ヲ排シテ、新タニ主観的標準ニ基ク――即チ悪性ノ如何ニ依ル――ノ犯罪分類法如何ヲ当面ノ事項トセサルヘカラサルナリ」と主張される。[4]

すなわち、社会防衛のためには主観的基礎による犯罪分類が最も重要であり、現行刑法の累犯加重をその実例として掲げられるのである。

牧野博士によると、累犯の科刑は「其ノ最後ノ犯罪ニ對スルモノニ非スシテ、『犯罪ノ累次』ナル事實ニ基クモノ」であり、この場合「累犯者」は「初犯者」とは全然その性質を異にする「一種ノ犯人」なのであり、累犯加重はその意味で行為者の悪性に着眼した規定なのである。[5]

旧派も「累犯は反対動機の無力を意味するもので……、一定の行為を為すに関して特別なる強さあることを示すものであるから、従って、これを加重することは意思自由論から見ても正当」である、と累犯の責任の重さを説明するが、牧野博士はこのような自由意思論からの説明は不満を残す、と批判され、累犯加重は犯罪徴表説の適用から主張されるべきだと説かれるのである。(6)

同じく新派に属する宮本博士は、累犯加重に関し「累犯現象ハ、一般的ニ見テ、前犯ニ對スル刑事處遇カ犯人ニ對シテ無力ナリシコトヲ證スルモノナルカ故ナリ」と説明されている。(7)すなわち、累犯者の反規範性が重大であるがゆえに、累犯が発生した事例では、累犯現象は前刑の特別予防的効果がなかったことを意味するわけで、したがって累犯者の反規範性の重大さに応じた程度の刑罰を累犯者に加えることによって、行為の反価値を累犯者に感銘せしめて規範意識を覚醒させ、それによって累犯者の改善という目的を達成するのに必要な長期刑を確保することが累犯加重の根拠である、とされる趣旨と解される。(8)

宮本博士によれば、累犯者でもそれが監獄内での悪影響に基づく社会的不適応や出獄後の社会的無援助に起因するような場合には、刑の加重よりも執行猶予制度の適用や免囚保護の奨励が求められることとなるわけであるが、(9)それは刑罰の特別予防的効力がその副作用によって凌駕されると解されるからであり、そのような考慮をせずに機械的な刑の加重に加担する実務の方針は応報刑主義的、一般威嚇主義的傾向を帯びている、として批判の対象となるのである。(10)

宮本博士は、累犯がただちに悪性の大きさを物語るものとは捉えておらず、反規範性の重大な累犯にのみ加重刑を考えればよい、とするものであり、そもそも累犯加重の根拠づけにおいて累犯者の社会的危険性よりも刑罰の無力さを掲げている点で、累犯者の社会的危険性を一般的に前提にしたうえで、累犯者を特別の犯罪者類型として把握する牧野博士よりも社会防衛の観点が後退しているように思われる。[11]

木村博士は、累犯は常習犯の特質たる危険性を意味するものではなく、常習性認識の客観的要件、すなわち常習性の徴表に過ぎないと解されるのである。[12]

そして、累犯加重や併合罪加重は、犯罪を繰り返したり、多数の犯罪をなした者について、その反社会性・危険性を考慮した結果の重刑であって、主観主義の現れである、と説かれるのである。[13]

木村博士によると、道義的非難が「より重い」ものであるとする場合の責任の重さは何によって決定するのか明確でないとの批判が可能となり、悪性すなわち危険性は量的なものであるから、累犯者について「悪性がより大きい」ことを加重理由とするのは理解しうるということになる。[14] さらに、過去の有罪判決、さらに過去の受刑の事実を警告として利用しなかったことのなかに高度の責任を認め、重い刑を量定するとする個別行為責任の理論としての連想説（Assoziationstheorie）は、過失の累犯には妥当しないと批判される。[15]

この場合、博士は刑の量定に関する責任主義に関し、「行為責任を基本とし、同時に、その行為責任と行為者の危険性を考慮し、行為責任と行為者の危険性の両者を統一的なものとして考察するところの『行為時人格』（Tat-Zeit-Persönlichkeit）の責任の程度・分量を決定し、それにしたがって刑を量定すべきである」との基本的な見解を前提とされており、[16] 責任の程度・分量というのは有責な意思についていわれるのであって、その意思は現実の人間的意思であり、事実であるから、事実判断としての可能性の判断の対象たる犯人の危険性を結合して、有責な意思は犯人の危険性と結合して、責任の程度・分量を決定しうるものとなる、と論じておられる。すなわち、一種の社会的責任主義であろう。[17]

このように考えられた責任主義の枠内において、累犯加重の根拠を考えると、上述したような犯人の危険性（悪性）

の大きさが一般的に「責任」の分量を増加せしめるので、刑が加重されるということとなると思われる。(18)

(2)　行為責任論

責任の本質に関する旧派の考え方は、現実的な個々の犯罪行為に対する行為者の道義的非難が責任の核心に置かれており、個別的行為責任論であり、道義的責任論であることは周知の通りである。(1)

大場博士は、累犯を併合罪や単純数罪と並ぶ数罪の一場合と理解されており、「一罪ニ付キ確定裁判アリタル後更ニ一罪ヲ犯ストキハ右二罪ノ間ニ広義ノ累犯関係アルモノナリ」と累犯の定義づけをされ、(2)現行刑法上の累犯の意義とは相違するとされている。(3)泉二博士は、犯罪論ではほぼ客観主義に立たれたが、累犯を含む刑罰論では予防主義を採用されていた点で、折衷的であった。(4)

小野博士は、「保安的見地において累犯者が特別の危険性を有する」として新派的な見解も肯定されつつ、同時に「さきの受刑体験がなほ当の行為を抑制するに至らなかったといふ意味で、より密接に行為責任と結びついている」と旧派固有の責任論に立脚した加重根拠を提示されている。(5)

この場合、行為責任というのは行為者の人格ないし性格を顧みないということを意味するわけではなく、国民的倫理的人格を一般的に前提するという意味で一応これを捨象するだけのことで、行為責任を論ずるにあたっても、道義的責任の理念上、可能な限りその背後にある人格と性格とが考慮されなければならない、とされており、(6)しかも性格が責任を重くすることも認められていたことから、いわば行為責任の性質が濃厚であったことが知られるのである。

瀧川博士は、小野博士のように道義的責任や行為責任の観念と累犯加重を結び付けておらず、むしろ新派の説明に接近しているといってよい。すなわち、「累犯の加重は、前犯罪に対する刑罰が犯人に対して無力であったから、更に重く罰することによって、刑罰の目的を達しようというのである」として、もっぱら刑事政策上の要求が根底にあ

ることを肯定されているのである。(7)

そして、大場博士のように累犯と併合罪を数罪という共通項で包括することをせず、むしろ併合罪が「犯罪の数だけの処罰」(Quot crimina, tot poenae) の原則を根拠とするのと対比的に累犯の政策的性格を強調しておられるのである。(8)旧派においては、累犯加重の根拠が必然的に行為責任論に結びついていたわけではないのである。(9)

(3)　主観的違法要素説

佐伯博士は、累犯性を主観的違法要素と解されたが、それ以前には累犯性を客観的加重処罰条件に属するという考えを表明されていた。

すなわち、リットラー (Theodor Rittler) が累犯性は行為の違法性の大小とは関係なく、ただ行為者の責任の大小を示すものであり、しかもそれは行為者が予見することを要しないから処罰条件である、と主張したのを支持されて、加重条件としての累犯性または常習性は行為者がそれらを自覚・認識していることを要せず、かつそれらは違法要素ではなく責任要素であると説かれたのである。(1)

ところがその後、博士は刑法上行為者の犯罪についての「責任」と彼の「性格の危険性」とがいかなる関係に立つかという問題意識から、新旧両学派の議論を検討しつつ、(2)さらにわが国における牧野・木村博士の期待可能性の観念の捉え方、宮本博士の規範的危険性の把握のための期待可能性の理解、安平博士の人格的責任の観念等に考察を加えられた後、(3)独自の見解を展開された。

すなわち、佐伯博士は旧稿「責任と危険性」(4)において既に責任と危険性の問題に関して私見を提示しておられたのであるが、その際前提とされていた博士の基本的考え方は責任も危険性も刑法上不可欠の観念ではあるものの、両者の調和はいずれか一方を優位に立たせることによってしか実現できず、しかもその場合伝統的な責任理論を解消して

しまって、危険性の観念に主導権を渡すことは現代人の精神の耐えうるところではない、というものであった。(5)

そして、博士は社会的責任論の主張は刑法の規範的性質を無視するもので結局伝統的な責任の否定にほかならないとされる。なぜならば、伝統的な責任非難は違法判断（行為・行為者の国家・社会に対する有害性に関する判断）と責任判断（国家・社会が科した義務を履行可能なのに履行しなかったことを非難することについての判断）を含むのに、社会的責任論は第一の違法判断さえあれば足り、第二の責任判断を不要とするからである。(6)

このような社会的責任論の考え方は意思決定論に立脚する自然主義的理論なのに、伝統的な責任非難は人格の自律と意思の自由を当然の前提として要請してきたのであり、将来もこのような規範的性質は放棄されえないというのが博士の見方なのである。

ただ、刑法はこのようにして自由意思を基礎とした責任観念の上に成立するものの、決して架空の観念論にとどまるものではなく責任能力のある者が故意・過失をもってなした態度だけが責任あるもの、とされてその場合に一応意思の自由の存在が類型的に推定ないし擬制されるが、適法行為の期待可能性のない場合には責任が阻却されるのであり、これもまた因果的考察や科学的研究の成果を顧慮しつつ類型化されており（例：親族間の犯人蔵匿）、結局刑法上の責任は社会生活の現実にその基盤を有するもので決して架空のものとはいえないのだ、と主張されるのである。(7)

このように刑法上の責任が規範的性質を有するとするならば、性格の危険性は果たして責任の要素となりうるのか、が問題となるはずである。

博士は、刑法の限定責任能力の減軽の趣旨からして刑法は個別行為のみならず性格の危険性に関しても、その主体に自由を予想して初めて可能になるような非難可能性をその責任の内容とするものと解するのであり、それゆえ行為者がその性格を避けえたにもかかわらず自ら帯びるに至ったものである限り、刑法上の責任を認めることは可能なはずであり、行為者が左右できなかった危険性だけは非難可能性を肯定できないこととなる、と分析されるがまた他方「有責な危険性のみが刑法上問題となる。」と解するのも早計だとされるのである。

その理由は、「累犯性」「慣習性」の多くは行為者の自業自得と評価しうるものであろうが、自業自得といえない場合にもなお犯罪類型の要素をなしている点に求められ、それこそまさにビルクマイヤーが失敗した理由だとされるのである。このように「累犯性」や「慣習性」のような性格の危険性の一部に関しては、それを責任要素に押し込むことができなくなったことに基づいて、責任に還元できない法定の加重事由としての危険性は責任要素としてではなく、むしろ違法要素という見地から考察すべきこととなる、というのが博士の結論なのである。

つまり、客観的違法論に立つとしても一定の主観的要素の存在はおおかたの認めるところであり、意思のほかに性格もまたそのような主観的違法要素となりうる、という趣旨にほかならない。(8)

迷信犯の不可罰性や旧少年法四条の規定に趣旨からして、実定法上、犯罪行為をなすおそれのある行為者の存在自体が法秩序の脅威と目せられることがあり、そのような見地を推し進めると常習性等も違法性と関係があることとなる、という「主観的違法要素」という論文中の見解が確認されたのだ、と博士はいわれるのである。(9)

しかも、責任要素に属さない主観的違法要素としての性格の危険性は、客観的処罰条件が行為者の責任に属さない違法要素であるのに対応するのだとされ、更に行為者の行為が犯罪なのであるから、犯罪類型が行為と区別された行為者の性質に及ぶことは当然であって、性格の危険性のごとき行為の属性といえない行為者の属性を犯罪類型の要素とすることは、犯罪が可罰的な「行為」の類型であることと調和しないという非難はあたらない、とされるのである。(10)

さらに佐伯博士は、性格の危険性はそれが（累犯のように）実定法上犯罪類型の構成要素とされている場合のほか、裁判官の刑罰量定においても問題とされたのである、と説かれる。

すなわち博士によれば、刑罰は責任非難の定立した目的（過去に属する行為につき行為者の後悔と謝罪を求め、これを介して未来に向かってその改悛をもたらし、それによって社会秩序の維持に資そうとする目的）に対する手段の関係に立っており、その重点はこの目的のための手段として有効適切であることに求められる、という結論に至るのである。そして、それゆえ量刑の標準も行為の責任非難性を根底としつつも「責任に比例する刑罰は何か」という評価を一歩出て、行為者を如何に処遇することによって彼の規範意識の強化覚醒を最も確実にかつ早く実現できるかという目的手段的な技術的評価とならなくてはならない、ということとなるのである。

その結果、行為者の全人格・性格に対する考察もこのような合目的性の考慮から要求されるが、主観的違法要素としての危険性もこのような目的論的な刑罰観念が導入したものと解される、と説明されるのである。(11)

このような考え方を推し進めると、「可罰的評価」と「規範的評価」との区別に至り、責任行為は規範的評価に、性格の危険性を考慮しながらなされるところの威嚇・改善目的の量刑評価は可罰的評価に、それぞれ該当することになるのである。

結局、佐伯博士の議論は、それが規範的評価＝責任非難を予想する点において社会的責任論と根本的に異なるのである。

こうして、博士は責任と危険性の統一は犯罪論の領域ではなく、刑罰量定論の領域においてこれを求めるべきである、と結論づけられるのである。(12)

このように、少なくとも戦前の論文において佐伯博士は、累犯を主観的違法要素の一種として把握されたのであるが、その後は累犯加重の根拠に関しては「行為者が前に科せられた刑罰の含む訓戒・警告を無視したという意味で責任が一段と重く、またこのような行為者の犯罪的性格は特別に強いと見られるからである」とされ、行為責任的な見地からの説明を加えておられ、しかも併記されている行為者の犯罪的性格が果たして主観的違法要素としての性質を有するのかについては、明らかではない。(13)

(4)　人格責任論

団藤博士が、古典派と近代派の責任論に関する論争を考察した結果、人格責任の理論を提唱されたことは周知の通りである。

まず、団藤博士は、責任とは規範的なものであり非難可能性をその本質とするのだから近代派の主張するような必然的に決定されたものとしての、すなわち、それゆえ非難可能性の要素をもたない「危険な性格」を問題とする性格責任における責任は、一定の処分を受けなければならない地位ではあっても、非難可能性としての責任、つまり真の責任ではなく、したがって危険性をそのまま責任と考える性格責任論は採用できない、とされるのである。

ただ、性格もまた刑法上重要性をもつので、「責任と危険性」に関する論争が生じたのももっともであり、人格責任論によってその解決を図るべきだとされるのである。(1)

そして、ドイツ・オーストリアにおける議論を検討されるのであるが、そこにおいてはビルクマイヤー、レンツ、グリュンフート、メツガー、ボッケルマンらの見解が考察され、次にわが国の学説につき木村、牧野、小野、安平、不破の諸家の所説が分析された後、最後に佐伯博士の主観的違法要素説が批判されるのである。(2)

団藤博士は、佐伯博士が累犯性や常習性を主観的違法要素の一種として理解することにより、行為者の性格も違法要素として説明しようとされるのを注目に値する見解だとされつつも、まず行使の目的とか領得の意思などの主観的要素が行為そのものを色づけるのに、行為者の性格はそうではない、ということが難点であると批判される。(3)

ただ、これについては佐伯博士は犯罪は行為者の行為なのだから、犯罪類型の理論たる違法論に行為者の性質が及ぶのは当然だと弁明されていることに理解を示しつつ、しかし、このような違法がなにゆえに行為者に帰責されるかという疑問が残るとされる。(4)

佐伯博士によると、主観的違法要素たる性格の危険性は客観的処罰条件が故意の予見内容に属さない、すなわち行為者の責任に属さない違法要素であるのに対応しているので、性格の危険性は行為者に帰責される必要がないという結論が導かれるのだが、では違法な行為は帰責を要するのに違法な性格はそうではないという理由がさらに疑問である、と団藤博士は批判される。(5)

そして、それについても、団藤博士は佐伯博士の議論についての自らの理解を示され次のように言われるのである。すなわち、量刑標準に関する可罰的評価の要求が主観的違法要素としての性格の危険性に対する考察を導入せしめたのであろう、という旨の推測をされるのである。(6)ただ、責任と危険性の統一を量刑論のレベルにおいて求めようとされる佐伯博士の結論は、犯罪論と刑罰論の絶縁の危機を招くもので刑法理論として致命的である、というのが団藤博士の批判であり、その結果いわゆる「責任と危険性」の問題の解決は人格形成責任の理論によらなければならない、という結論に至るとされるのである。(7)

では、博士のいわゆる人格責任論とはどのような見解なのであろうか、またそこにおいて累犯加重の根拠はどのように理解されているのであろうか。

まず、博士は人格ないし性格は素質によって固定したものではなく、人格形成あるいは行為については、少なくとも素質および環境の共働を認めないわけにはいかない、という点を実証的な立場から肯定される。(8)

そして、団藤博士は人格を身体的―精神的全体として把握され、かつそれを個性的・統一的・持続的な全体であると解されている。しかもこの場合、人格は一定の構造をもったものである、とされるのである。すなわち、人格は全体としていわば一つの潜在的な体系であるが、生の活動においてはつねにそれは現実的なものとして表出されるのであり、そしてまた人格の現実的作用は、潜在的な作用可能性をその根底にもち、人格の潜在的なものにおける作用可能性が、人格の現実的な一定の作用へと導く傾向を有するのである。

その際、傾向は生活表示から解釈しうるにすぎず、各人の一定の人格の構造に結び付けられているのである、とされる。(9)

こうして、人格には現実的な現れの根底に潜在的な体系があり、しかもそれは構造連関として考えられているのであるが、固定的なものではなく生々発展し、形成されてゆくものであり、そこにおいては体験の集積と素質とがあいまって人格を形成するのである。そして、その場合に環境が、あるときは直接に生理的に人格要素に影響を与え、またあるときは体験を通じて人格形成的に作用するので人格環境として重要となるのである。(10)

このようにして、人格の形成は確かに素質および環境によって大きな制約を受けているわけであるが、しかしそれは完全に自然必然的に支配されているのではなく、人格内部に存する主体性の介入を受けるのである。(11)

その結果、団藤博士によると犯罪行為は潜在体系としての人格の実現化であり、個々の犯罪は一回的なものであるから、犯罪及び犯罪人を端に一般的な潜在性としてだけではなく、現実性として把握しなければならない、という帰結がもたらされる。そして、人格の潜在的体系が犯罪行為となって現実化するに際しては、人格の主体的態度が重要な契機となるのである。要するに、人格形成も犯罪行為も、行為者の潜在的人格体系の傾向に支配されながら、他方その主体的活動も行われるのである、という点に人格責任の倫理的根拠が求められているのである。(12)

こうして、刑事責任の基礎は第一に、行為者人格の主体的現実化である犯罪行為そのものに認めるべきこととなる。しかしまた、犯罪行為はその背後に素質・環境の制約を受けながら主体的に形成されてきた潜在的な人格体系を予想することから、行為責任の背後に人格形成の責任が認められなくてはならない、と博士は主張されるのである。[13]

この場合、問題とされるべきなのは、単なる一般的な潜在性ではなく個別的な現実性なのであるから、人格の徴表にとどまらず潜在的人格体系の現実化たる性質をもつ犯罪行為が、まず規範的な評価の対象として現れるので、人格責任においても行為責任が第一次的に取り上げられるべきなのである。[14] ただ、行為責任も人格の現実化だけをみるべきではなく、現実化の際の人格態度をその深奥に立ち入ったうえで、その人格態度を理解し、これに対する責任判断を加えるのであり、このような意味において行為責任は人格責任の一面なのである。[15]

さらに、一般に法が「……しなければならない」または「……してはならない」という要求をするときは、それは直接には行為（作為又は不作為）を要求するものであるが、同時にこのような行為の前提となるような人格形成をも要求するものと考えなければならないがゆえに、ある犯罪に陥ったときは、そのような犯罪に陥るようになった人格形成についての責任もあわせて問わなければならず、この人格形成責任は少なくとも常習犯に関する限り、道徳的責任にとどまらず、刑法的責任だといわなければならない、とされるのである。[16]

そして、行為責任と人格形成とは、概念的・倫理的には明らかに区別されるが、生の現実において両者は不可分であり、前者が第一次的、後者が第二次的に考慮されながら、結局は合一されて考えられるべきであり、両者をあわせて人格責任と称するという結論に至るのである。[17]

さて、団藤博士によれば、人格責任の考え方は常習犯の加重根拠の説明に適するとされるが、[18] 累犯加重は行為責任の見地からも基礎づけうるとされる。

すなわち、「一たん刑罰による警告があったのにもかかわらず、それに懲りもしないでまた罪を犯したという反規範的な行為意思に責任加重の理由を求めようとするのがそれである。前犯の刑の執行を終わりまたは執行の免除を得たのち一定期間内に罪を犯したことが累犯加重の要件とされるのもかような趣旨によって説明されるであろう」と説明されるのである。(19)

もちろん、前述したように団藤博士にとって「行為責任」とは、「人格責任」の一面なのである以上「行為責任の見地」とはされても、人格責任の一環としての行為責任なのであるから博士が人格責任の理論を累犯に関して放棄しているとはいえないであろう。(20)

このように、人格責任の理論に立脚するとしても、少なくとも団藤博士に関する限り、累犯加重は直接的には人格責任論によって根拠づけられているとはいえない。ほかにも、いわゆる人格責任の考え方を（内容的にそれぞれ多少異なるにせよ）採用する学説はあるものの、そこでは必ずしも人格責任論のみによって、累犯加重が根拠づけられているわけではない。(21)

以上、累犯加重の根拠に関する議論を、いわゆる新旧両派の責任論及び両派の対立の止揚を目指された佐伯・団藤説の議論に即して検討してきた。

最後に現在行われている議論について考察してみたい。

(5)　現在の状況

a　特別予防説

まず、前の刑の執行が再犯防止に効果がなかったので、刑期を長くする必要がある、として刑の特別予防的機能に着目するのが中野元判事である。(1)

中野元判事は、行為責任論に立脚されているが刑罰の分量に関しては犯罪予防、特に特別予防のための刑事政策を同時に考慮することも必要である、という理由から責任に対応する刑罰の量をそのような合理的な考慮によってある程度修正しても違憲ではない、という立場をとられる。同判事が、前刑の警告無視による行為責任増加の点に言及しない背景には、量刑における責任主義による刑量制限の必要性の程度をはじめから緩和することを許容するという、[2]独自の見解が強く影響していると解されるのである。

b　行為責任増加説

この学説は、累犯には前刑の体験の無視による責任の増大という意味が重点的に含まれているという考え方であり、[3]今日の通説の基礎となっている（警告理論）。

責任非難の対象になるのは個々の行為である、と考えるのが行為責任（個別行為責任）であるが、これが現在の通説であり、また現行刑法もこのような考え方を基本的に採っていると解される。[4]

平野博士は、「ただ『懲りずにまたやった』という点が、刑の加重の主な理由だということになろう」と説明されているが、[5]行為責任増加の見地からの議論と考えられる。

香川博士もまた、「累犯とはその名の示すとおり、かさねて犯罪をおこなったことに対し、その道義的責任を追及するものである」として責任増加の議論を支持しておられる。[6]

かつて、人格責任論を主張されていた大谷教授も現在では「一度刑を科したのにかかわらず、性懲りなく犯罪を繰り返したという点で初犯者よりも強い非難が加えられ責任が重いからである」と行為責任の見地から説明されている。[7]さらに、青柳博士も行為者類型としての性格を併せもつ常習犯と対比しつつ、累犯は「警告無視という行為責任の原理」による、とされていた。[8]

なお、荘子博士はその「刑法総論」の旧版において「いったん刑に処せられたにもかかわらず、ふたたび警告を無視して犯行を重ねた」点に累犯加重の根拠を求めておられたのである。[9]

c　折衷説

今日の通説は、上述の行為責任的見地からの説明に社会的責任の観点からの理由づけを加えたものである、といってよい。(10)

たとえば、福田博士は「一方では、前に科せられた刑罰（それは訓戒的意味をもつ）を無視したという意味で、道義的非難が重いからであり、他方では、社会防衛の見地から、このような犯罪者は特に危険性が大であるからである」と説かれ、(11)大塚博士が「既に刑罰をもってその前犯の非を改悛すべきことは求められたのに、十分に反省にいたらず、罪を繰り返したことによって、その行為に対する道義的非難が高められること、および、犯罪を反復累行したところに、その人格的な特別の危険性が顕現することによる」とされるのはその典型例である。(12)

藤木博士は、「刑の効果が十分でなく、前回と同じ扱いではさらに罪を行う危険性が認められ、改善・更生のための処遇に日時を要すると考えられることからも、また、刑に処せられたのちに何ら改悛せず再び犯行を重ねた」ことを加重理由として掲げておられるが、危険性のみならず前刑の無力さにも言及している点で宮本博士の見解も考慮されているように思われる。(13)

このように折衷説は、前刑の執行の終了もしくは免除が累犯加重の要件として要求されている（刑法五六条一項）ことに、累犯加重の責任刑としての性格の根拠を求めているが、同時に累犯加重の効果として法定刑が倍加されている点に、その保安刑としての性格を見い出していると解される。(14)

d　違法増加説

西原博士は、行為責任の増加にも、特別予防の必要性にも累犯加重の根拠を求めず、違法性の程度の高さにそれを求められている。

まず、西原博士は、累犯行為者に対する非難性は通常人よりも低いとされる。すなわち、「累犯者のなかには性格的に異常な者が多く、しかもその異常性格はほとんど先天的で治療不能とされていることは事実で……将来、この異常性格と行動との必然的関係が立証され、また異常性格の類型が明確化されて画一的診断が可能となったときには、累犯者の多くが責任無能力者、あるいは限定責任能力者と解されることとなろう」と累犯者の責任能力に疑問を示されつつも、異常性格に対する科学的分析が不十分な現状では責任能力者として扱うほかはない、と結論づけられるが、しかしそれにしても「累犯者は刑の執行の意義を無効とするほどに規範意識が鈍麻しているのだから、行為者に対する非難は通常人よりも軽減されるのが筋だとも考えられる」として累犯者の責任については、結局非難性が低いと主張されるのである。(15)

だがしかし、累犯者の場合、規範に対する侵害の程度が初犯者に比べて格段に重いということを見逃してはならない、と累犯者の規範違反の点に重大性を認めようとされるのである。

つまり、累犯の場合、規範に対する侵害が二度目以上で、しかも単に確定裁判を受けたばかりでなく、その執行も受けた上での事であるという点からして、違法性の程度が重く、行為者個人に対する非難性の軽減を帳消しにするに至らず、結局責任の量としては初犯者よりも重くなるのだと解すべきだ、とされるのである。(16)そしてこのような規範侵害が刑の執行という国家の司法作用を受けたのちに累行されたという意味で、併合罪の場合よりもさらに規範的な非難の度合いが高いとされるのである。(17)

ただ、このように違法性の行為無価値的側面に着目して累犯加重を根拠づけようとする論者は、ほかには見当たらないのが現状である。

規範意識の鈍麻といっても、責任能力に問題がない以上前刑の警告によって少なくとも通常人程度の違法性の意識ないし反対動機の存在は認められる、という議論も可能であろうから、[18] ただちに行為責任の減少を説くのは疑問であるし、また規範違反はその存否を考えうるとしても程度を付しうる概念かという疑問が残るし、[19] かりに規範違反の程度がいっそう重大であるとしても、法益侵害・危殆化の点において累犯行為と初犯行為の間には差異が存しないはずであるから、違法性の増大を肯定するのはまさに行為無価値一元論を肯定するものではないかという批判を招かざるをえない[20]こと等に鑑みるとこのような違法増加説を受け入れることは困難である、と思われる。[21]

(三) 判　例

判決は、刑法五六条の五年の期間の起算点となる「懲役刑の執行を終りたる日」の意義につき、いわゆる「翌日説」の論拠をかかげるに当たって、累犯加重の根拠に言及している。すなわち、以下の諸判例である。

(1) 昭和四一年八月一六日　広島高裁判決[1]

累犯加重の規定が設けられた趣意は、五年を経過しない間に刑の威力を忘却したことを刑加重の精神とするものと解せられる……。

(2) 昭和四四年一二月一六日　広島高裁判決[2]

累犯加重の規定が設けられた趣意は、五年を経過しない間に刑の執行の威力を忘却したということを刑加重の精神とするものと解される……。

(3) 昭和五四年八月九日　大阪高裁判決[3]

累犯加重の規定が設けられた趣旨は、前に刑の執行を受けたにもかかわらず、五年を経過しない間に、刑罰に含まれる訓戒・警告を無視し、再び犯罪を犯したところに、非難の加重性、社会的危険性が認められるということにある……。

(4)　昭和五七年三月一一日　最高裁第一小法廷判決(4)

刑法五六条一項に累犯加重の要件を定めた趣旨に鑑みると、「翌日説に従うべきである」。判例(1)・(2)では必ずしも刑の加重根拠が明確ではなかったが、判例(3)においてはっきりと折衷説の立場が示されている。そして、判例(4)の最高裁判決では「趣旨に鑑みると」とされているのみで、肝心の趣旨の中身は判示されていないが一連の下級審における「翌日説」を承認した判決である、という点からみると判例(3)と同様折衷説に立つと解すべきであろうか。判例は必ずしも犯罪の本質を探求する任務を負うわけではないから、この不明確さはやむを得ないであろう。(5)

ただ、次の判例(5)が問題である。

(5)　昭和四三年一一月七日　最高裁第一小法廷決定(6)

刑法五六条一項にいう「罪ヲ犯シ」とは、「五年以内に実行の着手があったことを要件とせず、五年以内に実行行為さえあれば足りる、という意味である」。

これでは、刑の執行を受けたにもかかわらず、刑罰に含まれる訓戒・警告を無視したから非難が加重される、という議論はあてはまりにくいであろう。刑の執行中、実行の着手があった場合でも累犯加重がなしうる、という最高裁の判断の根底にあるのは前刑の警告無視による行為責任の増加というよりは、むしろ端的に刑の執行中に犯罪を反復した点に認められる行為者の社会的危険性であるということは否定しえないと思われる。(7)

判例(4)及び(5)を総合的に考察すると、判例は行為者の危険性にウェイトを置いた折衷説を採用している、と解される。(8)

四　常習累犯強窃盗罪

盗犯防止法三条の「常習累犯強窃盗」の加重根拠に関しては、ほとんど議論らしい議論が存在しないのが現状である（以下、単に常習累犯窃盗とする）。

そもそも、同条における前科性としての累犯性がいかなる意義を有するのか、という点についてすら統一的見解が認められないのである。

論者の中には、常習累犯窃盗における「累犯性」は常習性の顕著なものを選択する基準と解する者もあるが、(1) 累犯者がただちに顕著な常習性を認められるとは限らないから妥当とはいえないであろう。(2) せいぜい、常習性認定のための一基準という程度の意義を肯定しうるにとどまるであろう。

そこで、常習累犯窃盗の「累犯性」を「常習性」とともに刑を加重する根拠と考える見解について検討すると、確かに常習犯の本質を行為者責任に求め、累犯のそれを行為責任の見地から把握すると常習累犯窃盗を常習犯と累犯との組み合わせと理解することも可能となるであろうが、(3) その場合常習累犯窃盗は刑法の一般的累犯加重（五六条）の特別規定とみなさざるを得なくなるはずである。

その結果、盗犯防止法三条該当の常習累犯窃盗者に対しては刑法の累犯加重規定を適用できないこととなるが、それでは刑の不権衡が生じるので、(4) 結局累犯性を刑の加重に与かる要素と解することはできない、ということとなる。(5)

判例にも、常習累犯窃盗は刑法の累犯加重の場合のような「前刑の威力の発揮」とは別に、非常習者よりも重く罰することを目的としている、として刑の加重はもっぱら常習性に基づくと理解しているものも認められるのである。(6)

そうすると、盗犯防止法三条の累犯性は常習性を具備するものの中から、常習性の有無・程度を識別することなく、一定の者を選択する（その目的は必ずしも明らかではないが）ための形式的基準にすぎない、実質的意義を持たない要件ということになり、換言すれば常習累犯窃盗は、常習窃盗の一態様をなす、と解されることとなろう。(7) もちろん常習犯には累犯加重できないと解する立場からは、(8) 刑の不権衡論により「累犯」の刑罰加重的性格を否定するという結論は、ただちに導かれえないであろう。

要するに、判例・学説は常習累犯窃盗の加重根拠については、刑法の一般的累犯規定の適用によって刑の不権衡の発生を阻止するために、刑法の累犯規定と競合する規定として常習累犯窃盗を捉えてはならない、という要求を考慮して、常習累犯窃盗から累犯加重としての性格を払拭しよう、すなわち「累犯性」に刑罰加重的な効果を認めずもっぱら「常習性」の方に刑の加重根拠を求めようとする傾向がある、ということになる。

ここでは、累犯と常習犯が結合した場合、累犯に特別の意義を認めることを要しない可能性を判例・学説が、全く否定しているわけではないことが注目される。

ただ、盗犯防止法二条にも「常習窃盗」が規定されているところをみると、「常習累犯」においては、「常習性」のみを強調すべきであると考えることには疑問が起こるのであり、責任主義の下において累犯加重と常習犯加重とがどのような異なった評価に基づいて規定されているのか、換言すれば累犯と常習犯とが互いにどのような関係に立ちつつ刑の加重に関わっているかが明確化されるべきであろう。(9)

(五) 小括

累犯加重の根拠に関するわが国の学説・判例の流れを概観したが、その結果、当初「累犯者の危険性」が強調されてはいたが、やがて「前刑の警告無視」に結びつけた責任非難の増大が併せて主張されるようになり、判例もおおむねそのような線に沿って累犯規定を解釈している、という事情が認識できたはずである。

学説の中には、戦前から「違法性の増大」に基づいて累犯加重を説明しようと試みる見解もあるが、必ずしも成功してはいない、という点も弁えたと思われる。

なお、常習累犯窃盗は常習犯の一種として理解されているのが一般的傾向であるが、そのような解釈はもっぱら刑の不権衡を回避する目的に由来するものであって、累犯加重と常習犯加重との法的性格を十分に検討したうえでなされているものではない、という点を忘れてはならない。

そこで累犯加重については「前刑の警告無視による行為責任の増大」という議論が維持できない場合、結局「予防」や「行為者の危険性」という直接的には「行為に関する非難可能性としての責任」とは無関係の理由によって刑罰が加重されていることを認めざるを得なくなるから、「警告無視による行為責任増加論」が種々の批判に耐えうる議論かどうかという疑問は、累犯加重を責任主義の限界内で維持しうるのか否かという問題に対する回答を左右するものであることは明白である。

そこで、次に「前刑の警告無視に基づく高められた行為責任論（警告理論）」に対して、どのような批判が行われているかにつき検討することとする。

㈠

（1）　岩崎二郎「累犯」総合判例研究叢書刑法(6)（昭和三二年）四頁、吉岡一男「累犯と常習犯」中山研一＝西原春夫＝藤木英雄＝宮澤浩一（編）『現代刑法講座第三巻』（昭和五四年）三一二頁、沼野輝彦「累犯」大谷實（編）『要説コンメンタール刑法総論〔総則〕』（平成四年）一八一頁。

（2）　最決昭和四二年七月八日刑集二三巻八号一〇四五頁。原審の札幌高裁の判断参照。

㈡—(1)

（1）　牧野英一・増訂刑法通義（第一八版）（明治四〇年）一四九頁。

さらに、この点を敷衍して「蓋累犯なる現象は一方に於て累犯者の犯罪性が極めて頑固であることを證するものであるし他方に於て通常の刑罰が其犯人に對して無力であることを證するのである」から累犯者に刑の加重を要すると述べておられる〔牧野英一「累犯に就て」法学新報一七巻七号（明治四〇年）二〇頁〕。

（2）牧野英一・刑事学の新思潮と刑法（増訂四版）（大正八年）一五九頁。団藤重光・刑法綱要総論（第三版）（平成二年）二八頁。牧野博士の社会的責任論については、牧野英一・日本刑法上巻（重訂版）（昭和一二年）一三九～一四〇頁において、犯罪人の性格の危険性に対する社会防衛主義の立場が端的に示されている。

すなわち、「社会的見地よりするときは、社会は自己に対する侵害行為に対して常に自己を防衛するの必要あり。而して、其の防衛方法として刑罰の手段に依ることを妥当とする場合に於て、其の侵害者の社会に対する地位を刑事責任と為すものと解せざるべからず。蓋、社会保全の見地より事を論ずるに於ては、社会は自己に対する侵害に対して常に適当に自己を防衛せざるべからざるべく、此の点より考ふるときは、所謂責任無能力者に付ても、其の社会的危険性は之を否定すべきに非ざるが故に、社会は之に対して防衛上適当の措置を採らざるべからざるべし。此の意味に於ては、責任無能力者も亦社会的責任を負ふべきものと謂ふべく、苟も社会生活上権利の主体として利益を享受する者は、同時に社会に対する自己の侵害行為に因りて社会よりの反動作用を受けざるべからざるなり」という主張がそれである。

（3）牧野・前掲刑事学の新思潮と刑法（注2）一三九頁、新派の刑罰論に関しては大塚仁・刑法における新・旧両派の理論（昭和三二年）一七七頁以下を参照。

（4）牧野英一「悪性ニ依ル犯罪ノ分類」法学協会雑誌二七巻三号（明治四二年）三六三～三六八頁。

（5）牧野・前掲論文（注4）三七三頁。

（6）牧野・罪刑法定主義と犯罪徴表説（大正七年）二二五～二二七頁。牧野博士によれば、旧派の現実主義によっては累犯加重は一事不再理の原則に反することとなるのである。

（7）鈴木茂嗣（編）・宮本英脩著作集第二巻（昭和六〇年）四七五(3)頁。

（8）鈴木編・前掲書（注7）四七五頁。

（9）鈴木編・前掲書（注7）四七五～四七六頁。

（10）鈴木編・前掲書（注7）四七六頁。

(11)　宮本博士は社会的責任論に対して、いわゆる「規範的刑事責任主義」という独自の見解を主張された。すなわち、「蓋し社会的刑事責任主義に在っては、犯人が刑責任を負ふのは、単に社会的地位に相当する社会的反動を受けるまでのことであって、精神病者が瘋狂院に隔離され、不良少年が教護院に収容され、狂犬が撲殺される場合と毫も異なるところはないものとするのであるが、予の考では、それは結局さうであるとしても、刑法は刑を科する以前にその行為が違法であることを前提とする。そしてこの違法は行為に対する単純な判断ではなくして、規範の作用として、動的には、何時でも行為者に対してその判断を告知して反省を求めこれを啓発するための目的的な反動であり、静的には、それに適当する行為に備わる法律上の現実的な反価値である。……この告知が効果あるが為めには相手方が単に社会の一員といふだけでは不十分であって、この判断の告知を必要とし且つこれに反応し感銘するだけの事情の備わった者、換言すれば、その判断の対象となる行為が一定の能力者の違法な意思（故意）又は命令または禁令に違反し規範的に違法と判断された行為の中についてのみ認められるわけで、新派に属しつつも宮本博士の責任内容は牧野博士とかなり異なる〔鈴木茂嗣（編）・宮本英脩著作集第三巻（昭和五九年）一四～一五頁〕。

そして、累犯加重の根拠として刑事責任の重大さやその前提としての主観的違法の重大さが掲げられていないことが注目されるのである。

(12)　木村亀二・刑事政策の諸問題（昭和七年）三三一～三三三頁。
(13)　木村亀二・刑法総論〔阿部純二増補〕（昭和五三年）五五頁。同・全訂新刑法読本（昭和三〇年）二九五頁。
(14)　木村亀二・犯罪論の新構造(下)（昭和四三年）四五一頁。
(15)　木村・前掲書（注14）四五〇頁。
(16)　木村・前掲書（注14）四五三～四五六頁。
(17)　もともと、木村博士の社会的責任論は牧野博士よりも規範主義的色彩が濃厚であった。すなわち「社会的責任論とは刑事責任の基礎をもって人間が社会生活をするということにあるとする説をいう。人間が社会生活をすることは社会生活の規範にしたがわねばならないことを意味し、したがって、人間は社会生活の規範としての法的規範の要求にしたがって決意をする義務を有し、その規範の要求に違反して義務違反の意思決定をしたことに責任非難の根拠があるとするのが社会的責任論の根本思想である。このような社会的責任論にあっては意思が本質的に自由であるか否かは責任とは関係がないと解する。社会的責任論は道義的責任論のいう意味においては道義的ではないが、社会生活の規範という社会的道義を基礎とするものであり、社会倫理的責任論にほかならない。刑事責任はこのような社会的道義的責任論としての社会的責任論の上に理解すべきである」〔木村亀二・全訂新刑法読本（昭和三〇年）二二三～二二四頁〕。

(18)　このほかに新派的見地の主張としては、市川秀雄・刑法総論（昭和四〇年）三八五頁が「累犯の刑を加重するのは、犯罪を繰り返し行うことに因って示された行為者の反社会性すなわち悪性の強いことを理由とする」と述べている。

(二)―(2)

(1)　大塚仁・刑法における新旧両派の理論（昭和三二年）一〇二頁。

(2)　大場茂馬・刑法総論下巻（大正六年）九九四頁。

(3)　大場・前掲書（注2）九八九頁。

(4)　泉二新熊・日本刑法論総論（四三版）（昭和八年）六二三頁以下。

なお、大場博士は「責任とは犯罪たる行為の原因たる非難せらるべき心理的動作なり。換言すれば、責任とは犯罪に対する直接又は間接の意思決定にして故意又は過失を以て其内容となす」として個別行為責任論・心理的責任論を定式化されている〔前掲書（注2）六八七頁〕。

(5)　小野清一郎・新訂刑法講義総論（昭和二五年）二八七頁、同・刑罰の本質について、その他（昭和三〇年）一〇二頁。小野博士によると、刑事責任とは「違法な行為に出たことにつき、其の行為者に対する道義的非難に基いて負わしめられる責任」であり、すなわち個別行為責任であると同時に道義的責任を意味するのである（新訂刑法講義総論一三四頁）。

(6)　小野・前掲刑罰の本質について、その他一〇二頁。

(7)　瀧川幸辰・刑法講義〔改定版〕（昭和五年）一八九頁。瀧川博士は「責任は一般的な意味において法上の非難であって、……責任能力者が構成要件にあてはまる行為事実を認識しながら行為に出た場合（故意）、認識すべく認識しえたにも拘らず注意義務をつくさず行為に出た場合（過失）は、一応、非難せられる。かような行為者は、違法行為をせずにすんだはずであるのに、あえて行為に出たから、非難せられるのである」として規範的責任論、個別行為責任論に立脚されている〔新版刑法講話（昭和六二年）一八七頁〕。ただし、責任の道義性が強調されていない点に、小野博士との差異が認められる。

(8)　瀧川・前掲刑法講義一八八頁。

(9)　旧派的立場に属するとされる諸家のうち、たとえば久礼田益喜・刑法学概説〔増補版〕(昭和一八年)は「累犯の生ずるのは一般的に観察すると、前犯に對する刑事處分が無效であったことを證するのであるから、更に其の刑を加重して有效に處分しやうとするが爲めである」として行為責任的な観点に係わらせず、他方草野豹一郎・刑法要論(昭和三一年)は「累犯に付刑の加重せられるは、犯人が懲りずに犯罪を重ぬる者なるが故である」として行為責任的、道義責任的な見地を示している。

このように、累犯に関して新旧両派の理論的対立が必ずしも明瞭でない理由については、大塚・前掲書(注1)一七七頁が、刑法典の累犯規定の折衷的性格を指摘している。さらに、いわゆる旧派寄りの折衷派と目される諸家もまた累犯加重の根拠に関しては一様でない。たとえば、佐瀬昌三・刑法大意第一分冊〔訂正増補〕(昭和一七年)三〇〇頁は「累犯は客観的には数罪であり、その累犯の行為は刑罰の無力を示し、又国家の権威を軽んずるものにして、其の道義的非難亦重きが故に、国家は之が応報として重き刑を科すべき……併し主観的には、累犯に於ては、個々の犯罪が刑罰加重論の基調たるものではなく、実はそれに依って徴表せられる行為者の犯罪的傾向(性向)、即ち反社会的人格者としての危険性である。その意味に於て、……慣習的犯人に対すると異らない」として行為責任と社会的責任の双方を考慮し、齊藤金作・刑法総論〔改訂版〕(昭和三〇年)二六六頁も「刑を科されたにかかわらず犯罪を反復するような者は、規範的に観察するも非難性高く、予防的にこれを観察するも危険性が多大であるから、刑法は特別の取扱をしているのである」と述べて非難と危険がともに重大である旨を主張するのである。また、小泉英一・刑法総論〔三訂版〕(昭和四八年)二二八頁も「累犯者はこれを規範的に見てもその非難は重く、予防的に見るも危険は多い。従って、刑事政策上の見地よりして刑罰の効果をより有効ならしめる必要があるものである」とやはり折衷的な見解を表明されている。島田武夫・日本刑法新論総論(大正一三年)四九五頁は、「特ニ執拗ナル反社会的性向ヲ表彰スル」点に累犯の加重処罰根拠を求めている。それに対して、宮崎澄夫・刑法総論(昭和二五年)一八〇頁は、すでに刑の言渡しを受けた犯人が、それにもかかわらず、更に罪を犯すという主観面を考慮したものであるとする。

(二)—(3)

(1)　佐伯千仭・刑法における違法性の理論(昭和四九年)一七三頁、二〇〇頁。

なお、佐伯博士の客観的処罰条件論に対する責任主義の観点からの批判に関しては、堀内捷三「責任主義と客観的処罰条件」団藤重光博士古稀祝賀論文集第二巻(昭和五九年)一四七頁以下、松原芳博・犯罪概念と可罰性(平成九年)一六一頁以下参照。

（2）佐伯千仭・刑法に於ける期待可能性の思想〔増補版〕（昭和六〇年）五二五～六〇二頁。ここにおいては、フォイエルバッハ、ビルクマイヤー、グリュンフート、シュミット、コールラウシュ、メツガー、そしてボッケルマンらの見解が考察されている。
（3）佐伯・前掲書（注2）六〇三～六一〇頁。
（4）佐伯千仭「責任と危険性」法学論叢四一巻六号（昭和一四年）九七八頁以下。
（5）佐伯・前掲書（注2）六一〇～六一一頁。
（6）佐伯・前掲書（注2）六一一～六一二頁。
（7）佐伯・前掲書（注2）六一二～六一四頁。
（8）佐伯・前掲書（注2）六一四～六一五頁。
（9）佐伯・前掲書（注2）六一五～六一六頁。「主観的違法要素」という論文は、前掲書（注1）二〇九頁以下に所収されており、そこにおいて佐伯博士はすでに常習性・職業性なども、違法性と関係があるべきではないかという問題提起をされていたのであった。
（10）佐伯・前掲書（注2）六一六頁。
（11）佐伯・前掲書（注2）六一七～六一八頁。
（12）佐伯・前掲書（注2）六一八～六一九頁。
（13）佐伯千仭・刑法講義（総論・四訂版）（昭和五六年）四一七頁。ただし、前掲書注（1）五一頁は「慣習性が犯罪の構成要素または刑罰加重事情とされる場合においては、行為者の危険な性格を主観的違法要素と考える余地もあると思われる」として依然として主観的違法要素としての性質を累犯・常習犯に認める可能性を示唆されており、前掲刑法講義二三一頁も常習犯人などは例外的に性格の危険性が犯罪の成立要件とされている場合である、としているが、ただしこのような性格の危険性がただちに主観的違法要素であるとは説明されていない。
　このように行為を超過した性格の危険性自体を主観的違法要素とする考え方は、純然たる人的違法論・行為無価値論の立場からはともかく、客観的違法論・法益侵害説（結果無価値論）を前提としつつ、違法要素としては客観的要素が原則で主観的要素は例外である、とする枠組みを自覚的に維持しようと主張する側においては、到底受け入れられないと思われる。〔中山

研一〕「主観的違法要素の再検討(1)(2)(3)」法学教室九九号（昭和六三年）五二頁、同一〇〇号（平成元年）一三〇頁、同一〇一号（平成元年）六四頁〕。

(二)―(4)

(1)　団藤重光「人格責任の理論」法哲学四季報二号（昭和二三年）一〇〇～一〇四頁。
(2)　団藤・前掲論文（注1）一〇四～一一三頁。
(3)　団藤・前掲論文（注1）一一三頁。
(4)　団藤・前掲論文（注1）一一三頁。
(5)　団藤・前掲論文（注1）一一三頁。
(6)　団藤・前掲論文（注1）一一三頁。佐伯千仭・刑法に於ける期待可能性の思想〔増補版〕（昭和六〇年）六一七～六一九頁。
(7)　団藤・前掲論文（注1）一一三～一一四頁。なお、大谷実・人格責任論の研究（昭和四七年）二〇五頁は、「いったい、われわれは、特定の性格をもつ者が存在するだけで危険であり、法秩序に脅威を与えるという思想を支持できるであろうか。これでは、もはや、責任の歴史的機能は、完全に葬られ、行為原理は崩壊することになる、と思われる」と佐伯博士の主観的違法要素説を批判している。
(8)　団藤・前掲論文（注1）一一六～一一七頁。
(9)　団藤・前掲論文（注1）一一七～一一八頁。
(10)　団藤・前掲論文（注1）一一九頁。
(11)　団藤・前掲論文（注1）一二〇頁。
(12)　団藤・前掲論文（注1）一二一～一二二頁。
(13)　団藤・前掲論文（注1）一二三頁。
(14)　団藤・前掲論文（注1）一二五～一二六頁。
(15)　団藤・前掲論文（注1）一二六頁。
(16)　団藤・前掲論文（注1）一二八頁。

(17) 団藤・前掲論文（注1）一二九〜一三〇頁。同・刑法綱要総論〔第三版〕（平成二年）二五七〜二六二頁。

(18) 団藤・前掲論文（注1）一二六頁以下の論述で「單なる行爲責任論からいえば、規範意識したがって違法性意識の減弱ないし鈍麻した常習犯では、むしろ責任が輕くなり、極端な場合には責任が阻却されると考えるほかないであろう。規範意識の點だけにかぎらない。常習犯人はしばしばほとんど必然的に犯罪に驅られるのであって、犯行當時の性格からいえば、その行為は自由意思の要素に乏しく、むしろ性格の必然的なあらわれともいえるのである。したがって、これに對して行為責任を問うことは困難であり、まして重い行為責任を問うことは不可能だといわなければならない。……人格形成責任からいえば、常習性を帯びるようになったことについて、行爲者の責に歸することができるかぎりは、それだけ責任が重いことになるのである。初犯の際には犯罪への衝動と、これに對する制止との間にはげしい葛藤を體驗したような行爲者も、その犯行によって犯罪への傾向が強められ、再犯、三犯と度を重ねるにしたがって、次第に制止作用が微弱化し鈍麻して行く。規範意識もますます鈍麻して行くのである。……かようにして常習犯では規範を無視する強固な人格態制が形成されているのである。……そのような人格を形成するにいたった過程において行為者に非難を及ぼすことができるときは、そのかぎりで人格形成の責任をこれに負わせなければならない」とされるのである。

(19) 団藤・前掲論文（注1）一二七頁。同・前掲書（注17）五三一〜五三二頁。

(20) 団藤「責任の理論」日本刑法学会（編）『刑事法講座第二巻』（昭和二七年）二五五頁は、「累犯や常習犯についても、その非難可能性の大きいことは、人格責任論においては容易に説明されうるのである」として累犯加重も人格責任論の適用される場面であることを肯定している。

(21) ここでは、人格責任論の代表的論者である団藤博士の見解を考察したが、他に人格責任論を支持する説に、安平政吉・人格主義の刑法理論（昭和一三年）四九〜五五頁、不破武夫・刑事責任論（昭和二三年）三〜九頁、井上正治・刑法総則（昭和二六年）一一〇頁以下がある。

これらの諸説についての、詳細な検討は大谷実・人格責任論の研究（昭和四七年）一八六〜二一五頁において行われているが、たとえば井上博士の場合、累犯加重の根拠づけに関しては「犯罪を容易に反復するが如き行爲者人格の反當爲性にある。かやうな反當爲的人格構造に對し、強く非難すべきものが存するからにほかならない。それとともに、この種の犯人が犯罪をくりかえすため、社會にとり甚だ危險性が大である、という點の存することも看過できない」として行為者の人格構造の反当為性ばかりではなく、社会的危険性も考慮されているのであって、累犯対策についての歴史的経緯が強く意識されていることが窺えるのである〔同・前掲刑法総則（昭和二六年）二八〇頁〕。

不破武夫＝井上正治・刑法総論（昭和三〇年）二二六頁も同様に累犯加重の二重的性格（人格責任と社会的危険性）を指摘している。

また、安平博士は結局、人格責任論に依拠した累犯加重の根拠づけをしないのである。すなわち「応報的見地からすれば、累犯者はすでに一応刑罰を行使し、その反省を求めたにも拘らず、なお犯罪を反復したものであるから、道義的責任において重いものがある。社会防衛主義からすると、累犯の事実によって犯人の社会的危険性が重いことが確認される点に、加重責任を認めようとする」〔同・改正刑法総論（昭和三一年）二三〇頁〕。近年、佐久間修・刑法講義（総論）（平成九年）二三七頁、四二五頁において、人格責任論の観点からと解される累犯加重の根拠づけがなされているのが注目される。

㈡—(5)

(1)　中野次雄・刑法総論概要〔第三版補訂版〕（平成九年）二三四頁。これを支持するのが、井田良「量刑事情の範囲とその帰責原理に関する基礎的考察㈠」法学研究五五巻一〇号（昭和五七年）九三頁注（97）。また、石川才顯「累犯」高窪貞人＝石川才顯＝奈良俊夫＝佐藤芳男（編）『刑法総論〔全訂版〕』（平成九年）二二六頁、船山泰範・刑法（平成一一年）二四〇頁、堀内捷三・刑法総論〔第二版〕（平成一六年）三三八頁も同様。なお、重松一義・刑事政策の理論と現実（昭和五八年）二二六頁は、累犯加重の刑事政策的狙いとして特別予防的効果のほかに一般予防的効果をも挙げている。

(2)　中野・前掲書（注1）三四頁注（2）。

(3)　藤本哲也「累犯」阿部純二＝板倉宏＝内田文昭＝香川達夫＝川端博＝曽根威彦（編）『刑法基本講座第一巻』（平成四年）二四七頁。

(4)　大越義久・刑法総論〔第3版〕（平成一三年）二四頁、内藤謙・刑法講義総論㈦Ⅰ（平成三年）七四〇頁等。

(5)　平野龍一・矯正保護法（昭和三八年）二六頁。平野博士は、現行刑法の累犯規定が異種累犯をも対象としている点に着目され、異種の犯罪の反復は常に危険なわけではないから刑法五七条のような必要的加重の場合には、危険な累犯だけを選別して加重刑を科すというわけにはゆかず、それゆえ現行刑法の累犯規定は「危険性」に着眼したものとはいえないとされるのである。

平野博士は、刑事責任は第一次的にも第二次的にも行為責任でなければならないと思われる〔平野龍一・刑法の基礎（昭和三八年）三一頁〕、と主張されているが、博士の責任論・刑罰論に関する考え方は他の道義的責任論と結びつく行為責任論とは同一に論じられない内容を有していると思われるので、その点について累犯規定の解釈と関連させながら触れておきたい。

周知のように、博士によれば刑罰とは功利的な側面を持たなければならず、犯罪防止に有効である、という予想が刑罰を正当化する一つの大きな根拠となるのである。したがって、「責任」という概念についても相対的非決定論を前提とする回顧的な責任によっては責任に応じた刑は正当化されず、「過去の行為を非難することによって、将来、本人および一般人の犯罪を抑止しよう」とする展望的視点が要求されることとなる（平野・前掲刑法の基礎七八頁）。

すなわち、責任とは「国家が刑罰という苦痛を伴う非難を加えるための要件」であり〔平野龍一・刑法総論Ⅰ（昭和四七年）六〇頁〕、責任主義とは「犯罪行為者に、刑罰が影響を及ぼしうるような心理的効果があるときに限って処罰するべきである」という原則を意味することになる（平野・前掲刑法総論Ⅰ五二頁）。

そしてこの場合「非難」とは、もし、より強い合法的意識あるいはちがった動因をもっていたならば、もしくはちがった人格、環境であったならば他の行為が可能であったという仮言的判断の告知にほかならない（平野・前掲刑法の基礎二四頁）。

このようにして、刑法においては社会的な非難によって決定されうることが自由なのであり（ソフトな決定論）、刑罰も人間の意思のもつ法則性を利用して、将来行為者および一般人が同じような事態のもとで犯罪を行わないように、新たに「条件づけ」を行おうとするものだから（抑止刑論）、科刑の程度は犯罪的意思がつくりあげられる可能性の強さによることとなり、他方、行為が人格相当であるほど責任が重いという命題（性格論的責任論）によれば、犯罪的な動機をもつ強い可能性のある性格ならば、それだけ重い刑罰が必要なのである。それゆえ、反対動機すら生じなかった場合は、まさにその行為はその人格に相当なものとして強い非難に価するのである（平野・前掲刑法の基礎四〇〜四三頁）。

とはいえ、このような非難や刑罰の必要性がどんなに大きくとも、それが上述の犯罪抑止効果を発揮するためには、その対象たる「意思」が、非難・刑罰によって影響を受けうるものであることを要するはずであるし、しかも行為にあらわれた限度で行為者の人格・環境を考慮して責任の軽重を考える実質的行為責任の立場をとることから、行為と実質的な関連を有する行為者人格に関し、刑罰を受け入れうる人格の層のみを問題とし、行為がこのような規範心理的な人格の層に対して相当であるときにのみ、その行為について重い責任を問いうることとなるわけである（平野・前掲刑法の基礎四一〜四四頁）。

ただし、このような一般人が犯罪に陥ることを抑止しようとする一般予防論と、苦痛・害悪によって犯人を懲らしめ、よってその者の再犯を防止しようとする特別予防論を合わせた意味での抑止刑論の目標とする抑止刑は、「罪刑の均衡」によって制限されるのである（平野・前掲刑法総論Ⅰ二〇〜二二頁）。

さて、このような平野博士の主張を累犯加重の根拠づけの議論に当てはめると、どのような解釈がもたらされるであろうか。まず、「前刑の警告機能」に感銘せず反対動機も強化されずに累犯にいたるような累犯者については、通常の行為責任・規範的責任の立場からは累犯の重い行為責任は生じないので累犯加重は許されないであろうが、平野博士の場合には「脳の損傷」や「神経症」などは「刑罰の効果」を期待できないから重い責任を問いえないが、「精神病質」程度では刑罰を受け入れられる場合には限定責任能力による減軽は別として、累犯はなお人格に相当な行為であるとして強い非難に値すると解されよう（平野・前掲刑法の基礎四二頁）。したがって、神経症のような事例以外は、原則として累犯加重が許容されると思われる。

また、異種累犯の場合には前刑の警告機能が有効とは目しえない場合があるであろうが、平野博士によれば責任・科刑の程度は「犯罪」一般に関する惹起可能性の強さに結びつけられていることから、通常の行為責任論・規範的責任論に依拠すれば異種累犯であるがゆえに「前刑の警告機能」自体の有効性を肯定しえない場合でも、やはり「反対動機すら生じない、重い非難と刑罰に値する場合」と認められるものと思われる。

すなわち、平野博士の性格論的責任論と結びつく実質的行為責任論からすると、通説的な行為責任論・規範的責任論と比較して累犯加重の許容される範囲が理論的により拡張されるのである。中山教授が、性格論的責任論における「行為の人格相当性」と関連づけられた責任をさらに「行為」責任によって限定すべきことを説かれるのは、この意味で正鵠を得ているといえよう〔中山研一・刑法総論（昭和五七年）三二五頁〕。

(6) 香川達夫・刑法講義〔総論・第三版〕（平成七年）五四六頁。

(7) 大谷實・刑法講義総論〔第四版補正版〕（平成八年）五三五頁。大谷教授は、行為の危険性を考慮に入れる以上は前犯についての科刑の有無および刑の執行の完了を累犯加重の要件とすることは不要なはずだと主張される。

法定刑の倍加という累犯加重の効果からみて、保安刑としての性格は否定できないのではないか、という疑いに対しては「規範的評価概念としての責任から具体的に懲役何年といったような刑量を引きだすことは、およそ困難である」という反論が用意されているように思われる〔同・「量刑基準と量刑相場」同志社法学二三巻三号（昭和四七年）五頁参照〕。

なお、大谷教授は当初人格責任論の支持者であったが、その後人格責任論を放棄された〔同「刑事責任論の重要問題」法学教室七三号（昭和六一年）二二頁〕。また、大谷説と同様な立場をとるのが、川端博・刑法総論講義（平成七年）六六七頁である。

（8）青柳文雄・刑法通論Ｉ総論（昭和四〇年）四九九頁。

（9）荘子邦雄・刑法総論（昭和四四年）一五九頁。そのほかに、田宮裕「累犯」団藤重光（編）『注釈刑法(2)のⅡ』（昭和四四年）六六六頁。さらに、大野平吉「累犯」法律時報臨時増刊『改正刑法草案の総合的検討』（昭和五〇年）七七頁は、現行法の規定は矯正の効果を問題としているのに対して、改正刑法草案では「刑の言渡しによる警告を無視した点で責任が重いという点に重点が置かれている」と述べている。

このほか、今上益雄・刑法総論（平成一〇年）二九九頁、斎藤静敬「累犯」福田平＝大塚仁＝宮沢浩一＝小暮得雄＝大谷実（編）『刑法(2)』（昭和五二年）一八〇頁、立石二六・刑法総論〔補正版〕（平成一六年）三五三頁、萩原滋・刑法概要〔総論〕（平成一四年）二一四頁、林幹人・刑法各論（平成一一年）四一二頁等も同様である。

（10）佐藤文哉「累犯」大塚仁＝河上和雄＝佐藤文哉（編）『大コンメンタール刑法第四巻（第二版）』（平成一一年）三七六頁。

（11）福田平・全訂刑法総論〔第四版〕（平成一六年）三四一頁。

（12）大塚仁・刑法概説〔総論・第三版増補版〕（平成一七年）五一八頁。大塚博士は、常習犯の加重刑は人格責任論においてのみ理論づけうる、とされている（同・犯罪論の基本問題（昭和五七年）二一〇頁）が、累犯加重については行為責任的見地を基礎とする折衷説を採用されており、累犯加重の場合さらに違法性の程度も考慮されているとされるのが注目されるが、どのような形で考慮されているのかについては具体的には説明されていない（同・刑法概説四一四頁）。

（13）藤木英雄・刑法講義総論（昭和五〇年）三五二〜三五三頁。

（14）吉川経夫・三訂刑法総論〔補訂版〕（平成八年）三三七頁、板倉宏・刑事法教室Ｉ（昭和六〇年）二〇六頁も非難と危険性の強さを指摘する。下村康正・続犯罪論の基本思想（昭和四〇年）一七四頁も「単なる行為責任の原理ではまかない切れないもの」の存在を認めている。また、植松正・再訂刑法概論Ｉ〔総論〕（昭和四九年）四三八頁が、「（初犯者よりも）累ねて犯した者を強く非難することは、正義の要求に合するのみならず、犯罪人教化の点からいっても理由がある」と主張するのも折衷説の一種と解されるほか、刑法理論研究会・現代刑法学原論〔総論・第三版〕（平成八年）三三三頁、小林充・刑法（第

二版〕（平成一五年）一六二頁、曽根威彦・刑法総論〔第三版〕（平成一二年）三二四頁、内藤謙・阿部純二（編）「基本法コンメンタール　改正刑法」（平成七年）九四頁、奈良俊夫・概説刑法総論〔第三版〕（平成一〇年）三七八頁、三宅孝之「累犯加重」大谷實（編著）『刑法総論一〇〇講』（昭和五八年）二七四頁、三原憲三・刑法Ⅰ（平成八年）二一八頁、虫明満「累犯」福田平＝大塚仁（編）『刑法総論〔改訂版〕』（平成九年）二六九頁、山中敬一・刑法総論Ⅱ（平成一一年）九七一頁等も同様である。

(15)　西原春夫・刑法総論（昭和五二年）三九七頁。

(16)　西原・前掲書（注15）三九七頁。西原教授が、違法性を問題とする理由としては量刑を限界づけるものとしての責任の大小は違法性の大小と有責性の大小によって決定される、という量刑基準に関する基本的立場をあげられるように思う（同・四五四頁）。

(17)　西原・前掲書（注15）四四七頁。

(18)　日高義博「違法性の錯誤」芝原邦爾＝堀内捷三＝町野朔＝西田典之（編）『刑法理論の現代的展開総論Ⅱ』（平成二年）五〇頁。

(19)　平野龍一・刑法総論Ⅱ（昭和五〇年）二一三頁。

(20)　西原・前掲書（注15）一一〇頁は、「規範は法益保護のためにあるから法益の侵害・危害を惹起する行為のないところには規範違反を考えない」とされているが、規範違反の増大によって累犯加重を根拠づけるならばこのような基本的違法観に反するのではなかろうか。

(21)　中山研一・刑法総論（昭和五七年）三二五頁は、「たとえ違法性は高くても、責任が低ければ、重い責任を基礎づけえないのではないかとの疑問が残る」と西原説を批判されている。

㈢

(1)　判例時報四六〇号七四頁。

(2)　判例タイムズ二四四号二九二頁。

(3)　判例時報九五七号一一七頁。

(4)　刑集三六巻三号二五三頁。なお、朝倉京一・刑法総論（平成五年）三四四頁参照。

（5）　今上益雄「刑法五六条第一項にいう『其執行ヲ終リ……タル日ヨリ五年内』の意義」東洋法学二六巻一号（昭和五八年）七八頁、高木俊夫「刑法五六条一項にいう『其執行ヲ終リ……タル日ヨリ五年内』の意義」ジュリスト七六九号（昭和五七年）一〇五頁、中山研一「刑法五六条一項にいう『其執行ヲ終リ……タル日ヨリ五年内』の意義」判例評論二八五号（昭和五七年）五一頁。安村勉「刑法五六条一項にいう『其執行ヲ終リタル日ヨリ五年内』の意義」警察研究五四巻七号（昭和五七年）八四頁。また、川端博・刑法判例演習教室（平成七年）一二三頁以下も参照。

（6）　刑集二二巻一二号一三三五頁。

（7）　香川達夫「累犯について」植松博士還暦祝賀『刑法と科学・法律編』（昭和四六年）四三七頁および同・（ゼミナール）刑法の解釈（昭和六〇年）一三三頁では、五年内に実行の着手があれば足り、かつその場合に限るべきだ、と解している。なお、坂本武志「累犯関係の有無の決定基準」最高裁判所判例解説刑事篇昭和四三年度三七七頁は「前刑の執行を受け終わる前から犯罪の実行をしている場合でも、犯罪の実行を中止することができるのに、あえて中止することなく、前刑の執行を受け終わったあとまで犯罪の実行を継続するという不作為によって認められる犯人の悪性と、前刑の執行を受け終わった後に犯罪の実行に着手する作為によって認められる犯人の悪性との間には、特別の差異はないのではなかろうか」と累犯者の危険性に着眼した見解を表明している。

（8）　「前刑の警告無視による非難可能性の増大」は、具体的には違法性の意識の強化や反対動機形成の容易性という形で説明されるが〔阿部純二「累犯加重の根拠」岩田誠先生傘寿祝賀『刑事裁判の諸問題』（昭和五七年）九一頁〕、一般的には違法性の意識不要説に立つと解されているわが国の判例〔長井長信「違法性の意識に関する一考察」北大法学論集三六巻三号（昭和六〇年）一三五頁〕のもとでは「違法性の意識の強化に基づく初犯者よりも強い反対動機を押し切った」から非難可能性が高まるという考え方は受け入れられ難かったと思われる。

したがって、「前刑の無視に基づく非難の増加」といっても単なる「道義的非難」の色彩が濃厚である、といわざるを得ない。もちろん、近年はいわゆる「百円紙幣模造事件」（最決昭和六二年七月一六日刑集四一巻五号二三七頁）において不要説から、違法性の意識の可能性説への修正の傾向がさらに明確になった、と評される状況に至ってはいる〔松原久利・違法性の意識の可能性（平成四年）一〇〇頁〕から、判例においても「違法性の意識の強化とそれによる反対動機形成の容易性」という基本的思考が底流しているかも知れない。

㈣
（1）古田正武「盗犯等ノ防止及処分ニ関スル法律案解説」警察研究一巻四号（昭和五年）一四頁、中谷瑾子「盗犯等ノ防止及処分ニ関スル法律」伊藤榮樹＝小野慶二＝荘子邦雄（編）『注釈特別刑法第二巻』（昭和五七年）三〇三頁。
（2）平本喜祿「盗犯等ノ防止及処分ニ関スル法律三条の意義」研修三七九号（昭和五五年）七八頁。
（3）岩崎二郎「累犯」総合判例研究叢書刑法(6)（昭和三一年）九九頁。
（4）常習犯に対する累犯加重を肯定するにあたり、刑の不権衡を理由とするものとして、大塚仁・注解刑法〔増補第二版〕（昭和五二年）三六六頁、小野清一郎「盗犯防止法三條の常習盗犯と累犯加重」刑事判例評釈集二巻（昭和一七年）一九二頁、後藤吉成「盗犯等の防止及び処分に関する法律三条にいう三回以上の懲役刑と刑法五六条の要件の要否」法学研究四五巻一号（昭和四七年）一二四頁、齊藤金作・刑法各論（全訂版）（昭和三五年）一七二頁等がある。このほか、特に刑の不権衡論に言及せずに累犯加重を肯定するものとして、植松正・再訂刑法概論〔各論〕（昭和五〇年）二二八頁、久礼田益喜・刑法学概説（昭和五年）五五〇頁等がある。
（5）平本・前掲論文（注2）八〇頁。
（6）最決昭和四四年七月八日刑集二三巻八号一〇四五頁の、第二審である札幌高裁が判示したものである。
（7）平本・前掲論文（注2）八〇頁。
（8）泉二新熊・日本刑法論下巻（大正一〇年）一二六七頁、瀧川幸辰・刑事法判決批評第二巻（昭和一二年）一七九頁等。
（9）澤登俊雄「常習犯と累犯加重」警察研究四二巻六号（昭和四六年）一一五頁。

第三節　累犯加重と責任主義

㈠　総　説

前節で検討したように、累犯加重の根拠については、前刑の警告作用の無視に基づく当該行為に対する非難可能性の増大、という考え方が今日の通説の基礎となっている。

そして、このような行為責任の増大という見解のほかに、社会的責任論や特別予防の必要性を論拠とする見解が単独にまたは行為責任の増大の見解と重畳的に唱えられている、という学説の分布状況も認識しえたし、少数ながら違法性の増大に結び付けようという議論の存在することも認めえたのである。

だがしかし、前述の見解のうち特別予防の必要のみを論拠とするものに対してはもちろん、通説的地位にあるといってよいばすの行為責任の増加論に対しても「責任主義」の観点からの批判が行われていることに注意しなければならない。

常習犯・累犯加重に関しては、従来から「行為責任の原則」に反することが問題とされてきたのである。[1]

そして、そのような批判は内容の相違によっておおむね次の八種類に分類しうると思われる。すなわち、
(1) 責任相応刑の観点からの批判
(2) 責任増加の一律性に関する批判
(3) 累犯者の不利な事情を根拠とする批判
(4) 刑の有効性に関する批判
(5) 期待可能性の観点からの批判
(6) 行為責任の意義の観点からの批判
(7) 二重の帰責に関する批判
(8) 刑罰の倍加に関する批判
である。

さらに、これらの批判のうち(2)〜(7)は、いわゆる「高められた行為責任」の観念（いわゆる「警告理論」）に対する諸批判の細分化というべき性格をもっており、(1)と(8)は、これらとは別個の次元の問題として扱うべきであろう。したがって、累犯加重に対する「責任主義」[2]の観点からの批判は、(1)責任相応刑に関する批判、(2)高められた行為責任に関する批判、(3)刑罰倍加に関する批判の三種類に大別しうると理解することが許されるであろう。以下においては、これらの批判についてそれぞれ考察を加えることとする。

(二) 責任相応刑[1]の観点からの批判

まず内田博士は、累犯・常習犯の重罰の根拠が、単に「責任」の重さにあるのではなしに、すでに「違法性」の重大さに求められうるものである、と主張される。[2]

その根拠として、まず違法と責任の関係をあげられるのである。すなわち、責任というものは、古来より違法を限定する議論であり、[3]形式的犯罪概念の登場によって違法と責任の分離が完成した後も、この関係は変わりなく、違法と責任との分離の意義は「違法であっても責任がない場合がある」という点に求められる、とされる。

要するに、すでに一般に承認されているように、「責任」は「違法」を前提としており、このような「違法に従属する責任」という命題は刑の量定の領域においては「責任は違法を超えてはならない」という結論を必然的に生み出すと強調されるのである。[4]

換言すると、「違法が重くとも、責任は軽いことがありうる」が、「責任が重いゆえに刑罰も重い」ということはできないはずである、というのである。[5]この点に関し、内田博士はメッガーの「責任は刑罰を限定するが、刑罰の独立した根拠ではない」という主張を引用して注意を喚起されている。[6]

このように、責任のみの重さを理由とする刑罰の加重が許されないのは、法益侵害・違法の面では相違がないのに、もっぱら責任の面でのみ重いという理由から刑罰を加重しようとすることが、その限りで「意思」だけ、「人間的特性」だけを処罰することになりかねない、という論拠からである。(7)

また、累犯・常習犯の加重根拠が「違法性の増大」に求められる、という主張の第二の論拠としては、「意思責任論」の支持をあげることができる。つまり、責任の重さだけを刑の加重根拠と認めるならば、意思責任論を破壊する可能性がある、というわけである。すなわち、累犯・常習犯の加重刑の根拠につき、「意思」に対する非難の強さをもって説明することが困難であることは、内田博士も認められ、さらにこのように「意思責任」の見地から累犯等の刑罰加重を把握しがたいことから、人格責任論・性格責任論・行状責任論などが唱えられたことに関しては一定の理解を示しながらも、「責任のみの刑の加重」を結局認められず、上述の命題に従って、まず「違法の重大さ」に加重刑の根拠を見い出そうとされるのである。(8)

たとえば、常習犯についていえば、常習「行為」のもつ法益侵害性の強さ（度重なる犯行がもたらす法益侵害の強靱性とその行為の危険性）が処罰根拠・加重根拠をなすものと考えるべきであり、(9)犯行ごとの「意思」は確実にこの「重大な違法」に見合っているとして、「意思（行為）責任論」および「責任は違法を超えてはならない」という原則を堅持しようとされるのである。(10)

このようにして、内田博士は「責任」と「刑罰の量」との関係につき、行為・結果の重大さの程度に関する的確な評価（違法判断）の先行が必要であり、責任は規制的に働くという立場から、(11)累犯・常習犯の加重根拠を考えていかれるのであり、結論として「違法性を考慮しない責任のみによる刑の加重は責任主義に反する」という見解が得られると解されるのである。(12)

次に井田教授は、量刑においては、犯罪構成要件に記述され、行為者によって実行された具体的な行為に対して刑が量定されることが要請されるとし、そのことが可罰性はその基礎を法律におかねばならないという罪刑法定主義の原則の帰結である、と主張される。(13)

そして、このように「行為」が量刑判断の対象・客体でなければならないという要請は、個別行為を科刑の基礎および限界とすることとなるから、「行為主義」と呼ぶべきだとされるのである。(14)

ところで、「行為主義」は二つの重要な帰結を導く、とされるのである。

第一は、犯罪行為が実行されない限り、刑罰が科せられることはない、というものであるが、このことは刑罰の唯一の基礎たる個別行為における不法（構成要件に該当する違法な行為）の存在しないところに、これとは独立した「責任」を考えることはできないということを意味するのである。(15)

すなわち、「不法なき責任」は否定される。

第二に、刑罰は犯罪行為の重さに相応するものでなくてはならない、という帰結を生じる。刑法上の責任が、具体的な不法を前提とし、責任判断はこの不法に関係した判断である以上、責任の程度そして刑罰の量は、不法の分量（違法性の程度）を上回ってはならず、個別行為の不法とは無関係な要素によって高められてはならない、というわけである。けだし、不法の大きさに見合わない刑の量定がなされた場合には、その実質において不法を前提としない量刑ということとなるからである。

したがって、井田教授によれば「刑量が責任の程度を上回ることは許されない」という意味での責任主義においては、「刑罰は個別行為の違法の程度を超えてはならない」という命題が前提として存在しなければならないということとなるのである。(16)

結局、このような行為主義の原則を前提とする責任主義は、責任の程度・刑罰の分量が不法の程度・分量によってその大枠を画され、さらに行為責任の分量によって刑量が画される、という二重の限定機能を有することが認められることになるが、このような考え方に立脚すると、個別行為の不法の分量を超えて行為者の責任を肯定するものと通常説明されている累犯加重は、刑事政策的考慮からする責任主義の例外規定と解されざるをえないのである。(17)

このような責任判断は不法に関係した判断であるという井田教授の考え方は、内田博士と同一であるが、現行法の累犯加重の根拠づけをただちに予防目的に結び付ける点で、内田博士とは志向を異にするもののように思われる。内田説においては、累犯・常習犯の重罰根拠は「違法性」の重大さに求められうる、とされているのである。(18)

なお、井田教授も内田博士もいずれも違法性を結果無価値に重点を置いて捉えている点においては共通している。(19)

いずれにせよ、井田教授においては累犯加重と責任主義との適合性の問題が、累犯加重の刑量を不法の分量に従って刑罰を第一次的に確定する責任主義の機能によって決定するか否か、という観点から捉えられており、「警告無視による非難可能性の増大による行為責任の増加」というドイツの警告理論的な考え方に潜む問題点の考察に至る以前に、累犯加重の責任主義との不適合性はすでに明白である、という主張が窺われるのである。

以上のように、内田博士は主として犯罪論体系の見地から、また井田教授は行為主義の観点からそれぞれ違法増加を考慮に入れない通説的な責任増加説を責任主義に反するものとして批判されているのである。

㈢　責任増加の一律性に関する批判

阿部教授は、累犯加重の根拠に関するドイツとの比較法的研究の中において、わが国の現行法上の累犯加重を行為責任の見地から基礎づけうるかについて、検討を加えている。(1)

まず、形式的要件についての考察が行われている。(2) すなわち、前犯が軽微な犯罪であるときは、前刑の期間が短いことから、累犯に対して有効な警告機能をもちえない、という主張がなされている。(3)

次に、やはり、警告機能の有効性の見地から累犯加重の形式的要件としての「新たな行為」についても制約が加えられるとし、それは、軽微な犯罪であれば前刑の警告機能と関係なく行為がなされることから、あまり軽微な犯罪であるべきではない、とされる。(4)

さらに、このような警告機能の十全な発揮があってこそ、初めて累犯の重い責任を基礎づけうるのである、という観点から前刑の要件としては単なる有罪判決の言渡しでは足りず、懲役刑の執行を必要とすると解した上で、改正刑法草案が形式的要件として刑の執行を要件としない点を問題視している。(5)

また、実質的要件との関係では、わが国の累犯加重規定がドイツ刑法旧四八条のような高められた行為責任を担保する機能をもつ「非難性条項」なしに、形式的要件を充足する累犯者に対して必要的に刑の加重を行う制度になっている点を捉えて、責任主義に反するものである、と批判されている。(6)

しかし、法定刑の短期が不変である、という累犯加重の効果に着眼して、そこに責任主義との調和的運用の契機を見い出しておられる。すなわち、それは、

(イ)　法定刑の長期を超える刑を言い渡すためには、累犯者の重い責任が必要である。単なる危険性を理由にして法定刑を加重することは許されない。

(ロ)　法定刑の範囲内で宣告刑を導き出す場合においても、もし累犯者に対し同程度の行為について初犯者よりも重い刑を言い渡すためには、累犯者の重い責任が必要である。そして、このことは量刑事由として明示されるべきである。

(ハ)　(イ)および(ロ)以外の場合、すなわち累犯者の重い責任が認められない場合には、累犯加重は単に処断刑を算出するのに意味をもつにすぎない。行為者の危険性を理由に重い量刑をしてはならない。もっとも、責任の幅のなかで危険性を考慮することは許される。

という三点にまとめられる。(7)

この場合、阿部教授は累犯加重の認められるのはドイツと同様に、原則として狭義の責任としての行為に対する非難可能性の増加するときである、と解されているのである。すなわち、行為の種類や事情を考慮して前刑の有効な警告を無視して累犯行為に出た場合に、累犯者の重い行為責任が生じ、それによって初めて累犯加重が可能になるという解釈を受容されている、といえよう。

したがって、累犯行為の際、累犯の重い行為責任を基礎づけるはずの前刑の警告機能が有効であったか否かを具体的に吟味することを可能とする、実質的判断を許容しないまま、形式的要件さえ満たせば必ず刑を加重するならば、責任主義に抵触すると考えるほかないであろう。だからこそ、逆にいうと、上述した具体的な判断を許すような解釈をも可能とする改正刑法の累犯規定は、「責任主義」の見地から歓迎すべきこととなるのである。(8)

結局、阿部教授はドイツにおける累犯加重の公式の正当化根拠であった「前刑の警告無視に基づく、高められた行為責任（＝警告理論）」という考え方を基本的に受け入れた上で、そのような行為責任の存否を具体的に判断することを許容する解釈を可能ならしめる規定になっていない場合には、「責任主義」に反すると解されるに至るのである。(9)

累犯加重と責任主義との関係を、もっぱらこのような角度からのみ捉えた阿部教授は、内田博士のような観点からの批判を必ずしも重視されていない。

確かに阿部教授も、内田博士同様、量刑における責任の分量は違法の程度と（狭義の）責任の量を相乗したものとされ、行為責任主義では違法の程度が責任量において優越的地位を占めることを認められるのに、結局法定刑の上限の倍加をもたらすのが（狭義の）責任であることを肯定されているのは、現行刑法の累犯規定においては法定刑の加重がその上限に限定され下限は不変であるので、宣告刑に影響が及ばず、実務上も宣告刑が法定刑の上限を超えることは滅多にないという量刑事情を斟酌するためである、と思われる。(10)

四　累犯者の不利な事情を根拠とする批判

吉岡教授は、行為責任の見地からなされている累犯加重の根拠づけに対して比較的詳細な批判を展開されている。(1)すなわち、累犯はすでに過去において警告としての刑罰を受けながら、それを無視した点でさらに一層強い非難に値し責任が重く、それゆえ非累犯に比べて重い刑が妥当するという説明は、行為責任主義の枠内で累犯加重を正当化する議論といわれているものの、どの程度成功しているかは疑問である、と主張されているが、その理由として、以下の三つの論拠を掲げられている。(2)

第一に、犯罪行為に対する非難の大きさを、前刑の宣告ないし執行を受けたという行為者の経験に係わらせることが、行為責任主義の極めて大きな側面をほりくずすことになる、という疑問である。

第二に、犯罪行為に対する非難の大きさを、前刑の警告を受けたという事実に係わらせることが許されるとしても、前刑の宣告や執行に警告作用のようなものまで認めてよいのか、という疑問が起こることである。

第三は、かりに前刑に警告作用を認めるとしても、現行法が罰金や過料にまで累犯加重を広げていないのは現行法の本当の根拠づけが別のところにあるのではないか、すなわち危険な犯罪者対策にあるのではないか、という疑問を生じさせることである。

このうち第二の論拠をクローズアップしたいが、まず三つの論拠を概観しよう。

第一の論拠は、行為責任主義の本質に関する基本的な理解から導き出される。すなわち、行為責任の原則を、犯罪行為を契機として当該行為者の全存在を問題にするものではなく、その行為にのみ着眼して、その行為に見合うものとしての一定の刑罰を科そうとするものとして捉えるならば、前刑の警告を無視したことによって非難が大きくなるという考え方は、当該犯罪行為を手掛かりとして行為者の人格構造や、それをもつに至った過程における人格形成責任をも非難の対象にしようとする立場に接近することとなり、言葉上の表現はともかく本質的には行為責任を切り崩すことになる、と解されるのである(3)。

そして、通説のような考え方（前刑の警告無視による非難可能性の増大）をも行為責任主義と呼ぶならば、行為を契機としてどこまでを非難の対象として取り込むのか、という一義的に決定の不可能な問題を抱えることとなり、行状責任・人格責任・性格責任論等に対する説得力のある反論は不可能になってしまう、と批判されるのである(4)。

次に、前刑の警告作用のようなものを累犯加重の正当化のための議論の前提として、ただちに受け入れることの適否についてであるが、吉岡教授によれば、科刑の事実が将来の犯罪行為を予防すべき心理的作用を現実にもつかは速断されえず、むしろ犯罪者の烙印は、事後の遵法生活を困難にし、一旦犯行に及んだ場合も発覚を比較的容易にすることから、前科者は実際の犯罪を遂行する可能性においても、また刑事司法の手続きに乗りやすいという点においても、極めて不利な立場に立つことが現在では一般に認められる、という(5)。

そして、このことは客観的・科学的見地からの確実な犯罪予測なるものが存在していないことの現実的な帰結でもあり、結局前刑の存在は、気の毒な事情として緩刑のために使えこそすれ、非難を強化するために使えるものではないと結論づけられるのである(6)。

最後の論拠については、吉岡教授自身、罰金については警告作用を重視しえないなどの反論の可能性を肯定されており、上記の二つの議論に比べて論拠としての重要性はあまり大きいとはいえないように考えられる。

累犯加重の行為責任的な見地からの根拠づけに対する前述の批判的考察の結論として、吉岡教授は、行為責任主義の原則内で累犯加重を説明することは、表面上は可能だとしても、それは実質的に行為責任主義の機能を狭めることにならざるをえず、そこまでのことをして累犯加重を認める必要性がどこにあるのかが検討されるべきである、と主張される。(7)

以上の見解を他の論者の批判と比較すると、第一の論拠をより徹底させて前刑の警告無視による非難可能性の増大というような考え方は、もはや個別行為責任とはいえないので累犯加重規定は削除すべきである、としたのが後出の森村教授であり、第二の論拠につき、ドイツの累犯規定に設けられた「非難性条項」的な構想、すなわち累犯者の重い責任を個別具体的に検討することによる解決をもって、吉岡教授と異なる方向を目指されるのが阿部教授である、と要約しうるであろう。(8)

なお、吉田教授が「累犯の多くは、犯罪者の『高度の犯罪エネルギー』に基づくものではなく、『意思不定』や『意思薄弱』、すなわち社会化過程の欠陥に基づいている。このような規範適合能力を欠いている者に単に刑の加重で対処しようとするのは適当とは思われない」と主張されるのも同様の趣旨と解され、「累犯者の不利な立場を根拠とする批判」の一種に数えられると思われる。(9)

(五)　刑の有効性に関する批判

佐伯博士は、累犯の加重根拠として「行為者が前に科せられた刑罰の含む警告・訓戒を無視したという意味で責任が一段と重く」として、通説の掲げる行為責任増加の理論を一応肯定しつつも、そこにおいて前提とされている「刑罰の含む警告・訓戒」という事柄に関しては懐疑的である旨を表明されている。すなわち、累犯者になったのは、結局、前刑が受刑者に対して無効であったたか、または刑罰の有害な作用がその効力を凌駕したかによるものと見ることができる、とされ、このことは現行刑罰制度の無力性に累犯の原因があることを示すものだ、とされるに至るのである。(1)

そして、このような累犯者に対する個別・具体的な刑罰の有効性から、ひいては現行刑罰制度（累犯者に対する加重刑主義）の妥当性について疑問を投げかける主張は少なくないのである。(2)

確かに、刑罰に受刑者の改悛的自覚を目ざす特別予防的な機能を求める立場からするならば、(3)累犯加重の根拠づけのための解釈論を展開するにあたり「前刑の警告機能」を前提とすることは当然の結論かもしれない。

しかし、より実証的な見地からするならば、前刑が再犯の防止という目的の実現にとって、その有効性・確実性に強い疑問を抱かせてしまう以上、「前刑は、受刑者に対して改悛を求めているし、受刑者の側も刑罰の指導と援助のもとで贖罪の努力を重ねなければならない」という規範的な刑罰観を前面に押し出す解釈は疑問視されざるをえない。(4)言い換えると、科学的検証とは無縁のものであった道義的責任論における累犯者の形而上学的な責任非難が、刑罰効果から逆算した形で批判されたのである。

その種の批判は、当初刑罰論において新たな累犯者対策の模索を促し、不定期刑・保安（治療）処分の提案を生ぜしめ、それを正当化すべき新たな責任論を出現させたものの、(5)やがては定期自由刑それ自体の特別予防的効果への懐疑から仮釈放・保護観察の適切な運用と結び付く行刑改革の主張へと発展し、今日の刑事政策の主要な論点を形成するに至った、(6)と解される。

いずれにせよ佐伯博士の批判は、累犯加重と行為責任主義との不適合の主張を意味するのである。すなわち、佐伯博士にとって責任とは、個々の違法行為についてのその行為者への非難もしくは非難可能性であり、しかも責任条件たる故意の構成要素として「違法の認識」が要求されているのであるから[7]、違法の認識つまり故意、ひいては非難可能性を強化する解釈上、不可欠の前提たる「前刑の警告機能」それ自体の無効は、累犯加重の責任主義的な基礎づけの崩壊を帰結するといわざるをえない。

結局、そもそも特別予防的な立場から最もよく理解される規定といわれる累犯加重は、目的考慮（犯罪の抑制・犯人の改善更生）の作用すべき枠も基礎も提供しえない、換言すると刑罰の上限を画するための行為責任の内容を解釈論上規定できないままの状態に置かれることとなるのである[8]。これでは、累犯加重の根拠としては「目的考慮」のみが残存するという結果になる。佐伯博士によれば、「目的考慮が責任刑を上回る刑期を要求しても、それを拒否することとなり、反対に目的考慮からは責任刑以下で足りる場合には、現実の刑罰をそこまで軽減させることになる[9]」のであるから、累犯加重は「行為責任主義」に反するであろう[10]。

そして、このような批判は一応「高められた行為責任」という概念を導く解釈内容に誤謬が含まれている、というタイプの批判であり、その意味で「累犯者の不利な立場を根拠とする批判」と同種のものといえる。

なお、佐伯博士は「罪刑均衡主義」にも言及され、それがもっぱら行為および結果の大小という客観的要素と刑罰の軽重との関係であって、刑罰を犯人の主観的な心情に比例させることを否認するものであり、客観主義刑法論の原型である、と指摘されているが、㈡で述べた責任相応刑とどのような関係にあるかは明確でない[11]。

㈥　期待可能性に関する批判

中山博士は、通説（前刑の警告無視による非難可能性の増加）に対して、前刑の感銘力の無視をただちに責任非難の増大につなげうるのかという疑問が生じるとされる。(1)すなわち、一度有罪判決を受けた者が再び犯行を繰り返したときは、規範意識の覚醒の機会と手段を無視した点において、規範的に見てより大きな非難が帰せられるという一般的な説明は、期待可能性が国家の側からの期待であることを示すものであって、累犯者の「自由」を恣意的に設定し、これを擬制したのではないかという疑問が残らざるをえない、と批判されるのである。(2)

中山博士によると、期待可能性は「適法行為の期待可能性がない場合には、行為は違法であっても、責任非難を帰することはできない」という意味で責任阻却の次元の問題であり、当の行為者の責任が問われているのであって、それゆえ行為者の現実の心理状態の確定から出発しなければならないはずであるから、平均人の立場に代替することは擬制の容認に至り、国家を標準とするならば「期待される側の事情」を考慮せずに「期待する側（＝国家）の理念」によって期待可能性の判断が国家主義的な観点から条件づけられ、期待可能性の安全弁を否定するおそれがある、ということとなる。(3)

そして、この場合累犯者の側の事情としての「意思の自由」、すなわち累犯者が自ら違法行為以外の他の行為を選択する「自由」がありえたか否かを問うとするならば、結局累犯者の他行為の可能性をより広く認めるわけにはいかなくなるはずであり、それにもかかわらず、責任は重いと解釈するところにこそ刑事責任と意思自由の問題をめぐるイデオロギー的基礎がある、とされるのである。(4)

要するに、累犯加重の通説的議論に関しては期待可能性の基準に関しての問題が解決されていないばかりでなく、そこで期待されているより広い他行為可能性は、そもそもその存否についてすら争いのある「意思の自由」より強度

のものを想定しているわけであり、二重の難問を抱え込むに至っているといえよう。(5)

この問題は、ドイツの累犯規定（刑法旧四八条）に設けられていた非難性条項（警告要件）のような考え方で解消しうるか、というと、中山博士はなお批判的であり、そのような手法による行為責任主義との調和は「見せかけ」のものにすぎないと批判される。(6)その理由は、行為者の心理状態を正確に判断することは実際にはきわめて困難である、という点に求められる。それゆえ、警告の無視による累犯加重の根拠づけは、行為責任を誠実には貫徹できない、という結論に至るのである。

なお、本来期待可能性を弱めるはずの「行為者を違法行為に駆り立てる個人的事情（累犯・常習犯）」が、むしろ責任の加重に結び付けられていることは、責任主義の空洞化をもたらす、と指摘されるのが米田弁護士であるが、(7)中山博士と本質的に同じ主張をなすものといえよう。

(七)　行為責任の意義の観点からの批判

行為責任の徹底化を提唱する立場から、累犯加重規定の削除を主張するのが森村教授である。すなわち、行為責任論を「犯人の犯罪行為に、そしてそれだけに刑事責任の根拠を求める立場である」と定義された上で、それが採用されるべき実質的理由を以下の二点に求められる。(1)

まず、自由主義の理念があげられる。つまり、国家が道徳的非難可能性を含むところの刑事責任の帰責を行うにあたっては犯行だけを判断の対象とすべきであって、それを超えて犯行に直接関係のない行為者の事情まで考慮するのは個人の内面への侵害になるから国家が行うべきではない、という主張が展開される。

次に、犯罪行為として把握された挙動や、結果発生の認識などは比較的認識しやすいが、行為者の全人格、犯行時までの暮らし方や、それらが犯行に及ぼした影響などははるかに知りがたい、という論拠が示される。

そして、これらの理由から性格責任論や人格形成責任論は採用できないとする。

すなわち性格責任論を、刑事責任論における責任判断の対象を、当該犯行を超えて行為者の性格に求める説である、として捉え、それは反自由主義的で、しかもその責任判断の材料は認定が困難である、と解され、他方では、人格責任論を「……犯行が因果的に決定されつくされぬ『人格』の発現だったかどうかを知るのは困難だし、仮に非因果的な創発的な内心の決断があるとしても、そのような内面（「人格の深み」「良心」）にまで法的非難を行うのは適当ではない」と批判され、この批判は人格責任論の延長上にあって人格形成過程を重視する人格形成責任論にも基本的にあてはまる、とされるのである。(2)

こうして、性格責任や人格形成責任と意識的に区別された意味での行為責任論の立場から、従来主張されてきた累犯加重の根拠づけに関する議論が批判的に考察されていくのである。

第一に、行為責任的な見地から行われる説明についてであるが、それでは累犯加重の正当化は困難だとされる。すなわち、行為責任で説明しようという論者は、「前の犯行に対する刑罰を受けて法規範を印象的に教え込まれたにもかかわらず、『懲りずにまたやった』」という点に重い責任を認めようとするが、犯人の過去の判決や受刑は犯行とは独立の事態であり、かりにそのような事情も行為を構成する内容に含めて責任判断の対象となる行為を考えていくこととしても、実質上それは行為責任とは別の性格責任をも問うていることになる、と批判されるわけである。(3)

第二に、性格（論的）責任論や人格形成責任論による説明は累犯の重い責任を判断しやすく、しかもこれらの立場からの累犯加重の正当化は日常生活の中で広汎に行われている責任判断とも合致するので説得力がある、と評されるものの、そのような意味での「責任主義」は、もはや論者の意図に反することとなる。(4)

第三に、累犯は違法性が重い、という議論が検討される。論者は、刑量は責任の程度を超えてはならない、といういわゆる「量刑における責任主義」を支持しつつ、その場合の「責任」とは「違法性」と区別される狭義の責任ではなく、「違法性掛ける責任」としての罪責である、と解されている。これは、責任の程度は違法行為に対する非難の程度である、という井田・内田説とは異なる考え方であろう。

そして、累犯の被侵害法益は、初犯より大きいとはいえず、しかも、主観的違法要素と解する説も主観的違法要素をまったく認めないか、あるいは限定的にしか認めないという立場からは採用しにくい、として違法性（なお、論者は違法性の内容として結果無価値しか認めない）の重大性を否定される(5)。

ただし、違法性の重大性が認められない以上、すでに「違法行為に対する非難の程度としての責任の程度を、刑量は超えてはならない」という意味での責任主義に反するという指摘は特になされてはいない。

違法量が小さくても責任の量が大きければそれらを掛け合わせた罪責は、必ずしも累犯加重を正当化しえないほど軽微なものではない、という考慮が論者の「責任の分量」に関する見解から導かれるためである、と思われる(6)。

最後に、犯罪予防や犯人の改善上の必要性に累犯加重の理由を求める説は、実務家の感覚に合うかもしれないが、累犯者の危険性の大きさなどは現実には十分な確実性をもって認定しえないし、行為責任を超える刑を許してしまうことになる、と批判される(7)。

結局、累犯加重の正当化は、行為責任論に立脚するかぎり困難視され、累犯加重は前犯を罰する趣旨であって憲法三九条との整合性も疑問であり、累犯規定の削除の主張に至るのである(8)。

森村説によれば、累犯加重が「責任主義」の要請に合致するためには違法性ないし責任の少なくともどちらか一方が重大でなくてはならず、しかもその場合、結果無価値と行為責任が選択されるべきである、というのである。そうすると、行為の法益侵害性が強度であるか、行為責任の増加のいずれかが累犯には認められるべきこととなるわけであるが、前述の検討から明らかなように両者は共に否定されたのである。

他の論者と比較するならば、累犯行為の法益侵害の重大性という点については内田博士がそのような解釈の志向されるべきことを主張され、行為責任の増大という点に関しては阿部教授が肯定的であるように思われる。

(八)　二重の帰責に関する批判

平場博士は、累犯加重の理由を行為責任以外のところに求めざるをえない、とされる。平場博士は、刑罰の正当化根拠を受刑者の側と国家の側との二つの方向から考察される。そして、特別予防・一般予防は受刑者が刑罰を忍受すべき理由を十分に説明できないところから、受刑者にとっては、刑罰は何らかの意味で応報を認めることとなり、しかも、この場合「応報」すなわち「犯したがゆえに」ということは、「犯行の責任として」と言い換えることができるから、応報刑は責任刑であることを意味し、結局、受刑者側からの正当性として、「責任がなければ刑罰なし」の責任原則と「刑罰は責任を超えてはならない」との量刑における消極的責任主義が帰結されるべきである、と主張される。(1)

また他方、このような国家の側からの刑罰の正当性は、実質的にその犯罪人から再び攻撃を受けないという趣旨として理解される「犯行によって失われた法秩序の回復」によって根拠づけられるとされる。(2)

もちろん、このような国家の側からの刑罰の正当化と目的は、受刑者からみた刑罰の正当性としての責任主義によって限界づけられているわけであり、このことは結局「特別予防という刑事政策目的に奉仕する内容と限度において、刑は行為責任を追及するものである」ということを意味すべきである、と提言されるのである。(3)

ところで、このような見解を前提としつつ累犯加重を検討すると、おそらく行為責任の限度を超えるであろう、というのが平場博士の見方なのである。(4)

その理由として、博士は責任の立場からいうと、先の犯行は先の刑罰で責任を果たしているのであり、犯行を重ねたということで責任が加重されたとみるのは、同一犯行について二重の責任を負わすことに外ならない、という論拠をあげられるのである。これは、通説が累犯加重の根拠につき前刑の警告を無視した点に依拠していることを捉えたものであるが、平場博士によれば刑罰の加重を現在の犯行（累犯行為）とは関係のない、先に刑を科せられたという事実にかからせることは、行為責任の限度を超えざるを得ない。(5)

ただ、平場博士においては責任と刑罰との間の比較原則は肯定されるものの、刑罰は責任を前提として、それをどう果たさせるかによって決しなければならないのであって、責任は直接刑の質量を決定するものではなくその根底であり、具体的な刑罰はその効果をはかって決定されるものなのだから、刑量は厳格に責任の量によって決められるとまで考えるのは行き過ぎだ、という批判が加えられるのである。(6)

したがって、累犯加重は一見行為責任の分量とみられるものを超えているが、「刑法の社会統制や犯罪人と社会との統合」という見地から考察するならば、合理性のない制度とは断定できない、と結論づけられるに至るのである。(7)

平場博士は、広義の責任は違法を含む責任であり、違法と責任が分析的に把握された上で機械的に合成されるのは正しくないとされ、違法がまず確かめられた上でそれを含んで責任が成立する、と考えておられるのである。(8)

さらに、責任刑の前提として「客観的応報刑論」を採用され、刑罰の根拠を行為無価値に置かれる点からみても責任刑は違法に関連したものと把握されていることが窺われるのである。(9)

もっとも、平場博士の場合、違法性は規範違反の評価と法益侵害・危殆化の評価の両方が含まれており、行為無価値を基本としつつ結果無価値を被告人に有利な方向で考慮しようとされている。[10]

さて、以上のことから引き出される結論は、平場博士が累犯加重は行為責任に反すると主張される場合、森村教授と同様に行為責任における「行為」を当該累犯行為にのみ限定する、ということが前提とされているということなのである。言い換えると、累犯加重に関する通説的な説明では刑罰の分量が違法性の大きさを超過してしまう、という意味での責任主義との矛盾はあまり意識されていないようなのである。[11]むしろ、狭義の責任の増大のみを根拠に刑罰の加重を認める通説に密着した形で、行為責任との適合性を論じておられるのである。

そしてその上で通説は純粋な個別行為責任を超えるのである、という結論に至るが、その結果として累犯の加重理由は前科行為の二重処罰にあるという結論にいきついてしまい、判例との抵触を生じることとなるのである。[12]この結論は、森村説と同じであるが、責任と予防に関する独自の見解によって累犯加重規定の削除論を回避される結果となっている、といえよう。

(九)　刑罰の倍加に関する批判

内藤元教授は、現行刑法の累犯規定において法定刑の上限が二倍に引き上げられている点に着目し、累犯加重規定自体が行為責任の分量を超えた保安刑としての性格をもつことは否定しきれないのではないか、という疑問を提起されている。

その理由は、前刑の警告を無視したことで、責任の量がただちに二倍になりうるとすることには十分な根拠があるとはいえないことに求められる。[1]

また、ドイツの累犯規定が刑の下限の加重にとどめ、刑の上限を倍加していた六二年草案を採用しなかったという比較的法的事実をも論拠とされているように思われる。(2) そして、行為責任の見地からみるとき立法論としてより細かな配慮が必要であるとされ、その一例として累犯に対する上限の加重を一倍半にするべきことを提案されている。(3) すなわち、内藤元教授は、累犯加重の実定法上の法律効果という視点から、責任主義と累犯加重との関係を考えておられるのである。

また、森下博士は、わが国では一般に法定刑の幅が広いのでその長期を超える刑の量定をすることは、しばしば責任主義と相容れないことになろう、とされ、さらに責任の限度を超えて言い渡される定期刑は、その実態においては保安刑にほかならない、とされるのであるが、(4) 内藤元教授と同様の観点からの批判と解される。

最後に責任主義の機能に関するいわゆる消極的責任主義からの批判もこの論点との関係で議論されるはずだから、検討しておきたい。

平野博士は、責任主義とは「責任なければ刑罰なし」という原則であり、「責任あれば刑罰あり」という原則ではないとされる。すなわち、責任主義は刑罰を限定する原則であって、犯罪の成立を拡張する原則ではない、とされるのである。(5)

そして、前者を消極的責任主義、後者を積極的責任主義と呼びうるのであり、責任主義の本来の意味は前者にある、と断ぜられた上で、犯罪は倫理違反であるという考え方と道義的責任論が結びつくと、責任ある行為はすべて処罰すべきである、という積極的責任主義ないし「犯罪化」の傾向をもちやすくなるということについて注意を促しておられる。(6)

さらにまた、刑の量定の領域においては、積極的責任主義は「責任のみが刑の量定の基本原則として挙げられるべきであり、一般予防・特別予防等の目的はおよそ考慮されるべきではない」という考え方となってあらわれ、消極的責任主義は「刑の量定は予防目的に奉仕するものでなくてならず、責任はその上限を画するにすぎない」という考え方を導く、といわれる(7)。

それゆえ軽微な過失は社会秩序維持の観点ないし刑罰目的の観点に照らして、刑法から排除されるべきである、というような実質的責任概念上の議論は消極的責任主義に調和しうる、ともされるのである(8)。

そうすると、累犯加重に関しては、処断刑の形成に際してであれ法定刑の上限が倍加されるが如き法律効果が与えられるならば、そのような長期の自由剥奪による特別予防効果は考えにくく、抑止効果も疑わしいということになるならば、まさに非難可能性、すなわち責任の増加のみによって刑罰が量定されていることとなり、まさに積極的責任主義ではないか、という批判が生じよう(9)。

もちろん、その効果の疑わしい予防目的のみから責任を超えた長期刑を科しているという対照的な解釈も可能であり、この場合は責任の分量を超えているという意味で責任主義の違反なのである。

このように相反する両面からの解釈が可能なのは、責任の分量も再犯予測も厳密に行うことが困難である、という量刑の限界ゆえであることはいうまでもない(10)。

さらに宣告刑の段階においてかような消極的責任主義もしくは可罰的責任主義的な考え方を推し進めるならば、「予防の必要性をほとんど考える余地がないような場合には、たとえ累犯者であっても刑を加重すべきではない(11)」ということになるであろう。刑法上の累犯に関する限り刑の下限は加重されていないので、このような予防的考慮を宣告刑の形成に際して実行し「刑を適正に按配する余地は十分にある(12)」のであるが、刑の下限も加重されている盗犯防止法上の常習累犯規定については疑問といわなければならない(13)。

すなわち、法律上可能な二回の減軽を行っても刑の下限は九か月にとどまるのであり、予防の必要や有効性を十分に考慮に入れた量刑を可能としているかは疑わしいといわざるをえないのである（強盗の場合は、一年九か月が下限となる）。

㈩　小　括

累犯加重に対する「行為責任主義」の観点からの諸批判を検討してきたが、それを要約すると以下の通りである。すなわち、まず通説的な見解の基礎である「前刑の警告無視による高められた行為責任」の理論による累犯加重の根拠づけに対しては、犯罪論体系との関係上ただちに違法内容を考慮していないという批判が生じた。これが、責任相応刑の観点からの批判であり、後述するように軽微な被害しか生じなかった場合でも累犯・常習犯であれば一律に重い刑を科すということであれば、不合理ではないかという現実問題を契機に強く意識されるようになった。これは、累犯加重と責任主義との関係をめぐる問題のうち違法性に関わる議論である点で他の諸批判と区別されるのである。

次に累犯加重が責任主義との関係で問題とされる場合、最もしばしば論じられるもので、「前刑の警告無視による高められた行為責任」の理論（警告理論）を直接その対象とする諸批判である。まず、そのような理論に基づき累犯の具体的事情を考慮することなく画一的に加重刑を科す形式となっている規定が批判される。

しかし、「高められた行為責任」の理論にしても、その前提たる「前刑の警告」をめぐって疑問が生じる。すなわち、そもそも前刑に有効な警告機能を認めうるのが、そしてまた、そのような警告機能をかりに認めるとしても、警告を受け取る累犯者の側は、むしろ警告に対して有利な立場に立つわけではないから、前刑の警告無視に基づく行為責任の増加という理論は拒絶されるべきではないのか、という批判である。この場合、警告の名宛人が警告に感銘するような主観的能力を備えていないのに、そのような能力が国家により擬制された上で、「警告無視に基づく責任増加」が肯定されるとすれば、期待可能性の観点からの批判も説得力を有するであろう。

さらに、以前の処遇という行為外の事情を考慮する「高められた行為責任」の概念は、純粋な行為責任とはいえないし、また以前の行為に再度帰責するものであるという主張も少なくとも形式論理としては可能なのである。

他方、累犯に対する実定法上の法律効果の面からも、多分に直観的な性格をもつものの、法定刑の上限倍加が行為責任の分量を超過しているという形で「責任主義」との抵触が問題化する。

ところで、これらの責任主義の観点から諸批判に対して、「行為責任増加論」を擁護する通説の立場からはいかなる反駁がなされているのであろうか。

その点に関していえば、ほとんど議論らしい議論が存在しないのが学説の現状なのである。(1)の批判については、刑法典上の累犯加重に関する限り宣告刑の段階で違法性の程度は考慮しうるという観点から、致命的なものではないという反論が行われていると解される(1)が、盗犯防止法に関しては処罰の予防上の有効性の存否が厳密に確証されていないにもかかわらず、責任主義による刑罰限定の要求という観点は軽視されたまま、加重処罰の必要性が不法内容の軽微な事例であると否とに関係なく政策的観点からのみ力説されているように思われる。(2)しかし、著しく加重された刑の下限に相応な重大性を有する累犯についてのみ、累犯加重を認めるという解釈によって違法性を考慮しないという批判に抗しうると解される。

この点については、ドイツ刑法の累犯加重規定である旧四八条においても「軽微累犯の責任相応刑」という形で深刻な論争が生じたのである。

すなわち、ドイツ刑法旧四八条の累犯加重規定は一定の累犯行為に対する法定刑の下限を一律に六か月に引き上げており、たとえば一か月の自由刑相当の軽微な事例に関しても必ず六か月の宣告刑とせざるをえないことから、責任主義との抵触を生じてしまい、それゆえ六か月の自由刑に相応する重大な累犯についてのみ加重刑を科すべきである、として「重大性」の要件についてのかなり突っ込んだ議論が行われてのである。したがって、批判の(1)を克服しうるような解釈論の可能性を追及する上でドイツ刑法旧四八条に関する上記の議論についての考察を行うことは、盗犯防止法上の累犯加重の限定解釈にとって稗益するところが少なくないと考えられる。(3)

(2)〜(7)の諸批判についても、通説の側からの反対論は明確には認められないのである。ただ、累犯は責任が増加する場合とそれが否定される場合とに選別可能である、という考え方を前提にしていると解される見解は認められる。(4)そして、このような議論の基礎に存在する「前刑の警告無視による高められた行為責任」を肯定しうる事例と否定されるべき事例との選別可能性という観念こそ、(2)〜(7)の諸批判を回避しうる唯一の反論たりうるであろう。(5)

そもそも、「前刑の警告無視に基づく行為責任の増加」という累犯加重の責任の本質論そのものに関しては、通説たる行為責任論・規範的責任論に立脚する以上、異論は生じないはずである。すなわち、累犯に対する非難可能性の増大は規範的責任論を基礎とする限り、以前の刑罰によって「強められた違法性の意識ないしその可能性」もしくはそこから導き出される「強化された反対動機もしくはその形成の容易性」に正当化の究極的な根拠を見い出すことが論理的な帰結である。(6)

そしてこの場合、「累犯加重の高められた行為責任」を違法性の錯誤とパラレルなものと考えるならば、いわゆる厳格故意説に立つときは現に「強められた違法性の意識およびそれに基づく強められた反対動機」の存在が要求され、制限故意説や責任説に依拠すればそれらの「可能性」が存すれば足りるということとなるであろう。後者の場合、強められた違法性の意識の可能性およびそれに基づく強められた反対動機の形成可能性があったならば、行為者が反対動機の設定を怠ったために現実に反対動機が強化されなかった事例においても、高められた行為責任は肯定されうるであろうが、前者では現実に「強められた違法性の意識および反対動機」の現存を要するがゆえに責任非難は増加しない、という結論がもたらされるはずである。

しかし、この領域においては「違法性の意識の可能性」の考え方を議論の最終的な論拠とすることは許されない、と解されるのである。

なぜならば、累犯加重を根拠づける「強化された違法性の意識・反対動機」は、もしその可能性だけで足りるとすると、累犯者の多くは意志薄弱等の警告に感銘しにくい人格的特徴を有する、というのが今日もはや無視しえない刑事学的知見である以上、前述の可能性が肯定される事例は、いずれも誤判の可能性を否定できないからである。(7)そもそも、すでに序章で確認しておいた通り、本稿では責任主義を国家刑罰権の制約原理と解するのであるから、責任非難は行為本人にとって可能なことを限度としなければならないはずであり、それゆえ、期待可能性の標準に関していえば行為者標準説に妥当な核心があるのであり、ただ、行為者の規範対応能力や意思決定過程等は実証科学的に完全に証明して認識することはできないので、「行為者本人の属する類型人」を標準とすべき、と考えたのであった。(8)

したがって、「累犯者」一般という行為者本人の属する類型人を標準とすると、繰り返し述べてきたように、前刑の警告機能に感銘しにくい特徴を有するのが、累犯者一般なのである以上、「前刑の警告無視による行為責任の増加論」は、少数の意思強固なグループにしかあてはまらず、それゆえ、期待可能性に関する「行為者本人の属する類型人標準説」に立脚するならば、累犯者一般に「警告無視による行為責任増加」の理論的可能性を現実のものとして肯定することは、まさに責任主義に反することとなろう。

換言すると、国家・平均人を標準として累犯者に原則として「警告無視による重い行為責任」を認めてしまうのは、期待可能性の擬制であり、そのことはとりもなおさず「消極的行為責任主義」の否定にほかならないであろう。その結果、たとえ厳格故意説に立たない立場にあっても、期待可能性の観点から最終的に「強められた違法性意識・反対動機」の現存が累犯加重を支える行為責任増加にとって、不可欠の要素とならざるをえない。すなわち、累犯の中からそのような「強固な違法性意識・反対動機」をもっていた者だけを選別して、累犯加重を行うほかはない、というのが唯一の理論的帰結である。それでは、どのようにしてこのような少数的事例を選別するのであろうか。

この問いかけに答えようとして創り出されたのが、ドイツ刑法旧四八条の累犯規定であった。この規定は、本節で問題となった責任主義の観点からの批判をすべて受けながら、それを克服するため、少数の例外的事例にあてはまる「行為責任の増加」を現実化すべく「非難性条項」という実質的要件を新設し、他方、違法性の軽微な累犯行為に対する加重刑の排除規定を法定するなどした。

そこで、責任主義からの諸批判をかわすためにさまざまな工夫が施されたドイツ刑法上の累犯規定が、その具体的適用過程においてどのような問題を発生させたかを知ることは、わが国の累犯加重規定と責任主義との適合性の限界を突き止める上で、きわめて有益だと考えられるので、以下の章において、ドイツ刑法旧四八条をめぐる「責任主義」関連の問題点について検討していくことにしたい。

㈠

（1）澤登俊雄「刑の適用」平場安治＝平野龍一（編）『改正刑法の研究1』（昭和四七年）二五三頁。

（2）「責任主義（Schuldprinzip）」の意味内容は、使用者ごとに多様であり、またドイツ語圏国家では、責任主義を解釈原理として主張するための手掛かりとなる文言が実定法上存在するばかりでなく、憲法裁判所等の判例は責任主義を憲法上の原則である、と明言しているのに対して、わが国では現行法上手掛かりとなるような直接的規定を欠くことから、責任主義をめぐる議論は体系論や理論学の形をとり、比較法を加味して展開されてきた〔宮澤浩一「責任主義」中山研一＝西原春夫＝藤木英

雄＝宮澤浩一（編）『現代刑法講座第二巻』（昭和五四年）一六九頁〕。

そして、一般的には、「故意または過失がない限り責任はない」とする原則が狭義の責任主義、「故意・過失のほかに責任能力、違法性の意識ないし意識の可能性、期待可能性をも責任主義の内容とする」原則が広義の責任主義、「刑罰の目的は責任を限度として追及すべきである」とする原則が最広義の責任主義と解されている、といえよう〔大谷實「責任主義」藤木英雄＝板倉宏（編）『刑法の争点（新版）』（昭和六二年）六四頁〕。

ただ、責任主義の具体的内容には、もともと「予防」の観点が入り込んでおり、責任主義の貫徹には限界があることの承認が余儀なくされてもいた。たとえば、責任能力や期待可能性の標準を純粋な個人にではなく、平均人に求めたり、禁止の錯誤についても、その徹底化によってもたらされる不処罰の間隙を埋めるための理論が主張されるなど、免責過剰による「刑法の軟骨化」を防ごうとする政策的配慮が随所に見られるのである〔真鍋毅・現代刑事責任論序説（昭和五八年）九三頁〕。

しかも今日では、ドイツにおいてさえ「責任主義の危機」が論じられ、わが国においては過失犯や結果的加重犯の領域においてすら、判例上責任主義が貫徹されていない、という状況が存し問題視されている。

たとえば、甲斐克則「責任原理の基礎づけと意義」横山晃一郎先生追悼論文集『市民社会と刑事法の交錯』（平成九年）七九頁以下は、ハッセマー、ロクシン、ヤコブスらによって行われている批判をふまえつつ、アルトゥール・カウフマンの大著「責任原理（Das Shuldprinzip）」に学びながら、「責任主義」堅持の必要性を強調している。ただ、逆に責任概念は予防目的に資するように再構成されなければならない、という議論も存する（堀内捷三「責任の概念」西田典之＝山口厚（編）『刑法の争点（第三版）』（平成一二年）五七頁）。

本稿では、第一章で述べたとおり、消極的行為責任主義の立場をとるものであるが、消極的責任主義はいわゆる「謙抑の法理（刑罰という峻厳な強制力を行使するにあたって、過剰と恣意と過酷を排し、謙譲・抑制を旨とする法思想）」という「人間愛」・「人間の尊厳」に由来する刑法原則の一環であることを忘れてはならないであろう〔小暮得雄「犯罪論の謙抑的構成」団藤重光博士古稀祝賀論文集第二巻（昭和五九年）一一頁〕。なお、責任主義の直接の根拠規定を憲法三一条に求めるものとして、浅田和茂・刑法総論（平成一七年）四五頁がある。

㈡

（1）　ドイツでは、累犯加重と違法性増加との関係が問題になったとき、「責任相応刑（die shuldangemessene Bestrafung）」という概念が使用されたが（第三章第五節）、議論の整合性という観点から、本章においても同一の概念を使用する。
（2）内田文昭・改訂刑法Ⅰ（総論補正版）（平成九年）二二四頁。
（3）内田文昭「違法と責任」西原春夫＝藤木英雄＝森下忠『刑法学2《総論の重要問題Ⅱ》』（昭和五三年）三頁、同・刑法解釈論集（総論Ⅰ）（昭和五七年）六四頁、同・犯罪概念と犯罪論の体系（平成二年）一五頁、同・刑法概要〔基礎理論・犯罪論(1)〕（平成七年）七二頁注（12）、同・前掲書（注2）四六頁。
（4）内田文昭「違法と責任」中山研一＝西原春夫＝藤木英雄＝宮澤浩一（編）『現代刑法講座第二巻』（昭和五四年）一三頁以下、同・前掲論文（注3）五頁。
（5）中山研一・刑法各論（昭和五九年）九二頁注（2）では、責任の差異が単独で法定刑の差に刑罰加重的に影響しうることが肯定されている。
（6）内田・前掲書（注2）二二一頁注（3）。
（7）内田・前掲書（注2）九六頁。
（8）内田・前掲書（注2）二二四頁。
（9）内田・前掲書（注2）一〇〇頁注（5）。
（10）内田・前掲書（注2）二二四頁以下。この場合、犯行をたえず繰り返す「意思」の発現としての「行為」が常習犯の重刑を基礎づけるという主張がなされるが〔二二七頁注（14）〕、この主張の前提には意思が違えば、行為・結果も違ってくるのが論理の帰結である、という主観的違法要素を否定するための内田博士特有の議論があることに注意すべきである。
（11）内田・前掲書（注2）二二一頁注（3）。
（12）このほか、内田博士には規範的責任論に対する反省から意思責任論の再評価の志向が存在するのであり、そのような立場からは、たとえば「常習犯の『意思』そのものについては、『違法性の意識』などとの関連で、さらに心理学的側面からする再検討も必要であろう」〔前掲書（注2）二二七〜二三〇頁〕という主張が導かれるのであるが、同様のことは「前刑の警告無視に基づく行為責任の増加論」に際しても、「違法性の意識・反対動機の強化」という仮定に対する心理学的検討の必要という主張をもたらすはずである。
（13）井田良「量刑事情の範囲とその帰責原理に関する基礎的考察(一)」法学研究五五巻一〇号（昭和五七年）八八頁。

(14)　井田・前掲論文（注13）八八頁。
(15)　井田・前掲論文（注13）八八頁。同様な議論は、岡上雅美「量刑判断の構造―序説」早稲田大学大学院法研論集四八号（昭和六三年）一〇七頁、川崎一夫・体系的量刑論（平成三年）一〇六頁、城下裕二・量刑基準の研究（平成七年）一一三頁、所一彦「刑の量定の基準」ジュリスト三一三号（昭和四〇年）七三頁でも行われている。なお、罪刑均衡との関連では、夙に違法性の責任に対する優位が主張されていた（小暮得雄「刑の権衡論について」北大法学論集一四巻一号（昭和三八年）四七頁）。
(16)　井田・前掲論文（注13）八九頁。
(17)　井田・前掲論文（注13）九三頁注（97）。
(18)　内田・前掲書（注2）二二四頁。
(19)　内田・前掲書（注2）一七四、一七六頁。井田良「量刑事情の範囲とその帰責原理に関する基礎的考察㈣」法学研究五六巻一号（昭和五八年）七二頁。

㈢

(1)　阿部純二「累犯加重の根拠」岩田誠先生傘寿祝賀論集『刑事裁判の諸問題』（昭和五七年）九四頁。
(2)　阿部・前掲論文（注1）九四頁。
(3)　阿部・前掲論文（注1）九四頁。
(4)　阿部・前掲論文（注1）九四頁。
(5)　阿部・前掲論文（注1）九五頁。
(6)　阿部・前掲論文（注1）九五頁。したがって、現行法においてはその運用によって責任主義との調和をはかって行くほかはない、とされるのである。
(7)　阿部・前掲論文（注1）九五～九六頁。阿部教授は、責任主義を犯罪論において強調することは問題ないとしても、刑罰論では特別予防目的を重視すべきであると概説されていたが〔同「刑法改正と犯罪論」ジュリスト四九八号（昭和四七年）三八頁〕、量刑における責任主義と予防目的とのアンチノミーに対する自説は以下のように要約されている。すなわち、(1)責任が量刑の基礎となるべきである。(2)この責任は行為責任の意味であるが、行為者人格を考慮に入れることは許される。その場合は、行為者要素は、それが行為責任に影響を及ぼすかぎりで考慮されるべきであって、予防的観点が混入することは避けるべきである。⑶責任の量には幅があり、この幅のなかで予防目的を考慮して個別的な刑を導くべきである。ここにおいて行為者的要素は全面的に考慮される。⑷量刑が責任の幅を越えたり下まわることは許されないが、法律が刑の免除や猶予など量刑の第二段階で責任刑をある程度断念している場合に、責任を下まわることが許されるのは当然である〔同「刑の量定の基準について(下)」法学四一巻四号（昭和五三年）六七～六八頁〕。

要するに、予防目的は「責任の幅」の中で考慮することにより、行為責任主義との抵触を回避されるのであるが、「幅の理論（Spielraumtheorie）」とは、責任に相応する刑には幅があり、裁判官はこの幅の範囲内で予防目的を考慮して最終刑を決定しうる、という見解で、応報刑と目的刑の止揚を目ざす考え方の帰結であり、ドイツの学説・判例上通説となっている〔城下裕二・量刑基準の研究（平成七年）八三頁。「幅の理論」に関する問題点や参考文献は、同書七〇～一〇八頁で詳細に紹介されている〕。なお、阿部教授は近年、ロクシンの「経験的―規範的混合責任概念」を志向されている〔同「刑事責任論の現状」東北法学会会報一五号（平成九年）六頁〕。

しかし、本稿では「幅の理論」の問題には必要以上に立ち入らない。本稿で、当面の問題となっているのは、いわゆる「警告理論」の当否であり、警告無視による行為責任の増大が認められるか否か、という問題は「点の理論（Punktstrafetheorie）」はもちろん、「幅の理論」でも幅の上限の一点において、増加責任が生じうるはずだから〔岡上雅美「責任刑の意義と量刑事実をめぐる問題点(一)」早稲田法学六八巻三＝四号（平成五年）九五～九七頁〕、結局いずれの理論からも増加責任の存否を吟味しうることになるし、吟味する必要があることになり、幅の理論の検討は警告理論が肯定された後行われる、という手順になるはずである。したがって、本稿の趣旨に鑑みて警告理論が否定されれば、量刑論の総論をあらためて論じるのが目的ではない以上、幅の理論を取り上げる必要性は存しないのである。

(8) 阿部・前掲論文（注1）九五頁。
(9) 阿部・前掲論文（注1）九五～九六頁。
(10) 阿部純二「不定期刑と責任主義」福田平＝大塚仁（編）『刑法総論Ⅱ』（昭和五七年）一一一頁。

㈣

(1) 吉岡一男「累犯と常習犯」中山研一＝西原春夫＝藤木英雄＝宮澤浩一（編）『現代刑法講座第三巻』（昭和五四年）三〇七

頁以下、同・刑事政策の基本問題（平成二年）二二七頁以下、同・刑事法通論（平成七年）一二一頁、同・刑事学〔新版〕（平成八年）二六九頁、同・自由刑論の新展開（平成九年）三九頁。
（2）吉岡・前掲論文（注1）三一三〜三一四頁。
（3）吉岡・前掲論文（注1）三一四頁。
（4）吉岡・前掲論文（注1）三一四頁。
（5）吉岡・前掲論文（注1）三一三頁。なお、重松一義・刑事政策講義（平成二年）二四三頁では、前科により被る不利益を法律上のものと事実上のものとに二分している。
すなわち、⑴法律上被る不利益としては、一定の場合の刑の執行猶予の欠格事由（刑法二五条）、特定の場合の累犯事由（刑法五六・五七条、盗犯防止法三条）、法令による制限停止事由としての公務員・弁護士・医師等の欠格事由（国家公務員法五条、裁判所法四六条、検察庁法二〇条、学校教育法九条、弁護士法六条、医師法四条等）、選挙権・被選挙権について欠格事由（公職選挙法一一条）などが挙げられている。

そしてまた、⑵事実上こうむる不利益として前科があるゆえに社会的信用、健全な交友、正規の公的な職業が与えられず、いたずらに白眼視され疎外されることが指摘されている。

ところで、「前科」の意義であるが、前科という言葉は法律上の用語ではなく、通俗的な用語にすぎず、語源も明確ではない。しかし、一般に⑴刑の言渡しを受けたこと、⑵自由刑の執行を受けたこと、⑶市町村役場に備えつけられている犯罪人名簿に刑の言渡しが登録されていること、これら三つのいずれかの意味で用いられている〔大谷英一「前科」瀧川幸辰（編）『刑事法学辞典』（昭和三七年）五一三頁、大谷實・刑事政策講義第四版（平成八年）三三〇頁、神山敏雄・高田昭正「前科」中山研一（編）『刑事法小辞典〔補正版〕』（平成九年）一九二頁〕が、本稿では、特に断らないかぎり、⑴と⑵の意味において「前科」の語を使用する。

ちなみに、前記のとおり「前科」は、個人の社会生活に種々の不利益をもたらすが、その点については大霜憲司・前科登録と犯歴事務〔新版〕（平成八年）一頁以下が詳細である。また、正木亮・刑法と刑事政策（増訂版）（昭和四三年）一八四頁以下は、これらの不利益、とりわけ「刑余の不信用」という前科ゆえに被る被害を救済すべく、根本的な前科抹消制度の確立を主張している。

(6) 吉岡・前掲論文（注1）三一四頁。
(7) 吉岡・前掲論文（注1）三一四頁。行為責任主義等の諸原則を不自由に歪めてまで、累犯加重を維持する必要はなく、累犯加重を裁量的なものにし量刑事情の一つとすることは一歩前進であるが、究極目標はその廃止である、と主張される（三二一頁）。
(8) 森村進「行為責任・性格責任・人格形成責任」法の理論8（昭和六二年）九七頁、阿部純二「累犯加重の根拠」岩田誠先生傘寿祝賀論集『刑事裁判の諸問題』（昭和五七年）九四頁。なお、吉岡一男・刑事制度論の展開（平成九年）一七三頁は、刑罰量に関わる責任が、犯罪行為の実質として違法ないし不法実体に見合うものであると述べている。
(9) 吉田敏雄・行刑の理論（昭和六二年）三〇一頁。

㈤

(1) 佐伯千仭・刑法講義（総論・四訂版）（昭和五六年）四一七頁。なお厳密にいえば、刑法五六条の下では、判例の解釈も含めると仮出獄の場合の残刑期間経過の事例、未決算入の場合、刑法五条・三一条そして恩赦法八条の規定による刑の執行免除があった場合等は、累犯者にはいわゆる「施設内処遇」としての刑の執行体験はなかったのに刑が加重されることになる〔佐藤文哉「累犯」大塚仁＝河上和雄＝佐藤文哉（編）『大コンメンタール刑法第三巻』（平成二年）二一四頁以下〕。
(2) 江口三角「累犯」平場安治＝井上正治＝中山研一＝大野平吉（編）『刑法概説(1)〔総論第三版〕』（平成八年）二二四頁、吉川経夫・三訂刑法総論〔補訂版〕（平成八年）三三七頁、高橋貞彦「累犯」大野真義＝墨谷葵（編）『要説刑法総論〔二訂版〕』（平成四年）三七六頁、平場安治・刑法総論講義（昭和二七年）一九八頁。
(3) 大塚仁「刑罰〜その本質について〜」尾高朝雄（編）『法哲学講座第八巻』（昭和三一年）二七九頁。
(4) たとえば、柳本正春・拘禁処遇の理論と実践（昭和六二年）一五頁以下においては、従来の特別予防（改善主義）に対する反省が行われ、改善主義に関して一定の展望が示されてはいるものの、改善主義の現状が「人は容易に変えられない」という命題に落ち着いている、と指摘されている。
(5) 累犯・常習犯対策として、刑法改正予備草案（昭和二年）、改正刑法仮案（昭和一五年）、改正刑法準備草案（昭和三六年）、改正刑法草案（昭和四九年）のいずれにおいても「不定期刑」の導入が図られてきた〔吉田敏雄「自由刑の諸問題」加藤久雄＝瀬川晃（編）『刑事政策』（平成一〇年）六八頁〕。

周知の通り、「不定期刑」とは、言い渡される刑期を不定とし、これを行刑の経過に従って事後的に決定する自由刑のことで、刑期をまったく定めないで宣告する絶対的不定期刑は罪刑法定主義に反することから、通常主張されるのは、刑期の長期・短期を定めて言い渡す相対的不定期刑である。

そして、学説上、不定期刑を支持するものとして、荘子邦雄「不定期刑制度の意義と常習犯人の処遇」小川太郎（編）『矯正論集』（昭和四二年）一七頁以下、団藤重光「不定期刑と保安処分」刑法雑誌一七巻一＝二号（昭和四五年）一二四頁以下があり、前者は実質的責任観、後者は人格責任論によって不定期刑を正当化しようとする。

このほかに、八木国之「保安処分について」法律時報三八巻七号（昭和四一年）四〇頁、朝倉京一「累犯者の処遇」小川太郎博士古稀祝賀『刑事政策の現代的課題』（昭和五二年）三〇四頁等が、不定期刑を支持する。

しかし、不定期刑は(1)行為責任を超過する〔西原春夫「不定期刑論の一批判」刑政八二巻五号（昭和四六年）一六頁〕、(2)さほどの効果を期しがたい〔正木亮・刑法と刑事政策（増訂版）（昭和四三年）八九頁〕等の理由で、今日では反対論が有力である〔森下忠・刑事政策大綱（新版第二版）（平成八年）一〇六頁〕。

なお、不定期刑論に関する総括的検討として、瀬川晃「不定期刑論の一考察」同志社法学二四巻四号（昭和四八年）八八頁以下、中山研一・刑法改正と保安処分（昭和六一年）一頁以下がある。

他方、保安拘禁（改善・治療が困難で、かつ危険な常習犯罪者を長期にわたって拘禁・隔離することによって社会防衛の効果をあげようとする保安処分）が、累犯・常習犯に対する処遇類型として掲げられることもある。わが国では、吉田常次郎「不定期刑について」東洋法学八巻一号（昭和三九年）四七頁が、ドイツ刑法旧四二条のような保安監置を支持するが、一般には、拘禁期間が無期に及ぶ危険性が指摘される等、今日ではほとんど主張されない〔澤登俊雄「保安処分の正当性をめぐって」井上正治博士還暦祝賀『刑事法学の諸相(下)』（昭和五八年）一六四頁〕。

ただし、保安拘禁のなかに治療・刑罰の機能を同時に認めることにより、いわゆる二元主義的思考を克服しようとする「半刑罰的半保安処分的処遇論」を提唱する考え方も存するが〔井上正治「現代における刑罰思想」平野龍一（編）『現代法11』（昭和四〇年）二二一頁、平野龍一・犯罪者処遇法の諸問題（増補版）（昭和五七年）一一六頁〕、刑罰的色彩を残す以上治療に徹しえないのではないか、究極的には責任観念の排除に陥るのではないか、との疑問が提示されている〔沢登俊雄「不定期刑」森下忠＝須々木主一（編）『刑事政策』（昭和五〇年）一三七頁〕。

さらに、精神病質者の治療・改善に力点を置いたアプローチを試み、精神病質に基づく常習者・累犯者に対して治療処分を科していこう、と主張するのが「治療処分説」である。この説は、責任刑では対応できない精神障害者・アルコール依存症者に対して、それぞれ治療処分・禁絶処分をもって処遇しようとするもので、制約要件として、(1)罪種の制限、(2)重大な先行犯罪の存在、(3)執行施設の整備と治療の確保の保障、(4)裁判官による司法的抑制等を掲げている〔加藤久雄・刑事政策学入門（平成三年）一一二頁、同・医事刑法入門（平成八年）三四七頁以下〕。

そして、このような主張に対しては、「理論的な制約原理を提示する努力」が不十分であり、「国家の強制処分権の拡大傾向」を促進する、といった趣旨の批判が行われてきた〔澤登俊雄「現代における刑罰の本質と機能」石原一彦＝佐々木史朗＝西原春夫＝松尾浩也（編）『現代刑罰法大系第一巻』（昭和五九年）五四頁、村井敏邦「『治療処分』論批判(下)」法律時報五四巻六号（昭和五七年）八八～九〇頁〕。治療処分説の支持者は、刑法の解釈原理としての責任主義を擁護するが、他方精神障害者等に対する具体的刑事政策を確保する必要性を痛感しており、そこから、治療処分の導入を求めるとともに、そのような二元制裁制の確立によって責任主義の危機を回避しようとする〔加藤久雄「責任主義の危機と刑事制裁二元制論について」西原春夫先生古稀祝賀論文集第四巻（平成一〇年）二八一頁以下〕。ただ、刑事治療処分制度を認めない立場からは、治療処分を導入しなければ責任主義を貫徹させられないというのであれば、責任主義の存在意義が問い直される、と主張されており〔浅田和茂「責任能力論」芝原邦爾＝堀内捷三＝町野朔＝西田典之（編）『刑法理論の現代的展開総論Ⅰ』（昭和六三年）二二四頁〕、前者にとって、後者は「同じ土俵」に登っていない、という不満を惹き起こしている〔加藤・前掲論文二二九頁注(1)〕。〔近年では、朝倉京一「社会治療処遇論」森下忠先生古稀祝賀『変動期の刑事政策』（平成七年）七五一頁、岩井宜子・精神障害者福祉と司法（平成九年）三三九頁も一定限度で社会治療処遇の意義を認めている〕。

こうして、積極的な累犯・常習犯対策である保安処分・不定期刑に対する否定的評価が全般的には定着し、残るのは定期刑主義としての累犯加重となった。すなわち、「人権上の問題性は、刑事政策的には〔長期拘束のみをもたらすものとして〕最後を走っていたのに、いつのまにか廻れ右で先頭を走るようになった、累犯や常習犯の刑罰加重規定にも、同じようにあてはまる」〔吉岡一男・刑事政策の基本問題（平成二年）二二八頁〕わけで、累犯加重と責任主義との関係が理論的に検討されることが要求されるに至ったのである。

（6）　社会復帰処遇に関しては、石原明「受刑者の法的地位考察の方法論」刑法雑誌二一巻一号（昭和五一年）一頁以下、福田雅章「受刑者の法的地位と『要綱案』」ジュリスト七一二号（昭和五五年）四〇頁以下、吉岡一男・刑事制度の基本理念を求めて（昭和五九年）四六頁以下等において、その積極面に疑問が提起されたが、石川正興「受刑者の改善・社会復帰義務と責任・危険性との関係序説」早稲田法学五七巻二号（昭和五七年）二九頁、宮澤浩一「行刑思想の発展と動揺」石原一彦＝佐々木史朗＝西原春夫＝松尾浩也（編）『現代刑罰法大系第七巻』（昭和五七年）三頁以下、森本益之・行刑の現代的展開（昭和六〇年）三三六頁、柳本正春「世界の刑事政策思潮と我が国の行刑」刑政九三巻六号（昭和五七年）二九頁以下等は、その理念の重要性を主張する。

(7)　佐伯・前掲書（注1）二五二頁。

(8)　佐伯・前掲書（注1）七七頁、八一頁、二三五頁。

(9)　佐伯・前掲書（注1）二三五頁。

(10)　大山弘「責任と予防に関する一考察—可罰的責任評価をめぐって—」法学論集三一巻五号（昭和五七年）一〇八頁。

(11)　佐伯・前掲書（注1）五六～五七頁。なお、佐伯博士は行為責任論に立たれ〔同「刑の量定の基準について」日本刑法学会（編）『刑法講座1』（昭和三八年）一三一頁〕、責任から目的を導かれる〔同・前掲書（注1）七七～八〇頁〕。

(六)

(1)　中山研一・刑法総論（昭和五七年）五六二頁注（3）。

期待可能性の理論が、刑罰を加重する方向で機能することはつとに肯定されていた。すなわち「認識または認識可能の範囲がひろければひろいほど、反對動機として強く作用し、義務違反の意思決定はいっそう非難せられる」とされ、その責任の大きさの重要な標準は期待可能性であると解されていた。というのは「行為者が違法行為に向かって強い反對動機を作るだけの能力を備えているときは、違法行為を抑えることに向けられている法の期待は強」くなるからである〔瀧川幸辰「期待可能性の理論」日本刑法学会（編）『刑事法講座第二巻』（昭和二七年）二七九頁〕。

なお、責任阻却事由としての緊急避難に関し、いわゆる「特別義務者」の免責排除を「高められた期待可能性（gesteigerte Zumutbarkeit）」の見地から把握する支配的見解も、「高められた反対動機」という仮説を前提とするが、具体的事案によっては、「期待可能性」の見地からこの推定が破られるとする〔森下忠「業務上の特別義務者と緊急避難」佐伯千仭博士還暦祝賀『犯罪と刑罰(上)』（昭和四三年）三六九頁、小田直樹「特別義務者と緊急避難」森下忠先生古稀祝賀『変動期の刑事法学』

（平成七年）三〇四頁〕。責任主義の見地から当然であるが、わが国の累犯規定は形式的要件が具備されれば、解釈論上「法の期待」が弱まるか否かを具体的に検討する余地はないと思われる。

（2）中山研一・口述刑法総論（昭和五三年）二二九〜二三〇頁。同・前掲書（注1）三九四頁以下において、期待可能性の標準に関してのいわゆる国家標準説は、行為者の能力や具体的行為事情の考慮を要請していく理論的努力を欠くならば、国家的期待が「擬制」となる可能性がある点の指摘がなされており、累犯加重の行為責任増加説はこの批判が妥当する規定であると解しているものと思われる。

ただ、類型的行為事情標準説と呼ばれる〔内藤謙・刑法講義総論(下)Ⅰ（平成三年）一二一〇頁〕国家標準説は、「行為事情の類型的把握」により期待可能性の標準を得ようとするものである〔佐伯千仭・刑法講義（総論・四訂版）（昭和五六年）二九〇頁〕が、この類型的行為事情標準説に「行為者本人が属する類型人（本人の年齢、性別、職業、経歴等）によって構成された」修正された行為者標準説〔植田重正「期待可能性」日本刑法学会（編）『刑法講座3』（昭和三八年）二七頁〕を併用するならば〔内藤・前掲書一二一三頁〕、行為者をとりまく具体的状況（行為環境）や行為者の内心的事情（行為者人格）を可能な限り考慮しうるであろうし、それゆえこのような考え方に立脚した累犯加重規定であれば「期待可能性の擬制」という批判は撤回されうると思われる。しかも、中山博士は「責任を心理的意思に対する非難可能性として実質化して行くと、行為要素としての意思活動の背後にある行為者側の人格ないし環境的事情を考慮せざるをえなくなってくる」として、いわば「行為者人格を考慮に入れた行為責任」〔阿部純二「刑の量定の基準について(下)」法学四一巻四号（昭和五三年）五五頁〕を許容されていると解される〔中山・前掲書（注1）三二二頁〕ので、期待可能性の標準に関して上述のような立場をとることは可能なはずである〔中山・前掲書（注1）三九五頁では、中山博士自身も類似の方向を目ざされているようである〕。

それゆえ、まさに問題は期待可能性の基準につき行為者の事情を可及的に考慮しうる立場（上記の国家標準説ないし行為者標準説）を採り、広い意味での行為責任主義（実質的行為責任）に立ったとしても　累犯加重を行為責任の増加という理論によって「説得的に」根拠づけうるのかという点に絞られてくるであろう〔中山研一・概説刑法Ⅰ（補正版）（平成八年）一四二頁〕。

（3）中山・前掲書（注1）三三二〜三三三頁。

（4）中山・前掲書（注1）三二一〜三二二頁。

（5）　堀内捷三「責任論の課題」芝原邦爾＝堀内捷三＝町野朔＝西田典之（編）『刑法理論の現代的展開総論Ⅰ』（昭和六三年）一八五頁では、「（刑法は行為者の他行為可能性の存在を前提とするがゆえに、いかなる場合にその他行為可能性が否定されるかを規定すれば足りると考えた、と解する場合）、行為者が当該具体的事情の下で適法行為を選択できたという現実的な、具体的な他行為可能性が問題となるのであろうか。もしも、そうであるとすれば、責任の決定に際してはこの意味での他行為可能性が訴訟において証明、認定されなければならないであろう。なぜなら、他行為可能性が非難を、そして責任を基礎づける以上は、この点の証明なしに責任の有無は判断はできないはずだからである。意思自由についての挙証責任は相対的非決定論にあるという指摘も、このように理解されるべきである。しかし、このような具体的他行為可能性の証明は、意思自由の証明と同様に不可能である。」と述べられている。

なお、意思自由の存否に関していわゆる「不可知論」に立つ考え方と、期待可能性の標準についての「平均人説」とが密接な関係にあることを示唆するのが、内藤・前掲書（注2）七八二頁である。

（6）　B・シューネマン（編）／中山研一＝浅田和茂（監訳）・現代刑法体系の基本問題（平成二年）二七一頁。

（7）　米田泰邦「可罰的責任と期待可能性論」Law School 五一号（昭和五七年）四七～四九頁。また、いわゆる「抑止刑論」の立場からも、期待可能性の乏しい場面には、重い非難（刑罰）を回避すべきである、という結論が導かれると解される〔所一彦「抑止刑の科刑基準」団藤重光博士古稀祝賀論文集第二巻（昭和五九年）一一八頁、同「抑止刑と自由意思」平野龍一先生古稀祝賀論文集下巻（平成三年）七三頁、同「刑の量定」阿部純二＝板倉宏＝内田文昭＝香川達夫＝川端博＝曽根威彦（編）『刑法基本講座第一巻』（平成四年）二五五頁〕。

㈦

（1）　森村進「行為責任・性格責任・人格形成責任」法の理論8（昭和六二年）五七、五九頁。なお、本論文はその後さらに別稿においてその趣旨が明確化されている〔森村進「行為責任論再説」法の理論10（平成二年）二〇九頁以下参照〕。もちろん、行為責任主義の立場をとるとしても、行為にあらわれた限りで、行為者人格は責任にとって意味を持ちうる、と考えることも可能である（阿部純二「量刑論の現状と展望」現代刑事法21号（平成一三年）八頁）。

（2）　森村・前掲論文（注1）六一～六三頁。

（3）　森村・前掲論文（注1）九四～九五頁。

（4）森村・前掲論文（注1）九五～九六頁。
（5）森村・前掲論文（注1）九六頁。
（6）阿部教授に関して考察すると、「量刑における責任の量は、違法の程度と（狭義の）責任の分量を相乗したものといってよい」と同様の見解を提示されているが、「しかし、一般的には違法の程度がより重要であり、その意味で……団藤博士が違法性と責任では後者に重点をおくべきだ、とされるのには疑問がある」として、結論的には違法性の優越的地位を肯定されるのである（阿部純二「不定期刑と責任主義」福田平＝大塚仁（編）『刑法総論Ⅱ』（昭和五七年）九九頁）。
（7）森村・前掲論文（注1）九六頁。
（8）森村・前掲論文（注1）九七頁。なお、吉岡一男「森村進『行為責任・性格責任・人格形成責任』」法律時報六〇巻五号（昭和六三年）一二二頁は、行為責任の徹底とは、森村説のようないわば形式的なものではなく、行為者側の事情も可及的に幅広く考慮に入れ……るものである、として厳格な行為責任概念を批判されている。

また、林美月子「森村進論文『行為責任・性格責任・人格形成責任』を読んで」法の理論9（昭和六三年）二八七～二八八頁もまた、現行法のような制度を前提として（累犯加重・常習犯加重を）説明する必要性を認めなければならないように思われると述べ、量刑一般においては行為事情として「犯行目的・動機」が考慮されるのに「懲りずにまたやった」という事情の排除される理由を問い質している。

これに対する森村教授の回答は「犯行の目的や動機も当然に責任の要素とは考えず、行為の環境と見なすことができる場合でのみ考慮すべきだと考える」（前掲（注1）「行為責任論再説」二一六頁）、というものであった。森村教授においては、判決や受刑等の「前刑の警告無視に基づく行為責任の増加」の公式にとって不可欠の要素は、いずれも本人の過去の行動や犯行時の行為者独自の心理的状態と関係づけなければ記述できず、したがって「行為の環境」から排除されるべき性質のものであるがゆえに、ドイツ的な「非難性条項による行為責任の担保」というアプローチも否定されざるをえないであろう。

(八)

（1）平場安治「責任の概念要素と刑事責任論の根底」団藤重光博士古稀祝賀論文集第二巻（昭和五九年）九四頁。
（2）平場・前掲論文（注1）九七～九九頁。
（3）平場・前掲論文（注1）九九～一〇三頁。

(4) 平場・前掲論文（注1）一〇三頁。
(5) 平場・前掲論文（注1）一〇三頁。
(6) 平場・前掲論文（注1）一〇四頁。
(7) 平場・前掲論文（注1）一〇四頁。
(8) 平場・前掲論文（注1）四八頁。
(9) 平場・前掲論文（注1）九五頁。
(10) 平場・前掲論文（注1）四七頁。
(11) ただし、平場安治「社会的機能から見た刑罰理論」法学論叢一〇一巻二号（昭和五二年）一六頁では、責任刑を「加害行為との比例原則」と解していることに注意。
(12) 判例は「再犯加重の規定は、刑法五六条所定の再犯者であるという事由に基づいて、新に犯した罪に対する法定刑を加重し、重い刑罰を科し得べきことを是認したに過ぎないもので、前犯に対する確定判決を動かしたり、或は前犯に対し、重ねて刑罰を科する趣旨のものではないから、憲法三九条の規定に違反するものではない」として、累犯加重が一事不再理の原則に反するものではないと判示している（最大判昭和二四年一二月二一日刑集三巻一二号二〇六二頁）が、同趣旨のものとして、中野次雄・逐条改正刑法の研究（昭和二三年）九六頁、佐藤文哉「累犯」大塚仁＝河上和雄＝佐藤文哉（編）『大コンメンタール刑法第四巻（第二版）』（平成一一年）三七六頁。
さらに、佐藤文哉「盗犯等の防止及び処分に関する法律三条と憲法一四条及び三九条」警察研究四〇巻九号（昭和四四年）一三九頁は、盗犯防止法三条もまた上記の理由で一事不再理の原則・二重処罰の禁止に反しないとする。

ただ、土本武司・刑法読本総論（平成三年）二六〇頁は、「（再犯加重）は、憲法三九条の定める一事不再理の原則との関係上全く問題がないとはいえない」とする。旧刑法時代にも、一事不再理と累犯加重の関係が問題視されたが、宮城浩蔵・刑法講義上巻（明治一八年）五六六頁、江木衷・冷灰全集第一巻（昭和二年）五八〇頁、富井政章・刑法論綱（明治二二年）三五八頁、岡田朝太郎・日本刑法論（明治二七年）九四二頁、古賀廉造・刑法新論（増訂版）（明治三二年）六一三―六一五頁では、いずれも累犯加重は一事不再理の原則に反しないとされている。

なお、アメリカにおいても常習犯人法（Habitual Criminal Act）が修正五条の double jeopardy にあたらないことについては、同じ論法がとられている〔Carlesi v. N. Y. 233 U. S. 51（1914）参照〕。

(九)

（1）内藤謙・刑法講義総論(下)Ⅰ（平成三年）七四一～七四二頁。同・西ドイツ新刑法の成立（昭和五二年）一一七頁。現行刑法典が累犯の刑を倍化している理由については、累犯規定の成立過程からは判然としない（拙稿「現行累犯規定の成立過程」能勢弘之先生追悼論集『激動期の刑事法学』（平成一五年）三八八頁。

（2）内藤・前掲（注1）西ドイツ新刑法の成立一一七頁。

（3）内藤・前掲（注1）刑法講義総論七四二頁。

（4）森下忠・刑事政策各論（平成元年）五三頁。

（5）平野龍一・刑法総論Ⅰ（昭和四七年）五二頁。

（6）平野・前掲書（注5）五三頁。

（7）堀内捷三「均衡（比例）の原則と保安処分の限界」ジュリスト七七二号（昭和五七年）四四頁。ただし、平野博士は刑罰の上限を責任ではなく違法性（罰刑の均衡）によって限定しようとされている（同・前掲書（注5）二二頁）が、刑罰の制約が非難としての責任に委ねられていない点で、刑罰が危険性の改善措置に傾斜するおそれがある、と指摘されている〔中山研一・刑法の基本思想（昭和五四年）一八五頁〕。

（8）内田文昭・改訂刑法Ⅰ（総論補正版）（平成九年）二三三頁。

（9）大野平吉「累犯」法律時報臨時増刊『改正刑法草案の総合的検討』（昭和五〇年）七五頁は、「（判決の感銘力を重視し、禁錮以上の刑の言渡しを受けたにもかかわらず、再び罪を犯したことの道義的責任を重視するような改正刑法草案における）累犯概念の拡張は、……その積極的責任主義と関係があるといってよいであろう」と分析しているが、前刑の警告機能の無視を前提とした行為責任の増加論は草案の立場に限らず、やはり積極的責任主義と評価しうるであろう。

近年、西田典之「『共犯と身分』再論」内藤謙先生古稀祝賀『刑事法学の現代的状況』（平成六年）一八五頁は、消極的責任主義の趣旨に関し、(1)責任が認められなければ勿論処罰すべきではない、(2)責任が認められても、特別予防・一般予防の観点から他の制裁・処分が適切である場合には刑罰の使用を控えるべき、(3)責任が認められて、予防的観点からも刑罰が適切である場合には責任に基づく刑の加重が認められる、と解する。そしてその上で累犯加重につき、責任が肯定されず、又は肯定されても予防的観点から適切でなければ、消極的責任主義に反するものとして否定されるべきことになろう、と主張するのである。この責任が規範的責任論かつ行為責任論に立脚するならば、本稿のように「警告理論」の当否の検討が要請されることとなるはずである。

(10)　阿部純二「刑の量定の基準について(下)」法学四一巻四号（昭和五三年）四三頁は、「量刑における責任主義」の原則が有効に機能するためには、前提として責任の軽重を正確に算定する方法が確立されている必要があるが、そうした方法はまだ存在しない、として責任の分量が計測しがたいものであることを認めている。

他にも、鈴木義雄「量刑の基準」法学教室〔第二期〕三号（昭和四八年）三九頁。ただし、斉藤誠二「改正草案と責任主義」法律時報四六巻六号（昭和四九年）一四三頁は、予防目的からの刑罰濫用が防止可能な程度に責任を数量化できれば足り、正確な数量化は不必要であるとする〔同「刑法の改正と責任主義(一)」警察研究四五巻一一号（昭和四九年）一七頁注（3）も同様〕。

また、大谷実・刑事責任の基礎〔訂正版〕（昭和五二年）八一頁は、刑期をどれだけ延ばしたら、予防目的が達成しうるかという問題は、責任に応じた刑罰を発見するよりも、はるかに困難である、として危険性除去のための期間も明確とはいえないと述べている。なお、大谷教授は、責任に応じた刑の確定方法として、公平の原則と罰刑均衡方式が重要である、と指摘されている〔同・刑事規制の限界（昭和五三年）一一頁、同・刑法解釈論集Ｉ（昭和五九年）八二頁〕。

ところで、再犯予測の困難さは、すでに不破武夫・刑の量定に関する実証的研究（昭和一四年）一七三頁以下で指摘されていたが、最近の危険性予測の議論に関しては治療処分の創設をめぐってのものではあるが、三宅孝之・精神障害と犯罪者の処遇（平成四年）二二九頁以下が詳しく整理している。

(11)　朝倉京一「累犯加重の法理」専修法学論集三七号（昭和五八年）二六頁。

(12)　朝倉・前掲論文（注11）二六頁。

(13)　鈴木享子「常習累犯問題へのアプローチ（その一）」明治大学短期大学紀要一七号（昭和四八年）六一頁は、常習累犯窃盗の実証的研究の結果、「常習累犯窃盗者に対しては、長期保安的に拘禁しておけばよい」という考え方に疑問を投げかけている。

(十)

(1) 阿部純二「不定期刑と責任主義」福田平＝大塚仁（編）『警報総論Ⅱ』（昭和五七年）一一一頁。
(2) 田邉信好「常習累犯窃盗罪の判決の実情」ジュリスト九二九号（平成元年）五四頁。
(3) 第三章第四節参照。
(4) 阿部純二「累犯加重の根拠」岩田誠先生傘寿祝賀論集『刑事裁判の諸問題』（昭和五七年）九五〜九六頁。
(5) ただし、(6)の行為責任の意義に関する批判については、「選択可能性」の観念によっても解決しえない。(6)の批判に対しては、累犯加重を累犯行為の法益侵害ないし危殆化の観点によって根拠づけるしか反論する途は残されていないのである。したがって、(1)の批判と同様に第三章第五節以下の議論が参照されるべきである。
(6) わが国の学説では、この点の分析が必ずしも詳細に行われていない。わずかに、佐藤文哉「累犯と量刑について」罪と罰一五巻四号（昭和五三年）七頁において、行為責任の観点からの累犯加重の根拠づけに関する分析がなされている程度である。それによると、「懲役刑を執行されたのにまた罪を犯したという非難の内容を分析してみると、刑の感銘力と行刑による教化改善の結果の二つを受けつけないであえてまた罪を犯したという要素に分解できると考えられる」として、いわゆる「前刑の警告機能」が、刑の感銘力と行刑による教化改善の結果とによってもたらされることを認めている。

そして、「被告人とすれば、初犯の犯人が有するであろうところの、罪を犯してはならないという普通の反対動機のほかに、前刑の感銘力と行刑による教化改善の結果を受けいれることにより、およそ二度と罪を犯してはならないという反対動機にも直面していたのであって、この後者の反対動機をも押し切って再び犯したところに、累犯前科のない者より重い刑を科してよい非難可能性があるといってよいと思われる」と述べて、「前刑の警告機能」に基づく「強化された反対動機」の克服・制圧という規範的責任論の観点からの議論を展開している。

他の行為責任論・規範的責任論に立脚する論者による累犯加重の根拠づけも、このような線で考えざるをえないであろう。その場合、「違法性の意識の可能性」で足りるかどうか、期待可能性の標準につき何らかの意味で「行為者標準説」を採用するかどうか等によって結論が変わりうるであろう。

思うに、この論文が「日日われわれの面前に現れる累犯者の顔を見ていると、（上述の説明が）果して現実の累犯者にあてはまるであろうかという疑問におそわれる。とくに、前刑の感銘力と行刑による教化改善というのは単なる仮説ではないかという疑問である。……ここで重要なことは。右の仮説を実証ずみのものと扱ったり、これに過度のウェイトを置いたりしないことであろう」として個々の累犯者を付加的にしか考慮していない、という点に鑑みると、論者は「違法性の意識の可能性」で足りるし、期待可能性についても国家による「平均人」への期待を標準としていると解される。

(7) たとえば、新田健一「累犯者」澤登俊雄＝所一彦＝星野周弘＝前野育三（編）『新・刑事政策』（平成五年）三六七頁等。なお、従来累犯者には「意思薄弱」を代表例とする、いわゆる「精神病質」の割合が多い、とされてきたが、近年、犯罪者における精神病質者の比率は一パーセント程度に減少している。この理由につき、福島章・犯罪心理学入門（昭和五七年）六三頁は、「すべての受刑者に専門家（心理・精神科医）が面接しているわけではないことによると思われる」と述べている。

(8) ところで、「累犯者」一般という行為者本人の属する類型人の特徴であるが、その行動・心理・環境上の特徴として、前野育三「自由刑と累犯」犯罪と非行六七号（昭和六一年）二五頁は、以下のように具体的に記述している。すなわち、

(1) いくら長い受刑生活を送っても、出所した途端に刑務所のことを忘れ、解放感に浮かれた気分になる。刑務所の職員のように抑えてくれる人がいないので勝手なことを始めてしまう。

(2) 受刑中に考える出所後の生活設計は、外の世界の現実が分からないので、空想が肥大し、砂上の楼閣を築くようなもので、出所してみると実現の望みが全くないことに気が付いて、狼狽する。

(3) 出所しても落着いて先のことを考える余裕がない。まず、その夜の泊まる家探し、翌日からの仕事探し、幸いアパートが見付かっても、炊事道具も寝具もない。

(4) 刑務所では厭な仕事もやらされるから続けられるが、出所すると、気に入った仕事ならばよいけれども、厭な仕事だと長続きできなくなる。

(5) 出所後二～三ヵ月は、刑務所内と外との生活条件の差異のために、精神的にも肉体的にも、働く力がでてこない。

(6) しばしば、生活苦や愛情に関する不満から家庭崩壊を招き、釈放時に暖かく迎えてくれる家がない場合が多い。

(7) 仕事につく機会が著しく制限され（刑余者を喜んで雇ってくれる企業はない）、労働市場の需要供給が労働力の売り手に有利になっている場合（買い手は売り手の経歴を詮索する余裕がない）にのみ、社会的に受け入れられる。

(8) 住民が他所者に対して猜疑心を働かせたり、差別をしない大都市域では、職場を得て更生しやすい。

などである〔他に、安倍哲夫「常習犯罪者」宮澤浩一＝藤本哲也＝加藤久雄（編）『犯罪学』（平成七年）二〇六頁、犬塚石夫

「累犯者に接して」菊田幸一ほか（編）『犯罪・非行と人間社会』（昭和五七年）二七一頁、藤本哲也・犯罪学入門（補訂版）（平成九年）一四六頁以下、吉益脩夫・犯罪学概論（昭和三三年）三四、八一、一一六頁等。特に吉益博士の累犯者に関する「犯罪生活曲線」の研究は有名である」。

第三章　ドイツの累犯加重

――旧四八条をめぐる議論

第一節　累犯加重規定の沿革

㈠　戦前の累犯規定

そこで、わが国の累犯加重に関する考察の参考とすべきドイツの累犯規定につき検討することとする。まずドイツの累犯加重規定の沿革を概観することが、今日の累犯加重規定の性格を一層明確にすると思われるので歴史的考察から始めることとしたい。(1)

そもそも、ドイツの最も古い法律においては一般的な累犯規定は存在しておらず、せいぜい窃盗罪などの財産犯について累犯に関する限定的な考慮が払われていたにすぎず、このような手法はほぼ一六世紀まで維持されていたのであった。

いわゆるカロリナ刑法典（一五三二年）は、窃盗などについて再犯と三犯の累犯加重を規定していたが、同種累犯に限定されていた。

そして一八世紀の普通法時代においては、個々の立法はローマ法とカロリナ刑法典の規定から抽出された「反復は刑を重くする（iteratio auget poenam）」という原則に指導され、累犯は一連の加重事由とならんで、一般的な量刑事情

として把握されていた。(2)

しかしフランス革命後、その影響を受けたドイツでも累犯は単なる量刑事情にとどまらず、一般的な刑罰加重事由となった。この場合も同種累犯だけが累犯を根拠づけるものとされ、行為動機・構成要件の同一性などが同種性の有無を決する基準とされた。プロイセン刑法典（一八五一年）はその代表例である。(3)

一八七一年の帝国刑法典は、窃盗・強盗・隠匿・詐欺の四種の犯罪に限定して累犯加重を行うこととし、一般的な累犯加重規定を設けずプロイセン刑法の立場を離れたのであった。その理由は、同一の犯罪ですら非常に種々の事情・動機から犯されうるというものであった。

したがって経験上、頻繁に反復されるわずかな犯罪を除いては、累犯は通常の刑罰枠の中において考慮されるにすぎない結果となった。(4)

帝国刑法典の発効後まもなく、累犯の数は恒常的に増加し、より一層効果的な累犯の処遇方法が模索されはじめた。(5)そして帝国刑法典の個別的な累犯加重という立場からの転換に至るのである。

すなわち一九〇九年草案は、(6)一般的かつ包括的な累犯規定と異種累犯の考慮をも要求していた。帝国刑法典の個別的な累犯加重は恣意的であり、限定的にすぎるなどと批判され、形式的な累犯の要件を満たした場合には、三犯以上に対しては科せられるべき刑の二倍にまで刑を引き上げうる、とされていた。

しかもこの一九〇九年草案は、累犯は初犯より責任の程度が大きく、それゆえ累犯加重を正義に適うものと理解したうえ、社会防衛的な合目的性をも有するとして、自らの立場を正当化していた。

これに対し一九一一年の対案は、一般的な累犯加重規定をより限定的に捉えようとした。すなわち、構成要件的な相違が存しても実体的基準に照らして累犯の同種性が肯定される場合にのみ、一般的な累犯加重を認めたのであった。

その際、実体的な基準としては両行為にそれぞれ付属する同一の傾向（desselbe Neigung）があげられていた。

このような一九一一年案の提案にもかかわらず、その後の政府の諸草案は一九〇九年草案の立場を継承し広汎な累犯加重の方向を選択し、一九一九年草案までその方式が採用されたのであった。(7)

しかし一九〇九年草案の方式は、一九二二年のラートブルフ草案以来用いられなくなったのである。そしてラートブルフ草案の立場を踏襲した一九二五年の政府草案は、累犯を加重根拠とせずに、単に危険な常習犯として処罰するための徴表とみなした。

すなわち、刑罰の加重を可能とする重罪への傾向の存在は、累犯者であるという事実からだけでは、無条件に認めることはできないのであり（機会犯的犯行の累積の場合など）、したがって行為者人格の中に危険な常習犯人という処罰を加重するための決定的な基準が求められたのである。

その際、以前の有害宣告の有無や累犯の回数という要件、すなわち「累犯性の要件」は、常習性の認定を支えるものであり、誤った常習犯性の肯定を可能な限り回避しようという意図から出たものにほかならない。

このような基本的態度は、続く一九二七年草案七八条、一九三〇年草案七八条にも引き継がれ、(8)その延長線上において一九三三年の刑法改正が行われたのであった。(9)

以上が第二次世界大戦以前の、ドイツの累犯加重規定の歴史的経緯の概観であるが、それは一般的量刑事情から一般的な刑罰加重事由、そして個別的な刑罰加重事由へと進んだ後、政策的観点の下、再び一般的刑罰加重事由を志向するという過程をたどり、ついに常習犯認定のための形式的要件へと変貌を遂げたドイツの累犯規定の性格上の変化を明らかにしているといえよう。

(二) 戦後の刑法改正作業と一般的累犯加重規定の新設

一九五四年の刑法大委員会に提出された連邦司法省の提案の中では、累犯は犯罪行為への準備（Bereitschaft）が強化されており、以前の有害宣告によって戒められなかった（nicht anschrecken lassen）という理由で、厳しく処罰されるべきである、と主張されていた。また更に連邦司法省提案は、異種累犯をも考慮に入れ、累犯重罰は各則中で個別的に行うのではなく、総則における規定によって一般化すべきであるとしていたのであった。[1]

その際、常習犯人に対する対策として二〇条aの規定は維持されるべきことは当然であるが、それだけでは累犯を必要な範囲で考慮できないということから、二〇条aの常習犯規定を補充するものとして累犯規定が理解されていたのである。[2]

これに対して刑法大委員会は、その討議の中において行為責任を基本的に支持しつつ、累犯問題に関する原則決定を行った（一九五四年十一月）。

そこでは委員の一人である連邦裁判所判事コフカ（Bundesrichterin Koffka）が、各則における累犯規定を擁護したほかは全員が総則中に累犯規定を導入すること、すなわち異種累犯を認めたのであった。

また多数意見は、新たな犯罪行為と以前の行為との関係のなかに、行為者に対する「特別の非難」を加えうることを可能にする決定的なメルクマールの存在を要求していた。また刑の下限については、三か月に賛成する者が多数であった。[3]

そしてこの刑法大委員会の原則決定に引き続いて、連邦司法省は累犯につき以前の行為および有罪宣告に関係づけられた「特別の非難」の基準を考慮すべきことを提案したのである。[4]

委員会は累犯の問題については、常習犯規定の採用を拒絶したのと対照的に一般的な刑罰の加重規定を設けることを認め、累犯加重の根拠としては「高められた行為責任（erhöhte Tatschuld）」を問題としていた。(5)ただし、この「高められた行為責任」の基準としての「以前の行為や有罪宣告に基づく特別の非難可能性」に関しては、やはり多様な異議が申し立てられたのである。なかでも重要なのが、「非難可能性（Vorwerfbarkeit）」というメルクマールが刑事裁判官に解決不能の要求を突きつけることとなる、という批判である。(6)

これに対しては、いくつかの解決案が提示された。

第一に、「非難可能性」というメルクマールを断念することである。累犯においては前科の存在によって「高められた行為責任」とともに、非難可能性が表示されているからだ、と理由づけられている。

第二に、「非難可能性」は具体的な確認から推論すれば足りるという意見が出された。

第三は、「非難可能性」のメルクマールは、確実かつ明白に推認できる客観的な知覚を可能にするものとすべきであり、その限度でこの基準を堅持すべきである、とする主張である。

第四の考え方は、「非難可能性」を消極的なメルクマールで把握すべきであるという内容のものである。

第五は、「非難可能性」を「国家的必要の擬制（staatsnotwendige Fiktion der Vorwerfbarkeit）」によって肯定すべきである、という見解である。

第六に、「非難可能性」の代わりに「固執性（Beharrlichen）」の概念を採用しようとするもので賛同者が比較的多い。

第七は、「非難可能性」を言葉によって補充したうえで明白に不当な結果に導かれる場合には刑罰の加重は生じないという提案である。(7)

これらの多様な解決案の中に、累犯の「高められた行為責任」を具体的に捉えるための立法上の困難さが見て取れるであろう。

そしてこれに続く審議において、刑法大委員会は上記の「非難可能性」のメルクマールに関する種々の考え方のいずれに従うのかを決定するための前提として、連邦司法省が提出していた累犯に関する三つの案についての態度決定を行った。[8]

その結果、委員会は「非難可能性」のメルクマールを用いることを意図する第二案の支持を多数の賛成を得て決定するのであるが、そこでの「非難可能性」のメルクマールの理解に関しては上述の七つの案のうちの第四案を採用することとなった。また、累犯に対しては、保安観察（Sicherungsaufsicht）を命じうることも決定された。[9]刑法大委員会における一般的な累犯規定に関する成果は、以上のようなものであった。

さて連邦司法省は、一九五八年草案（わが国では五六年草案と呼ばれている）の総則を刑法大委員会の決議に従って編集し、一般的累犯規定をその六三条に設けたのである。[10]しかし、その際採用された考え方は委員会の多数によって支持されたものではなかったのである。

とりわけ「非難可能性」のメルクマールについては、刑法大委員会の決定に反して連邦司法省は積極的表現を採用したのであった。すなわち、委員会の提案した「非難可能性」のメルクマールは以下のような消極的表現だったのである。

「行為者にとり、以前の有罪宣告の言渡しが戒めとならなかったという非難を、全事情上行為者加えるべきでないときは、第一項および第二項はこれを適用しない（累犯加重を行わない）」。[11]

これに対して草案は、以下のような積極的な規定を採用した。すなわち、

「すでに、二回の故意の犯罪行為の故をもって最近三か月の自由刑の言渡しを受けた者が、自由刑を科せられるべき故意の犯罪行為をなし、かつ以前の有罪の言渡しがその者にとり戒めとならなかったことに関し、その者を非難す

べきときは」というものだが、この「非難可能性」の要件に関する積極的表現こそ、後に刑法四八条として結実した一般的累犯加重規定中の実質的要件（非難性条項）の基礎となっていることが窺えるのである（傍線部が「非難可能性」のメルクマールを表示している）。なお草案六三条では、累犯に対する法的効果として自由刑の上・下限の引き上げが予定されていた。(12)

五八年草案に続く一九五九年第一草案六三条では、五八年草案がほぼそのままの形で引き継がれ、第二草案成立の基礎となった刑法大委員会の第二読会では「非難可能性」のメルクマール（非難性条項）の表現に関し異議が申し立てられている。(13)

そして続く一九六〇年草案では、非難性条項に重要な修正が施された（六一条）。すなわち、従来の非難性条項の部分には「そして、犯罪行為の事情と種類を考慮して、彼に非難を加うべき」という文言が補足的に挿入され、このことにより以前の行為と有罪判決を下されるべき新たな行為との間の「内的関連性(innerer Zusammenhang)」の必要性が表示されることとなったわけである。

その結果、新たな行為と過去の行為との間に「内的関連性」を欠くときには、累犯加重は許されないこととなった。(14)

さらに一九六二年草案は、六〇年草案と同一表現の累犯規定（六一条）を含み、その効果としては五八年草案以来の内容がほぼ継承され、自由刑の上限は法定刑の倍加されたものとなり、下限は最低六か月の軽懲役とされた。(15)

その後一九六六年四月、連邦議会の刑法特別委員会は一般的累犯規定についての問題をはじめて取り扱ったが、そこでは「犯罪行為の種類と事情とを考慮して行為者を非難すべき」という「非難性条項」の文言の曖昧さが批判の対象となった。

そこで刑法特別委員会は、これに代わるいっそう正確な言い回しを追求しようと努めたが、しかし過去に現れた議論が繰り返されたにすぎず、本質的に新しい視点を見い出すことはできなかったのである。

その結果、特別委員会では一旦は「非難性条項」を不適切と認めながら、結局は六二年草案と全く同じ規定に立ち戻ったのである。そして、一般的累犯加重規定の導入が決定された。

ただし、「非難性条項」に対する批判に対しては刑法特別委員会は以下のような考慮を払ったのである。すなわち、累犯規定の適用に際しては「一定の犯罪的連続性（eine bestimmte kriminelle Kontinuität）」が必要であり、累犯を基礎づける犯罪行為についてはその動機・事情はあまり異なったものであるべきではない、というものである。このような考慮や、連邦司法省の提案に関する議論を経て、同委員会は基本的に六二年草案を支持するのであるが、前犯の要件としては「刑の言渡し」のほかに「服役（Vorverbussung）」を加えたことが注目される。[16]

第二読会においては、連邦司法省の提案に対して注目すべき修正が加えられた。

すなわち六一条の規定と刑の下限の引き上げは維持されたままだが、各構成要件において科されうる刑の上限の加重は削除されることとなった。

ただし一般的累犯規定それ自体については、六一条を削除すると一定範囲の累犯、つまり六か月以上の自由刑を科することを当然としないような犯罪を累行する者に対しては、短期自由刑の制限の趣旨に照らして罰金刑を科するほかはなく、それらの累犯は自由刑制度から脱落してしまうであろう（第一次刑法改正法第一四条参照）、という考慮から累犯規定自体は維持されたのである。

特別委員会の審議では、今回の提案で累犯規定の意義は減少したとして、その削除論に傾きがちであったが、結局一般的累犯加重規定の新設は維持されたのであった。[17]

そして一九六六年、一般的な累犯加重に関する規定は第一次刑法改正法により、まず刑法一七条として立法化され、その後全く同一内容の四八条に改正されたが、[18]「責任主義」との関係上種々の問題が生じ、一九八六年四月二三日の第二三次刑法一部改正法により削除されるに至ったのである。[19] 結局刑法四八条の施行期間は、一七条時代を含めると一九七〇年四月一日から一九八六年四月三〇日までのおよそ一六年間であった。

㈠

（1）　Efferz, Die strafrechtliche Behandlung des Rückfalls, 1927, S. 4ff.
Frosch, Die allgemeine Rückfallvorschrift des § 48 StGB, 1976, S. 3ff.
Kürschner, Die materielle Rückfallklausel des § 48 StGB, 1978, S. 7ff.
なお、一八一三年のバイエルン刑法典から一八六一年のバイエルン刑法典に至るまでの、ドイツの累犯窃盗に対する刑罰加重の立法史については、馬場昭夫・刑法学入門（平成八年）三頁以下所収の論文「ドイツ・支邦法時代における累行窃盗の増大と刑法の変遷」が詳しい。

（2）　Frosch, a. a. O. [Anm. 1], S. 5. 邦訳については、阿部純二「累犯加重の根拠」岩田誠先生傘寿祝賀論集『刑事裁判の諸問題』（昭和五七年）七九頁が、「反復は刑を重くする」としている。また、ベルント・シューネマン（編）／中山研一＝浅田和茂（監訳）・現代刑法体系の問題（平成二年）二四二頁（井田良・訳）では、「再度の実行は刑を重くする」とされている。「反復」も「再度の実行」もいわゆる「前科」の存在を必ずしも前提としていない解釈といえよう。これに対して、佐伯千仭編訳・新しい刑法典のためのプログラム西ドイツ対案起草者の意見（昭和四七年）一三五頁（中川祐夫・訳）では、「再犯は刑を加重する」と翻訳されており、前科の存在を含意しているような印象を受けるが、この点についてはドイツでも議論の存するところである（第四章第三節参照）。

（3）　瀧川春雄・刑法総論講義〔新版〕（昭和三五年）二三七頁。
なお、行為責任論を前提としながら、累犯加重の理論的解明を最初に試みたのはフォイエルバッハで、彼は「個人の性格の特性による」刑罰加重を認めたが、この点に関しては、大谷實・刑事責任論の展望（昭和五八年）一六頁参照。

（4）　Frosch, a. a. O. [Anm. 1], S. 6. この当時の刑法思想的背景を累犯との関係で説明しているものとして、大谷実・人格責任論の研究（昭和四七年）三八〜四六頁参照。

(5) 中義勝「リストの特別予防論」平場安治（編）『刑罰の思想』（昭和五四年）二四頁において、この間の事情が以下のように端的に説明されている。すなわち「……一九世紀後半になりますと、ドイツでは資本主義が大いに発達してまいりますが、そのうらはらとして累犯・少年犯罪が激増するわけです。つまり、資本主義の発達によって、各地に工場が林立する。農村からは人々が都市へ出かけてきて工場労働者になる。おきまりの景気の変動によって大量失業という現象を避けることができない。さらには大家族主義を維持できなくなった家庭の崩壊、こういったことがさきほどいった累犯・少年犯罪の激増につながるわけですけれども、これに対して刑罰は相も変わらないしっぺ返しを繰り返すだけで、いっこうに犯罪の大波を鎮圧することができない。そうすると結局、その刑罰の基礎にあるカント＝ヘーゲル流の刑罰理論に欠陥があるのではないか、というような反省もまたでてくる」というわけだが、馬場・前掲書（注1）四九頁によると、累行窃盗の増大が事実としてどの程度のものであったかは、ドイツの正式の犯罪統計が一八八二年からであるため、実証が極めて困難であると予測されるという。

(6) 一九〇九年草案以後のドイツの累犯規定の立法作業の歴史については、荘子邦雄「不定期刑制度の意義と常習犯人の処遇」小川太郎（編）『矯正論集』（昭和四二年）四八頁以下が詳しい。

(7) Frosch, a. a. O. [Anm. 1], S. 7ff.

(8) Frosch, a. a. O. [Anm. 1], S. 10ff.

(9) この改正で「二回以上有罪判決を受け確定した者」が、「新たな故意行為によって、自由刑を科せられるべき場合」において「行為の全体的評価から当人が危険な常習犯人であることが明らかなとき」には加重刑を科し（二〇条a一項）、さらに「公の安全が必要とするとき」は併せて「保安監置に処する」（四二条e）などの常習犯人の処遇に関する規定が設けられた（大谷・前掲書（注4）三四頁）。

(二)

(1) 刑法大委員会以後の、ドイツの刑法改正事業についての一般的解説としては内藤謙・刑法改正と犯罪論（上）（昭和四九年）一八二頁以下、同・西ドイツ新刑法の成立（昭和五二年）二頁以下参照。
なお、刑法大委員会の議事録として、Niederschrifte über die Sitzungen der Großen Strafrechtskommission（以下、Nds と略称する）がある。

(2) Frosch, Die allgemeine Rückfallvorschrift des § 48 StGB, 1976, S. 13ff.

Kürschner, Die materielle Rückfallklausel des § 48 StGB, 1978, S. 7ff.

さらに司法省提案では、過失の累犯も考慮されており形式的要件としては、以前の服役を要求せず有罪宣告のみで足りるとされていた。ちなみに、ドイツでは一九一三年草案までの刑の全部または一部の執行を受けたことが要件となっていたが、一九二五年草案では確定判決で足りることとなった（平野龍一・犯罪者処遇法の諸問題（増補版）（昭和五七年）一〇三頁参照）。

（3） Frosch, a. a. O. [Anm. 2], S. 18f.; Kürschner, a. a. O. [Anm. 2], S. 7f.

（4） Frosch, a. a. O. [Anm. 2], S. 20.委員会の審議においては常習犯加重の問題も検討されたが、常習犯に関しては責任の存否の基準が欠けていることや、危険な常習犯人はむしろ保安処分で対応すべきである、との理由から常習犯加重規定の採用は拒否されたのであった。なお、常習犯規定を支持したのはバルドゥス連邦裁判所判事（Bundesrichter Baldus）である。

（5） Frosch, a. a. O. [Anm. 2], S. 24f.; Kürschner, a. a. O. [Anm. 2], S. 17.

委員会では、まず司法省が一般的累犯規定の案を二つ提出したが、一つは4aと呼ばれ、「犯罪行為への傾向（Neigung）」に着眼したものであり、もう一つの方は4bと呼ばれ、以前の行為を理由とする「特別の非難（besondere Vorwurf）」が考慮されていた。ボッケルマンは、審議の当初からいずれも行状責任を基礎としているとして「縮小された常習犯」の創出と人格への処罰を懸念していた（Nds Bd. 1, S. 224.）。

その後、委員会では、一般的累犯規定の基礎となる責任論について審議が行われたが、エーベルハルト・シュミット、ガラス、ヴェルツェルは、比較的明確に行状責任的な立場を表明したのに対して、行為均衡（Tatproportionalität）すなわち、行為責任の公準（Tatschuldpostulat）に依拠して、累犯加重には責任増加は認めえないと論じたのは、連邦議会議員のコップ弁護士（Bundestagsabgeordneter Rechtsanwalt Kopf [CDU/CSU]）一人であり、彼の議論は深化させられることなく、委員会全体としては、行状責任的な方向に傾いていった（Nds Bd. 1, S. 260, 264f, 268ff.）。

そして、「高められた行為責任（erhöhte Tatschuld）」という概念が、ドレーヤー参事官（Ministerialrat Dreher）によって主唱されたが、そこでは、行為責任思想についての実質的説明が欠如すると同時に、行状責任との公然たる訣別も欠けていた（Nds Bd. 3, S. 174.）。

（6） Frosch, a. a. O. [Anm. 2], S. 25.; Kürshuner, a. a. O. [Anm. 2], S. 18.

高等裁判所長スコット（Kammergerichtspräsident Skott [Berlin]）は「非難可能性」のメルクマールは、刑事裁判官を解決不可能な課題の前に立たせる、と考えた。ヴェルツェルは、裁判官が被告人に対して過大な要求をすることを懸念したが、メツガーは非難可能性のメルクマールを信じない者はすべて、純粋な予防法（Präventionrecht）を生み出さねばならない、と主張した（Nds Bd. 3, S. 181f.）。

（7）Frosch, a. a. O. [Anm. 2], S. 26. 第一案はフォル地方裁判所長（Landgerichtspräsident Voll [Deutscher Richterbund]）、第二案はクリレ副局長（Ministerialdirigent Krille [Nordrhein Westfalen]）、第三案はイェシェック、第四案はスコット高等裁判所長、コフカ連邦裁判所判事、第五案はシェーファー部長判事（Sanatspräsident Schäfer [Frankfurt a. M.]）、第六案はガラス、メツガー、ランゲ、第七案はフレンケル連邦検察官（Bundesanwalt Fränkel [Bundesanwaltschaft beim Bundesgerichthof]）によってそれぞれ支持されていた（Nds Bd. 3, S. 180–186.）。

（8）Frosch, a. a. O. [Anm. 2], S. 27f.　連邦司法省が提出した三つの案は、第一が社会復帰の必要を強調するもので「特別の非難可能性」を問題としない。第二は非難可能性の観念を用いたが、この場合の非難可能性は「以前の有罪宣告によって言い渡された警告の無視」に結びつけられていた。第三は、いわゆる「固執性累犯（beharrliche Rückfalltäter）」が取り上げられていた。

第一案は全く支持者がなく、第三案はほとんど支持者を得られなかった（Nds Bd. 3, S. 354.）。

（9）Frosch, a. a. O. [Anm. 2], S. 28ff.

（10）Frosch, a. a. O. [Anm. 2], S. 31.　なお、五八年草案の条文については、齊藤金作「一九五六年ドイツ刑法総則草案」早稲田大学比較法研究所紀要三号（昭和三三年）二五頁以下参照。

（11）齊藤（金）・前掲（注10）二五頁。

（12）刑の上限は、許される最高刑の二倍（自由刑）までであり、刑の下限は六か月をくだらない軽懲役に引き上げられる（上限については六三条二項、下限については同条一項）。

（13）Frosch, a. a. O. [Anm. 2], S. 32.; Kürschner, a. a. O. [Anm. 2], S. 21.

第二読会では、イェシェックが消極的に把握された非難性条項への復帰を求めた。

（14）Frosch, a. a. O. [Anm. 2], S. 33.; Kürshuner, a. a. O. [Anm.2], S. 21.　瀧川春雄「併合罪と累犯」日本刑法学会（編）『刑法講座四』（昭和三八年）一九七頁（二）において、六〇年草案の累犯規定の全文が紹介されている。

(15) Frosch, a. a. O. [Anm. 2], S. 33.; Kürschner, a. a. O. [Anm.2], S. 21. 法務省刑事局・一九六二年ドイツ刑法草案（昭和三八年）二五頁参照。なお、六二年草案の非難性条項が、果たして個別行為責任を担保しうるか、について疑問を呈するのが、西原春夫・刑事法研究第一巻（昭和四二年）四一頁である。

(16) Frosch, a. a. O. [Anm. 2], S. 34ff. Kürschner, a. a. O. [Anm.2], S. 23ff.

(17) Frosch, a. a. O. [Anm. 2], S. 37ff. 特別委員会では、この規定を特別予防の観点からも調整していた。すなわち、社会復帰の観点から刑の執行がその有効性を発揮するには、最低六か月を要するというのが当時の（経験科学上、十分に立証されていはいないものの）理解だったため（ユンゲル・マイヤー／小暮得雄、能勢弘之「西ドイツ刑法総則代案をめぐって（三・完）」ジュリスト四〇六号（昭和四三年）一三四～一三六頁におけるR・シュミットやゲッピンガーの見解を参照。なお、特別委員会の議論については、Protokolle des sonderausschusses für die Strafrechtsreform, Deutscher Bundestag, 5. Wahlperiode, S. 2187, 2189.; Maurach-Gössel-Zipf, Strafrecht, Allg. Teil, Teilband 2, 6. Aufl., 1984, § 48, Rdn. 25.)、四八条を通じて累犯者は罰金刑や短期自由刑を免れ、有望な社会復帰の試みを企図してもらえたわけである。

しかし、一般予防の観点は立法に際しては優勢ではなかった。むろん、事実上の威嚇予防（Androhungsprävention）的効果は排除されないであろう。（Maurach-Gössel-Zipf, a. a. O. [Anm. 17], § 48,Rdn. 28.）。

(18) Frosch, a. a. O. [Anm. 2], S. 40. なお、第一次刑法改正法一七条と第二次刑法改正法四八条とは内容的に同一である。なお、旧四八条の条文は以下のとおりである。

「① ある者が、1 すでに少なくとも二度、本法の場所的適用領域内において、故意の犯罪行為により刑の言い渡しをうけ、かつ

2 これらの行為の一個又は数個により、少なくとも三月の期間、自由刑を執行を終えた後、

故意の犯罪行為を犯し、犯罪行為の種類と事情を考慮して、その者が以前の有罪判決を警告として役立てなかったという非難をその者に加うべき場合において、行為について別段の高い下限が定められていないときは、刑の下限は六月の自由刑とする。定められた自由刑の上限はそのままとする。

② 新たな行為につき定められた自由刑の上限が一年未満であるときは、第一項は適用しない。

③ 第一項第一号の意味において、併合刑の言い渡しは、唯一の刑の言い渡しとする。

未決勾留又はその他の自由剥奪が自由刑に算入されるときは、第一項第二号の意味における執行を終えた刑とする。

④　前の行為と後の行為との間に五年を超える期間が経過したときは、前の行為はこれを考慮しない。犯人が官の命令によって施設内に監置されていた期間は、これを算入しない。」（法務資料第四三九号（昭和五七年）二一頁）。

(19)　BGBl 1, 1986 S. 393.

第二節　累犯加重と責任主義の関係

㈠　総　説

第二章第三節において述べたような、責任主義の観点からの批判はドイツにおいても行われていた。ここでは、累犯加重には「責任主義」との関係でどのような問題があると指摘されてきたかについて考察することとする。

前述したとおり、刑法四八条の累犯加重の根拠は、その支持者たちの見解によれば、累犯者が既に以前の有罪宣告により警告されたにもかかわらず、累犯行為に際してより強い反対動機を乗り越えたことに基づく行為責任の増加に求められる。(1)

しかも、いわゆる二元主義（zweispuriges System）の下では、刑罰は責任を要件としており、さらに責任は個別行為責任であるということについても、ほぼ一般に認められている。

そしてこの場合、個別行為責任の概念については、その出発点において「行為（Tat）に含まれた違反に対する行為者に向けられた非難」であるという限定が付せられていることから、人格責任ないし行為者責任、すなわち責任概念のなかに広い範囲にわたって行為者人格を算入する責任概念と観念上区別されるのである。(2)

この個別行為責任と概念的に区別された、人格責任や行為者責任のさまざまな変種は今日その実定法上の論拠とされていた刑法旧二〇条aの常習犯規定が削除されたことに伴い、現行法とは無関係の見解としてこれを拒否する考え方の方が有力なのである。(3)

ただ今日、「責任」は行為責任の意味においてのみ理解されるべきだという点については、学説上一致していると主張することは十分に可能なのであるが、未解決の問題は依然として残されている。たとえば、禁止の錯誤の回避可能性、認識なき過失の可罰性などの問題から、有力説によれば行為責任といえども人格関係的要素を全く排除することはできない、と推論されるわけである。(4)すなわち、ドイツにおいては量刑の基礎となる責任（刑法四六条でいう「責任」）は性格責任や行状責任とは区別された「行為者人格を考慮に入れた」「広い意味での」行為責任として理解されるのが通説なのである。

そうだとすると、行為責任を人格責任や行状責任に転化させることなく、行為責任の中に人格的要素を算入することがどこまで許容されるかが、問題となるのであるが、その点は一般的には未解決のままである。(5)

しかし、それにもかかわらず大勢としては、上述の「行為者人格を考慮に入れた行為責任」概念に立脚しつつ、累犯について「行為責任」の増加を認める議論が受け入れられていたのであるが、いやしくもその刑罰限定的機能に重きを置くがゆえに「行為責任」を基礎とする以上、行為者人格の考慮に関して疑問が生じる場合には責任主義の違反が帰結されざるを得ないであろう。(6)

(二) ケストリン（Köstlin）の見解

すでに一九世紀においてケストリンは、警告無視による行為責任の増加という議論の成立不能を導くような批判を行っていた。

すなわち、行為責任の増加において主張されるような「受刑の心理的効果（psychologische Wirksamkeit der erlittenen Strafe)」というようなものの存在は疑わしい、という見方を採用しているのである。

なぜならば、具体的事例においてしばしば累犯は、受刑の心理的効果の存在を仮定した場合とは正反対の内容を証明しているからである。

そして、累犯の根拠付けを考察すると、非難すべき道徳的視点へのすりかえが認められるのであり、もし累犯の刑罰加重根拠を肯定しうるとすれば、それは具体的事例において強められた犯罪的エネルギーを累犯が示しているという事柄のなかにおいてのみであり、その場合「刑務所が、……整えられ、人が刑罰の強い効力、とりわけ（受刑者を）改心させる感化力をあてにしてもよい」という前提の存在を不可欠とせざるを得ない。(1)

このような実際的立場からの批判は、現代においてもあてはまるであろう。

すなわち、第二章で考察した累犯加重に対する責任主義の観点からの批判のうち、(4)の刑の有効性に関する批判に相当するといえよう。

ただ、一般的に累犯における非難の増大が否定されるものではなく、「刑罰の感化力」が肯定される場合には責任の増加と刑の加重が認められうるのである。

そして、それゆえこのような批判は累犯加重の観念的否定を導かず、「非難性条項」のような規定を設けることによって立法的に解決可能とされるはずだし、現にドイツ刑法四八条はそのように考え、実務においては後述するように、特にいわゆる「異種累犯」に関し、前犯と後犯との間の「内的関連性（innerer Zusammenhang)」の存在を求めた。すなわち、たとえば前科行為が窃盗でそれについて刑の執行が行われた場合、前刑の感化力（警告機能）は窃盗行為と内的関連性の認められる範囲で肯定されるので、累犯行為が窃盗の場合には前刑の警告は容易に肯定されるが、累犯行為が窃盗とは異種に属する殺人のような犯罪の場合には前刑の警告機能を許容することの確認が、すなわち内的関連性の存在の認定が綿密になされるべきこととなる。

(三)　ビンドカート（Bindokat）の見解

一九五八年草案における累犯加重規定に関して、ビンドカートは広汎な批判を行ったが、特に責任主義との関連においで注目すべき見解が主張されたのである。

ビンドカートによると、従来犯罪学の面から叙述されてきた典型的な累犯者は、その劣等感、孤立感、厳しすぎてしばしば病的である良心が犯罪の原因となるような、教育によってかえって駄目になった傷つけられた臆病な人間なのである。(1)

その際、ステュルップ（Stürup）によって主張された、精神薄弱者（Schwachsinninge）、精神異常者（Psychotische）、精神病質（Psychopathen）、神経症患者（Neurotiker）、癲癇患者（Epileptiker）、中毒者（Toximanen）、未熟な人格（nicht ausgereifte Persönlichkeiten）などが累犯の原因となるという見解が、このような累犯についての性格描写を補足したのである。そして、このような累犯原因の列挙が、さらに攻撃的な暴力者や労働嫌悪の職業犯によって補充されたとしても、以下のことが明らかになるとされる。(2)

すなわち、責任として評価される強い犯罪意思のみならず、反対に道義的に負担の軽減されるべきあるいは道義的に中立な（意思薄弱や知的欠陥のような）特性もまた、累犯の原因となりうるのであり、そのような「欠陥」を有する累犯者については、立法者の説くような種類の「警告」には感銘しないという理由であれ、「警告」そのものがそのような行為者には感銘力を欠くという理由であれ、高められた行為責任に関する命題は機能せず、結局累犯加重は行為責任と一致しないという結論に至るのである。(3)

ただビンドカートは高められた行為責任の観念を完全に否定するのではなく、「名宛人が警告を利益となしえたとき、すなわち、特別な犯罪への頑固な性質の結果なされたものではない」という限りにおいて、警告無視を理由とする高められた行為責任が問題となると解しており、そのような具体的な考慮を払うことなく累犯加重を行うならば、累犯刑は責任刑と一致しない目的追求の過剰な刑罰となると評価するのである。(4)

この批判は、五八年草案が累犯加重の実質的要件として「以前の有罪宣告がその者にとり戒めとならなかったことに関しその者を非難すべきときは」という文言を掲げ、累犯者が警告を利用しえたであろうにもかかわらず、それをしなかったために行為責任が増加するといえるのか、という考慮を十分に行えない可能性のある定式となっていたことに関係するであろう。(5)

すなわち、ビンドカートは「警告機能」の無視による「高められた行為責任」の観念は否定しておらず、累犯者の具体的事情を十分に考慮せず一律に累犯に関して警告無視による責任増加を肯定する可能性のある累犯規定を批判していると解すべきであり、第二章で分類した批判のうち(2)の責任増加の一律性に関する批判がとくに問題とされていると思われる。

(四)　グリュンヴァルト（Grünwald）の見解

グリュンヴァルトは、行為責任主義との不一致という見解から、累犯加重は許されないとみなしている。すなわち、必要な刑罰を行為責任の分量を超えることなく量定することが刑法の指示する刑罰体系の内容であり、したがってそれと矛盾する規定である累犯加重は認められないのである。[1]

彼は、六二年草案の累犯加重規定（六一条）が、以前の有罪宣告を警告として役立てなかったことにより生ずる「高められた行為責任」に関連させられていることを指摘しつつ、以下のように批判している。

まず、警告の無視が付加的な責任（zusätzliche Schuld）を作り出すという議論については、根拠が薄弱であると批判して「高められた行為責任」の観念に疑問を投じている。[2]

次に、そのような付加的な責任がどうして個々の事例によって左右されるのか、すなわち、同じ程度の警告につきある事例では責任が加重され、他の事例においてはそうではないという点が理解できない、と批判するのである。[3]

その結果、累犯は責任を高めないという結論に至る。グリュンヴァルトによれば、累犯において刑罰の加重は特別予防的な理由から、初犯者においても累犯者においても同じはずの責任刑の上限までの範囲内において考慮されるのである。[4]

このような見解によれば、「前刑の警告無視による高められた行為責任」によって累犯加重が行われるとき、その刑罰は責任刑を超過した範囲において特別予防目的が追求されているということとなろう。

すなわち、グリュンヴァルトの批判は責任刑を超えた保安刑を科すという意味で累犯加重は責任主義に反するという趣旨と解され、第二章の分類における(8)の刑罰の倍加に関する批判の内容に近似するものといえよう。[5]

(五)　ハナク（Hanack）の見解

いわゆる「代案グループ」に属するハナクは、「新しい刑法典のためのプログラム（バウマン編・一九六八）」の中において六二年草案における累犯規定に関して多面的な批判を行った。[1]

ハナクの諸批判中、最も重要なのは「行為責任の意義」との関係において累犯加重の問題点を論じた部分である。すなわち、そこでは第二章において指摘した(6)行為責任の意義の観点からの批判がなされている、と評しうる。

ハナクは、「行為責任」は必ずしもその輪郭が明確ではないとしても、当該概念にとって本質的なのは「直接的な刑法上の一定の個別的犯罪に関連すべき責任のみを、行為者に引き起こすべきであるという思想」であると主張する。(2)そして、その限りで「行為責任」の概念は行状責任（Lebensführungsschuld）や行為者責任（Täterschuld）すなわち性格責任（Charakterschuld）ないし生活決定責任（Lebensentscheidungsschuld）とは区別されるべきものとして理解されるはずなのである。しかも、それと同時に「行為責任」概念は、「行為者は何らかの行為責任を超える、落度ある態度（Fehlhaltungen）ゆえにではなく、まさに行為責任のゆえに罰せられなければならない」という法治国家的・合理的刑法にとって決定的な関心事の輪郭を描くのである。(3)

ところで、累犯加重の基本的思想、すなわち「以前の処罰により具体的に義務づけられた社会復帰への努力を故意に無視し、それにより犯罪的エネルギーを作り出し、かつそれを働かせる」ということの中にも、「行為責任の断片（Stück）」は認められるが、このような視点は行為責任にとって本質的で特徴的な要因を全く表現していないのである。なぜならば、行為責任にとって決定的なのは、行為自身つまりその準備（Vorbereitung）や実行（Durchführung）に詰め込まれている違反だからである。(4)

このようにして、累犯行為における「警告機能の無視」による刑罰倍加は行為責任思想と両立不能となるが、それは、累犯加重が行為責任によって画されている通常の刑罰枠（Strafrahmen）のバランスを破壊し、行為責任の可能的な要素の過大評価により相異なる二個の責任概念（行為責任と高められた行為責任に偽装された行状責任）が混同されたためである。(5)

以上考察したように、ハナクの主張する行為責任と累犯加重との矛盾は刑罰の倍加という法律効果と結びつけられており、刑の下限の増加の場合になお行為責任と累犯加重とは「断片的」にであれ行為責任主義と一致しうるかという点については必ずしも明白ではない。[6] したがって、ハナクにおいては「行為責任の意義の観点からの批判」が「刑罰の倍加に関する批判」と組み合わされている点に特徴があるということとなろうか。

㈥　シュトラーテンヴェルト（Stratenwerth）の見解

刑法一三条（現在の四六条）において成文化された見解により、量刑に際して問題とされる責任とは性格責任や行状責任ではなく行為者の人格について包括的に考慮された行為責任であり、そのような責任に相応した刑罰の量定に際しては予防的視点は完全に排除され、量刑手続きの第二段階において行為者人格の全体的評価に基づいて純粋に予防的視点のもとにおいて責任刑が必要に応じて上下に修正される、というのが通常の量刑実務の要求である。

　このような命題につき、行為の外部にあって実務上大きな意義のある量刑事情、すなわち行為者の前歴、特に前科に関してその問題性を検討したのがシュトラーテンヴェルトである。[1]

　彼は支配的な判例によれば関連性のある前科が刑罰の加重を基礎づけているが、このような前提の下では、以前の刑罰は「犯罪的集中性の増加（Steigerung der kriminellen Intensität）」とか「高められた法敵対性（erhöhte Rechtsfeindschaft）」を作り出すこととなり、このことから累犯においては行為責任の増加が正当化され、特に累犯加重規定は前刑の言渡しを警告として役立てなかった者にのみ適用され、累犯の加重刑は純粋な責任刑と解されるに至ると分析する。[2]

　しかし、シュトラーテンヴェルトによれば刑法一七条の累犯規定の基礎となっている上述のような考え方は、非現実的（realitätsfern）でしかも教条的（doktrinär）なのである。

すなわち、ビンドカートやハナクがすでに主張しているように、累犯が犯罪的エネルギーにつき特別の分量を示すようなことは滅多にないし、しかも典型的な累犯者は圧倒的に意志薄弱か、もしくは以前の有罪宣告に感銘を受けることがほとんどないであろうと思わせるような人格的欠陥によって特徴づけられるのである。(3)

しかも、以前の刑罰についてのいわゆる「警告機能」という効果に関し、事実に即して評価すれば、たいてい執行に起因するであろう刑罰の圧倒的に否定的な影響が考慮されなくてはならない、という批判が付け加えられるのである。(4)

すなわち、「前刑の警告機能」に感銘する累犯者がそもそもほとんど存在せず、「前刑の警告機能」そのものについても実際の効果は疑わしいのである以上、「前刑の警告無視に基づく高められた行為責任」の公式を維持することが困難である、という指摘であり、第二章における分類のうち⑷累犯者の不利な事情を根拠とする批判にほぼ該当するほか、ケストリンの行った刑の有効性に関する批判も付加されている、といえよう。しかも、ビンドカートやハナクと異なり「非難性条項」による解決への期待も断念しているように思われる。つまり、前刑の警告機能がある程度有効であったとしても、当該累犯者を感銘させて高められた責任を基礎づけるような反対動機を形成せしめたか否かの判断が不可避的であるが、それは不可能を強いることだという考え方をシュトラーテンヴェルトは示唆しているのである。(5) こうして、彼は累犯加重の動機を「考慮の十分でない一般予防～特別予防上の理由」に求めるのである。(6)

(七)　ミア・プイク（Mir Puig）の見解

バルセロナ大学のミア・プイクは、スペイン刑法の累犯加重規定（一〇条一四、一五項）に関し、ドイツ刑法一七条と対照しつつ比較法的研究を行った(1)。

彼は、累犯加重の根拠に関する有力な学説と調和する一般的定式、すなわち「以前の有罪宣告の警告的意義を累犯加重の正当化の基礎とする定式」をドイツ刑法一七条が採用したと指摘し、ドイツの刑法理論はさらに累犯行為の重大さが「高められた行為責任」の中に存することを一致して認めていると解している(2)。

プイクは、累犯に関する「以前の有罪宣告」の意義の解釈のために正しい方法を示した功績を有する者としてマウラッハをあげている(3)。

すなわち、マウラッハは以前の有罪宣告を理由に累犯者については特別の実質的に「拡大された不法の意識（erweiteres Unrechtbewußtsein）」を要求するという理論構成によって、よりすぐれた心理的能力によって容易に不法を避けえたのにそれを実行した、という意味で累犯につき一層重大な行為責任を認めることを可能とした、とプイクは分析する(4)。

しかし、累犯者について単に「拡大された不法の意識」を認めるだけでは、ただちに累犯者に関する特別の事情を正当に評価することにはならないのであり、以前の有罪宣告によって反対動機（Hemmungsimpuls）が正当に規範的に（normativ）設定されるであろう、ということが証明される場合にのみ、このような反対動機を乗り越えたという非難がなされうるはずである(5)。

ところで、プイクの考察によればドイツ刑法一七条の場合解釈論上、その中に行為責任の要素が認められるとはいえ、以前の有罪宣告に由来する潜在的な警告の客観的な無視が強調されており、行為者のより大きな主観的能力の点は、その「客観的な警告無視」の問題から分離されているのである(6)。

ビンドカート、ハナク、シュトラーテンヴェルトらが主張するように累犯者はしばしば、以前の刑罰によりいっそう不安定となった人格を示しているのであり、たとえば「より重大な犯罪的エネルギー」が問題となる事例ですら、現実には「より薄弱な犯罪への抵抗力」が徴表されているというべきであって、刑の加重は正当化されないのである。(7)したがって、累犯加重においてはこのような累犯者の主観的能力面の考慮が不可欠のはずである。

しかし、プイクは以下のように累犯規定に対する批判を要約する。

すなわち、自由主義的立法がフランス革命においてその頂点を見い出すところの精神的傾向の所産であることを示す抽象的かつ観念的立場を支持する実例を、累犯規定は与えている。そして、そのような抽象的、観念的な立場は以下の事柄を前提としているのである。つまり、およそ人はすべて責任能力者と責任無能力者とに区分されうるであろうし、しかも責任能力者は原則として同じように違法行為を回避しうるであろう、ということである。のみならず、もしその場合、責任能力者の一人について法律上の命令の力により、犯罪の実行に対する抵抗力に寄与するような要素（＝以前の有罪宣告）が存在するならば、行為者にはこのより大きな要求に応じうるような能力状況が認められるのである。(8)

要するに、「汝なすべきがゆえに汝なしうる（Du kannst, denn Du sollst）」というカントの原理が現実となることによって行為者の能力を無視した非現実的な累犯者の重い責任の推定が行われているのであり、ドイツ刑法一七条の場合、以前の有罪宣告を警告として考慮するにあたり、行為者のより強化された能力が要求されていないのが通常の解釈であり、このことは「高められた行為責任」の解釈に際しては「客観化された期待可能性の要素（objekiviertes Zumutbarkeitselement）」が要求されているにすぎないことを示すのである。(9)

プイクの批判は、一般に軽微な能力しか存在しないとみられる累犯者に十分な能力を前提しているという点に向けられており、第二章における(5)期待可能性の観点からの批判に力点が置かれていることがわかる。

(八) フロッシュ（Frosch）の見解

ドイツ刑法四八条に関し、包括的かつ詳細な研究を行ったフロッシュは一事不再理の原則（ne bis in idem）と累犯加重との関係につき批判的に検討している。

フロッシュは、累犯加重が比較的古い見解の中においてすでに、いわゆる一事不再理の原則に反すると主張されていたと指摘している。すなわち、累犯者は累犯行為に出たことにおいてまさに示されているように、以前の行為に対しては刑罰が寛大すぎたのであろうから、新たな行為のみならずそれ以前の行為をも理由として処罰されるのであり、それゆえ一事不再理の原則に反するのである。(1)

また、累犯に対する刑罰は判決において定められた刑罰が、行為の不法を罰し、行為者を別の違法行為から遠ざけるのに必要で相応であろう、というような以前の裁判官の錯誤を修正するものであり、この意味においても以前の行為が共に処罰されているのである。(2)

しかし、もし人が累犯は行為者の責任を高めるということと、行為責任主義とを同時に信奉し、しかもこの場合一定の程度で行為者刑法を予防するということを付け加えるならば、今日では累犯加重に対する上述の批判は当てはまらないであろうと、フロッシュは論ずるのである。(3)

すなわち、刑法四八条においては以前の有罪宣告の結果として強められた禁止の認識が累犯行為の中において現実化した場合、当然刑罰加重的に考慮されるのだから、そのような累犯概念による限り、あくまで刑罰の加重は累犯としてなされた新たな行為そのものに関する責任に基づくのであるから、一事不再理との抵触は生じないであろう。(4)

けれども、行為刑法（Tatstrafrecht）を徹底的に主張する者にとっては、たとえ以前の行為に関する要素が累犯としてなされた新たな行為の中に解消されているとしても、いやしくも累犯加重が当該累犯行為の背後に存在する事情

（以前の有罪宣告ないしその執行）に依存するかぎり、行為刑法の原則の侵害が主張されねばならないと、フロッシュは批判するのである。(5) これは、必ずしも行為責任の分量を超える二重処罰である、という第二章で述べた(7)二重の帰責に関する批判のように責任主義と関わらせた主張ではないが、その内容において類似しているといえる。(6) ただフロッシュとしては「高められた行為責任」の根本思想において責任主義の批判を主張するのではなく、むしろ処理の困難な非難性条項の具体的適用における連続的な誤判の危険性ゆえの責任主義違反を論じていると解される。(7) すなわち、高められた行為責任は認定困難、と評価しているのであろう。

(九) 小　括

以上の考察をもとにすると、まずドイツにおいても累犯加重に関して、わが国とほぼ同様の「責任主義」の観点からの諸批判が行われていたという事実が窺える（なお、責任相応刑の観点からの批判については第五節参照）。それは主として「警告無視による高められた行為責任」の理論（＝警告理論）に関わる批判なのであった。そして、ケストリンの議論はそもそも有効な「前刑の警告機能」を想定しえないという点で、シュトラーテンヴェルトの主張は警告の名宛人の側に警告に感銘しうる条件を欠く場合が多いという点で「高められた行為責任」の理論を拒絶するのであった。しかし、このような結論の採用者は他に見当たらない。

それに対して、ビンドカート、ハナクらは確かに累犯者は前刑の警告に感銘しえない人格的特徴をもつ場合が多いが、責任主義との調和を可能ならしめるような「累犯規定」の定立により立法的に問題を解決しうる余地を認めていると解されるのである。フロッシュも、行為責任主義に相応する解釈は不可能ではない、と評していることは前述した。ミア・プイクの批判は、ドイツ刑法の累犯加重規定における「非難性条項」の適用に際しては行為者の主観的能力が考慮されていない点で、国家による期待可能性の擬制がなされているという趣旨のものであったが、プイクの認識は非難性条項の実務上の取り扱いに関し不正確な点が見られることは後述の通りである。

グリュンヴァルトは、累犯加重の根拠をもっぱら特別予防に求めたが、特別予防目的で責任の程度を超える違憲の刑を科すものだという批判を免れるためにこそ、非難性条項の存在意義があったわけであるが、グリュンヴァルトの批判は非難性条項に関する限り詳細ではない。

結論をいえば、累犯加重に向けられた「責任主義」の観点からの批判に対する「警告無視による行為責任増加」の理論の支持者たちによる抗弁の唯一の論拠は、「適切な立法的措置を講ずれば、行為責任の増大する事例のみを的確に選別しうるがゆえに責任主義は維持しうる」という点にあったのだから[1]、そのような立法的措置としての「非難性条項」の解釈・適用をめぐる判例・学説における議論を検討することなしに、上述の「責任主義」に関する諸批判の当否を判断することは、なお不適当だということになろう[2]。

すなわち、警告無視による行為責任の増加を、実務はどのように立証・認定しているのか、という点がまさに問題なのである。果たして、行為責任の増加に見合うような強められた違法性の意識・反対動機などの、高度に微妙な心理状態を積極的に厳格に、そして明確に立証・認定しているのであろうか。

そこで、次に非難性条項に関する判例・学説上の諸問題につき、この点を中心に検討したい。

㈠

（1） Bruns, Das Recht der Strafzumessung, 2. Aufl., 1985, S. 223.; Schöneborn, Die regulative Funktion des Schuldprinzips beider Strafzumessung, GA 1975, S. 280f.

（2） Frosch, Die allgemeine Rückfallvorschrift des §48 StGB, 1976, S. 60.

（3） Arthur Kaufmann, Das Schuldprinzip, 1961, S. 187ff.（邦訳として、甲斐克則訳・責任原理（平成一二年）二六一頁以下）。

（4） Arthur Kaufmann, a. a. O. [Anm. 3], S. 156ff.（邦訳として、甲斐・前掲書（注3）二二二頁以下）。

（5） Frosch, a. a. O. [Anm. 2], S. 62.

（6） ドイツの通説は、量刑における責任につき「広い意味での行為責任」「行為者人格を考慮に入れた行為責任」の観念を用いている。問題は、このような意味において量刑における責任を把握したとした場合、累犯加重の根拠づけとして通説的に主張されてきた「前刑の警告無視に基づく行為責任の増加論」に対してどのような批判が加えられたのか、またその批判にはどのような解決が与えられたのか、そしてさらに、そこで与えられた解決法は果たして成功したといえるのか、などの諸点に存するのである（阿部純二「刑の量定の基準について（下）」法学四一巻四号（昭和五三年）四九～五七頁参照）。

なお、「広い意味での行為責任」説については、それが初犯者には責任主義が刑罰限定的によりよく機能しうるものの、常習犯人にとっては責任主義の限定機能を弱めるものであるとのドイツの批判を紹介するのが、岡上雅美「責任刑の異義と量刑事実をめぐる問題㈠」早稲田法学六八巻三—四号（平成五年）一二八頁である。

㈡

（1） Köstlin, System des deutschen Strafrechts, 1855, S. 621ff.

㈢

（1） Bindokat, Zur Rückfallstrafe de lege ferenda, ZStW Bd. 71 (1959), S.288.

（2） Bindokat, a. a. O. [Anm. 1], S. 288. なお、Stürup, Bericht über den Dritten Internationalen Kongreß für Kriminologiein London, MSchrKrim. 57, 146.

（3） Bindokat, a. a. O. [Anm. 1], S. 288.

（4） Bindokat, a. a. O. [Anm. 1], S. 287.

（5） 五八年草案の累犯規定（六三条）の条文については、齋藤金作「一九五六年ドイツ刑法総則草案」早稲田大学比較法研究所紀要三号（昭和三三年）二五頁以下参照。

㈣

（1） Grünwald, Das Rechtsfolgensystem des Alternativ-Entwurfs, ZStW Bd.80 (1968), S. 98.

（2） Grünwald, a. a, O. [Anm. 1], S. 98. なお、六二年草案の累犯規定（六一条）の条文については、法務省刑事局・一九六二年ドイツ刑法草案（昭和三八年）二五頁以下参照。

（3） Grünwald, a. a. O. [Anm. 1], S. 98.

（4） Grünwald, a. a. O. [Anm. 1], S. 98.

（5） 六二年草案で予定されていた累犯に対する法定刑の上限倍加が断念されたのは、通常の法定刑の上限で有効な科刑はまかなえるし、上限の倍加のような顕著な刑の加重は累犯という理由だけでは正当化されえないためだとされるが、要するに刑罰の倍加が責任量を超過しているという判断（少なからず直観的な）が下されたものと思われる（Horstkotte, Die Vorschriften desersten Gesetzes zur Reformdes Strafrechts über den Rückfall und die Maßregeln der Sicherung und Besserung, JZ 1970, S. 152ff.）。

㈤

（1） Hanack, Zur Problematik einer Sonderstrafe bei Rückfalltäter,in; Jürgen Baumann（Hrsg.）, Programm für ein neues Strafrecht, 1968, S. 100.

なお邦訳として、佐伯千仭編訳・新しい刑法典のためのプログラム西ドイツ対案起草者の意見（昭和四七年）一三三頁以下（中川祐夫・訳）がある。

代案グループに関しては、内藤謙・西ドイツ新刑法の成立（昭和五二年）二〇頁以下の説明を参照。

（2） Hanack, a. a. O. [Anm. 1], S. 110.

（3） Hanack, a. a. O. [Anm. 1], S. 110.

（4） Hanack, a. a. O. [Anm. 1], S. 110. 代案も、一般的な累犯規定はほとんど常に行状責任を把握し、裁判官の道徳化（Moralisieren）という危険をもたらすのであり、累犯加重は「不服従ゆえの追徴（Zuschlag für Ungehorsam）」を意味する、と述べていたのである（Alternativ-Entwurf eines Strafgesetzbuches, Allg. Teil, 2 Aufl., 1969, S. 117.）。

もっとも、従来の累犯加重の根拠づけの内容に関しては、行状責任を示唆するような表現が少なくとも部分的には散見された。たとえば、以下のような文言である。

(a) 後日の良い態度のための効果（“Einwirkung für späteres Wohlverhalten” = Bruns, Strafzumessungrecht-Gesamtdarstellung, 2. Aufl., 1974, S. 581.)

(b) 窃盗傾向の強さ（"Stärke der Diebstahlsneigung" = BGHSt 2, 361.）

(c) 頑固な法敵対性（"hartnäckige Rechtfeintschaft" = Breidthardt, Die Behandlung des Rückfalls und des Rückfalltäters inder Strafrechts-reform der sechziger Jahre, 1971, S. 16.）

(d) 犯罪的危険性の徴表、犯罪的人格（"Indiz oder Symptom für die kriminelle Gefährlichkeit, die verbrecherische Persönlichkeit" = Spendel, Zur Lehre vom Strafmaße, 1954, S. 205.）

(e) 社会生活の原則的要求をほとんどまじめに受け入れていない（"wenigernst er es mit den Grundanforderungen des Gemeinschaftslebens nimmt" = Schmidhäuser, Vom Sinn der Strafe, 2 Aufl., 1971, S. 628.）

（5） Hanack, a. a. O. [Anm. 1], S. 111.

（6） やはり代案グループに属するバウマンも累犯加重と行為責任主義との原則的不一致を説くのではなく、累犯加重は累犯者の特別の人格ゆえに大多数の事例において正当化されないだけで、行為責任を高める事例群も存することを認めているのである。(Baumann, Resozialisierungsgedanke und Rechtsgüterschuts im ersten und zweiten Strafrechtsreformgesetz, DRiZ 1970, S. 7.)。

なお、ハナクはこのほかに(1)警告要件は裁判官を道徳化に陥らせる（S. 107.）、(2)典型的な累犯者は精神薄弱や神経症などの特別の人格ゆえに、その多数が以前の警告にほとんど感銘を受けないから高められた行為責任は正当化されない（S. 111.）、という趣旨の批判を行なっている。(1)は行為責任が道義的性格を強め行状責任化してしまうことへの批判であり、(2)はシュトラーテンヴェルト（後述）やビンドカート（前述）の批判と共通した批判である。

㈥

（1） Stratenwerth, Tatschuld und Strafzumessung, 1972, S. 15.　なお、Rudolphi, Literaturbericht-Allgemeiner Teil, ZStWBd 85. (1973), S. 107ff. 参照。

（2） Stratenwerth, a. a. O. [Anm. 1], S. 15.

（3） Stratenwerth, a. a. O. [Anm. 1], S. 15.　シェッヒは、その実証的な研究を通じて「以前の有害宣告は行為者の社会的なチャンス（Sozialen Chancen）を通常減少させ、汚名を着せる効果（Stigmatisierungseffekt）を必然的に伴い、それによって、むしろ反対動機を解体する危険要因を強める」ということが一般的に明らかになった、と主張した（Schöch, ZStW Bd 92.

(1980), S. 167.）が、このことは、さらに社会の偏見や犯罪助長効果によって通常強化されると主張するのが、P. J. Schmidt, Problem der Rückfallkriminalität, 1974, S. 125f., 131, 170, 186. である。

（4） Stratenwerth, a. a. O. [Anm. 1], S. 16.

（5） Stratenwerth, a. a. O. [Anm. 1], S. 17f.　シュトラーテンヴェルトは、まず、仮に行為者の前科・前歴、その心情、人格的・経済的な事情、行為時の意思、犯罪後の態度から、犯罪的エネルギーや法敵対性に関するより多大な分量を推論することが可能だとしても、どの程度まで高められた犯罪的エネルギーと高められた行為責任とを本来的に同一視してよいのかという問題が未解決のまま残されている、と指摘した後、さらにどの範囲まで犯罪的エネルギーの一定量が遺伝的な素質もしくは「とりかえしのつかない」成育過程に帰せられるのか、そしてどの範囲まで、行為者自身は（性格・行状責任に依拠することなく）責任を有するのかが確認されなければならないが、それは解決不能だという結論を述べている。

（6） Stratenwerth, a. a. O. [Anm. 1], S. 18f.　積極的一般予防の点については、ヒルシュが「刑罰に感応しないからといって刑罰を免れないのであり、それ故抵抗性のある累犯者も刑罰を免れはしない。刑罰の根拠は、裁判官の刑罰言渡しによって表現された、法秩序の確証にあるからである」と述べている。［吉田敏雄訳ハンス・ヨアヒム・ヒルシュ「刑法と確信犯人」北海学園大学学園論集九六―九七号（平成一〇年）一八〇頁］。

㈦

（1） Mir Puig, Dogmatische Rechtfertigung und kriminalpolitische Kritik der Rückfallschärfung, ZStW Bd. 86. (1974), S. 175. なお、プイクの犯罪論の概要については、ヴァルター・ペロン（高橋則夫訳）・正当化と免責（平成四年）一五六～一五八頁参照。

（2） Mir Puig, a. a. O. [Anm. 1], S. 183.

（3） Mir Puig, a. a. O. [Anm. 1], S. 184ff.

（4） Maurach, Deutsches Strafrecht, Allg. Teil, Ein Lehrbuch, 3. Aufl., 1965, S. 721.

（5） Mir Puig, a. a. O. [Anm. 1], S. 187.　なお、累犯の重い責任の根拠につき、「違法性の意識」の強化を指摘するのは、マウラッハのほかにシュトックがいる。すなわち、Stock, Ist Strafschärfung bei Rückfall berechtigkeit?, Festschrift für Notarp, 1961, S. 150. は、累犯者が「自己の行為が処罰されるべきことを」熟知している、という点を指摘する。

また、Hillenkamp, Zur materiellen Rückfallklausel des § 17 StGB,GA 1974, S. 215. も、「強化された禁止の認識(geschärfte Verbotskenntnis)」に言及する。これに対して、「反対動機(Hemmungsimpulse)」にまで言及するのがホルストコッテやホルンである。ホルストコッテは、四八条の累犯加重規定の立法者として立場から説明する。つまり、「以前の有害宣告によって植えつけられた反対動機を無視する者は、場合により増大した犯罪的エネルギー(vermehte kriminelle Energie)、したがって増大した責任(vermehte Schuld)とともに行為する者である、ということから出発する」のが四八条であると述べているのである(Horstkotte, Die Vorschriften des Ersten Gesetzes zur Reform des Strafrechts über den Rückfall und die Maßregeln der Sicherung und Besseurng, JZ 1970, S. 153.)。

(6) Mir Puig, a. a. O. [Anm. 1], S. 187.

(7) Mir Puig, a. a. O. [Anm. 1], S. 203.

(8) Mir Puig, a. a. O. [Anm. 1], S. 204.

(9) Mir Puig, a. a. O. [Anm. 1], S. 206.

(八)

(1) Forsch, Die allgemeine Rückfallvorschrift des § 48 StGB, 1976, S.57.

(2) Forsch, a. a. O. [Anm. 1], S. 58.

(3) Forsch, a. a. O. [Anm. 1], S. 58.

(4) Forsch, a. a. O. [Anm. 1], S. 58.

(5) Forsch, a. a. O. [Anm. 1], S. 59.

(6) たとえば、青柳文雄・犯罪と証明(昭和四七年)一四八頁は、「行為責任の理論に従えばドイツ帝国裁判所の判例のように行為ごとに一事不再理の効力があるとするのが、より理論的であることになろう」として、一事不再理の効力と行為責任の理論とが密接に関わる問題であることを認めている。

(7) Forsch, a. a. O. [Anm. 1], S. 72, S. 185.

(九)

(1) Haffke, Rückfall und Strafzumessung, in; Bernd Schünemann (Hrsg.), Grundfragen des modernen Strafrechtssystems,

1984, S. 202. ドイツでは、累犯の「高められた行為責任」は⑴部分的な行為責任の侵犯にすぎず、かつ⑵事前に法定されている、から許容されると考えられていたが（Härtel, Zur Rückfallstrate nach § 17 StGB, 1973, S.77f.)、事前法定の要件を担保する「非難性条項」の当否は、まさに警告理論の死命を制する問題だったのである。

（2）　いわゆる五八年草案六三条は、「以前くだされた有罪の言渡を戒めとすることに役立てなかったということについて、その者を非難すべきときには」累犯者としてとくに重く処罰すると規定する（第三章第一節㈡注⑽参照）。

この規定は、非難性条項の前身というべきものであるが、これに関して荘子邦雄「刑事責任と刑の量定」菊井先生献呈論集『裁判と法（上）』（昭和四二年）四四九頁が「あきらかに、行為じたいに直接存在しない事情が責任の程度に対し、影響を与えうることを示す」とした上で、このことが「行為責任」を踏み越えたと解すべきかどうかは、学説・判例によって解決されるべき難問であると主張している。確かに、「高められた行為責任」ないしそれを担保するための「非難性条項」が「行為責任」の観点からの諸批判に耐えうるものか否かの判断には、「非難性条項」をめぐる判例・学説における対応の検討が不可欠である、と考えられる。

第三節　累犯加重と警告理論

㈠　総説

前節で確認したとおり、累犯加重に関して責任主義を保障するために規定されたのが刑法四八条であった。六二年草案では、量刑の原則規定たる六〇条において行為責任が支持される一方で、累犯加重を規定する六一条の根拠づけに際しては、裁判官に解決不能の課題を与えないためにも行状責任を回避し、警告理論（行為者が有罪宣言によって警告されたにもかかわらず、それを無視して新たな犯罪行為を実行する場合、行為責任の加重とそれに伴なう処罰の加重をもたらすという考え方）に立脚した「高められた行為責任」に焦点を合わせざるを得なかった。(1)

この警告理論については、連邦司法省のドレーヤーが終始「昔から裁判官によって適用されてきた健全な原則」であると擁護しており[2]、ホルストコッテは、刑法四八条の非難性条項を通じて、「行為者の心理状態の全く微妙な評価と行為者に求められる必要条件の包括的評価」を行い、「高められた非難」の重さを推定するのではなく、積極的に確認しなければならない、と主張した[3]。このことは、立法者が四八条の非難性条項により行為責任主義を擁護しようとしたことを、まさに意味するのである[4]。

試みに、刑法改正以前の各則上の累犯規定（§244, §250. v, §261, §264）を振り返ってみるならば、それらの規定において、いずれも各々の形式的要件を充足する場合には、ただちに重大な犯罪的傾向の存在を推定され[5]、以前の有害宣告に基づく高められた責任が生じると考えられていたのである[6]。それに対して、四八条の場合には、責任の推定は行われず[7]、高められた行為責任が裁判官によって積極的に確認されるべきことが要求されるので、その意味で実質的な累犯規定が形成されることとなるであろう[8]。すなわち、累犯加重の形式的要件が満たされるならば、今度はさらに実質的な観点から行為者が以前の有罪宣告に由来しうる「特別な反対動機（besondere Hemmungsimpulse）」に逆らって、犯罪行為を実行したことを理由として、具体的な行為の実行に関係づけられた責任が、高められるのか否かを裁判所において検討することを要するわけである[9]。

このような裁判所に対する非難性条項を通じての行為責任増加の確認要求は、刑法四六条の予定している責任主義の遵守に資すると立法者が考えたことの結果であり[10]、「不服従ゆえの追徴（Zuschlag für Ungehorsam）」や「縮小された常習犯の創出（verkleinerten Gewohnheitsverbrecher）」等が肯定されることにより、行状責任が把握されてしまうことを回避しようとする趣旨であることは、これまで述べてきたとおりである[11]。

要するに立法者は、⑴累犯は高められた行為責任を絶対に基礎づけ得ないという見解、および⑵単なる形式的要件からただちに累犯加重を責任主義と調和させうるという見解の両者を、いずれも極端なものとして排斥し、妥協的な途を選んだのであった。(12)

そして、判例もまた、具体的事例において非難性条項を適用するに際して、「以前の有罪宣告を警告として役立てなかった」ことについて、行為者に対して非難を加えうる場合には、刑法四八条は行為者の非難が高められたものとみなしている、と解する。(13)つまり、非難性条項は行為責任の定式化（Tatschuldformel）である、という点が重要なのである。(14)言い換えると、行為者に対する以前の有罪宣告が現実に警告効果をもち、かつ彼が警告に感銘したにもかかわらず意識的にこれを無視して累犯行為に出た場合には、その行為責任は機会犯（Gelegenheitstat）に比べて高められる、という行為責任増加に関する理論的出発点（警告理論）こそが、非難性条項の核心部分なのであることが、(15)あらためて確認されなければならない。

それはまたそもそも警告機能を肯定しうるような刑罰の有効性に対する根本的な疑惑、(16)累犯者の大部分は警告に感銘しにくい人格的特徴をもっているから、警告理論は少数の例外的事例にしかあてはまらない、という批判(17)に応える機能を非難性条項が担っていた、ということでもある。

したがって、以下においては、非難性条項が、その具体的適用過程において、特に刑の有効性に対する批判や累犯者の不利な事情に関する批判を十分に克服し得たのかという点に着目しつつ、裁判所が立法趣旨に沿うような非難性条項の積極的適用を実現できたのかどうかを検討しなくてはならない。

(二)　非難性条項

既述のように、四八条においては、累犯の非難可能性が「犯罪行為の種類と事情（Art und Umstände der Straftatern）」

に関係づけられていた。

すなわち、六〇年草案によって採用されたこのメルクマークは、外形的には異種であるが内的には同質といえるような諸行為を包摂すると同時に、外面上は同質であるが内面的には無関係の諸行為を除去するための実質的基準を提供・強化するという課題を背負っているのである。(1)

そして、さらに判断のための基準として「内的関連性（innerer Zusammenhang）」という概念が持ち出され、非難性条項の判断が複雑化するに至った。(2)

いずれにせよ、非難性条項の存在から、累犯加重を行うためには単に、以前有罪宣告を受けたことがある、というだけでは不十分であること明らかになるのは勿論、前科に関する諸行為と、累犯として行われた行為との間には一定の関連性が存しなくてはならない、ということの認識が可能になるのである。(3)

しかし、非難性条項の表現をさらに吟味するならば、「種類と事情」という文言よりもなお抽象的に犯罪行為の個性を表現することは不可能であろうし、さらに包括的で複雑な叙述である非難性条項中のこの部分に関する特徴的な定義は存在していない。(4)換言すると、「犯罪行為の種類と事情」という要件は、考えられる限りのあらゆる方向での理解を可能とするので、その内容を検討しようにもそれ以上先へは進めない、というわけである。

したがって、一つの犯罪行為と他の犯罪行為とは、その種類と事情に関して同質性を欠いていると見えるであろう場合には、このメルクマークはその記述の簡潔さゆえに、裁判官に対して適用可能な基準を与えることが困難となり、「(四八条が排除されるのは) とるに足らない自明のことだ」という程度の確認をなしうる範囲での限定機能を営むに過ぎない、と批判される事態に陥らざるを得ない。(5)

その結果、このメルクマールから引き出される結論はほとんど何もない、ということとなって、むしろ前述の「内

的関連性」概念の中に非難性条項の定式が持ち込まれるに至ってしまったのである。(6)

しかも、内的関連性に前科行為・累犯行為が関係づけられるとしても、その過度の抽象化が露呈してしまい、結局のところ、すべてのものが内的関連性に含まれるか、もしくはそこには何も包含されていないか、という事情が帰結することとなりがちである。それゆえ、内的関連性についての解釈は、通常では自明のこととして肯定されてしまい、例外的な場合においてのみ、行為の種類と事情の不一致に言及して否定される「高められた行為責任」に関する不当な短縮的判断の一部と化しており、(7)他方また、どのような犯罪行為の種類と事情が、累犯の特別な非難可能性を積極的に基礎づけるかは、具体的には不明のままといってもよかったのである。

㈢　内的関連性

a　概　説

判例・学説においては、累犯加重に関して、以前の有害宣告無視による責任増加を内的関連性の概念に依存させる考え方が有力であった。(1)

つまり、四八条は「警告作用」を要件としており、「行為の種類と事情」という文言を有するのであるから、四八条の本質が前刑の警告無視に基づく行為責任増加に基づく累犯加重の承認に求められる以上、以前の犯罪行為と新たな犯罪行為との間には、一定の内的関連性の存在が必要とされるはずである。

また、事柄を実質的に考えるならば、新たな行為と以前の行為の種類と事情を考慮すること、換言すると「内的関連性」が要求されないのであれば、累犯行為時に以前の警告の効果を期待し得たかどうか、という点を等閑視してもよいこととなるが、それでは、「前刑の警告無視による行為責任の増加」という四八条の予定する公式は成り立たなくなるのであろう。(2) なぜならば、前刑の警告が客観的に有効であったということが、警告理論にとって第一番目に不可欠の理論的前提だったはずだからである。

このようなわけで、内的関連性の考え方を非難性条項の解釈に持ち込むならば、少なくとも刑法上最も異なった領域からの「以前の有罪宣告」は、四八条の刑罰加重をもたらす高められた行為責任の根拠づけに関係させてはならない、という結論が導かれるであろう。(3)

したがって、たとえば、財産犯（Vermögensdelikt）を理由とする有罪宣告は、交通犯罪もしくは風俗犯罪（Verkehrs-oder Sittlichkeitsdelikt）から人を遠ざけるべき有効な警告機能を持ち得ない、と考えるべきこととなるのである。(4)

では、一般的にはいかなる場合に、前刑に有効な警告機能を認めるべきであろうか。

思うに、行為責任が、個別的な違法行為、すなわち法益侵害行為に対して向けられるものである以上、法益侵害の同一性の認められる行為間に警告機能の有効性を肯定するというのが筋であろうが、ドイツの判例では、法益侵害が同種のあるいは「本質的観点において（in wesentlichen Punkten）」同質の犯罪的関係を有することが求められていた。(5)

このようにして、四八条は原則的にあらゆる種類の累犯に対して適用可能であるにもかかわらず、内的関連性の概念を通じて「以前の有害宣告によって与えられた警告を無視した」という非難を妨げるはずの別種の事例を排除する、すなわち異種累犯の刑罰加重を限定するのに相応の機能を果たすことが期待されていた、といえよう。(6)

そこで、次に内的関連性に対する批判に関して、やや詳細に検討したうえで、そのような批判を受けている内的関連性概念が、具体的な事例において、どの程度加重刑排除のための限定機能を営んでいるのか、という点について、さらに考察を進めることとする。

b　内的関連性に関する批判

内的関連性概念には、狭義の「内的関連性」のほかに、「刑事学的な関連性」や「行為責任的に重要な関連性」といったバリエーションがあるので、各概念ごとに検討する。

① 狭義の内的関連性（innerer Zusammenhang）(7)　非難性条項が「高められた行為責任」を具体的に担保する規定であり、それゆえこの条項を通じて累犯加重と行為責任主義との調和が図られていることについては、繰返し述べてきたが、学説・判例は後述するように、内的関連性の概念を用いて非難性条項を（問題を抱えながらも）限定的に機能させようとしていた。

しかし、すでに概観したとおり内的関連性概念には批判が存在していた。以下においては、内定関連性概念に対する批判について、やや詳しく検討するが、内的関連性概念に対する批判は、とりもなおさず累犯加重の責任主義との抵触へと直結するはずであるから、重要な意義を持つといえよう。

まず、決定的なのは内的関連性概念が、条文上に存在しない、という点である。それゆえ、内的関連性概念を重視するならば、非難性条項を実質的に改変すること、言い換えると、新たな条文を作り出すに等しいこととなると解される、と批判されることになるのである。(8)

ところで、内的関連性概念について立法者はいかなる態度をとっていたのか。特別委員会においては、内的関連性概念は「疑問点が多く（problematisch）」、「立法技術上、適用不能（nicht verwendbar）」であるとして、意識的かつ明確に拒絶されていたのであった。(9)

それにもかかわらず、実務においては内的関連性概念が種々の表現によって使用されているが、それはより新しくかつより優れた論拠に基づく現象などではなく、非難性条項に関する単なる無益な同義語の利用にすぎず、特別委員会における否定的見解の無視が前提となっているのである。しかも、後述するとおり、内的関連性に関するさまざま

な判断基準によって、なおいっそう限定機能を発揮し得ない結果となっているといえよう。(10)

思うに、四八条が改正前の累犯規定と異なっているのは原則として「異種累犯」を加重刑の対象とすることによって、累犯者への特別予防上の要求に対して、従来以上に十分に応じようとしている点であった。(11)

ただ、そのような予防刑は、責任主義と調和しなければならず、具体的には「前刑の警告無視」による行為責任の増加が認められる範囲内で、異種累犯に対する刑罰の加重が肯定されなければならないはずなのである。

だからこそ、異種累犯については「警告無視による責任増加」の前提としての「有効な警告」の存在が可能な限り厳密に求められることとなり、その場合、有効な警告機能を有するとされる行為は、累犯として行われた行為と同質の行為である、というのは当然のことであるが、問題はそのような「同質性」がどの程度認められるかという点であり、内的関連性概念に存在価値があるとすれば、まさにそのような同質性判断の基準を提供しうる場合でしかない。(12)

しかし、現実には内的関連性という文言は条文中に存在せず、しかも立法者がその採用を断念したという経緯のある問題の多い概念でありながら、実務において多用され（判例に関しては後述する）、しかも、責任主義を担保するという非難性条項の趣旨を生かしているかは疑わしい、という点に批判の中心がある、というべきであろう。(13)

② 刑事学的に把握された関連性（kriminologisch faßbaren Zusammenhang）　「刑事学的に把握された関連性」概念によっても、やはり事態は改善されなかったが、その理由は、刑事学的な関連性と行為責任のカテゴリーの不一致に求められる。(14)すなわち、刑事学的な関連性と行為責任との二つの概念は異なったレベルの上にあることから、両者の一致は偶然の結果ということとなるのである。

換言すると、通説の用いる「刑事学的に把握された関連性」は、当該概念の創始者であるゲールズの意図するところとは異なり、純粋に刑事学的な問題設定に即しつつ構成されたものであることから、刑法解釈論上の考慮（責任増

加との関連性）が十分に払われることなく適用されたのであった。(15)

このようなわけで、「内的な、刑事学的に把握された関連性」概念も、同様に拒否される結果となるのは明白である。

また、特別委員会でケプラー議員（Köppler/CDU-CSU）が創出した「犯罪的連続性（Kriminelle Kontinuität）」の概念も、安定性を欠き「責任増加」と無関係な概念である点で「内的関連性」および「刑事学的に把握された関連性」と同様の批判を免れないのである。(16)

③　行為責任的に重要な関連性（tatschuldrelevanter Zusammenhang）　ヒレンカンプは結局、累犯行為の中において行為責任的要素が生じ、しかもその行為責任的要素が以前の有罪宣告における行為責任非難を本質的に共有する場合にのみ、以前の有罪宣告に伴う「警告無視」を行為者に帰責しうる、という「行為責任的に重要な関連性」概念を提唱した。(17)

しかし、そのような概念を持ち出したとしても、内的関連性のかかえる問題性が解消されるわけではない。というのも、「行為責任的に重要な関連性」はその中にあらゆる可能なメルクマークを含んでしまうので、結果的に上述した他の諸々の「関連性」の中に存在するということになるからである。(18)

c　判　例

では、判例はどのような場合に「内的関連性」を認めたのであろうか。また、その際、判例の考え方にはいかなる批判が向けられたであろうか。

以下においては、事例を同種累犯と異種累犯の二つに分けてこれらの問題を検討することとする。

①　同種累犯（gleichartige Rückfall）　必ずしも同一ではないが、同種の諸行為の場合には、以前の行為と累犯行

為との間に存する「内的関連性」の中において「ただちに」もしくは「通常」、責任の増加を肯定するのが判例の傾向といってよい。[19]

すなわち、同種累犯の場合、内的関連性の欠如は、例外に属するのだが、しかし、それゆえにこの場合、内的関連性という異論の余地がないとはいえない基準の適用すら存在しないわけであるから、その点に関する限り、四八条は克服されたのはずの古い各則上の累犯規定へと逆戻りしている、ともいいうるであろう。[20]

ところで、裁判所は、——決定的基準は明らかではないが、——被侵害法益からみて「類似の」、「ほぼ同一の」あるいは少なくとも「等価」の諸行為を同種行為に加えていたのである。[21]

とりわけ、バイエルン州最高裁判所の判断は他の関連判例に対する先例としての価値を有するのであろう。すなわち、（規定の文言によれば）すべての行為（二回にわたる以前の有罪宣告に関する行為と累犯として行われた行為）には、一定の内的に把握された関連性が認められなければならないが、それは、その場合にのみ、特別の警告機能が可能だと思われるからである。そして、このことは、行為者が同一の法益を侵害するような場合、しばしば、ただちにあてはまるのである。[22]

だがしかし、もし、被侵害法益によって方向づけられる行為の同一性ないし類似性、すなわち解釈論上、完全に客観的な一致が、高められた行為責任を通常、「ただちに」可能とするならば、それは、高められた行為責任の積極的確認を意味しないということはいうまでもない。

その結果、高められた行為責任、すなわち内的関連性の証明は、単なる「原則・例外の原理」と成り果ててしまい、結局、非難性条項は実際には何も言っていないも同然の空虚な定式に堕するのである。

そして、この場合、原則・例外の原理は、結果的に非難性条項の消極的理解によって同条項の性格を逆転させてしまい、それによって、内的関連性の存否に関する疑惑は、被告人が証明すべきこととなってしまう。[23]

それゆえ、四八条に関して、「実務で嫌われていた形式的累犯規定（かつての各則上の形式的要件しか備えていなかった累犯規定）が、新たに観念的にその適用範囲を拡張しつつ、華やかな衣裳をまとって蘇った」という評価が行われるのも、[24]この限りでは説得的であるといえよう。

しかし、このように一般的に非難性条項を消極的に把握すると、具体的事例において高められた行為責任を排除するための手掛かりを欠くときには、高められた行為責任が生じたのであろう、という決定的な「推定（Folgerung）」が導かれることとなるが、[25]それは、責任の確認が、個別的・具体的な行為者の有責性を確認する基準によってではなく、「平均人（maßgerechte Menschen）」[26]に結び付けられた基準によってなされることを意味し、しかも、この場合、上述の「推定」を覆すための、例外の拠り所も十分には与えられていないのであった。[27]

このように、四八条に関する「消極的な責任確認（negative Schuldfeststellung）」の考え方は、通常の責任非難しか生じないにもかかわらず、高められた行為責任が基礎づけられうる事例と無造作に同一視することを認めてしまうのであるが、[28]かかる「原則—例外主義（Regel-Ausnahmeprinzip）」は、法律の明文にも、少なからず確固とした立法者意思にも反するであろう。[29]

すなわち、立法者は決定的な証明に関するこの問題の意義をよく認識していたし、しかも他の提案に反対して意識的に非難性条項を選択、採用したのである。[30]

また、さらに六二年草案では、積極的証明の挙証責任につき、「疑わしきは被告人の利益に（in dubio pro reo）」すなわち検察官負担の原則を指摘しており、[31]たとえばホルストコッテは特別委員会において連邦司法省当局者として、正当にも原則—例外主義を危険な推定とみなしたのであった。[32]

もっとも、他方で積極的理解の難点も気づかれないわけではなかった。というのは、特別委員会の審議において、すでにギューデ委員会（Güde/CDU-CSU）は「（高められた行為責任の積極的確認を要求された場合）裁判は、通常、形式的要件の充足によって満足させられる」という点について懸念を表明していたからである。(33)

さて、以上のように同種累犯に関しては、非難性条項の想定する高められた行為責任、すなわち内的関連性についての消極的確認の問題がストレートに顕在化したが、次に異種累犯について検討してみたい。

② 異種累犯（ungleichartige Rückfall）　異種累犯に関しては、構成要件的に全く異なっている諸行為の事例のみが問題となる。(34) 非難性条項の適用に際して、内的関連性概念が重要な機能を果たしていることは上述したとおりだが、とりわけ、純粋な異種累犯の排除について、内的関連性は意義を有するのである。(35)

判例もまた、学説同様、「内的関連性」(36)、「犯罪的連続性」(37)、「刑事学的に把握された、もしくは一定の内的な刑事学的に把握された関連性」(38) 等の概念を用いているが、異種累犯の場合は、言うまでもなく同種累犯と異なり、以前の有害宣告から内的関連性がただちに生じるわけではないので、訴訟上、さらに詳細な説明が必要になるはずだし、(39) 判例では、行為責任の証明には、同種累犯に比べて相当に厳格な基準が設けられていた。(40)

ＢＧＨは、事件の全事情（gesamten Umstände des Falles）、被告人の全人格（Gesamtpersönlichkeit）、そのすべての前歴（Vorleben）が、その関連性にとって決定的であるとみなしており、(41) バイエルン州最高裁判所では、「行為者の性格上の欠陥に基づく行為（charakterliche Fehlhaltung des Täters）」またはその本質に対する「一定の同種の関係（gewisse gleichgeartete Beziehungen）」、可能な犯罪的連続性の徴候として「目的方向または動機における他の重要な類似性（sonstige große Ähnlichkeiten in der Zielrichtung oder den Beweggründen）」概念を掲げるが、その説明は必ずしも詳細なものではない。[42]

なお、学説においては、内的関連性を基礎づけるべき雑多な主観的・客観的基準が示されている。[43]まず、客観的観点からは、一定の多かれ少なかれ正確な被侵害法益の類似性、[44]または単なる一定の全体的ないし重要な類似性、[45]他方また、たとえば、「交通犯罪—財産犯罪」への行為の分類、[46]実行の種類または方法、[47]あるいは同種の目的方向のような体系的関連性が、[48]内的関連性を確立させうる、とされていた。

主観面においては、動機の類似性、[49]同一の性格的欠陥による行為、[50]行為者に存する犯罪的傾向の徴表的な行為連鎖（Tatkette）、[51]あるいは行為者の本質との一定の同種の関連性だけでも足りる、[52]とされている。ところで判例によると、内的関連性の判断基準は、主観的観点において極度に拡大され、行為責任を高めないような累犯行為を選別するのは、ほとんど不可能な状態に至ってしまっていた。以下において、そのことを示す代表的な異種累犯に関する判例を検討する。

【事例①　OLG Koblenz GA 1975, 370】

地方裁判所刑事部は、被告人につき窃盗（Diebstahl）を理由とする累犯行為の有罪宣告と窃盗および扶養義務違反（Unterhaltsentziefung）に基づく以前の有罪宣告との間の「刑事学的関連性」と、被告人の経歴を考慮して、以前の二つの有罪宣告の基礎となる諸犯罪が、少なくとも違法な利得が第三者の負担となることを意に介しないような、被告人の利己的態度（eigennützige Einstellung）に起因することを認めた。

これに対する上告審では、コブレンツ上級地方裁判所が、控訴審の非難性条項に関する判断は誤っていない、として本件被告人につき「以前の有罪宣告を警告として役立てなかった」という点を肯定した。

すなわち、新たな行為の実行に際して、以前の有罪宣告を問題とすることなく、しかもその警告を無視したという非難は、以前の有罪宣告と新たな行為とが「内的な刑事学的な関連性」を有する場合にのみ可能であるが、その理由はそのような場合にのみ、以前の有罪宣告による警告機能が、新たな行為に対して期待できるからである。そして、この関連性は同種法益が侵害されている諸犯罪（＝同種累犯）の場合に与えられるのは通常のことだが、諸行為がそのつど行為者の同一の動機に還元されるか、またはそれらが行為者の同じ人格的に欠陥のある態度に起因する場合で、その結果一定の「犯罪的連続性」がそこからはっきり示されるような「異種累犯」の場合にも存在しうるのである。

さて、本事例において明らかなことは、いわゆる異種累犯の場合、前刑の警告機能が有効性を保ちうるためには、諸行為間に「内的関連性（犯罪的連続性・内的な刑事学的な関連性）」の存することが要求されるという点と、そのような内的関連性の存否は、被告人の利己的態度等の「行為者の同一の動機・人格的欠陥」の有無を基準として判断される、という点である。

まず、前者については、すでに一般的な批判を概観したが、そもそも「前刑に警告機能が生じるということはまだ証明されていないし、むしろ刑罰は一般的にも特別的にもその執行が犯罪を助長しうる」[53]という批判に対する回答を留保したままで、内的関連性の議論が先行している、という判例の事情を再確認することが必要であろう。

次に、内的関連性概念を一応肯定するとしても、本事例のように、極度に主観面を考慮しつつ、一般的な無顧慮（Rücksichtlosigkeit）・利己心（Eigensucht）のような精神的根底ともいうべきものに累犯者が依拠する場合にも、裁判官は注意を払わなければならないとするならば、累犯者が独善や反抗心から国家の命令に従うことを拒む場合にも、内的関連性を基礎づける基準として十分だということにならざるを得ず、内的関連性、すなわち非難性条項に期待された行為責任の加重限定機能は大幅に損なわれるに至るであろう。[54]大多数の犯罪は、多少なりとも利己的な動機があるからこそ発生するのであることに鑑みるならば、内的関連性の肯定される犯罪行為の組み合わせは、まさに「何でもあり」という事態に陥らざるを得ない。

ここで、出発点に立ち返ってみるべきである。まず、累犯加重の根拠として、警告理論（累犯は、前刑の警告機能によって違法性の意識［可能性］が強化されるとともに、それに応じて強められた反対動機を乗り越えて犯罪行為に出た点で、行為責任が増大する）があった。

そして、前刑の警告機能の一般的有効性に対する批判が提出されたわけだが（佐伯・ケストリン）、四八条の立法者は非難性条項を創出して、「行為の種類と事情」を考慮せしめて、特定の行為を基礎とする前刑にのみ警告機能の有効性を限定的に認めることによって、行為責任の増大する事例を選択的に許容しようとしたのであった。

したがって、規範的責任論に立脚した行為責任主義を貫徹するためには、裁判所において、まず前刑が客観的に、行為責任の増大を基礎づけうるのに有効な警告機能を有していたか否か、を検証しなくてはならないはずである。

ところが、判例においては、累犯として行われた犯罪行為と内的関連性のある前科行為に付随する前刑の警告機能であれば、客観的に有効であることが前提とされてしまっているのである。たとえば、前刑は誤判に基づくものであって、行為者は全く前刑に承服していなかったような場合には、その前刑は、通常、誰がみても適法行為への警告機能を有してはいないであろう(55)。

あるいは、以前の自由刑を担当した行刑官が冷酷・卑劣であったために、かえって遵法への志向を挫かれたような場合は(56)、たとえ前科行為と累犯行為との間に被侵害法益の点において同種性・類似性があり、その限度で内的関連性が認められるとしても、そこにおいて判例の肯定する警告機能の有効性は、あくまでも形式的なものにすぎず、実質的な有効性は否定されざるを得ないのではなかろうか。

このように、判例が内的関連性の検証において行うべきだったのは、行為責任論・規範的責任論に立脚する限り、まず前刑の警告機能の客観的・実質的有効性の検証だったと解されるが、いうまでもなくそのような検証は、遂に全く行われなかったのであった。

次に、累犯者が、累犯行為の実行に際して平均人以上の反対動機を備えていたかどうか、という点につき、判例がどのような考察を行ったか、という問題を検討することとしたい。

警告理論によれば、前刑の有効な警告を向けられた累犯者が、その内面において、より強固な反対動機ないし制御能力を形作ったにもかかわらず、それを乗り越えて犯罪に出たからこそ、行為に対する規範的非難が強められるはずであり、したがって、累犯者が実行行為の際、そのような平均人を上回る強固な制御能力を備えていたかどうかの検証が必要となるはずであるが、判例はこの要求にどう対応したであろうか。以下において、その点を考察したい。

四　制御能力の検証

ここでは、激情犯、衝動犯、薬物中毒、酩酊行為、意思薄弱、社会的無援助に関する六個の事例について、順次検討する。

【事例② BayObLG NJW 1972, 1380】

いわゆる「激情犯（Affekttat）」[1]が問題となった事例である。

区裁判所は、扶養義務の侵害（Verletzung der Unterhaltpflicht）を理由に有罪判決を言い渡され、累犯加重の要件が認められた被告人に対して加重刑を科した。

また、地方裁判所刑事部は、事実関係につき以下のように認定した。

「被告人は、上司に対する服従の拒否（Gehorsamsverweigerung）を伴う暴行（Angriffs）および扶養義務の侵害を理由とする有罪宣告を警告として役立てなかった」という事実を認定したのであるが、バイエルン州最高裁判所は、この確認を不十分であるとしたのであった。

すなわち、「以前の有罪判決によって生じた警告を無視し、それゆえ増加した犯罪エネルギーをもって行為に出たという高められた責任非難は、非常にさまざまの行為に際して例外を生じうるであろう」としたうえで、「特に激情犯については、このことがあてはまる」と判示している。

そして、バイエルン州最高裁判所は、本件において、区裁判所が累犯の基礎づけのために引用した「上司に対する暴力的侵害」につき、それはたぶん激情的な行為であろうが、地方裁判所刑事部は、その点について必要な「綿密かつ詳細な（nähere und sorgfältige）」考察を怠っているので、刑の言渡しに影響する本質的な瑕疵がある、と結論づけた。

さて、バイエルン州最高裁判所は、具体的には「今回の有罪宣告を言い渡された行為のみならず、以前の有罪宣告に際して、特別の動機づけが存在しているような場合」は、高められた行為責任が生じない可能性がある、と判示している。

つまり、前刑の警告機能は累犯行為の時点において激情犯であった場合には、無効となりうるし、以前の有罪宣告を基礎づける犯罪が激情犯であった場合にも否定されうるというのである。

要するに、前者は、たとえ「前刑の警告機能」自体は客観的に有効に存在しうるとしても、累犯者の側に警告に感銘しうる可能性がなければ、「前刑の警告無視に基づく高められた行為責任」は発生しないという思想の現れであり、後者は以前の有罪宣告の理由となっている犯罪が特別の精神的な動機づけ（besondere seelische Motivation）による場合には、警告機能を有しえないから、その意味において高められた行為責任は生じないという考え方が発現したものである、といえよう。

本事例では、警告の名宛人たる累犯者の側において、激情犯等の特別の動機づけが存在した場合には、行為責任は増大しないという趣旨の判示がなされているが、特にそのような特別の動機づけが存在したかどうかについて、「綿密かつ詳細な」考察を要求している点が注目される。ただし、積極的に強固な制御能力が存在したことについての立証を要求していないのは、責任主義に鑑みて疑問視されるべきであろう。

次に、「衝動犯（Triebtäter）」(2) の事例も類似の問題を生じているので考察してみたい。

【事例③　OLG Stuttgart MDR 1974, 685】

本事例は、ドイツ刑法一八三条一項の「露出症的行為」に該当すると同時に、同一八五条の「侮辱罪」にも問われたものである。

シュトットガルト上級地方裁判所は、露出症的衝動犯（exhibitionistische Triebtätern）について、「制御能力が、著しく制限されている場合には、特に衝動が支配的であることが可能となり、以前の有罪宣告を警告として役立てなかったことについての『特別の検証（besondere Prüfung）』を要する」としたのである。

この事例では、警告機能に感銘すべき累犯者の側の制御能力が著しく制限され、それによって警告機能が覆い隠されていたかどうかについての、「特別な検証」の必要性が判示された点が注目されるが、しかし、特別の検証がどのような内容のものであるかについては、全く触れられていない。

さらに、「薬物中毒（Drogentäter）」(3) の事例について考察する。

【事例④　OLG Köln Stv 1982, 228】

本事例では、被告人は麻酔剤（Betäubungsmitteln）の所持および連続的売却を理由に、参審裁判所において一年三か月の自由刑を言い渡された。被告人は量刑に関して控訴したが成功せず、さらに上告した結果、原判決は破棄・差戻し（Aufhebung und Zurückverweisung）となった。

ケルン上級地方裁判所は、四八条は刑の加重を「以前の有罪宣告の警告機能を考慮した高められた責任非難」を行為者に加えるということに依存している、と捉えたうえで、同条の刑罰加重は、その知的能力（intellektuelle Fähigkeit）およびその一般的な動機づけの可能性（allgemeine Motivierbarkeit）により、警告を理解し、かつそれによって自らを規制することが可能であった場合にのみ許容される、と判示した。

そして、このような能力は「限定責任能力」(4)の場合、一般的に排除されるわけではないにせよ、やはりこの能力はしばしば部分的に排除されるし、またいずれにせよ損なわれるのだから、もし異常な行為事情または生物学・心理学上の行為者の特異性により、行為者に一定能力の欠如が存在しうるであろう、ということについての手掛かりが生じるのであれば、同種累犯の場合においても「特別の検証」を必要とするが、このことは麻酔剤の事例にもあてはまる、と述べている。

しかも、同裁判所はこのような検証を行い、かつそれについての必要な確認を書面による判決理由の中で明示することが事実審裁判官の任務なのに、ここではその検証を欠いていると結論づけている。

結局、同裁判所は、本件被告人が限定責任能力者であることを認めた原判決に関して、「この認定は、被告人において数年来持続している麻酔剤依存とそれよって惹起された人格の変化に基づいて、被告人が以前の有罪宣告の警告を認識し、かつそれに応じた態度をとるような状態にあったかどうかを詳しく検証すべききっかけをも与えるのであり、その検証に際しての当該問題点の評価につき、地方裁判所は経験豊かな医療専門家（erfahrenen ärztlichen Sachverständigen）を招くべきであることが注意されねばならない」という判断を付け加えている。

さて、この事例において、上級地方裁判所は、長年にわたる「薬物濫用（Drogen mißbrauch）」は「制御能力（Steuerungsfähigkeit）」の制限を導くので、行為者の側においては以前の有罪宣告の警告を認識し、それに従いうる主観的状態になく、したがって「以前の有罪宣告を考慮した高められた責任非難」を加えることができない可能性がある、という前提に立っているのである。

そして、このような「可能性」は限定責任能力ないし異常な行為事情もしくは生物学・心理学上の行為者の特異性に起因しうる、という点についてあらかじめ指摘していたわけである。

ここでは、前刑の警告が仮に有効であったとしても、累犯者の大多数はそれに感銘しない人格的特徴をもっている、という批判を念頭に置いた基準の設定が企てられているのは確かであるが、具体的にはどのような点について「検証」すべきなのか、やはり不明確であることは争えず、裁判所に対して過大な任務を課するものではないかとの疑問が起こる。

さらにまた「酩酊行為（Rauschtat）」(5) についても同様の判例があるので、検討したい。

【事例⑤　BGH NJW 1974, 465】

地方裁判所は、故意の完全酩酊（Volltrunkenheit）を理由に被告人に対して七か月の自由刑を言い渡した。そして被告人が累犯であることを刑罰加重的に考慮したのであるが、そこでは⑴横領罪（Unterschlagung）に関する略式命令（Strafbefehl）と⑵窃盗（Diebstahl）および贓物（Hehlerei）の判決とが形式的に考慮されたうえで、被告人は、以前の有罪宣告を警告として役立てなかったという点を、非難されたのである。事実審裁判所の見解では、刑法三三〇条a（現在の三二三条a）の犯罪（＝完全酩酊）は、⑴⑵の財産犯との間に「刑事学的に基礎づけられた関連性」を有するのであるが、それは酩酊中に実行された行為が、贓物罪（Sachhehlerei）にあたると解されるからである。

ところが、ＢＧＨは、この根拠づけに関して「法律上の事後審査に耐えうるものではない」と批判し、異種累犯における内的関連性の確認の不十分さを指摘したほか、行為者の主観面についても検討を加えたうえで、酩酊下の被告人の抑制能力は排除された、と判示している。

すなわち、行為者の抑制を強めることを期待しうるような以前の有罪宣告の警告機能は、行為者の制御能力(Steuerungsvermögen)が脱落した場合には、生じえないので警告無視の非難は高められない、とするのである。

結局、非難性条項に関して、事実審裁判所は引用にかかる二つの以前の有罪宣告を形式的に摘示しているにすぎないのであり、本来は、被告人の全人格・その前歴もまた考慮されるべきであるのに、そのことは実行されなかった、として刑の言渡しに関する弁護人の主張を認めたのである。

この事例においても、行為者の制御能力が、警告無視に基づく高められた行為責任の肯定にとって必要であることが認められており、その限りで行為者の主観的事情が考慮されていることは確かである。

ただ、その考慮に関しては「被告人の全人格・経歴」を掲げるのみで、たとえば違法性の意識の強化の有無が検討されるべきなのか、反対動機が具体的に強められているという事実の認定がなされるべきなのか等については、明白ではない。

最後に、「意思薄弱（Willensschwäche）[6]」および「社会的無援助（soziale Hilflosigkeit）[7]」との関係で判断を加えた事例を取り上げてみたい。

【事例⑥　OLG Köln GA 1978, 84】

被告人は、四八条の要件の下で、住居侵入罪（Hausfriedensbruch）を理由に八か月の自由刑に処せられたが、控訴審は被告人の刑を三か月に減軽した。これに対して、検察官上告が行われたのである。

ケルン上級地方裁判所は、原審では被告人が目的意識（Zielbewußt）ではなく、意思薄弱および社会的無援助からのみ行為に出たという理由で、累犯加重を否定しつつ、四八条の適用範囲を制限しようとしていることを認めるものの、四八条は、社会的に適応した関係の中で生活している行為者や、平均的分量の意思の強さをいつでも自由に使えるような行為者に対してだけ適用されるわけではない、と説く。

そして、すべての行為者は、自らの態度を以前の有罪宣告によって与えられた警告に応じて調整するような状態にあるのであって、限定責任能力の場合ですら、以前の有罪宣告を警告として役立てなかったという非難が加えられるのであり、それゆえ累犯加重の排除は、「実際に被告人の制御能力（Steuerungsfähigkeit）が具体的事例において妨げられていたであろう場合」にのみ考慮される、と判示したのである。

すなわち、そのことは限定責任能力、激情犯、衝動犯、差し迫った窮乏（unmittelbare Not）のような、「警告機能に応じて、その態度を制御する能力に関連した行為能力が完全に限定される」諸事例において考えられるし、社会的無援助や意思薄弱が行為者の制御能力を部分的に除外する程度に達している場合にも同様である。

したがって、この種の事例では「常に異常な行為状況または生物学的・心理学的な行為者の特殊性が問題となるはず」であり、そのような異常性・特殊性の意味において被告人が当該の具体的事例では、以前の有罪宣告の警告を考慮し得ないほど、制御能力を妨げられていた、という点の確認が必要なのである。

言い換えると、単なる意思薄弱等は大多数の累犯者の特徴であるから、意思薄弱や社会的無援助などの動機から累犯に陥ったということを指摘するだけでは、不十分なのである。

そして、意思薄弱等の行為者側の特定の、異常なもしくは特殊な事情があったというだけでは、累犯者の多数にそのような特徴があるという事実が経験的に周知のことである以上、警告無視の非難を否定するには至らず、さらにそのような行為者の主観的事情が「以前の有罪宣告の警告を考慮し得ないほど、制御能力は妨げられていた」という点の確認を行わなければ、高められた行為責任を排除できないという趣旨の判断を示している。

このように、この事例においては高められた行為責任を積極的に基礎づけるためには通常、被告人の責任を軽減すると解されている「意思薄弱」等の事情が存在するにもかかわらず、警告無視を刑罰加重的に非難しうる理由が示されなくてはならない、という判断を行ったのではなく、「原則—例外主義」の枠内で累犯加重を限定すべき基準が説示されたにすぎないといえよう。

【事例⑦　OLG Celle Stv 1983, 242】

本件は、社会的無援助と制御能力の関連が問題とされた事例である。

被告人は、無賃乗車につき、刑法二六五条aの給付詐取罪に問われ、区裁判所により六か月の自由刑を言い渡されたが、控訴に及び、それが棄却された後さらに上告を申し立てた。

上告審のツェレ上級地方裁判所は、原審判決の認定事実に基づき、以下のような事情を認めたのであった。すなわち、被告人は失業保険金（Arbeitslosengeld）の再度の許可を得るために、労働基準局の期日を守らなければならなかったにもかかわらず、市街電車に乗車するのに必要な程度の金銭すら所持していなかったのである。

このような社会的無援助状態から累犯に陥った事例につき、上告審は「社会的無援助状態から行為に出る犯罪者に対しても、以前の有罪宣告を警告として役立てなかったという非難を加えることは原則として可能である。しかし、抑制能力の相対的な乏しさが、この場合の警告効果を妨げうる」という一般論を判示した上、原審において「以前の有罪宣告の警告機能に関する制御能力が妨げられるか、または完全に排除される程度の社会的無援助が存在したか否かに関する、綿密な検証と説示（eingehende Prüfung und Darlegung）」をなす必要があったにもかかわらず、それについての確認が不十分だったとして、被告人の上告を認める決定を行ったのである。

本決定においても、やはりどのような実質的内容の「検証・説示」が行われるべきか、という点については全く触れられていない。本件は、四八条の施行以来すでに一三年を経ていた時点のものであるにもかかわらず、非難性条項の中心的論点についての判例理論が現れていないことは注目に値するであろう。

確かに、制御能力についての「特別の検証」を要求することで、警告に感銘しうる行為者にのみ「高められた行為責任」を許容しようとする基本的な考え方は、正当だとしても、「原則―例外主義」のもとでは、そもそも責任の確認が全く不十分なものにとどまらざるを得ず、しかも、そのような特別の検証においてどのような判断が行われるべきか、という点についても不明確であり、結局非難性条項の判断は非現実的な性質を有するのではないか、が問われねばなるまい。

思うに、警告理論は、当然前刑の警告機能によって、行為者の側において反対動機が強められていたことを理論的に要求する。それは、判例でもしばしば指摘されていた、「制御能力が脱落した場合」の発見ではなく、「制御能力の強化」の確認を積極的に要求するのであり、「特別の検証」の内容とは、まさに累犯行為の実行時点における「行為者の制御能力の強化ないし反対動機の強化の立証」であるべきはずであるが、これまで検討した判例では、その点は不問に付されていた。(8)

そこで次に、非難性条項の適用に際して、裁判所がどのような判断を通常行っているのか、という点についての調査・研究の内容を概観することによって、立法者の意図していたような「高められた行為責任」の確認が、実務上どの程度行われていたのかを考察したい。

(五)　非難性条項の適用の実態

マイヤーは、一九八〇年に二九六件の刑事訴訟手続を素材として統計的な分析評価を試みた。[1]そして、そのうち刑法四八条が適用された二一一件の手続を取り上げ非難性条項の適用の実態を検討したのである。[2]

その際、まず明らかになったことは、裁判所が累犯加重の根拠づけを積極的に行った事件は、必ずしも多くないということであった。

すなわち、四八条が適用されたほとんどの判決では「被告人には、四八条の刑罰要件が存在する」とか「(累犯加重は) 根拠づけられる」という判示が認められるだけなのであるが、このことは累犯加重の要件の存在を単純に肯定する以上のことを意味しないであろう。換言すれば、累犯加重のための「行為責任増加」の積極的根拠づけは、行われていないのが、大多数の判決の実情なのであった。

また、四八条が適用された事例を検討すると、適用にあたって次のような表現が用いられていることが認められたのである。

すなわち、「彼には、以前の有罪宣告を警告として役立てなかったという非難を加えることができる」という言葉やそれに類したものが二一一件の判決のうち八〇パーセントにのぼる一六九件で使用されていた。このことから、大部分の裁判においては、累犯加重規定が適用されてもその理由づけは、条文中に記された文言の反復で済まされていたという結論が導かれるであろう。

ただ、残りの四二件の事例においては、累犯加重の理由が詳述されていたのであるが、その理由として支配的なのは前科の同一性であった。また、そのほかには犯罪の反復速度の著しさ、保護観察期間の累犯であることが摘示されていたのである。[3]

さらに、これらの事例においては四八条の「犯罪行為の種類と事情を考慮して」という要件を積極的に解し、累犯行為と以前の行為との関連性を問題とするものが三三件存在した。しかし、そのうち二九件は関連行為の引用を行ったにとどまり、内的関連性の基準によれば、どのようなロジックで行為者の行為責任が具体的に増加するのかに関しては、詳細な説明がなされていなかった。他の四件では、根拠づけにあたり、累犯行為と以前の行為との間の「刑法体系的な関連性（strafrechtssystematische Zusammenhang）」が指摘されている。たとえば、窃盗と詐欺とは侵害方向と保護法益を考慮すると、類似で等価である、というような判示がなされているのである。(4)

さらに、マイヤーは、四八条が適用されなかった八五件につき、その不適用理由を探ったところ、九〇パーセントを占める七七件において理由が示されていないか、もしくは「四八条による刑罰加重的な累犯の要件は、以前の有罪宣告に基づいては、明白に認識され得ない」という型通りの表現が用いられていたのである。

結論として、マイヤーは、以下のように論じている。すなわち、非難性条項の解釈に関して、裁判所の説明は十分になされておらず、立法者が非難性条項を創出することによって開こうとした本質的な可能性は、上記の判決理由を考察する限りでは、生かされていないままである、と。(5)

このような実証的な調査・研究によっても、「高められた行為責任」の積極的な証明は十分に行われていないことが明確に示されているのである。非難性条項により、責任主義の諸観点から行われた批判を回避しようとした立法者意思は、画餅に帰した、という観があるのである。

最後に、責任主義を担保するための非難性条項に関する総括的評価がなされなくてはならないであろう。

(六) 総　括

すでに述べたように、[1] ドイツにおいては累犯加重に向けられた責任主義の観点からの諸批判は、非難性条項による立法上の解決に委ねられたのであった。そして、本節では、この非難性条項の解釈・適用に関する、判例および学説の状況を検討してきた。しかし、結論的にいえば、非難性条項は判例・学説をもってしても責任主義からの批判を十分に回避できなかった、と評価せざるを得ないのである。

すなわち、

(1)　非難性条項の核心部分である「行為の種類と事情」の要件自体が不明確であるために、行為責任の増加を条文解釈によって担保することが難しい。

(2)　通説・判例は、「行為の種類と事情」という文言を「内的関連性」に結びつけて理解したが、その判断基準が行為責任から独立した内容を有し、規範的責任論を十分に考慮したものではなかったため、警告効果の有効性に対する批判を避けがたい。

(3)　内的関連性の存在確認を含む「高められた行為責任」の積極的証明は、原則として行われておらず、このような実務における「原則―例外主義」が、非難性条項の行為責任担保機能を形骸化させている。

(4)　前刑の警告機能に感銘した累犯者が、累犯行為の実行に際して、強められた反対動機（制御能力）を持っていたことの積極的確認が必要とされるはずであるが、そのための「制御能力についての特別の検証」は十分に行われていない。

という諸点に鑑みると、前節で検討した責任主義の観点からの諸批判を依然として受けざるを得ない、と結論づけるべきであろう。

では、前述の非難性条項に関わる問題点は、なお解決の展望が開けるであろうか、というと、警告理論の支持者からは「高められた行為責任」の積極的証明を徹底的に義務づけるという見解が提出されるだろう。そしてその場合、「高められた行為責任」はいわば、「規範的」な概念として捉えられており、本来的に明確化の可能性を欠いているがゆえに厳密には証明され得ない、という前提に立つであろう。

たとえば、シュトームは「(非難性条項の適用は)、確かに困難であるが、不当にも主張されているように、全く適用できないものではない。それは、中身のない規定（Leerformel）ではなく、融通がきくし（flexibel）、実際の適用にあたって、必要な幅（Spielraum）を設けており、それによって適切な帰結を可能にしている」と述べているが、(2) このように非難性条項の実践的意義を高く評価する立場からは、そのような議論に親しむことは容易である。とはいえ、このような擁護論は、責任主義からの諸批判には何ら答えることなく、実務上の効用のみを賛美することに終始する便宜主義的主張にすぎないのである。

さらにいえば、そこでいう効用も、「非難性条項は適用不可能ではない」という程度の消極的なもののように解される。

しかし、ハフケのように「行為責任の増加を積極的・具体的に確定するためには、行為者の心理状態の非常に緻密な評価を要する」(3) という立場をとった上で、⑴それは裁判所にとって過大な要求で、(4) ⑵そのような調査が仮に可能だとしても、累犯に関する知識によれば行為責任は軽減されるという結論になる、という帰結を導く見解からすれば、(5) 裁判官による積極的証明の徹底化は徒労にすぎず、そのような判断の強行は悪しき規範主義に陥らざるを得ないであろう。

以上の考察は、非難性条項による責任主義の確保という基本的見解に本質的な問題があったことを認めさせるはずである。すなわち、「前刑の警告機能に基づく行為責任の増加」ということが可能であるためには、「高められた犯罪エネルギー」ないし「違法性の意識・反対動機の強化」等の主観的現象の存在が観念上不可欠とされてきた（そして、そのことは少なくとも黙示的に実体法上の要件とされているはずである）ことは、繰り返し指摘してきた通りだが、このような心理状態の量的把握はその存否自体の判断よりも格段に困難であることは、事柄の性質上明白であるし[6]、犯罪学や社会心理学の見地からの主張、つまり「高められた犯罪エネルギー」や「高められた抑制閾」なるものは存在しない、ということが真実ならば、本来存在しないものを、存在するかのように扱う虚構的心理状態を積極的に確認する、という極めて困難な判断を裁判所は強いられるわけであり、その場合、「原則—例外主義」が一般化したり、「疑わしきは被告人の利益に」の見地から累犯加重の排除が続出する事態が生じることは容易に予測しうる。前者の場合、「高められた行為責任」概念は、責任主義に関する諸批判を当然甘受せざるを得ないであろうし[7]、後者の場合、非難性条項は不要なのである。

すなわち、前刑の警告機能が有効か否か、行為者の側に警告に感銘しうる能力が存したのかどうか、という二点が積極的に証明・確認されなければ非難性条項に期待されたケストリン・シュトラーテンヴェルトによる批判を回避する機能を果たせないことは、まず明らかであろう。

そして、その場合必然的に行為責任の増加は個別的事情を無視して画一的に行われるから前述のビンドカートの批判が妥当することとなり、行為者の能力も国家によって擬制される結果となるから、ミア・プイクの期待可能性に関する議論も再燃せざるを得ないであろう。さらに、累犯行為の中に前科が主観的に解消されないわけであるから、二重の帰責の観点からの批判もかわすことができず、結局累犯の重罰は完全に予防的な目的に基づくものと解されるに至るはずである[8]。

こうして、警告理論は、それが累犯者の心理状態の正確な評価という解決の困難な課題を、その本質に内在させている、という動かしがたい事実に基づきその維持に破綻を来すのは必然的な帰結であった、といえよう。

要するに、警告理論に基づく累犯加重の根拠づけを支持する論者たちにとって、「責任主義違反」の批判をかわす論拠は、「立法とそれに関する学説・判例によって、責任の増加する場合とそうでない場合とを的確に選別しうる」という一点に存していたがゆえに、立法的解決への期待が幻想にすぎないということが明らかになったことは、警告理論自体の崩壊を意味する。

すなわち、皮肉にも警告理論を生かすために創出された非難性条項は、かえって警告理論の不当性を浮き彫りにしてしまったのである。

このことは、実定法上の文言の細部の違いをしばらく別とすれば、警告理論によって累犯加重を根拠付けようとする立場には、すべて妥当するはずであるから、わが国の累犯加重に関しても警告理論を支持する議論[9]の無効を帰結することは否定しえまい。

したがって、警告理論に基づく累犯加重の根拠づけはもはや保ちがたく、責任主義のもとにおける累犯加重の正当化は別の観点から試みられねばならないのである。そして、そのための手掛かりを提供したのが、「軽微累犯の責任相応刑」の問題である。ただし、その問題の考察に入る前に未だに警告理論に依存している「前科による刑罰加重」の議論について検討しておきたい。

(一)

（1） Kürschner, Die materielle Rückfallklausel des § 48 StGB, 1978, S. 21.

（2） Dreher, in; Protokolle des Sonderausschusses für die Strafrechtsreform, Deutscher Bundestag, 5. Wahlperiode, S. 2188.

（以下、Prot. V. と略す）

（3） Prot. V., S. 374f.

（4） Kürschner, a. a. O. [Anm. 1], S. 26. なお、累犯加重規定である旧四八条（以下、単に四八条と略す）は二つの形式的・実質的要件を備えていた。前者は、行為者が「すでに少なくとも二度、本法の適用領域内において、故意の犯罪行為により刑の言渡しを受け」たこと（刑法四八条一項一段一号）および「これらの行為の一個又は数個により、少なくとも三か月の期間、自由刑の執行を終え」たこと（刑法四八条一項一段二号）の二つである。そして、後者は、第一に、累犯加重の理由となる行為は故意の犯罪行為でなくてはならず、しかもその行為について定められた法定刑の上限は一年以内であることを要するというものであり、第二に、行為者に対して「犯罪行為の種類と事情を考慮して、その者が以前の有罪宣告を警告として役立てなかったという非難をその者に加うべき場合」であることを要求するものなのである。

上記の点に関しては、Baumann-Weber, Strafrecht, Allg. Teil, 9. Aufl., 1985, S. 642ff.; Dreher-Tröndle, Strafgesetzbuch und Nebengesetze, 42. Aufl., 1985, § 48, Rdn. 3ff.; Hirsch, in; Jescheck-Ruß-Willms (Hrsg.), Strafgetzbuch, Leipziger Kommentar, 10. Aufl., 1978ff., § 48, Rdn. 1ff.; Jescheck, Lehrbuch des Strafrechts Allg. Teil, 3. Aufl., 1978, S. 718.; Lackner, Strafgesetzbuch mit Erläuterungen, 16. Aufl., 1985, S. 272ff.; Maurach, Deutsches Strafrecht, Allg. Teil, Ein Lehrbuch, 4. Aufl., 1971, S. 856ff.; Maurach-Gössel-Zipf, Strafrecht, Allg. Teil, Teilband 2, 6. Aufl., 1984, § 48, Rdn. 31ff.; Stree, in; Schönke-Schröder (Hrsg.), Strafgesetzbuch, Kommentar, 22. Aufl., 1984, § 48, Rdn. 4ff. を参照。

（5） BGHSt., Bd. 2, S. 361. なお、この点につき、vgl. Klose, Die Bestrafung von Rückfalltätern, 1989, S. 34.

参考までに、四八条以前の、刑法各則上の累犯規定の条文（§ 244 I, § 250, § 261 I, § 264 I）を以下に掲げておく（法務資料第三二九号（昭和二九年）一一八—一二八頁）。

①刑法二四四条一項（累犯窃盗）

ドイツ国内において窃盗として、強盗として、強盗と同等に、又は犯罪隠匿者として、処罰された者が、その後再びこのような行為の一つを犯し、そのために罰せられるときは、単純窃盗第二四二条を犯したときは、一〇年以下の重懲役、重い窃盗第二四三条を犯したときは、二年を下らない重懲役をもって罰する。

②刑法二五〇条一項五号（累犯強盗）

強盗がドイツ国内において、すでに一度強盗として、又は強盗と同等に処罰されたとき（五年を下らない重懲役が宣告される）。

③刑法二六一条一項（累犯犯罪隠匿）

ドイツ国内において犯罪隠匿のかどで一度処罰され、その後犯した犯罪隠匿のかどで、二度目に処罰された者は、二度目に犯した犯罪隠匿が重い窃盗、強盗又は強盗と同等に処罰せられる犯罪に関するときは、二年を下らない重懲役をもって罰する。酌量減軽すべき事情が存するときは、一年を下らない軽懲役に処する。

④刑法二六四条一項（累犯詐欺）

ドイツ国内において詐欺のかどで一度処罰され、その後犯した詐欺のかどで二度目に処罰された者は、詐欺の再犯のかどで、一〇年以下の重懲役及び同時に罰金をもって罰する。

（6） Maurach, Deutsches Strafrecht, Allg. Teil, 2. Aufl., 1958, S. 669.

（7） Kürschner, a. a. O. [Anm. 1], S. 26.

（8） Frosch, Die allgemeine Rückfallvorschrift des § 48 StGB, 1978, S. 74.

（9） Horn, in: Rudolphi-Horn-Samson (Hrsg.), Systematischer Kommentar zum Strafgesetzbuch, Bd. 1, Allg. Teil, 2. Aufl., 1977, § 48, Rdn. 34. なお、累犯の実行行為が「回避可能な禁止の錯誤」を伴う場合、ドイツでは前刑の警告機能が、実行行為に関する制御能力のほかに、当該行為の違法性の存否を確認することについての注意能力を高めるはずだという意味において、回避可能な禁止の錯誤の場合にも累犯に高められた行為責任が生じる、という趣旨の議論が行われていたが、これに対しては、そのような責任は実行行為自体ではなく、実行行為以前の行為に関するものであるから、個別行為責任ではなく行状責任である、という批判がヘルテルによってなされている（Härtel, Zur Rückfallstrafe nach § 17 StGB, 1973, S. 79ff.）。

（10） Lackner, a. a. O. [Anm. 4], S. 274.

（11） Stree, a. a. O. [Anm. 4], § 48, Rdn. 1.

（12） Maurach-Gössel-Zipf, a. a. O. [Anm. 4], § 48, Rdn. 39. なお、四八条は、非難性条項の付加という点で、妥協的であったのみならず、六二年草案まで維持されていた刑罰の上限が特別委員会で廃止される一方で、刑の下限六か月固定が残存した点において、責任主義と特別予防との妥協がうかがえるのである（Kürschner, a. a. O., S. 30f.）。

(13)　OLG Hamburg NJW 1972, 1381.　この判例では、従来の各則上の累犯規定においては「前刑の警告作用の無視」は累犯者においては当然存在するものと解され、そのことから累犯は当然に刑罰加重事由として考慮することが許容されていたのであったが、非難性条項の新設により個別的な事例において、(1)二つの必要的な以前の有罪宣告により、新たな行為に対する警告効果が期待されえたこと、(2)行為者がこの警告を理解して、それにより、行為を規制することができたこと、という二個の事項が具体的に前提とされうるという実質的な評価を経た上で、行為者に高められた責任非難が加えられなくてはならない、という趣旨の認識が示された。

(14)　Frosch, a. a. O.［Anm. 8], S. 75.

(15)　Frosch, a. a. O.［Anm. 8], S. 75.

(16)　第三章第二節(2)のケストリンの見解参照。

(17)　第三章第二節(6)のシュトラーテンヴェルトの見解参照。なお、刑法改正特別委員会においては、シュトーム参事官(Ministerialrat Sturm［BMJ］)が、「(非難性条項の判断のためには) 行為者の心理の微妙な (subtil) 評価を必要とする」ということを肯定しながらも、「我々は、そのことについて実務が熟練している (fertig) ことを信じてもよい」と説いていた(Prot. v., S. 388.)。しかし、裁判官の事実認定力をこのように過信することが、そもそも誤判の重大な原因であることを忘れてはならないであろう（渡部保夫・無罪の発見（平成四年）四一二頁）。

㈡

(1)　Frosch, Die allgemeine Rückfallvorschrift des § 48 StGB, 1976, S. 76.

(2)　Horstkotte, in; Protokolle des Sonderausschusses für die Strafrechtsreform, Deutscher Bundestag, 5. Wahlperiode, S. 375f.

(3)　Blei, Strafrecht, Allg. Teil, Ein Studienbuch, 18. Aufl., 1983, S. 404f.

(4)　Frosch, a. a. O.［Aum. 1], S. 77.

(5)　Frosch, a. a. O.［Aum. 1], S. 78

(6)　Frosch, a. a. O.［Aum. 1], S. 78.

(7)　Frosch, a. a. O.［Aum. 1], S. 79.

(三)

（1）Begründung, E 1962, S. 182.　それに対する批判として、vgl. Bindokat, Zur Rückfallstrafe de lege ferenda, ZStW Bd. 71 (1959), S. 286.

（2）Horn, in; Rudolphi-Horn-Samson (Hrsg.), Systematischer Kommentar zum Strafgesetzbuch, Bd. 1, Allg. Teil, 2. Aufl., 1977, § 48, Rdn. 35. においては「客観的に満足しうるより重大な警告機能は、具体的に判決を言い渡されるべき行為と一定の関係に立つような犯罪行為を理由とする有罪宣告を前にしてのみ、考慮されるのである」としているし、また Lackner, Strafgesetzbuch mit Erläuterungen, 16. Aufl., 1985, S. 274. においても「(内的関連性から) 警告機能の期待が生じる」と述べている。ほかに、Sturm, Zur Strafschärfung bei Rückfall (§ 48 StGB), MDR 1979, S. 370. も「(累犯の高められた非難は) 客観的には、以前の有罪宣告の効果が新たな行為に期待されうることを前提とし、……同種の行為についてのみ（警告の効果は存するの）であり、そのさい、被侵害法益、実行方法等の同種性が関係しうる」と説く。

（3）Horstkotte, Die Vorschriften des ersten Gesetzes zur Reform des Strafrechts über den Rückfall und die Maßregeln der Sicherung und Besserung, JZ 1970, S. 153.

（4）Stree, in; Schönke-Schröder (Hrsg.), Strafgesetzbuch, Kommentar, 22. Aufl., 1984, § 48, Rdn. 10. は、「四八条は、一般に一定の類似性をもつかまたは、法敵対的態度の徴表的行為として現れているような、以前の諸行為を求めているのであり、そのような行為でない場合には、必要とされる『以前の有罪宣告の警告』を欠く」のであるから、「財産犯についての有罪宣告は通常、交通犯罪や性犯罪を防止するのに適していない」としている。

（5）OLG Hamburg NJW 1972, 267; OLG Koblenz MDR 1972, 882; OLG Koblenz MDR 1973, 426.

（6）BGHSt., Bd. 23, S. 237.

（7）「(狭義の) 内的関連性 (innerer Zusammenhang)」という概念を用いるのは、Jescheck, Lehrbuch des Strafrechts Allg. Teil, 3. Aufl., 1978, S. 718. で、「以前の行為の種類と事情とが考慮されるなかで、刑の加重を生じる責任非難は、行為者が新たな行為のさいに以前の有罪宣告によって警告されねばならないはずである、という意味での『内的関連性』が諸行為の間に存するときに限って高められるのである」と主張されている。

さらに、Maurach, Deutsches Strafrecht, Allg. Teil, Ein Lehrbuch, 4. Aufl., 1971, S. 858. は、「(異種累犯の場合) 新たに判

決を下されるべき行為とが、『内的関連性』のなかに存在するときにのみ累犯加重を生じる」と述べている。

（8） Stock, Ist strafschärfung bei Rückfall berechtigt? in; Festschrift für Nottarp, 1961, S. 152. は、「刑法典の与かり知らない内的関連性によって、責任なく累犯となった者に加えうるであろう非難に、場所を与えることは不幸だと思われる」と論じている。

（9） Prot. v., S. 378. シャップホイトレ局長（MinDir. Schafheutre ［BMJ］）は、内的関連性概念を、「疑問点が多い概念(problematischer Begliff)」と評した。

（10） Bindkat, Zur Rückfallstrafe de lege ferenda, ZStW Bd. 71 (1959), S. 287. は、内的関連性概念は限定困難であるがゆえに、適用できない、と評していた。

（11） Dreher-Tröndle, Strafgesetzbuch und Nebengesetze, 42. Aufl., 1985, § 48, Rdn. 2.

（12） Frosch, Die allgemeine Rückfallvorschrift des § 48 StGB, 1976, S. 85.

（13） Kürschner, Die materielle Rückfallklausel des § 48 StGB, 1978, S. 23f. 当初、特別委員会の審議においては、実質的条項の言い回しとして、四八条のような非難性条項ではなく、「同一の加害的傾向（dieselbe schadliche Neigung）」と「内的関連性」の二つが提案されていたが、結局適用上の困難が指摘されどちらも廃案となったという経緯がある（Prot. v., S. 277, 377ff.）。

ただ内的関連性概念の方は、非難性条項の解釈に際して「警告機能が認められるのは、内的関連性のある場合である」というような形で、注釈書等において無造作に復活させられるに至ったのである。

（14） Frosch, a. a. O. ［Anm. 12］, S. 87.

（15） Frosch, a. a. O. ［Anm. 12］, S. 87.

「刑事学的に把握された関連性」の中に、以前の行為と今回の行為とが存する場合にのみ刑事学的に理解された累犯が肯定されるとするのが、Geerdz, Anmerkung zur Entscheidung des BGH vom 19. 7. 1968, JZ 1969, S. 341. である。

また、Cramer, Das Strafensystem des StGB, JurA 1970, S. 198. も、以前の有罪判決の固有の警告機能を可能とするためには、諸行為の間に「刑事学的に把握された関連性」が認識されなければならない、とする。

他に、Lackner, a. a. O. ［Anm. 2］, S. 274. が「内的な、刑事学的に把握された関連性（innerer, kriminologisch faßbarer

Zusammenhang)」から警告機能の期待が生じると解していた。

(16) Frosch, a. a. O. [Anm. 12], S. 80.

なお「犯罪的連続性」につき、学説では、Börtzler, Verurteilung wegen Diebstahls nach der neuen Fassung der §§ 243, 244 StGB, NJW 1971, S. 684. が、「今回犯された行為と以前に犯された故意行為との間には、内的な、すなわち刑事学的に把握された関連性が存在すること、すなわち一定の『犯罪的連続性』が存在することを要する」と述べているほかに、Dreher-Tröndle, a. a. O. [Anm. 12], § 48. Rdn. 11 が、「異種累犯の場合には、諸行為の刑事学的に把握された関連性が、『犯罪的連続性』をもっていることが重要だ」と指摘している。

このほかに、Koffka, in; Buldas-Willms (Hrsg.), Strafgesetzbuch, Leipziger Kommentar, 9. Aufl., 1974, § 17, Rdn. 19. も同様である。

(17) Hillenkamp, Zur materiellen Rückfallklausel des § 17 StGB, GA 1974, S. 218. は、たとえば「ごく幼い時期に愛情に満ちた贈り物もなく過ごさねばならなかった者が、それゆえに『神経症的な欠陥のある態度（neurotische Fehlhaltung）』を強化し、そのような態度が全く無意味と思われる窃盗の諸行為の中において明示される場合」、それらの諸行為の間には「刑事学的に把握された関連性」を肯定しうるとするが、そのような関連性は責任に対して中立的なものである、と論じている。

(18) Frosch, a. a. O. [Anm. 12], S. 87.

(19) Frosch, a. a. O. [Anm. 12], S. 108f.

また、Hillenkamp, a. a. O. [Anm. 18], S. 210f. は、同種（gleichartig）ないし同等（gleichwertig）の累犯の場合には、「内的なさもなくば刑事学的に把握された関連性」が存在するとき、警告効果が期待されるのが通例だとする。

さらに Maurach-Gössel-Zipf, Strafrecht, Allg. Teil, Teilband 2, 6. Aufl., 1984, § 48, Rdn. 40. は、反復的な窃盗や数回にわたる性犯罪の場合、警告機能は「行為の類似性」、「その兆候的性格」、「特別の犯罪的性格」から理解されうるのであり、その結果、実質的要件の存在は犯罪経歴の連続性からただちに示されるから、同種累犯の場合、累犯の実質的要件（非難性条項）の充足を否定するためには、特別の厳密な理由付けを要する、と解している（OLG Karlsruhe MDR 1980, 867. も同旨の判示を行っている）。

(20) Frosch, a. a. O. [Anm. 12], S. 83. なお、異種累犯の場合は、警告の無視が存在するという点については、特に「周到かつ綿密な（sorgfältige und eingehende）」理由づけを必要とするというのが判例（OLG Hamburg NJW 1980, 1762）の態度である。

（21）「類似（ähnlich）」概念を用いるのは例えば、OLG Hamburg NJW 1972, 1382.

ここでは、累犯行為と以前の行為が給付詐欺（Beförderungserschleichung; § 26 5a）で、他の行為がもっぱら所有権—財産犯罪（Vermögens-und Eigentums Delikt）である場合が問題となった。

また、「ほぼ同一（etwa gleich）」概念は、BGH NJW 1971, 1996. において用いられている。そして、「等価（gleichwertig）」概念は、たとえば、OLG Stuttgart Justiz 1971, 357 が使用しているが、詐欺（Betrug）と窃盗（Diebstahl）の組み合わせに関する事例であった。

（22）BayObLG NJW 1972, 1380.

（23）Frosch, a. a. O. ［Anm. 12］, S. 110. たとえば、OLG Karlsruhe MDR 1980, 867. では、「同種累犯においては通常、以前の有罪宣告の警告機能が仮定されるので、このように通常の事態から逸脱する判決では、この問題の解決にとって重要な全事情に関する包括的な解説を要する」という趣旨の判示を行っているものの、ここで示されている「逸脱的判決（abweichende Entscheidung）」、すなわち「高められた行為責任」の積極的基礎づけが要求され、「原則—例外主義」が後退するのが、どのような場合なのかは明確ではない。

（24）Hillenkamp, a. a. O. ［Anm. 19］, S. 216 は、「高められた行為責任は、禁止の錯誤の裏面（die Kehrseite des verbotsirrtums）」であると述べている。

ドイツでは、立法・判例のいずれにおいても責任説が支持され、学界においても責任説は安定度を増していると評されているが（阿部純二「西ドイツ新刑法総則における禁止の錯誤」植松博士還暦祝賀『刑法と科学・法律編』（昭和四六年）二九七頁）、責任説の立場からは違法性の意識の可能性を責任阻却事由として位置づけない限り、その存在について検察官は積極的な立証義務を負うはずである（松原久利・違法性の意識の可能性（平成四年）一八頁）。

ところで、原則として、高められた行為責任を肯定し、激情犯・衝動犯等の例外的事例にのみ、刑の加重を否定するという実務の手法に鑑みると、裁判所・検察官においては「責任阻却事由としての違法性の意識の可能性」という考え方を、高められた行為責任の判断にも応用していたと解される。

おもうに、禁止の錯誤における違法性の意識の要件を、高められた行為責任に応用すると、⑴被告人のもつ違法性の意識が、以前の有罪判決および刑の執行により強化され、それによって累犯行為についての具体的な当罰性・可罰性が被告人に意識されるようになったかどうか（Mir Puig, Dogmatische Rechtfertigung und kriminalpolitische Kritik der Rückfallschärfung, ZStW Bd, 86 (1974), S. 192f.）、⑵そのような意識が、反対動機を形成する刺激となり、行為者を初犯者以上に強く適法行為へと動機づけ、累犯行為の実行を困難にしたかどうか（Rudolphi, Literaturbericht, ZStW Bd, 85 (1973), S. 112）という二つの争点の立証責任は、訴追者の側に課せられるであろう。

そして、ここで問題となっている「内的関連性」の要件は、⑴の「強化された違法性の意識」を警告機能自体の有効性によって担保するために、さらに後述する「制御能力に関する特別の検証」の要件は、⑵の「強められた反対動機」を「制御能力」という観点から補足すべく、それぞれ、判例・学説上形成されたと考えられる。

この場合、⑴⑵の各要件は、違法性の意識に関する「責任説」に従えば、それらの可能性で足りるのであるから、⑴⑵の要件は厳格故意説からの帰結ではないか、との反論が当然ながら想定されうるが、本稿が責任説に立脚することはすでに第一章㈡⑷で確認したとおりである。

責任説からすると、違法性の意識の可能性で足りるから、前刑の警告によって実際に違法性の意識が強化されていたかどうかを問題にする⑴⑵の要件は不要なはずであろう。

しかし、違法性の意識の可能性が強められれば足りるというような考え方を、累犯加重の議論にそのまま持ち込むことは不当なのである。

すなわち、すでに何度も指摘してきたとおり、累犯者の平均像というものを、文字通りの平均人として設定することは、刑事学的観点から不合理なのである。なぜならば、累犯者の大多数は、意志薄弱や精神的未熟といった、そもそも刑罰の警告機能に感銘しがたい人格的特徴を有しているのであり、彼らは犯罪に対する抵抗力がもともと弱いと解されるからである。この点を無視して、前刑により警告されていたから、いっそう遵法的でありうるし、あるべきだ、と論ずるのでは説得力を欠くといわざるを得ない（なお、責任説の立場においても「違法性の意識の可能性」の「擬制」が問題となりうる点について、長井長信・故意概念と錯誤論（平成一〇年）一〇四頁以下参照）。

そこで、「非難の説得性」を確保するためには、行為者人格からのずれを、可及的に小さくすることが当然要求されなければならないであろう（中山研一・刑法総論（昭和五七年）三二二頁）。

その結果、たとえ一般的には「違法性の意識の可能性」を要求するにすぎない「責任説」の立場からも、期待可能性の観点から、「行為者本人の属する類型人標準説」に従い、あえて、違法性意識・反対動機の強化を積極的に立証・確認することを要求せざるを得ないのである（期待可能性の問題に関しては、本稿第一章(二)(5)、第二章第三節参照）。

(25) Jescheck, Lehrbuch des Strafrechts Allg. Teil, 2. Aufl., 1972, S. 320f.

(26) Frosch, a. a. O. [Anm. 12], S. 111.

(27) Frosch, a. a. O. [Anm. 12], S. 110.

(28) たとえば、OLG Stuttgart a. a. O. [Anm. 21], S. 375.

(29) 法律施行後、非難性条項の解釈に関しては、積極的理解を回避しようという結果が生じたのであり、立法者意思は逆転させられた。

(30) Frosch, a. a. O. [Anm. 12], S. 112.

(31) Begründung, E 1962, S. 182.

(32) Prot. v. 375.

(33) Prot. v. 377.

(34) しかし、そもそも超構成要件的な異種累犯を認めることは、法益概念を抽象化・精神化する危険があり、違法性に関して結果無価値論的立場を前提とする本稿においては、肯定しがたいのである（なお、長井・前掲書（注24）五六～六五頁参照）。ただ、わが国の量刑実務においては、異種累犯は刑罰加重事由として考慮されていない、という報告もある（中利太郎「量刑の実際とその諸問題」刑法雑誌一二巻二・三・四号（昭和三七年）一八九頁）。

(35) BGH GA 1972, 79; BGH NJW 1974, 465.

(36) 「内的関連性」という文言を使用する判例として、vgl. OLG Hamburg NJW 1972, 1382.がある。

(37) 「犯罪的連続性」を用いるのは、vgl. BGH bei Dallinger MDR 1971, 16.; BGH GA 1972, 79.; OLG Hamburg NJW 1972, 267（治安妨害と身体傷害の連続性肯定）.; BayObLG NJW 1972, 1380（扶養義務侵害と服従義務違反および上司への暴行との連続性否定）. である。

なお、「刑事学的連続性（kriminologischer Kontinuität）」は、BGH DRiz 1975, 283（暴力・財産犯罪と偽造運転免許証使用・無免許運転との連続性否定）において認められる表現である。

（38）「刑事学的に把握された関連性」を使用したものとして、BGH DRiz 1978, 277（財産犯と無免許運転との関連性否定）.; BGH DRiz 1979, 311（轢き逃げ未遂と無免許運転との関連性肯定）.; OLG Hamburg GA 1980, 358（窃盗と偽証教唆及び轢き逃げの関連性否定）.; OLG Schleswig Stv 1983, 373（アルコール濫用と金融犯罪との関連性否定）. などがある。

次に、「直接（unmittelbar）」刑事学的に把握された関連性」という表現を用いるのが、BGH NJW 1974, 465（故意の酩酊犯罪と財産犯との関連性否定）., OLG Koblenz MDR 1972, 882（累犯行為は性犯罪であるが、前科の中に性犯罪が含まれているか不明なため警告無視の非難が否定された）.; OLG Koblenz MDR 1973, 426（詐欺と窃盗の関連性肯定）．である。

また、BayObLG NJW 1972, 1380. は、「一定の内的な刑事学的に把握された関連性（gewisser innerer kriminologisch faßbarer Zusammenhang）」が認識される場合にのみ固有の警告機能が可能と考えられる、と判示している。

このほか、BayObLG MDR 1981, 688. も同様である。単に「内的な刑事学的に把握された関連性」とするものに Bay obLG JR 1982, 163. がある。

（39）BGH bei Dallinger MDR 1971, 16.

（40）BGH GA 1972, 78.　なお、この事例は、以前の行為が⑴児童に対する猥褻行為、⑵無免許運転と同時に行った飲酒運転で、累犯行為が窃盗であった。

（41）BGH GA 1972, 79.; BGH bei Dallinger MDR 1971, 16.; BGH NJW 1974, 465.; OLG Hamburg NJW 1975, 549.

（42）BayObLG NJW 1972, 1380.

（43）ただし、Mir Puig, a. a. O. [Anm. 24], S. 206. は、（四八条）が以前の有罪宣告を警告として考慮することを要求するとしても、それはただ客観的関連性（objektiver Zusammenhang）を求めるものであって、行為者の人格的能力は関連性判断の基礎とされていない、と指摘しているが誤解であろう。

（44）Jescheck, a. a. O. [Anm. 7], S. 718. が、内的関連性のための一内容として、法益（Rechtsgut）を挙げるほか、Maurach, a. a. O. [Anm. 8], S. 858. も、「窃盗—誹毀（Verleumdung）—轢き逃げ（Verkehrsunfallflucht）」という犯罪連関の中においてよりも、「詐欺—文書偽造（Urkundenfälschung）—偽証（Meineid）」という連続性の中での方が、強められた法敵対性

（gesteigerte Rechtsfeintschaft）の証拠を明示する、と述べている。
(45) Breidthardt, Die Behandlung des Rückfalls und des Rückfalltäters in der Strafrechtsreform der sechziger Jahre, 1971, S. 135.
(46) Stree, a. a. O.〔Anm. 4〕, § 48, Rdn. 10.
(47) Jescheck, a. a. O.〔Anm 7〕, S. 718.; Lackner, a. a. O.〔Anm. 2〕, S. 274. は、着手行為（Angriffshandlung）の類似性を掲げている。他に、Maurach, a. a. O.〔Anm. 7〕, S. 858.
(48) Dreher-Tröndle, a. a. O.〔Anm. 11〕, § 48, Rdn. 11.; Maurach, a. a. O.〔Anm. 7〕, S. 858.; Maurach-Gössel-Zipf, a. a. O.〔Anm. 20〕, § 48, Rdn. 41. は、同一の動機、類似の目的方法、本質的に一致する活動領域（im wesentlichen übereinstimmendes Betätigungsfeld）という観点の下において、異種累犯における「警告無視」を確認しうるような「内的な、刑事学的に把握された関連性」が確認されるとする。
(49) Dreher-Tröndle, a. a. O.〔Anm. 11〕, § 48, Ddn. 11. は、たとえば刑法二四二条（窃盗罪）と同二六三条（詐欺罪）または同二五五条（強盗的恐喝罪）との間に「刑事学的に把握された関連性」を認めている。また、Hirsch, in; Jescheck-Ruß-Willms (Hrsg.), Strafgesetzbuch, Leipziger Kommentar, 10. Aufl., 1978ff., § 48, Rdn. 36. は、動機・被侵害法益の類似性の認められる具体的実行行為の方法の中に、「責任増加的関連性（schuldsteigernder Zusammenhang）」が肯定されるとしていた。
(50) Lackner, a. a. O.〔Anm. 2〕, S. 274.; Seib, Die neuen §§ 16, 17 StGB und ihre Auswirkungen auf die Spruchpraxis in Verkehrssachen, DAR 1971, S. 228.
(51) Stree, a. a. O.〔Anm. 4〕, § 48, Rdn. 10.
(52) Bruns, Strafzusammengsrecht, 2. Aufl., 1974, S. 581.
(53) Geerds, Zur Rückfallkriminalität Erwachsener, Kriminologische Gegenwartsfragen Heft 8. 1968, S. 49.
(54) Börtzler, a. a. O.〔Anm. 16〕, S. 684. は、「被告人は、どのようなことでもやりかねない、いかなる刑罰によっても感銘を与えることができない、という完全に荒廃した（verlottert）人間である」という意味においても「内的関連性」は肯定しうるということとなる、と批判する。
また、Hirsch, a. a. O.〔Anm. 49〕, § 48, Rdn. 36. も、「（諸行為が）無顧慮や利己心のような同じ精神的原因（seelische

Wurzeln）に基づく場合には、実質的要件の確認には注意を要する」としている。

さらに、法案審議に際しても、「行為者が自分の自動車でいつも町中を暴走するとか、取っ組み合いの喧嘩で有罪になるとか、暴行殴打行為をはたらくならば、諸行為の基礎に『満足感を得ることのない権力コンプレックス（ungesättigter Machtkomplex）』があるがゆえに、そのような同一の精神的原因を理由として内的関連性が明らかにされる」という意見がシュルツ（Dr. Schulz／SPD）によって表明されていたのであった（Prot. v. S. 379）。

(55) 後藤昌次郎・冤罪（昭和五四年）一九四頁によると、いわゆる「弘前事件」で誤判の結果懲役一五年を宣告されたN氏（昭和五二年二月一五日再審無罪判決）は、秋田刑務所に収監されて五年程経過した頃、罪を認め、謝罪し改悛の情を示せば、一級模範囚への特進可能という話を持ちかけられたが、「やっていないのに改悛の情を示す気になれなかった」ことから、言下に断り、その後も、同様に無罪を主張して、仮釈放の機会を逸したのであった。

また、いわゆる「梅田事件」で誤った裁判により、殺人犯として無期懲役刑を言い渡された上一八年七か月刑務所に収監され、ようやく仮釈放が認められたU氏（昭和六一年八月二七日再審無罪判決）についても、同種のエピソードが伝えられている（林晴生・梅田事件～冤罪の構図～（昭和六二年）三三〇頁）。

(56) たとえば、一九七一年九月九日に、ニューヨーク州アッティカ刑務所で発生した有名な受刑者暴動は、不適切な懲戒処分に対する憤激の偶発的な爆発を契機として始まった、といわれる（佐藤欣子・取引の社会（昭和四九年）一七七頁、吉田敏雄・行刑の理論（昭和六二年）一三頁）。

また、日本でも、刑務所の過酷な処遇に反発して脱獄の常習者となったものの、たまたま府中刑務所で出会った刑務所長の「人間的扱い」に接して、脱獄への執念を断つに至る人物が実在したことは周知のとおりである（吉村昭・破獄（昭和六一年）三五六頁）。なお、受刑者の人権に関する近年の論考としては、菊田幸一（編著）・受刑者の人権と法的地位（平成一一年）三頁以下が詳細である。

㈣

(1) 激情犯については、Dreher-Tröndle, Strafgesetzbuch und Nebengesetze, 42. Aufl., 1985, § 48, Rdn. 9. が、「警告機能を自覚させるための時間を置いておかないから『以前の有罪宣告をなおざりにした』という非難が脱落する」と指摘している。

また、Hirsch, in: Jescheck-Ruß-Willms (Hrsg.), Strafgesetzbuch, Leipziger Kommentar, 10. Aufl., 1978ff., § 48, Rdn. 39.

が、激情犯については「以前の有罪宣告を警告として役立たせない、という非難を加えられない」と述べているほか、Horn, in; Rudolphi-Horn-Samson (Hrsg.), Systematischer Kommentar zum Strafgesetzbuch, Bd. 1, Allg. Teil, 2. Aufl., 1977, § 48, Rdn. 36. は、激情犯では「行為者は行為の特別な抑制ないし法秩序に適合的な動機づけを可能にした諸要素を知り、かつ理解していた、とはいえない可能性がある」と論じている。

さらに、Stree, in; Schönke-Schröder (Hrsg.), Strafgesetzbuch, Kommentar, 22. Aufl., 1984, § 48, Rdn. 17. も、激情犯の場合には四八条の適用が「非常に制限される」としている。

なお、植松正「激情行動と責任能力」佐伯千仭博士還暦祝賀『犯罪と刑罰（上）』（昭和四三年）四二二頁以下、中空壽雅「激情行為と責任能力」早大大学院法研論集二七号（昭和五七年）一四九頁以下、長井長信・故意概念と錯誤論（平成一〇年）一四一頁以下、林美月子・情動行為と責任能力（平成三年）一頁以下参照。

（2）　衝動犯に関しては、Dreher-Tröndle, a. a. O. ［Anm. 1］, § 48, Rdn. 9. が、「衝動の強さは、警告機能を隠蔽する（überdecken）」とし、Lackner, Strafgesetzbuch mit Erlauterungen, 16. Aufl., 1985, S. 275. も、「性犯罪（Sexualdelikten）の場合、衝動の強さが警告機能を除外する（ausschalten）」と述べている。

他の文献では、Hirsch, a. a. O. ［Anm. 1］, § 48, Rdn. 39.; Stree, a. a. O. ［Anm. 1］, § 48, Rdn. 17. が同様の趣旨であることが認められる。

なお、植松正「『抗拒不能の衝動』と刑事責任」一橋論叢五八巻三号（昭和四二年）三〇〇頁以下、鈴木義男「正常人の衝動的行為と責任能力㈠㈡㈢」研修二九五号（昭和四八年）八九頁以下、同二九六号（昭和四八年）六五頁以下、同二九七号（昭和四八年）七一頁以下参照。

（3）　薬物中毒につき、Dreher-Tröndle, a. a. O. ［Anm. 1］, § 48, Rdn. 9.; Lackner, a. a. O. ［Anm. 2］, S. 275. は、「常用癖（Sucht）」が警告機能を除外する、と述べている。

（4）　限定責任能力との関係では、すでに、BGH bei Dallinger MDR 1971, 16. において「以前の有罪宣告を警告として役立たせなかったという非難は、限定責任能力者（beschränkt Zurechnungsfähiges）にも及ぶ」とされていた。ほかに、OLG Köln MDR 1977, 860.; OLG Köln 1980, 510. 等。

また、注釈書では、Dreher-Tröndle, a. a. O. ［Anm. 1］, § 48, Rdn. 17.が同様であ

るものの、Hirsch, a. a. O. [Anm. 1], § 48, Rdn. 39. は、判例の見解を踏まえつつも、「限定責任能力者が、以前の有罪宣告を非難可能的に無視したか否かは……、特に念入りに（Sorgfältig）検証されるべき問題である」と指摘している。

なお、浅田和茂・刑事責任能力の研究（上）（昭和五八年）三二四頁で、ルドルフィーの見解が紹介されているが、それによると、責任加重的事情の重さが限定責任能力によって減少するのだが、反対に、森下忠「限定責任能力者の法的地位」植松博士還暦祝賀『刑法と科学・法律編』（昭和四六年）二二四頁のように、限定責任能力から生じる刑の軽減は責任を高める他の要素によって中和されうる、という考え方も存するのであり、前者に従えば、累犯者が限定責任能力の場合、全体として刑罰は軽減されるが、後者からすると刑量は不変ということになろう。

(5)　酩酊行為に関するものとしては、Stree, a. a. O. [Anm. 1], § 48, Rdn. 17. が四八条の適用が制限される場合のあることを認めている。

また、Dreher-Tröndle, a. a. O. [Anm. 1], § 48, Rdn. 11. は、アルコールの影響下においても内的関連性は存在しうる、と述べているほか、Hassemer, Anmerkung zur Entscheidung des OLG Hamburg vom 8. 11. 1974, Jus 1975, S. 334. は、「酩酊行為としての窃盗を伴う刑法旧三三〇条aに基づく、以前の有罪宣告は、別の酩酊状態での犯罪（Vergehen）に先立って行為者を警告するのに適しているのみならず、完全責任能力状態において実行される窃盗行為に先立って行為者を警告するのにも適しているであろう」と論じている。

なお、三三〇条aについては、西原春夫「ドイツ刑法における酩酊犯罪」日本刑法学会（編）『酩酊と刑事責任』（昭和三四年）二一頁以下参照。また、田中圭二・酩酊と刑事責任（昭和六〇年）四九頁以下では、酩酊行為時の制御能力（自制能力）の問題が考察されている。

(6)　意思薄弱者の乏しい抑制能力（Hemmungsvermögen）が警告機能を除外する、と解するのはLackner, a. a. O. [Anm. 2], S. 275. であるが、Stree, a. a. O. [Anm. 1], § 48, Rdn. 17. によると、意思薄弱というだけでは「警告を無視して再び当罰的となった」という非難はまだ脱落しないのである。

なお、Jakobs, Schuld und Prävention, 1976, S. 25. も、意思薄弱による警告機能の排除を認めている。

(7)　社会的無援助が、累犯の高められた非難を妨げうると積極的に主張するのが、Hirsch, a. a. O. [Anm. 1], § 48, Rdn. 40. である。ヒルシュは、刑務所に収監された事や出獄の際の経過的援助（Übergangshilfe）の欠如、出獄後の社会の態度が、他の出獄者の住居での生活や他の仕事仲間からの拒絶をもたらした場合、そのような社会的無援助により累犯に陥ったことは、累犯としての非難を妨げうる、と解するのである。たとえば、行為者が以前の受刑者仲間によって犯罪を教唆されたような場合、累犯加重排除のための手掛かりが与えられるとする。

また、Horn, a. a. O. [Anm. 1], § 48, Rdn. 37. は、意思薄弱とともに、社会的無援助は、特別の動機づけ能力（besondere Motivationsfähigkeit）の欠如しうる事例であると論じている。

このほか、Geerds, Zur Rückfallkriminalität Erwachsener, Kriminologische Gegenwartsfragen Heft 8, 1968, S. 46ff. 参照。なお、伊福部舜二「犯罪前歴者に対する社会的許容量について」犯罪社会学研究五号（昭和五五年）八四頁が、わが国においても「社会が刑務所出所者を受け入れる余裕は乏しい。したがって、刑務所出所者の再犯率は、以前として高率を保つであろう」と述べているのが注目されるが、累犯の社会的原因の除去の必要性を指摘するのが、繁田實造「処断刑の形成」中川祐夫（編著）・刑法1（総論）（平成八年）二六四頁である。

（8）　制御能力（Steuerungsfähigkeit）とは、犯罪行動へ向けられた衝動を自我の機能ないし意思力を働かせて法の要求のもつ意義内容に従って抑圧する能力である、とするのがドイツ判例で確立されている解釈である（安田拓人「制御能力について」金沢法学四〇巻二号（平成一〇年）一三六頁）が、つまり反対動機形成能力と解されているというべきであろう。

現に、ドイツの判例を見るかぎり、累犯加重については、制御能力が「特別の動機づけ可能性（Motivierbarkeit）」等の概念と同一の文脈で用いられており、本来責任能力の問題に属する「制御能力」と、違法性の意識（の可能性）の領域で問題となる「反対動機」とが理論的に未整理のまま交錯していると思われる。なお、ドイツでは「弁識能力」の欠如を理由とする責任無能力を、回避可能な禁止の錯誤の特別な適用事例に過ぎない、とするのが通説・判例である（松原久利「責任能力と違法性の意識の可能性」産大法学三二巻二＝三号（平成一〇年）二八四頁）。

ところで、責任能力の一内容としての制御能力の実際的判断は、正常な制御主体の存在および違法行為の制御という絶対的な規範的要請を前提として、仮定的に、当該行為者が当該衝動を抑圧できたか否かを判断するということになるが、この判断は、具体的行為との関わりにおいて判断されるものと解されている（安田・前掲論文一三六〜一四〇頁）。

もっとも、特定の行為を特定の状況において回避するという特定の人間の能力に関する科学的に追試可能な発言を可能とするような手法は、現在のところ存在しないし将来においても、存在しないであろうから、制御能力の判断方法が規範化することは避けられず、結局、制御能力の判断は「制御可能性の評価」という意味合いを帯びてこざるを得ない（安田・前掲論文一二二～一三六頁）。

すなわち、具体的には、精神の障害により「正常な制御主体」が認められない場合には制御無能力が認定され、正常な制御主体が残っている場合には、その制御主体に残された意思力に犯罪衝動を抑圧することが可能であったのかが、精神鑑定・行為者の具体的事情をふまえて判断されることになるのである（安田・前掲論文一五一頁）。

では、このような考え方を累犯加重の問題にあてはめると、どのような議論が導かれるであろうか。

形式的に転用すると、(1)制御主体（＝累犯者）が、少なくとも正常であること（従って、精神病質・人格障害等の累犯に多いといわれてきた精神の障害が認められる場合には、もはや、強い制御能力を肯定することは許されないであろう）、(2)具体的な実行行為に出るに際して、前刑の警告機能によって通常人以上に強化された意思力によって犯罪衝動を抑圧することが初犯者以上に容易であったことが、精神鑑定・行為者の具体的事情を基礎として認定されるべきであり、本来ドイツの判例で繰り返し判示されてきた「制御能力の特別の検証」とは、このような内容のものでなくてはならなかったはずである。

しかも、(2)についていえば、警告機能によって通常人以上に強化された意思力、つまり反対動機の形成力は、規範的手法によることなくその実在が立証されるべきである。

なぜならば、そもそも単純な「意思の自由」すら、「擬制」（佐伯千仭・四訂刑法講義（総論）（昭和五六年）二三九頁）ないし「仮説」（西原春夫・刑法総論（昭和五二年）三九〇頁）と主張されるほど、規範的要請に基礎づけられたものである以上（第一章㈡(3)参照）、「より強い意思の自由」は消極的行為責任主義の例外として、その存在の立証が厳格に要求されるのが当然だからである。単純な制御能力の存在の判断方法自体が存在しないのだから、より強固な制御能力（意思力・反対動機形成能力）の判断方法を要求するのは無理だ、というのであれば、より強固な制御能力に基づく行為責任の増加論（警告理論）そのものを断念するほかない。

㈤

（1）B. D. Meier, Anwendung und Bedeutung der allgemeinen Rückfallvorschrift, ZStw Bd. 95.（1983）, S. 316.

（2）B. D. Meier, a. a. O. ［Anm. 1］, S. 324.

（3）B. D. Meier, a. a. O. [Anm. 1], S. 324f. 裁判所は、時に四八条の形式的要件だけから行為者の重い責任を認めるのである。

（4） B. D. Meier, a. a. O. ［Anm. 1］, S. 325.
（5） B. D. Meier, a. a. O. ［Anm. 1］, S. 326.

（六）

（1） 第三章第二節参照。
（2） Sturm, Zur Strafschärfung bei Rückfall（§ 48 StGB）, MDR 1979, S. 370.
（3） Haffke, Rückfall und Strafzumessung, in; Bernd Schünemann（Hrsg.）, Grundfragen des Modernen Strafrechtssystems, 1984, S. 208.
（4） Frosch, Die allgemeine Rückfallvorschrift des § 48 StGB, 1976, S. 117.
Kürschner, Die materielle Rückfallklausel des § 48 StGB, 1978, S. 72. によれば、非難性条項については、調査対象となったすべての裁判官の半分が、いかなる認定も行っていない、とのことである。
（5） Frosch, a. a. O. ［Anm. 4］, S. 105.
なお、犯罪学の立場からSchöch, Kriminologie und Sanktionsgesetzgebung, ZStW Bd. 92,（1980）, S. 167. は「以前の有罪宣告に比例して、累犯の蓋然性は高まるのであるから、おのおのの新たな有罪宣告とともに、（規範にかなった態度をとる）能力はむしろ弱まるという点について、ほとんど異論の余地はない」として「高められた犯罪エネルギー」という刑法上の概念が、このような犯罪学上の考え方と矛盾することを指摘した。

また、社会心理学の見地から累犯の「高められた抑制閾（Hemmschwelle）」という観念を拒絶したのが、Klose, Die Bestrafung von Rückfalltätern, 1989, 1ff. であるが、実はこのような考え方を「こじつけの心理学（überspitzte Psychologie）」と批判したうえで成立したのが四八条であった（Prot. v., S. 2187）。
（6） 浅田和茂・刑事責任能力の研究（上）（昭和五八年）二三四頁のシュナイダーの見解を参照。
（7） 吉田敏雄・行刑の理論（昭和六二年）二〇三頁によると、「違法性の意識の可能性」の判断基準として例示される「良心の緊張による回避可能性」の認定は裁判官にとって不可能な事柄に属するとされているが、「高められた違法性の意識ないしその可能性」判断は、なお一層不可能なはずである。
また、責任能力に関していえば、アメリカにおいていわゆる「抵抗不能の衝動テスト」によって、自制能力（制御能力）を考慮に入れようとしたものの、立証不能との批判を受け（田中圭二・酩酊と刑事責任（昭和六〇年）三〇頁、四二頁）、正邪の弁別という知的能力（弁識能力）だけを問題とした「マクノトーン・ルール」も、結局、認識不可能だとされて、生物学的要素を基準とする「ダラム・ルール」が生み出されたことを想起すべきである（墨谷葵・責任能力基準の研究（昭和五五年）三二～一五六頁）。

（8）四八条の特別予防効果について否定的なのは、Berckhauer, § 48 StGB Anspruch und Wirklichkeit Plädoyer, die Rückfallschärfung zu beseitigen, Monatsschrift für Kriminologie und Strafrechtsreform, Heft 5, 1982, S. 270.

また、Kaiser, Kriminologie, 7. Aufl. 1985, S. 83. は、累犯に対する加重刑はしばしば犯罪歴の頂点を過ぎた時点で加えられるから、特別予防的効果が乏しいと主張する（邦訳として、ギュンター・カイザー／山中敬一（訳）・犯罪学（昭和六二年）八六頁参照）。

他方、累犯加重を一般予防に関係づけるものとして、Streng, Schuld, Vergeltung, Generalprävention, ZStW Bd. 92. (1980), S. 652. が、「累犯・前科加重の理由づけとして、……前科についてはそれほど有効ではなかったのに、威嚇的な考え方（Abschreckungsgedanke）が、好んで援用される」と指摘しているが、さらに Helmken, Wer nicht hören will, muß fühlen, DRiZ 1980, S. 63. は、「累犯加重の最も重要な動機は、行為者をある程度の期間、『人間同士の交流の場から引っ張り出して（aus dem Verkehl zu ziehen）』、行為者の新たな行為から、なお一層社会を守りたい、という願望である。しかし、通説や（二元主義の）刑罰体系によれば、量刑決定に影響をもってよいような刑罰目的ではない。……それにもかかわらず、検察官の論告や判決の理由付けの中においては、保安目的（Sicherungszweck）が量刑理由として引用されたり……する」と述べている。

しかし、一般予防的考慮が治安目的と結びつく場合、責任主義を脅かす程の厳罰化の懸念が説かれていることは周知の通りであり、保安や法秩序の防衛の名の下に安易に責任主義の例外を認めるべきではない（岡上雅美「ドイツにおける『法秩序の防衛』概念の展開について㈠」警察研究六二巻一一号（平成三年）一九頁、同「量刑における『威嚇予防目的』の考慮」早稲田法学七〇巻二号（平成六年）五六頁）。

また、刑罰の予告によって犯罪行為に出ないように「威嚇」するという消極的一般予防論とは対照的に、いわゆる積極的一般予防論（規範防衛論・統合予防論）は、法秩序の拘束力および実行力に対する信頼を維持し、かつ強化する、という意味において予防を捉えるが、この考え方からすると、刑罰は法共同体に対して、法秩序が確固たるものであることを明らかにし、国民の法的な忠誠を強化するという機能を持つこととなる（石井徹也「責任判断としての違法性の意識の可能性」早稲田法学会誌四四巻（平成六年）五六頁。その他一般予防に関する文献については、本稿第一章㈡⑵注（４）を参照）。

このような一般予防論からすると、「累犯者は、いったん刑に科せられたことにより、あらためて犯罪を実行しないという社会的役割を果たすことを法共同体から期待されているので、累犯者が犯罪を実行することは、法共同体の信頼を裏切る点で、刑罰による法秩序のための一般予防にとってマイナスに作用するがゆえに、より重い刑罰を科することによって、国民の法的な忠誠を強化すべきである」という類の議論を、累犯加重の根拠として主張することは容易であろう（ドイツの議論は本稿第三章第二節㈥注⑹参照）。

しかし、積極的一般予防効果は、当該行為に対する責任相応刑の反射的効果としてのみ期待すべきである（井田良「量刑理論の体系化のための覚書」法学研究六九巻二号（平成八年）二九五頁）。なぜならば、他行為可能性が不存在の場合にまで刑を科するのであれば、逆に規範への信頼が失われるからである（安田拓人「制御能力について」金沢法学四〇巻二号（平成一〇年）一二六頁）。そして正当にも近年、積極的一般予防論に対する批判的分析が続出しており（前掲石井、井田、安田論文の他、北野通世「積極的一般的予防論」法学五九巻五号（平成八年）一〇三頁以下、高山加奈子・故意と違法性の意識（平成一一年）二五五頁以下）、そこでは、積極的一般予防論と（行為）責任原理との乖離が指摘されているほか、全体主義への転落の危険性について警鐘が鳴らされている。

（９）　たとえば、原田國男「量刑基準と量刑事情」司法研修所論集九九号（平成九年）一五九頁、同「量刑判断の実際」司法研修所論集一〇一号（平成一一年）六五頁によると、実務では相変わらず警告理論「信仰」の根強いことが窺われる。

第四節　警告理論と前科（Vorstrafen）

(一) 総説

さて、前節においては、刑法四八条の要件の下における累犯に関して、いわゆる警告理論に基づく刑罰加重の問題を考察したが、要件上の限定が必ずしも存在しない「前科」も「警告機能」を有するがゆえに、累犯と同様に刑罰加重的に作用するのではなかろうか。このような素朴な疑問は容易に生ずるであろうが、ドイツでは四八条の削除後、刑法四六条の中においてまさにこの点が問題となり、警告理論が四八条の消滅後も、なお健全であることが鮮明となった。(1)

もし、四八条の根底に存した警告理論が生き残り続けたうえで、四八条のような形式的・実質的要件による制約すら欠いた前科一般に警告機能が肯定されるとすれば、事実上、累犯加重の無制限な拡大を招き、看過しえない責任主義との抵触という事態が無反省に放置されつづけることが予想される。

すなわち、いわゆる「累犯」において「警告理論」に基づく刑罰加重が責任主義に反するということになれば、同じことは前科による刑罰加重の場面にも一般的にあてはまるはずであり、それゆえ、宣告刑を形成する過程において前科を警告機能無視に基づく行為責任の増大を理由として、刑罰加重的に考慮することは許されない、という結論をもたらすはずである。(2)

そして、このような問題意識は、わが国でも「法定刑の範囲内で宣告刑を導き出す場合においても、もし累犯者に対し同程度の行為について初犯者よりも重い刑を言い渡すためには、累犯者の重い責任が必要である」と主張されていることに鑑みて、検討する必要があるだろう[3]。

そこで、この論点についても判例・学説で比較的明瞭な議論が展開されているドイツに再び目を向けることとする。

上述したとおり、ドイツでは刑法四八条の廃止後、量刑原則を定めた四六条二項に掲げられた「行為者の前歴（Vorleben des Täters）」の解釈として従来から「行為者の前科」を含ませてきたうえに、「累犯加重」の根拠づけを援用してきたという事情から、四八条が削除されると必然的に四六条における前科の刑罰加重的考慮と責任主義との関係が問題化したのであった。

(二) 初期の判例の状況[1]

警告理論によって基礎づけられた刑法四八条（旧一七条）が規定されるまでの、判例の状況について考察するといくつかの特徴を見出すことができる。すなわち、要約すると、(a)関連性のある前科は当然刑罰加重的に作用する、(b)関連性のない前科でもそれが行為者の危険性を推論させる場合には、刑罰加重的に作用しうる、(c)前科の内容としては刑の言渡し・執行を伴ったものであることを要しなかった、という三点にまとめられるであろう。以下においては、これらの特徴について個別的に検討を加えたい。

a　関連性のある前科（einschlägige Vorstrafen）

【判例①　OLG Hamburg NJW 1963, 217[2]】

被告人は、かつて道路交通免許規則（StVZO）七一条によって基礎づけられた有罪宣告を、今回の類似行為に対して刑罰加重的に考慮されたが、ハンブルク上級地方裁判所は、「決定的なことは、その科刑が別の類似行為の実行に先立って、被告人を警告するのに適していた、ということだけであり、それにもかかわらず、行為者が新たに法に違反したならば、それによってその責任は高められるのだ」という趣旨の判示を行った。

ここで注意すべきことは、「警告違反」概念が用いられ、それが「責任」を高める契機とされている点であるが、この「責任」をただちに「行為責任」を意味すると解すべきかどうかは、にわかに決めがたい。なぜならば、この判示に先行して「量刑に際しては、直接に行為それ自体と並んで被告人の人格もまた責任に関連しており、経歴や性格の発達も考慮されうるのだ」と説示しており、行為の時点における「違法性意識」や「反対動機」の問題そのものよりも、行為者人格一般に対する着眼が窺われるからである。

【判例② BGH MDR 1967, 898】(3)

被告人は、二年半前、轢き逃げ（Verkehrsunfallflucht）を理由として、二週間の軽懲役を受ける、という前科を有していたが、今回強姦未遂で有罪宣告を下されたのである。事実審裁判所は、轢き逃げと強姦未遂について関連性を認め、以前の有罪宣告から、被告人の「傍若無人で法敵対的心情（Rücksichtlose und Rechtsfeindliche Gesinnung）」を導き出し、当該前科を刑罰加重的に考慮した。

ただし、ＢＧＨは、前科と上述の被告人の心情との必然的な関係が根拠づけられていない、として刑の言渡しを破棄している。

本事例では、強姦未遂と轢き逃げの関連性を認めているが、その根拠は不明であるし、前科と「危険な心情」との必然的関係の立証方法の内容についても、ＢＧＨは詳しく説示していないようである。(4)

ところで、この事例では、警告概念は直接使用されておらず、被告人の危険な心情を理由に刑罰を加重しており、しかもそれが責任の加重を伴うのかどうかについては明言していない点で判例①よりも、行為責任から距離がある考え方に立っている、と解される。

【判例③　OLG Hamburg NJW 1969, 1222】(5)

無免許運転で、これまでに何度も軽懲役で処罰された経歴をもつ被告人に対して、区裁判所は新たな同種軽罪を理由に六か月の軽懲役を言い渡したが、地方裁判所は一審の刑を擁護できると評価しながらも、「被告人に対する軽懲役は初めてのものでもなければ、特別のものでもなく、その効果は疑わしいと思われる」という理由から罰金刑を宣告した。

そして、これに対する上告を受けて本判決は、「以前、繰り返し関連性のある罪で処罰されてきた行為者に対して加重刑が科されるのは、一般的な実務にも合致するのに、被告人の被拘留癖（Haftgewöhnung）を根拠に自由刑に代えて罰金刑を言い渡すことは、累犯者に対する司法のあきらめ（Resignation）、という結論に至るのであり法的な誤り」であると判示したのであった。

さて、本事例は同種累犯が問題となっているので、関連性の点については、特段の疑問は生じないであろうが、関連性のある前科が「警告理論によって行為責任を高めるのかどうか」という類の議論は行われておらず、むしろ、二審において「加重刑に効果がない」という「可罰的責任」的な議論がなされている点、そしてまた、累犯加重において加重刑の特別予防的効果を消極的に把握することは、累犯対策をあきらめることにつながると本判決が説示している点は、累犯の量刑に際して、責任の増加と特別予防の必要性とが相剋した場合、裁判所のとるべき態度の両極が示されていると思われ、興味深い。

【判例④　BayObLG NJW 1970, 871】(6)

被告人には、飲酒運転の前歴が二個（四週間の拘留と五週間の軽懲役）および無免許運転の前科が一個（二か月の軽懲役）存するが、さらに同種の行為（飲酒運転）を実行したという事例である。

区裁判所は、検察官が本件に対して求刑した六週間の軽懲役には被告人を新たな犯罪から遠ざける効果を十中八九（Voraussichtlich）含んでいないし、同時に六週間以上の軽懲役はもはや行為の責任内容に相応しない、として一五〇〇マルクの罰金刑を言い渡した。

これに対して、バイエルン最高裁判所は量刑にあたり、同種前科を刑罰加重的に考慮しないのは通常、法的な瑕疵を意味すると主張している。

そして本判決は、十分な感銘を与えられないと解される以上の重い刑罰を言い渡すべきであるし、そのような重罰は前科による高められた責任と相応している、と判示するのだが、この場合、「高められた責任（erhötes Verschulden）」は、「行為者の法秩序の禁止に対する無関心（Gleichgültigkeit）」に結び付けられており、ここで問題となっている責任が、行為責任とは言いがたく、端的に性格責任ではないかと疑われるのである。

しかも、このような性格責任に相応していれば、特別予防の必要性に基づく重罰が正当化される、と解するのが本判決の基本的見解と思われる。

これに対して、むしろ区裁判所の方は、本件の行為自体の不法内容が以前の前科行為のそれとほぼ同様である点に着眼しつつ、前科による責任の増加は考慮せずに行為自体の不法内容に応じた行為責任を限度として、特別予防の必要性を考慮し、その効果についての可能性が低い場合には、責任以下の刑罰で足りる、という考え方であったものと解される。しかし、それは誤りである、とされたのであった。この責任と予防をめぐる論点は、その後も量刑に際しての前科の刑罰加重的考慮の場面で問題となり、今日に至っている。

b　関連性のない前科（nicht einschlägige Vorstrafen）

【判例⑤　OLG Hamburg NJW 1959, 305】[7]

本判決は、三件の過失傷害（fahrlässiger Körperverletzung）が問題となっているが、被告人には禁止違反の駐車行為（verbotswidrige Parken）を理由として以前に有罪宣告を言い渡された、という前科が存在した。

この事例において、ハンブルクの上級地方裁判所は、「関連性のない前科でも、そこから法敵対性、行為者の危険性あるいは将来の法侵犯の危険性が推論されうる場合には、刑罰加重的に使用されうる」と判示した。

さて、本判決では、異種累犯であってもそこに行為者の危険性が認められる限り、刑罰を加重しうる、ということを明らかにしているが、このことは、前刑の警告機能の存否を具体的に捉えていこうとする「行為責任」的な考え方を、本判決がとっていないことを強く窺わせる。むしろやはり、性格の危険性に依拠する性格責任的な立場から、前科による刑罰加重的考慮を正当化しているように解される。

【判例⑥　OLG Stuttgart MDR 1961, 343】(8)

累犯窃盗の被告人に対して、地方裁判所が五か月の軽懲役を三か月の軽懲役に減軽した事案であるが、三か月の軽懲役は累犯窃盗罪（旧二四四条二項）の刑の下限であった。これに対して、上級地方裁判所は被告人には刑罰加重的な事情たる前科が存在すると指摘して、刑の下限を言い渡すことは不当である、と解した。

すなわち、被告人には二個の窃盗の前科を含む九個の所有権―財産犯罪の前科があるのであって、「犯罪傾向から生じる高められた責任（aus verbrecherischer Neigung erwachsende erhöhte Schuld）は、その法律上の構成要件が、今回有罪判決を言い渡されるべき行為と同じものを満たすような犯罪だけから推定されるわけではない」と判示して、たとえ今回の犯行と同種の（＝窃盗）の二個の前科に重要性が認められないとしても、他の七つの前科の存在をも加えて考えると、それらの前科は被告人の犯罪傾向に基づく高められた責任を肯定させる、と断じた。

ここでもやはり、被告人の犯罪傾向に基づく性格責任ないし行状責任的なものが把握されている、と解されるのである。なお、関連性の有無について本判決は明言していないが、累犯行為と同一ではない構成要件を基礎とする前科には関連性のない前科も含まれうるであろう。

【判例⑦　KG VRS 30, 200】(9)

ベルリン上級地方裁判所は、「過失的に実行された交通犯罪に際しても、他の領域に存する関連性のない前科を量刑の枠内において刑罰加重的に考慮することは、前科が当該行為に関して行為者人格の特徴を特別に示すのに適している限り、原則として法的な誤りはない」という判断を下した。

そして、そこでは判例⑤の関連性のない前科に関する前述の判示部分が引用されており、基本的には判例⑤の見解を継承していることが認められる。

すなわち、本判決においても行為者の危険性が示される限り、たとえ関連性のない前科であっても刑罰加重的に作用しうることが承認されており、警告理論に基づく行為責任的な限定は全く考えられていないのであった。

c　刑の言渡しのない前科類似の前歴

【判例⑧　BGH MDR 1969, 535】(10)

本判決は、行為の際、前科の刑がまだ言い渡されていなかったとしても、量刑において考慮すべきである、と説示した。

【判例⑨　BGH MDR 1970, 559】(11)

本判決は今回の行為と責任加重的な関連性の中に存する場合にのみ、行為者の以前の態度、すなわち「可罰的ではないが、不道徳な態度（Verhalten des Täters, das zwar nicht strafbar, aber unsittlich ist）」も刑罰加重的に作用しうることを認めている。

以上の二つの判例は、裁判所が前科の刑罰加重的考慮に当たって、前刑の警告機能を重視していないこと、言い換えると、前科による刑罰の加重が警告理論に基づく行為責任的なものとして把握されているとは言いがたいことを物語っている、といえよう。すなわち、道義的責任と性格的・人格的・行状的責任の色彩の濃厚な立場に立っていると解される。

このことは、刑の言渡しはあったものの、すでに前科記録（Strafregister）から抹消された前科すら刑罰加重的に考慮しうる、という判例の中にこそ顕著に窺われるであろう。

【判例⑩　BGH MDR 1955, 501】[12]

今回の実行行為は強姦未遂であるが、被告人には性犯罪を理由とする六か月の軽懲役という前科があった（約二〇年前の前科）。本判決は、被告人の人格の特徴づけ、ないし事案の正当な評価に寄与する限り、前科記録から抹消された前科であっても刑罰加重的に考慮しうることを認めた。ただし、その際、最大の抑制（größte Zurückhaltung）が命じられる、という抽象的な限定が設けられている。[13]

【判例⑪　BGH MDR 1963, 331】[14]

被告人は、同性愛行為（旧一七五条）と児童の猥褻行為（旧一七六条一項三号）との観念的競合のかどで一年間の軽懲役を言い渡されたが、地方裁判所は、被告人の一〇年以上前の五個の窃盗の前科を刑罰加重的に評価していた。

これに対して、本判決は以下のように判示している。すなわち、「前科記録から抹消された、しかも関連性のない前科ですら、それを考慮し、犯罪的な意思の強さ、およびそれによる行為者の危険性（Gefährlichkeit）に関して考慮することは許されるが、その刑罰加重的考慮に際しては、詳細な理由づけが必要である」という趣旨の判断を下したのである。

このように、有罪宣告を欠いた前科類似の前歴ないし抹消された前科の刑罰加重的考慮は、判例が警告理論を必ずしも重視していないことを示すものといえよう。

d　小　括

さて、以上の考察をまとめるとどのような結論がもたらされるであろうか。

すでに、その大要については述べてきたところであるが、いま一度確認すると、以下のような結論が得られると思われる。

すなわち、(1)関連性のある前科（もっともどのような基準によって関連性の有無を判断するのか、明らかでないが）については、当然刑罰加重的に考慮されうるが、その場合前刑の警告機能に依拠することは余りなく、むしろ性格責任的に前科が考慮されているのであって、行為者の危険性が認められれば予防の必要性という観点から、特別予防効果の存否とは無関係に刑罰が加重されるのであり、それはさらに前述の意味での責任によって正当化されている、(2)関連性のない前科でも、被告人の危険性・犯罪傾向が示される限りにおいて刑罰加重的考慮が許容されている、(3)刑の言渡しのない前科類似の前歴や前科記録から抹消された前科もまた、刑罰加重的考慮が許される、等の点が肯定されうると思われる。

結局、この時期の判例は前科を刑罰加重的に考慮する場合、一般的に四八条のように警告理論に基づく行為責任増加論を根拠としてはいなかった、という傾向が最小限肯定されうると解される。

三　四八条制定後の判例の状況(1)

一般的累犯加重規定である刑法四八条は、第一次刑法改正法（Erstes Gesetz zur Reform des Strafrechts v. 25. 6. 1969,

BGBl. I. S. 645）の成立を受けて、一九七〇年四月一日からまず刑法一七条として施行され、次いで第二次刑法改正法（Zweites Gesetz zur Reform des Strafrechts v. 4. 7. 1969, BGBl. S. 717）により、同一内容の刑法四八条として規定され直したのである。

そして、その後一九八六年四月二三日の第二三次刑法一部改正法により削除されるのであるが、ここではその期間における判例の状況について検討する。問題関心の焦点は四八条の基本思想たる警告理論が、前科の刑罰加重的考慮の中においても適用されているかどうか、にある。

a　連邦通常裁判所一九七二年判決（七二年判決）

まず、四八条新設後、最初に公刊物に登場した「前科と量刑」に関する連邦通常裁判所判決を取り上げてみたい。

【判例⑫　BGH JZ 1972, 130】[2]

本件は、四八条の累犯加重規定を意識した判例である点で注目に値する。

ケルン地方裁判所が前提とした事実によれば、被告人は身体が虚弱で、小心なKから、賃借された自動車及び運転免許証を譲渡させるために、Kに対して脅迫を加える等したものである。そして、同裁判所は被告人に対して、自動車強盗（旧三一六条a）と重い強盗的恐喝（旧二五五条）の観念的競合を認め、法定刑の下限である五年の自由刑を言い渡したのであった。

ところで、被告人はかつてすでに多数の前科により処罰されていたが、同裁判所は前科を刑罰加重的に利用しうるための二つの要件を掲げた上で、本件においては当該要件を満たさないとして、五年の刑の下限を引き上げなかった。

すなわち、前科は(1)可罰的な利益の獲得のためには、暴力の行使すら辞さず、そして(2)特別の持続的な方法で、法秩序を軽視するというような行為者の傾向が、前科の基礎となっている犯罪に示されているという場合に、初めて刑罰加重的に利用しうるのであるが、本件においては、今回の行為が軽微とはいえ暴力的財産犯であるのに対して、前科を基礎づける行為はいずれも異種（少なくとも一部は所有権―財産犯罪に関連してはいるが）で軽微な犯罪であるから、前記の要件の充足は確認されないと判示しているのである。

このように地方裁判所が、前科の刑罰加重的使用を「関連性のある前科」にのみ制限したのは、刑法三一六条aの刑の下限が五年の自由刑という非常に重いものであることを考慮したためであった。(3)

しかし、検察側の上告を受けたBGHは、「量刑に際しては関連性のある前科のみが考慮されるべきである」という地方裁判所の見解には従いえない、という立場を示した。それによると、確かに文献の中においては関連性のない前科は、通常刑の加重には影響を与えないであろう、という考え方を支持するものが圧倒的に多いが、刑法一七条を新たに設けた立法者意思は、そのような見解と一致しないであろう、と主張するのである。(4)

というのは、一七条の累犯規定は同種累犯を前提としていないからである。むしろ、一七条の前身というべき六二条草案六一条の公式理由書によれば、むしろ異種累犯の中にこそ特別の強さからなる犯罪的傾向が明らかにされているのである。

したがって、前科の刑罰加重的考慮は、同種もしくは多少同種の、すなわち「関連性のある」前科にのみ限定されると解することはできない、というのである。

そして、それのみならず刑の下限の重さを斟酌して、前科考慮を制限しようとする地方裁判所の手法は、刑の下限を引き上げられるような重罪に関する判決の場合、前科という最も重要な量刑事情が、締め出されてしまうことになってしまうから、異議申立てをせざるを得ない、と判示するのである。

さて、このようなBGHの立場は、一七条の累犯規定を前科考慮とパラレルなものとして扱うものといえようが、一七条の基本的思想である「警告理論」による異種累犯の制限という側面には言及せず、一七条は異種累犯を排除していない、という点を一面的に強調するものでもあり、まさにそこが問題なのである。

もちろん、地方裁判所の打ち立てた要件もまた、必ずしも警告理論に立脚するものではなく、いわば「暴力的・持続的犯罪傾向」を前科の刑罰加重的考慮のためのメルクマールとしているように窺われる点で、なお行為責任主義からの隔たりを示していると評さざるを得ない。

本件に関しては、マウラッハ(5)とコフカ(6)の評釈が公表されているが、前者は一三条（＝現四六条）の一般的前科による刑の加重と一七条の累犯加重とは、警告理論という同一の原則に従うものであり、この場合累犯行為に対する警告機能を期待させるような関連性を有する前科行為のみが刑罰加重的に考慮される、というのが一七条について判例・学説のとる見解であり、このことは前科加重についても当てはまるのであるから、したがって一七条は異種累犯を排除していない、という理由だけで同条の「警告理論による加重刑の制限」という側面を考慮することなく、関連性なき前科の刑罰加重的考慮を許容するBGHの議論は誤っている、と批判する。

他方、コフカはマウラッハと同様に警告理論が累犯加重にも前科加重にも通用することを肯定しつつも、警告機能の無視が行為者に存したか否かは、一七条が示す通り「行為者の種類と事情」を基礎として判断すべきであるにもかかわらず、地方裁判所は以前の諸行為や有罪宣告に関する詳細を示していないから、「警告無視の非難可能性」についての最終的判定が不可能であり、それゆえにBGHが地方裁判所の判決に異議を唱えたのは正当である、と評している。

すなわち、本件においては地方裁判所もBGHも警告理論に基づく行為責任増加論に関しては明確な認識を示していないことから、警告理論の支持者からはいずれに対しても批判が可能であったわけだが、そのうちBGHの議論の偏りを指摘したのがマウラッハであり、地方裁判所の事実認定の瑕疵を衝いたのがコフカであった、といえよう。それでは、このような警告理論からの批判に晒されたＢＧＨ判決の後に続く判例は、どのような対応を示したのであろうか。

b　七二年判決以後の判例

【判例⑬　BGH MDR 1976, 13[7]】

本件は、過失致死罪に問われた被告人について、故意の傷害罪を理由とする前科を刑罰加重的に考慮しうるかどうかが問題となった事例であるが、ＢＧＨは「過失犯は、たいてい法敵対的心情（rechtsfeindliche Gesinnung）の結果ではないので、その前科についての刑罰加重的考慮は慎重を期さなくてはならない」と判示している。

【判例⑭　BayObLG MDR 1976, 598[8]】

この事例では、被告人の累犯行為・前科行為がどのような内容なのか判然としない。バイエルン州最高裁判所は、「量刑において前科は、それが行為の非難可能性を高める場合、すなわち以前の印象的な警告（frühere eindringliche Mahnungen）にもかかわらず、行為が法秩序に対する強められた頑固な犯行（verstärkte und hartnäckige Auflehnung）を示す場合においてのみ」被告人にとって不利益に評価されると述べている。

以上は、七二年判決以後の公刊物登載判例であるが、いずれも警告無視に基づく行為責任という考え方を明示しておらず、むしろ「法敵対的心情」や「法秩序に対する頑固な犯行」等の性格責任的な表現が用いられているのが特徴的である。

そして、確かに「警告」という概念が判例⑭では使用されているものの、警告無視は行為責任の増加ではなく、性格の危険性の徴表として理解されている、という印象を受けるのである。事例が少ないので、正確な議論は困難であるが、七二年判決以後に公刊された判例の中で、「警告無視による行為責任増加論」に立脚していることを明示したものは見当たらない、といえよう。

あるいは、四八条の累犯加重が、行為責任増加に根拠づけられたものであることとの対比から、前科加重では危険性にウエイトを置くのが実務的思考であったのかもしれない。

四　四八条廃止後の判例の状況

四八条の累犯加重は、前述したとおり一九八六年に廃止された。ただ、四八条の基礎に存した警告理論自体もまた立法者によって無効とされたのか、といえば必ずしも明らかではない。(1)

もし、警告理論は否定されていない、とすれば前科の刑罰加重的考慮の根拠としてなお援用されうるはずである。では、判例は四八条の廃止後、警告理論に対してどのような態度をとっているのであろうか。ここでは、その点について検討する。

【判例⑮　BGH NStZ 1992, 327(2)】

具体的な事案の内容は不明であるが、判示事項は以下の通りである。

すなわち、「今回有罪宣告を言い渡されるべき行為に先立つ自由刑の宣告および執行は、そこから行為者の高められた責任（erhöhte Schuld）が生じ、かつ行為者に効力を及ぼすべき強められた必要性（gesteigerte Notwendigkeit）が生じる場合にのみ重要」となる、というものである。

この場合、判示された「高められた責任」が行為責任を意味するのかどうかについては、必ずしも明らかではない。もし、行為責任を意味するのであれば、行為者に効力を及ぼす強められた必要性が、特別予防の必要性のことと解されるから、まさに四八条の基礎にあった「高められた行為責任と特別予防の必要性」の競合という考え方が、そのまま前科の考慮の中に引き継がれたことになるはずである。

しかし、前刑の警告機能に関する言及が全く存しないことに鑑みると、従来通りの性格責任的な観念が「高められた責任」の内容を形成しているとも解される。

ただし、前科加重の事例ではないが、警告理論に立脚する判例も見出すことができる。

【判例⑯　ThürOLG JR 1995, 510(3)】

被告人は、区裁判所により被後見人に対する三件の性的虐待（sexueller Mißbrauch）を理由に有罪判決を言い渡されたが、テューリンゲン上級地方裁判所は、単に反復的行為（Wiederholungstaten）が問題となっているという理由からだけでは、刑の加重はなされ得ないと判示した。

本判決では、反復的に行われた諸行為の内部においても、行為者がある行為に先行する行為の終了後、後悔してそのような行為から内的に引き離され、かつ当該行為と対決し、それによって新たに内的な反対動機（Hemmschwellen）を形成し、さらにそれを強化した場合には、以前の刑罰によって喚起されたのと類似の警告効果（Warneffekt）が行為者の意識の中に作りだされるので、その後の行為の決意は高められた行為責任（höhere Tatschuld）を導く、という議論が展開されているのであるが、ここでは、明確に警告理論が維持されているばかりでなく、同理論が、従来のように前科行為と累犯行為との間のみならず、前科を伴わない数個の反復行為の内部においても拡張的に適用されていることに注意しなければならない。

さて、前科加重に関して、判例はおおむね性格責任的な根拠づけを行ってきたものの、四八条廃止後もなお、警告理論に依拠するものもあるという事情を確認した。

したがって、前科による刑の加重が四八条の削除後も、警告理論に依拠しつづけうるのか否か、あるいは依拠すべきなのか、という事が消極的行為責任論の立場に残された最後の疑問点であろう。

そこで、次に四八条の廃止後、警告理論に従いうると解される前科の刑罰加重的考慮に対して学説がどのように論じているのかについて考察したい。

(五) 四八条廃止後の議論(1)

a ガイター（Geiter）の前科加重廃止論(2)

1 まず、一九八八年に公表されたガイターの論文について検討しよう。

彼は、四八条の削除という事実に関して以下のような基本的認識を示した。すなわち、「四八条の削除にもかかわらず、理論や実務においては、疑わしい累犯イデオロギー（Rückfallideologie）がしっかりと根をおろしている」と切りだすのである。

いうまでもなく、累犯イデオロギーとは、警告理論のことであるが、ガイターは累犯加重の廃止が「刑法上の制裁体系の構造内における、最も重要な修正(3)」がなされた、という評価が一方に存在するにしては、立法・学説が「累犯加重廃止」という事件を、相応に重大なものとして扱っているとはいえないのではないか、という疑問を提起する。すなわち、学説の反応は多様であるし(4)、四八条を廃止するための連邦政府の二三行の法案に詰め込まれている考察もまた、同条を導入するに際して行われた論証的かつ広範囲にわたる審議とは対照的に簡潔に過ぎるのである(5)。

それゆえ、四八条の廃止は決して重要ではなく、その根底に存する思想が現存する別の規定に譲り渡されて、四八条の任務を代行しているのではないか、という仮説を立てることは理解可能であると、ガイターは論じている(6)。

果たして、学説は刑法四六条の枠内において「行為者の前歴（前科）」が四八条の中で法律的に具体化したのと同じ原則、すなわち警告理論によって規制されることを認めているのである。[7] しかし、四八条の廃止とともに同条を根底において支えていた警告理論もまた、刑法典において一般的に廃止されたのではないか？

以上のような重大な疑問に応えるべく、ガイターはまず、四八条に加えられた諸批判を検討し、次いでそれらの批判が前科の刑罰加重的考慮に対しても、説得力を有するか否かを吟味するのである。

2　さて、ガイターは四八条に向けられてきた批判を三つに分類する。

すなわち、第一に法律上の責任増加概念についての批判であり、第二に法的な責任増加概念に対する実務の領域における批判であり、第三に特別予防的効果に関する批判である。

そこでまず、第一の批判について検討してみよう。

そもそも四八条は、累犯における責任非難の増大を「前刑の警告無視」に関わらせたが、確かに大多数の学者は以前の有罪宣告に由来する警告無視を、故意責任の基礎づけに関係づけることを当然視していたが、[8] ガイターの分析によれば、その際の行為責任の増加を導く理論は二種類あることになる。

すなわち、その一つが「特別の犯罪的エネルギー（besondere kriminelle Energie）説」である。すなわち、与えられた訓戒（erteilten Ermahnung）の拒絶が特別の犯罪的エネルギーの発揮（Entfaltung）を要した場合、高められた行為責任を基礎づけるはずである、という考え方である。[9]

しかし、この考え方には批判があり、[10] むしろ「付加的反対動機（zusätzliche Hemmungsimpulse）説」の方が累犯加重と責任主義との関係をめぐる議論の基礎を提供している、と解すべきであろう。

ところで、すでに第二節で考察したように、付加的反対動機、すなわち前刑の警告機能によって強められた反対動機、というような考え方には不合理な点が存したのであったが、ガイターもまたそのことを指摘する。すなわち、民衆の間には「火傷をした子供は火を恐れる（Gebranntes Kind scheut das Feuer）」および「呼び声が破壊されれば、人は全く無遠慮に生きる（Und ist der Ruf erst ruiniert, so lebt sich's gänzlich ungeniert）」という二つの相反する格言があるのと同様に、累犯者の中には、累犯行為の実行を回避するか否かの判断において、以前の有罪宣告を決断の過程に含めうる、強固な人格（haltstarken Personen）からなるグループと、繰り返しこの世の誘惑に屈する意志薄弱（Schwäche）によって特徴づけられる人々とが存在しており、前者はわずかであるが、後者は累犯者の大部分を占めているのである。(11)

そして、たとえ前者については責任の増加が考慮されうるとしても、(12)後者に関しては、累犯行為に対する「より大きな反対動機（größere Hemmungen）」を形成しうる状態にあったかは疑わしく、むしろ予測研究（Prognoseforschung）は、以前の有罪宣告が反対動機を解体するおそれを強めることを明らかにしており、(13)結局たいていの累犯者については、責任の減少が証明されるはずだから、(14)ほとんどの累犯加重は高められた責任に基づかない「不服従の追徴（Ungehorsamszuschlag）」と解されると、(15)ガイターは論じる。

そして、このことから立法者は、相当観念的な人間像から四八条を把握し、その際刑事学的・経験的な調査結果を見過ごし、純粋に解釈学的に累犯規定を作り上げたという批判を加えることも可能となるが、(16)しかし、立法者が例外的な事例を四八条によって把握しようとした、という理解もまた不可能ではない。

しかし、そのような例外的な事例すなわち、「強固な人格」を有するがゆえに「より大きな反対動機」を現実に形成し得た累犯者かどうか、を判断するための、換言すれば、裁判官による四八条の正当かつ統一的な適用を保証すべき決定的な基準は、圧倒的に曖昧で、漠然としており、中身のないものと解されるのも無理はないような条文しか立法者は提供できなかった、としてガイターは非難性条項を批判している。要するに、第一の批判は、累犯の中でも異例に属する反対動機の強化された事例を発見するために必要な非難性条項の基準の不明確さに向けられていたのである。

次に第二の批判であるが、これは第一の批判と関連している。すなわち、累犯者の高められた行為責任を判断するために立法者が設けた非難性条項が、上述のように不明確な文言しか備えていなかったことから、累犯加重の実質的要件の充足の存否は、「内的関連性」等の条文に規定されていない基準に依拠して決定せざるを得ない事態に陥ったことは前節において指摘した通りである。

そして、ガイターの第二の批判もまた、この「内的関連性」の判断に関する実務の処理状況に向けられたのであった。つまり、「内的関連性」は、学説・判例の一部において創出された責任にとって中立な基準であり、裁判所はこの概念を異種累犯の限定に使用したが、このような基準に従ったとしても、原則として高められた行為責任が肯定されてしまい、しかも判例はそのような判断に際して形式的考慮しか示さず、四八条を適用するための具体的基準を掲げなかった、という実務の状況を分析する。そして、結局このように図式化された非難性条項の肯定に仕えるにすぎない「内的関連性」の処理は、行為責任主義とはほとんど一致しない、と主張するのである(17)。

さらにまた、ガイターは、このような四八条に関する実務の経験に徴して、「高められた行為責任」の根拠づけは、裁判所にとって絶望的かつ大胆な企てであることがしばしばである、と結論づける(18)。

最後に、四八条の特別予防的効果についての疑念が簡単に表明される。

すなわち、「累犯者に対する刑事法的方法による感化可能性に関する知識が、もし未だに乏しいならば、累犯者へのより長期にわたる刑の執行が、より多くの成果を期待させるという立法者の仮定はむしろ経験的に誤っていることが証明された」と思われる、と(19)。

3　以上の諸批判を踏まえて、ガイターは四六条の前歴考慮の許容が四八条廃止後の抜け穴（Hintertür）となりうるのではないか、という問題に関する考察に進む。

すなわち、四八条に向けられた批判の数々は、四六条の前科考慮についても通用するのか、が検討されるわけである。

彼は、学説・判例を検討すると、前科の刑罰加重的考慮の場合、関連性のある前科と関連性のない前科という区別が現れるが、これは累犯加重における同種累犯と異種累犯のバリエーションである、と指摘する。すなわち、前科に関しても問題なのは、「行為者が以前の有罪宣告から生じる警告効果を無視したという非難を、行為者に加えうるか否か」という点なのである。それゆえ、累犯加重における非難性条項的な考慮は、四六条の枠内においても使用されるのであり、そのことは累犯加重と責任主義との一致可能性に関する議論が四六条に関しても行いうる、と考えることが論理的であることを意味する、と主張するのである。(20)

そこで、四八条に対する諸批判が四六条にも関係づけられるのか、という問題であるが、すでに確認したように前科の刑罰加重的考慮は累犯加重のそれの変種であり、しかも四八条に関する種々の批判を肝に命じた立法者が、同条を廃止した経緯に鑑みると累犯加重規定と同じ思想を基礎とし、同じ要件に結び付けられるべき前科の刑罰加重的考慮にも、影響を及ぼさないはずがないのであるから、四八条を批判する見解は同時に四六条も拘束するのである。(21)

したがって、「以前の有罪宣告に由来する警告機能の無視」に関して、重い責任非難を加えうるという点についての証明が、行為責任主義の要求として前科による刑罰加重の場合にも強制されざるを得ない。しかし、四八条について前述した通り、そのような証明は実現不可能なのである、とガイターは主張する。(22)

以上のように、彼は行為責任主義に合致した累犯加重が、立法・判例・学説のいずれによっても成功しないであろう、という見通しから、「以前の有罪宣告は、量刑の中において刑罰加重的に考慮すべきではない」ということを法律上、明文化すべきである、という結論、すなわち前科の刑罰加重的考慮を否定するという結論に到達したのであった。[23]

b　ツィップ（Zipf）の警告理論擁護論

1　次に一九八九年、トレンドレの祝賀論文集に寄稿されたツィップの論文における議論を検討したい。[24]

ツィップは、ガイター同様に四八条の廃止に対するリアクションの乏しさは、実務が四八条の規定がなくとも支障がない、という推測を許容すると述べ、結局四八条の問題が四六条の問題へ転化している、という点を肯定する。そして、このような認識から出発しつつ、四八条の問題点を顧慮したうえで、累犯・前科に関する刑法解釈論のレベルにおけるそれらの問題の克服および刑事政策的な提案を試みている。

2　では、ツィップは四八条の問題点をどのように分析しているであろうか。

まず、後述する「軽微累犯の責任相応刑」[25]の問題であるが、この点については四八条二項の規定する「上限一年未満の法定刑」を有する構成要件が稀であることに起因しているのであるから、刑法各則の全面的改正を要すると結論づける。

次いで、非難性条項の基礎に存するいわゆる「警告理論」は、前科と責任増加の関係を確立させる前刑の警告機能に基づくから、その意義は四六条の前科考慮の中においても存続し、したがって四八条の基本的構造の問題は残されたままである、と指摘されている。要するに、四八条は「誤った行為者カテゴリー（falschen Täterkategolien）」を把握しているにもかかわらず、非難性条項による累犯加重の限定可能性を判例が十分に利用できなかった事実を問題視しているのであろう。[26]

さらに、刑事政策の潮流の変化も、四八条から理論的な根拠づけを奪った、とツィップは論じている。すなわち、刑法四八条の構想は「社会復帰の思想（Resozialisierungsidee）」の全盛期たる六〇年代に発しているが、七〇年代には「統合予防（Integrationsprävention）」が支配的な刑罰目的へと押し上げられたほか、社会復帰（特別予防）思想自体の中において、社会からの隔離を回避しようという考え方が表面化し、結局、自由の剥奪を伴う社会復帰はますます最後の手段たる地位へと追いやられたのであった。(27)

以上の問題点、すなわち「軽微累犯の責任不相応刑」「警告理論の非現実性」および「社会復帰思想の後退」が、いわば相乗的に作用して累犯規定の削除をもたらした、とツィップは分析している。

3　四八条は削除されたが、問題は解決されていない。ツィップによれば、四六条における前科の刑罰加重的考慮、という形で四八条の問題性が継続したために、廃止された四八条の非難性条項がどの程度重要なのか、という点が疑問とされるのである。(28)

まず、ツィップは、四八条の削除によって累犯に関しては立法者が裁判官と分かち合うべき「適正な量刑に到達するための共同責任(29)」から身をひいたために、累犯についての責任評価と予防判断はもっぱら裁判官の任務となった、という認識を示すが、彼は、このことは個別的事例における累犯の多様性を考慮すると、むしろ説得的である、と評価する。(30)

しかし、問題なのは現行刑法の刑罰枠が非常に広いことから、責任評価を一定に保つことが現実に困難であるという状況があるのに加え、立法者が行為者の前歴考慮に関する一般条項以上には累犯考慮の指示を全く与えていない、という点に求められる。このような法律状態の欠陥は、裁判官による恒常性を欠いた量刑を招く危険性をもたらすのである。(31)

そこで、行為者の前歴（前科）が裁判所の量刑に際して考慮される場合における原則が問われるが、ツィップは前科が具体的事例において責任増加的に作用するのはいかなる場合かを検討し、前科の性質上、以下のようなメルクマールを導出した。

すなわち、⑴被告人の行為に対して、警告機能が以前の有罪宣告から生じているかどうか、⑵被告人がこの警告機能を有責的に無視したかどうか、の二点に前科による責任増加の存否が左右される、と主張するのである。(32)

この結論から認識されることは、四八条の累犯規定中には、四六条の前科加重規定にも通用する根本思想が含まれていた、ということであり、その限りで四六条においても個別的事例に即した責任判断が許容されることとなる。すなわち、前科から生じる警告機能を無視したことを具体的諸事情のもとで、非難しうるかどうかが問題となるのであり、結局四八条における非難性条項に関するのと同様の判断が前科の刑罰加重的考慮においても要求されざるを得ない。

要するに、ツィップの意見は「前科に関する非難性条項的な判断に際しては、事例の状況に応じて、多くの個別的視点と諸事情の様々な組み合わせが可能となるから、それによって警告理論を実り豊かなものとしなければならない」というものである。(33) つまり、警告理論の擁護論である。

ただ、立法者については「累犯問題の多層性の前においては、量刑規定自体の精密化によって、立法者が再び責任の部分を引き受けることに成功するであろう、という見通しについては懐疑的である」という趣旨の評価を述べている。(34)

そこで、彼は立法論としては、犯罪ごとに行為—結果の不法増大に結び付けられた累犯規定の新設を提唱するのであるが、この点についてはもはや警告理論とは直接関係がないので省略する。(35)

c　ヤンセン（Janssen）の減軽的考慮論

1　最後に、一九九一年に発表されたヤンセンの「累犯者の量刑問題」という論文における、前科の刑罰加重的考慮に対する考え方を考察したい。[36] ヤンセンも、ガイターやツィップと同様に、四八条の廃止がほとんど注目されない、という事実を認め、四八条の基本的思想（＝警告理論）は四六条においても支持されているので、四八条の削除によっても法的状況は全く変化していない、と説明する。[37] そこで、彼は責任主義に徹する場合、累犯に対する刑罰は如何に解されるべきか、という問題を設定し、その中において前科の刑罰加重的考慮の当否についても検討するのである。

2　ヤンセンが最初にとりかかったのは、累犯者の平均像を明確にすることであった。二〇世紀初頭以来、累犯者についての犯罪学的研究が繰り返し行われてきたが、このような調査・研究の包括的評価は、およそ以下のような平均的累犯者像を提示している。すなわち、「平均的な累犯者は、身体的にも精神的にも平均的な市民（Durchschnitts-bevölkerung）から区別されないが、たぶん心因的（psychisch）な観点において区別される。累犯者の多数は、意思不定（Haltlos）・意思薄弱（Willensschwach）・人付き合いに臆病（Kontaktscheu）なのであり、さらに精神的な成熟性の欠如によって特徴づけられる。その行為は、特に人生の様々な誘惑（Verlockungen）に対する抵抗力（Wider-standskraft）の欠如の中に出現する精神的な弱さの表れである。平均的な累犯（Durchschnittsrezidivist）の人生は、学校において始まり、そして職業―家庭における行動にまで続いている『不変の拒絶（stetes Versagen）』によって特徴づけられるのである。彼はしばしば、経済状態が悪く教育も十分に与えられないような大家族の中で成長したのである。そして、それゆえその犯罪のほぼ八〇％が財産に向けられ、それは軽微で無意味な連続性（Kette）を形成しがちである」と論じている。[38]

そして、彼は意識的に法律違反を反復する残忍で非定型的な累犯者の処罰についての可能性も忘失することなく、上述のごとき平均的な累犯者像に着目することが、累犯加重の考察にとって肝心なことなのである、という方法論上の結論を導き出してゆく。

3　次にヤンセンは、いわゆる警告理論に対する批判を多岐にわたって展開する。

すなわち、彼は、「実行された累犯行為と以前の行為の間に『内的関連性』が存在する限り、行為者は以前の有罪宣告によって彼の中に形成された反対動機を故意的に乗り越えたはずであり、それゆえ行為を通じて初犯者よりも高い犯罪エネルギーを示す、という理由によって行為責任が増加する」という警告理論には、以下のような疑問が存すると述べている。

まず、内的関連性が存在する場合には警告の無視が要求されるのに、存在しない場合にはそうではない、というのは何故なのか、という問題にはまだ解答が与えられていない、と批判する。(39)

また、なにゆえ以前、有罪宣告を受けたことのある行為者だけが、新たな行為（＝累犯行為）に先立って反対動機を形成する能力をもっているのか、という事柄も疑問である、とされる。つまり、訴訟関係者や裁判所の職員なども同様の能力を有しているはずなのに、彼らについては警告理論が援用されないのは不合理ではないか。それどころか、根本的には前述の通り、累犯者の大多数は意思薄弱等により、高められた行為責任を基礎づけるような反対動機を形成しえない人々である。

したがって、まず累犯者については前刑の警告機能によって行為責任が高められる、というような議論は成り立たず、そのことは累犯を刑罰加重事由とすることの否定を導く。(40)

しかし、ヤンセンの議論は累犯の刑罰加重的性格の否定にとどまらず、さらに累犯を原則として刑罰減軽事由として把握しようとする。すなわち、予測研究の結果を参照すると、以前の有罪宣告は行為者の社会的チャンスを通常減少させ、汚名を着せる効果を伴い、それによりむしろ反対動機を弱める危険性を強化するのであるから、行為責任主義に徹するならば累犯には減軽された非難しか加え得ないはずである[41]。そして、このことは四六条の解釈、すなわち前科の刑罰加重的考慮の当否の問題にも直ちに通用するのであり、前科は常に責任減軽事由とみなされる、と解するのである。ただし、ヤンセンは大多数の累犯と少数の危険な累犯との処罰方式を区別し、前者に対しては処分が重視され、後者についてはやはり前科の刑罰加重的考慮は否定されるものの、責任減軽は社会復帰の観点から許容されないために、厳格な刑罰と処分の併用が主張されている[42]。

d　小　括

さて、四八条廃止後、学説においては前科の刑罰加重的考慮がどのように評価されたのか、という問題点に関して三人の論者の見解を考察したわけであるが、それらを比較検討すると、警告理論の肯否という観点からの区別が可能となるし、その区分は前科の問題を考えるに際して最も重要である、といえよう。

すでに明らかなように、警告理論を否定するのはガイターとヤンセンであった。すなわち、前者は警告理論を実現するための非難性条項も内的関連性も、いずれの概念も高められた行為責任を認めるための決定的基準を提供できなかった、という刑法四八条の経験に鑑みて、警告理論を否定するのである。そして、等しく警告理論を基礎とする前科の刑罰加重的考慮においても、四八条の経験はあてはまるはずであるから、前科を刑罰加重的に用ることはできない、と説くのである。

これに対して、後者は警告理論が成立するためには、強い反対動機の形成能力を想定しなければならないが、累犯の平均像を前提にするとそのような能力の仮定は許されないから警告理論は否定されるのであり、さらにむしろ大多数の累犯者の反対動機は現実には弱められていると考えられる以上、責任は減軽されるはずであると論じ、このような議論は直ちに前科の問題にも適用されると主張するのである。

また、ヤンセンはガイターのように少数の反対動機強化可能グループの存在のみを選別して、行為責任の増加を認めようとするアプローチの当否には積極的に言及していないが、少数の危険な累犯にも警告理論を否定している点に鑑みると、暗黙のうちにそのようなアプローチをガイターと同様の理由で否定しているものと思われる。

そして、両者の最も重要な相違点は、ヤンセンがガイターの主張していない前科の減軽的考慮論にまで至った点であろうが、ただヤンセンはみずから自説を「極端な立場（Extremposition）」と称している。

他方、ツィップの警告理論の擁護は注目をひく。四八条による非難性条項に対する批判は、結局「警告理論」の破綻を帰結せざるを得ない、というガイターの見解が理解しやすいのに比べ、ツィップの議論は必ずしも明快ではない。彼は、裁判官には、非難性条項的な個別・具体的な判断が前科の刑罰加重的考慮に際して、なお望みうる、としながらも、立法者に警告理論の精密化がなしうるかは、疑わしい、と評するのであるが、警告理論の精密化は行為責任主義に基づく刑罰加重の厳格な実行、という観点からは裁判官にも要求されることであり、立法者にできないことであれば、裁判官にとってもほぼ同様なはずである。

そして究極的な問題は、高められた行為責任の判断をより実りあるものにするべきか否か、というレベルにあるのではなく、高められた行為責任を基礎づけるために不可欠の「強い反対動機」の原則的存在を、果たして実証しうるのか、という一点に存する。

この点についての積極的な釈明が示されない限り、ツィップの警告理論支持の主張は説得力を持ちえないであろう。むしろ、彼の議論の重要性は、累犯加重を構成要件ごとに、その不法内容の重大性と結合させながら新たに設けるべきである、と主張している点にこそ認められるべきであり、不法内容との結びつきを持ちがたい前科の警告機能に執着するのは、その限りでもはや蛇足に思われるのである。

以上のことから、前科の刑罰加重的考慮を行為責任主義と調和的に行おうとすることは、そのための唯一の手段であった警告理論の不当性ゆえに不可能である、と断ぜざるを得ない。

㈥ 総　括

これまでの検討をまとめると、⑴ドイツでは、前科は刑罰加重的に考慮されているが、公表されている判例の多くは警告理論に立脚するよりも、性格責任論的な立場に依拠しているように窺われる、⑵四八条廃止後は、警告理論に否定的な見解が有力に示されており、反面、警告理論を擁護する論者の見解は責任主義の見地から説得的とはいえない、という結論を得ることができよう。

確かに、警告理論やその実現のための非難性条項は、常に具体的諸事情の考慮を幅広く認めることから、有望な議論という印象を与えやすいが、結局、この議論はすでに繰り返し述べてきたとおり、より強い自由意思としての強められた反対動機が、規範的評価という手法によってその存在を確認されるべきではない以上、結局「超人的な反対動機形成能力」の実証を不可欠の前提とするのであり、そして同時にそれは実務がいかに委曲を尽くした説明を試みようとしても、本質的に不可能な事柄に属するのであり、かりに、意思の自由を肯定したのと同様な規範的な視点から、そのような累犯者の能力の承認を強行するならば、すでに警告理論が守ろうとした行為責任主義の刑罰限定原理としての性格を損なわずにはおかないであろう。

それゆえ、前科の刑罰加重的考慮を警告理論を用いて許容することは否定されねばならない。したがって、序章で掲げた論点、すなわち刑法上の累犯規定が責任主義と合致するか、という点に関してはそれが警告理論に依拠するものである限り、責任主義とは一致しない、と結論づけざるを得ない。また、量刑の際に、警告理論に基づき、具体的な前科を刑罰加重的に考慮することもやはり責任主義に反するであろう。

結局、前科は予防的観点ないし性格責任・人格責任・行状責任から加重的に考慮されうるにすぎない。したがって、その制約原理はドイツの判例にみられるごとく、きわめて曖昧なものになるであろうし、予防目的が前面に押し出されるならば、保安処分と同一の制約原理を必要とすることになるはずであるが、しかし、刑法を処分法に解消すべきではなく、刑罰制約原理としての消極的行為責任主義に立脚すべきである、とする本稿の基本的立場からすると、前科の刑罰加重的考慮は断念すべきである、という選択のみが残されているであろう。

㈠

（1）　四八条の廃止を「刑法上の制裁体系の構造に最も重要な修正を加えるもの」と讃えるのは、「勘違いの空騒ぎ（vermeintlicher Paukenschlag）」と批判する者すらある（Groß, Zum Entwurf eines …Strafrechtsänderungsgesetzes, StrVert 85, 81; Geiter, Rückfallvorschrift（§ 48 StGB）aufgehoben, ZRP 88, 377）。

（2）　前科は一般に重要な量刑要因とされており、警告理論は前科の考慮に際しても機能しうるというのが、通説的見解といえよう（川崎一夫・体系的量刑論（平成三年）二二六頁、原田國男「量刑判断の実際」司法研修所論集一〇一号（平成一一年）六五頁）。なお、ドイツにおける前科加重につき、Erhard, Strafzumessung bei Vorbestrafen unter dem Gesichtspunkt der Strafzumessungsschuld, 1992, S. 1ff.

（3）　阿部純二「累犯加重の根拠」岩田誠先生傘寿祝賀『刑事裁判の諸問題』（昭和五七年）九五頁。なお、累犯加重の根拠に関する学説の分布状況については、本稿第二章第二節参照。

㈡

（1）　ここでは刑法四八条が制定されるまでの主要な公刊物登載判例を概観する。

（2）　ハンブルク上級地方裁判所一九六二年一一月二七日判決。

（3）連邦通常裁判所第二刑事部一九六五年一二月一五日判決。

（4）なお、前科の刑罰加重的な考慮に関する説示はドイツ刑事訴訟法二六七条三項の要求するところである。すなわち、「さらに、判決理由においては、刑罰法規の適用及び量刑につき決定的であった諸事情を示さなければならない。刑罰法規が、減軽すべき事情、あまり重くない場合、とくに重い場合、その他この種の不特定な一般的情状の存在により、刑を減軽し又は加重しているときは、これらの情状を認定した理由又は弁護において主張されたにもかかわらず認定しなかった理由を、判決理由の中で示さなければならない。刑法典第一四条の場合において自由刑を科することについても、同じである」〔法務資料四一七号（昭和四六年）九六頁〕。

（5）ハンブルク上級地方裁判所一九六九年二月一八日判決。

（6）バイエルン州最高裁判所一九七〇年二月一一日判決。

（7）ハンブルク上級地方裁判所一九五八年八月二九日判決。なお、関連性の存否の判断基準は必ずしも明確ではない。同種もしくは多少同種（gleiche oder etwa gleiche Art）の前科を関連性のある前科と把握しているように解されるのが、後述の判例⑫である。

（8）シュトットガルト上級地方裁判所一九六〇年八月二六日判決。

（9）ベルリン上級地方裁判所一九六五年一二月二日判決。

（10）連邦通常裁判所第一刑事部一九六九年二月二五日判決。

（11）連邦通常裁判所第二刑事部一九七〇年二月一八日判決。

（12）連邦通常裁判所第一刑事部一九五五年二月一八日判決。

（13）わが国では、余りに古い前科は、前科者はしょせん前科者というレッテルを貼ることになるから、現在の被告人の状況に結びつかない限りは、刑罰加重的に考慮すべきではない、とする議論がある（原田國男「量刑判断の実際」司法研修所論集一〇一号（平成一一年）七九頁）。

（14）連邦通常裁判所第四刑事部一九六二年一一月二三日判決。

㈢

（1）ここでは四八条（＝旧一七条）の存続期間（一九七〇・四・一～一九八六・四・三〇）の判決を扱う。

（2） 連邦通常裁判所第二刑事部一九七一年八月四日判決。
（3） 刑法旧三一六条a一項の条文は次の通りである。すなわち、「強盗又は強盗的恐喝（第二五五条）の犯行のために、道路交通の特殊の諸事情を利用して、自動車の操縦者又は同乗者の身体、生命又は決意の自由に対する攻撃を企てる者は、五年を下らない重懲役をもって、特に重い場合には無期の懲役をもって罰する」〔法務資料三二九号（昭和二九年）一五〇頁〕。
（4） 学説では、もっぱら関連性のない前科は原則として中立的に扱われている、とされる（Maurach, Anmerkung zur Entscheidung des BGH vom 4. 8. 1971, JZ 72, 131.）。
（5） Maurach, a. a. O. [Anm. 4], S. 130f.
（6） Koffka, Anmerkung zur Entscheidung des BGH vom 4. 8. 1971, JR 72, 471.
（7） 連邦通常裁判所第三刑事部一九七五年九月三日決定。
（8） バイエルン州最高裁判所一九七六年三月二九日決定。

㈣
（1） BT-Dr 10/2720, 10.
（2） 連邦通常裁判所第一刑事部一九九二年三月一〇日決定。
（3） テューリンゲン上級地方裁判所一九九四年六月二〇日決定。
なお、ニュールンベルク上級地方裁判所一九九七年一月二八日決定は、ドイツ刑法五七条aⅠ二号の「特別の責任の重さ（Besondere Schwere der Schuld)」の要件との関連で、ドレーヤーの注釈書を引用しつつ、「関連性のある前科や行為者がその警告を無視したと承認される前科が、量刑責任を高めることは一般に認められている」と判示している（NStZ-RR 1997, 169)。

㈤
（1） 四八条削除後、ただちにフリッシュが、前科に対して警告理論を適用しうるかにつき疑問を投げかけた（Frisch, Gegenwärtiger Stand und Zukunftsperspektiven der Strafzumessungsdogmatik, ZStW99 (1987), S. 773f.）が、ブルンスは、累犯者の責任内容は高められるとして、判例の立場を擁護し、フリッシュの議論を批判した（Bruns, Neues Strafzumessungsrecht ? "Reflexione" über eine geforderte Umgestaltung, 1988, S. 57ff.)。このフリッシュ・ブルンス論争の詳細については、岡上雅美「責任刑の意義と量刑事実をめぐる問題点（二・完）」早稲田法学六九巻一号（平成五年）三七頁以下参照。

（2）Geiter, Rückfallvorschrift（§48 StGB）aufgehoben, ZRP 88, 377.

（3）Heike Jung, Fortentwicklung des strafrechtlichen Sanktionssystems, Jus 1986, 743.

（4）Haft, Strafrecht, Allg. Teil, 3. Aufl., 1987, S. 117では、四八条の廃止については全く言及されておらず、Dreher-Tröndle, Strafgesetzbuch und Nebengesetze, 43. Aufl., 1986. では廃止が明記されている。

（5）Geiter, a. a. O. [Anm. 2], S. 377.

（6）Geiter, a. a. O. [Anm. 2], S. 377.

（7）Dreher-Tröndle, Strafgesetzbuch und Nebengesetze, 42. Aufl., §46. Rdn.24af., §48. Rdn.8f.; Stree, in; Schönke-Schröder（Hrsg.）, Strafgesetzbuch, Kommentar, 22, Aufl., 1984, §46. Rdn. 29f.

（8）第三章第三節参照。

（9）Horstkotte, Die Vorschriften des ersten Gesetzes zur Reform des Strafrechts über den Rückfall und die Maßregeln der Sicherung und Besserung, JZ 1970, 153.

（10）Stratenwerth, Tatschuld und Strafzumessung, 1972, S.17f. は、高められた行為責任と高められた犯罪エネルギーの同一視に反対する。また、Walter, Läßt sich der Handlungsunwert an der aufgewendeten《Kriminellen Energie《ermessen ? GA 1985, 197ff. は、「犯罪エネルギー」概念を不必要だとする。

また、Frisch, a.a.O. [Anm. 1], S. 775. は、法敵対的態度が、犯罪行為の不法・責任にどのように関連づけられるか不確定だとする。

（11）Geiter, a. a. O. [Anm. 2], S. 378.

（12）Hanack, Zur Problematik einer Sonderstrafe bei Rückfalltäter, in; Jürgen Baumann（Hrsg.）, Programm für ein neues Strafrecht, 1968, S. 110.

（13）Schöch, Kriminogie und Sanktionsgesetzgebung, ZStW 92 [1980], S. 167.

（14）Stratenwerth, a. a. O. [Anm. 10], S. 23.

（15）Baumann, Strafrecht, Allg. Teil, 2. Aufl., 1969, S. 117

(16) Frosch, Die allgemeine Rückfallvorschrift des §48 StGB, 1978, S. 89f., 91, 102.; Stratenwerth, a. a. O. [Anm. 10], S. 16.

(17) Geiter, a. a. O. [Anm. 2], S. 379.

(18) Haffke, Rückfall und Strafzumessung, in; Bernd Schünemann (Hrsg.), Grundfragen des modernen Strafrechtssystems, 1984, S. 208.

(19) Geiter, a. a. O. [Anm. 2], S. 379.

(20) Geiter, a. a. O. [Anm. 2], S. 380.

(21) Pfeiffer, Zur Strafschärfung bei Rückfall, in; Festschrift für Günter Blau, 1985, S. 296, 305.

(22) Geiter, a. a. O. [Anm. 2], S. 380.

(23) Geiter, a. a. O. [Anm. 2], S. 381.

(24) Zipf, Die Behandlung des Rückfalls und der Vorstrafen nach Aufhebung des §48 StGB, in; Hans-Heinlich Jeschck und Theo Vogler (Hrsg.), Festschrift für Herbert Tröndle, 1989, S. 439.

(25) 第三章第五節参照。

(26) Zipf, a. a. O. [Anm. 24], S. 440.

(27) Zipf, a. a. O. [Anm. 24], S. 441f.

(28) Zipf, a. a. O. [Anm. 24], S. 443.

(29) 川崎一夫・体系的量刑論（平成三年）一六頁以下参照。

(30) Zipf, a. a. O. [Anm. 24], S. 445.

(31) Zipf, a. a. O. [Anm. 24], S. 445.

(32) Zipf, a. a. O. [Anm. 24], S. 445.

(33) Zipf, a. a. O. [Anm. 24], S. 445.; Hettinger, Literatur, JZ 92, 245.

(34) Zipf, a. a. O. [Anm. 24], S. 446.

(35) ツィップは、立法論において、累犯の重心を前科性から反復性に移行させつつ、その刑罰の重さを不法内容の重大性に依拠させる各則上の累犯加重規定を構想している（Zipf, a. a. O. [Anm. 24], S. 446ff.）。

（36） Janssen, Probleme der Strafzumessung bei Rückfalltätern, ZRP 91, 52.
（37） Janssen, a. a. O. [Anm. 36], S. 52.
（38） Janssen, a. a. O. [Anm. 36], S. 52.
（39） Janssen, a. a. O. [Anm. 36], S. 53.
（40） Janssen, a. a. O. [Anm. 36], S. 53.
（41） Janssen, a. a. O. [Anm. 36], S. 54.「刑罰の烙印にともなう特別の効果」をふまえた、「前科」の法律的意味、ないし社会心理的意味を問うものとして、小暮得雄「刑事判例の規範的効力」北大法学論集一七巻四号（昭和四二年）六六八頁がある。
（42） Janssen, a. a. O. [Anm. 36], S. 54.

第五節　累犯加重と責任相応刑

(一) 総　説

刑法四八条が、一九八六年四月一三日の第二三次刑法一部改正法により削除されたことは、すでに述べた通りであるが、その理由につきクローズは以下のように説明している。(1) すなわち、「累犯として犯された軽微な犯罪（Bagatelldelikte）の場合、いかなる事例においても最低六か月の自由刑が責任相応である（schuldangemessen）とは、思われない。この場合、仮に刑法四八条一項一文の非難性条項（Vorwerfbarkeitsklausel）が責任主義（Schuldgrundsatz）との不一致の回避に役立つべきであるとしても、やはりこの規定は裁判実務に重大な困難をくりかえし惹起することが示された」ことが削除の主因であった。(2)

さて、軽微犯罪は累犯加重を基礎づけうるのか、そしてかりにそれが肯定されるとしていかなる範囲で累犯加重が許容されるのか、という問題は刑法四八条の制定当時には余り注目されない問題であった。

つまり、累犯として実行された犯罪行為が軽微な被害しかもたらさなかったとしても、前刑の警告無視に基づく行為責任の増加が肯定される以上、刑罰加重を妨げる理由はない、と一般に解されていたのである。しかし、その後実務においては必ずしもこのような一般論が受入れられているわけではない、という事実が判明した。たとえば、J・ワーグナーの調査によると、比較的軽微な不法—責任内容しか持たない万引き犯に対しては、刑法四八条を限定的に解釈して累犯加重を排除する少数の裁判官が存在することが明らかになったのであった(3)。

このことは、第二章第三節において挙げた「責任相応刑の観点からの批判」と関係する問題であること、多言を要しないであろう。すなわち、刑法旧四八条（以下、単に刑法四八条とする）の効果として自由刑の下限は六か月に固定されてしまうが、このことは不法内容の軽微な構成要件においては、累犯者の行為責任を過大に評価するもので、不法内容の重さに応じて行為責任の重さも定まるという行為責任の原則に反することとなり得るのだが(4)、累犯加重の責任相応刑はこの意味において問題とされるのである。

本節では、刑法四八条の削除にも重大な影響を及ぼした軽微累犯に対する責任相応刑の問題について考察を加え、累犯加重を責任主義に適合させるための解釈の手掛かりを得たいと考えている。

(二) 問題の発生と初期の傾向

a　刑事学的類型としての微罪累犯者

ドイツでは、刑事学の領域において軽微累犯（Bagatelldelikt im Rückfall）の問題がすでに意識されていた。すなわち、累犯の中には、犯罪行為が重大とはいえず、またはその結果の軽微もしくは不発生によって、社会的な意味ではほとんど危険性を示さないものも、少なからず見られることから、すべての累犯者を一様に危険視してきた伝統的な累犯者観念に対する批判が、一九六〇年代から生じてきたのである。(1)

たとえば、H・マイヤーは累犯者の社会的類型を二分し、それらを「危険な累犯者（gefährlicher Rezidiviste）」と「厄介な累犯者（störender Rezidiviste）」と名付けたのである。そして、きわめて多くの軽微な窃盗犯・詐欺犯は単なる厄介者（Störer）であって、彼らは、しばしば余りにも軽微な損害しか惹起しないので、言葉の自然な意味において、まじめに「危険」とみなすことはできないとするのである。つまり、マイヤーにとって「危険」と「厄介」とはもはや二つの異なった事態なのである。(2)

もちろん、このような「厄介者」が窃盗の重い事態の構成要件をしばしば形式的に満たすという事実は、マイヤーといえども認めざるを得ないのであるが、それにもかかわらず彼は、「このような厄介者については、確かに強められた累犯の予測が存するのだが、しかし、そのようなものは社会にとっても、被害者にとっても、社会的に重要ではない、それ自体軽微な犯罪行為であり、それらの諸行為を合計しても、社会に対する大きな危険や損害は少しも生じない」と主張する。(3)

また、ミューラー・ディーツも累犯者を、「危険な累犯者（gefährliche Rückfälligen）」と、「厄介な微罪犯罪者（lastige und störende Kleinkriminelle）」に分類している。そして、危険な累犯者と軽微な累犯者とでは多かれ少なかれ、短期間に反復された可能性という点で共通性を有するのであるが、両者は犯罪への集中度と意思傾向によって区別可能なのである、と解されている。(4)

さらに、ゲールズは「反社会的累犯者（antisoziale Rückfallstäter）」と「非社会的累犯者（asoziale Rückfallstäter）」とを区別し、後者は危険であるよりも厄介であり、多少なりとも頻繁に軽微事犯（Kleinkriminalität）に際して認められると論じている。[5]

しかも、これらの論者は累犯者の大多数を占める「厄介な累犯者」すなわち「微罪累犯者」に対しては、「危険な累犯者」とは異なる処遇が必要であると主張したのであった。[6]

このように軽微累犯の問題は、刑事学の側において「危険な累犯者」から区別された「微罪累犯者（Kleinkriminelle）」の観点、すなわち同種の軽微累犯の反復的実行を特徴とするような生活をしている行為者に対する加重された自由刑は、危険な累犯者の場合と異なり、累犯防止の手段としては不適切である、という観点からすでに明確に意識されていたのであった。

では刑法四八条の制定にあたり、立法者はこの問題にどのように対処したであろうか。

b　立法者の態度——刑法改正特別委員会の議論

ドイツの刑法改正特別委員会〔第五立法期〕は、第一九会議（一九六六年四月二十八日）における特別委員会の審議に基づいて連邦司法省の作成した参考案を、一九六六年五月四日の第二〇会議において検討したのであるが、そこで予定された累犯は「重大な（erheblich）」犯罪であることが要求されていた。[7]

連邦司法省当局者のホルストコッテ地方裁判所判事（Landgerichtsrat Horstkotte〔BJM〕）は、累犯規定（六一条一項）には新たに「重大な」という文言が挿入されるが、これによって比較的軽微な故意行為は累犯加重から排除されるはずである、と説明した。彼によると累犯行為（Rückfalltat）はむしろ、より特別の犯罪的集中性によって（von besonderer krimineller Intensität）実行されることを要するのである。[8]

これに対して、ミューラー・エーメルト議員（Abg. Müller-Emmert〔SPD〕）は、「重大な」という文言はそれが重懲役を科せられた犯罪行為と結び付けられる限りにおいて、無用な類似語の重複であろうという技術的観点からの批判[9]

を加えた。

しかし、シャッフホイトレ局長（MinDir. Schafheutre［BJM］）は、それを認めつつも、軽微役を科せられた行為（たとえば、侮辱・名誉棄損（üble Nachrede）・住居侵入（Bruch des Briefgeheimnis）等）が累犯加重されることを要しない、ということを明らかにするために「重大な」の文言は必要であろうと述べ、さらに療養・観護施設等への収容を定めた八三条にも「重大性」の要件が限定的適用のために加えられていることとの関係上、累犯規定にも「重大性」を取り入れなければ、裁判所の解釈を誤らせる可能性があるとして、「重大性」の要件を支持した。(10)

さらに、審議は五月五日の第二一会議においても続けられた。

シャッフホイトレ局長は、前日に引き続いて以下の事柄につき注意を促した。

すなわち、草案の他の箇所では「重大性」の要件が必要とされているということである。たとえば、八二条の精神病院への収容や八三条の禁絶施設への収容、あるい一〇一条の職業禁止命令の諸規定において、「重大性」の観念が用いられていたのであった。そして、シャッフホイトレ局長によれば「重大性」の要件の意義は、軽微犯罪（Bagatellkriminalität）に属する諸行為が、特定の処分を惹起することを妨げることにあるのであり、それゆえ、判例上、刑罰に関する不文律となっていると思われる「比例原則（Verhältnismäßigkeitsgrundsatz）」が八一条aの保安・改善処分について明確に導入されるに至った、と解されているのである。

したがって、裁判官は、六一条においても、軽微犯罪の事例においては、他の累犯要件が存する場合であっても加重刑を科すことから解放されるべきなのであり、かような理由から、もし六一条から「重大性」の文言が削除されるならば、処分に関する諸規定との関係上、累犯加重の場合は軽微なものでも考慮されうるという反対解釈を導くおそれがある、と主張してシャッフホイトレ局長は重ねて「重大性」の要件を維持すべきであると論じたのである。(11)

要するに、シャッフホイトレ局長の主張は、累犯に関する「重大性」の要件が比例原則の要求である、ということと「重大性」の要件を欠くと、他の処分に関する規定との対比上軽微な犯罪にも加重刑が科せられるおそれがある、ということとの二点から成り立っていたといえよう。

これに対して、シュレー議員（Abg. Schlee〔COU/CSU〕）は、「重大性」の要件の導入に対して消極的であった。

まず、シャッフホイトレ局長の引用する八二条等の諸条項と累犯規定とでは、「重大性」の文言に相違が存すると説くのである。すなわち、前者では「重大性」の要件の評価には「見込み」としての性格が結びつくのに対し、後者ではある程度構成要件に属していると思われる、というわけである。したがって、他の処分に関する諸規定との関連を持ち出すのは適切ではない、というのであろう。

次に、シュレー議員は犯罪には、より重い（strenger）ものと、より軽い（milder）ものとが区別され、累犯として処罰されるか否かの決定は、裁判所がその行為を重大とみなすかどうかによって左右されるということを認めた上で、確かに「重大性」の文言を削除するならば、侮辱罪のような軽微役しか科せられていない犯罪にも累犯加重が行われるが、しかし、少なくとも三か月の自由刑を、侮辱罪を理由にこれまでに何回か受けていた場合、やはり重い刑罰に値するのだ、と論じ刑法大委員会はそのような意味において「重大性」の要件によることなく、「重大性」をすでに考慮していたのだ、と主張したのである。(12)

すなわち、シュレー議員にとって「重大性」は単に累犯行為それ自体の「重大性」にとどまらず、累犯行為そのものは軽微であっても同種前科を加えると、連続的に実行されていた場合をも含む概念であったといえよう。ただ、そう解すると同種的性格を持たない「軽微累犯」は加重処罰の対象とされてしまうはずだから、シャッフホイトレ局長の見解に比べると累犯加重の範囲が広がってしまうのは確かであろう。

果たして、シャッフホイトレ局長は異種・軽微累犯の場合に関して反論した。すなわち、「重大性」の要件がなければ新たな行為が、たとえば不法内容の軽微な侮辱罪（eine Beleidigung mit geringem Unrechtsgehalt）のような軽微な行為（Bagatelltat）で、しかも以前の諸行為がたとえば身体傷害（Körperverletzung）のような場合には、以前の諸行為との関係において同種累犯が問題とならないにもかかわらず、累犯加重しても差し支えないという結論に至る。そして、その場合の調整方法は非難性条項の中においてのみ可能だが、「重大性」の要件の中には重要な客観的調整方法がある、と論じて「重大性」の要件を擁護した。(13)

さらに、ギューデ委員長（Vors. Güde［CDU/CSU］）もまた、「重大性」の要件につき一定の抑止的機能（Steuetungsfunktion）を認めたが、(14) ディーマー・ニコラウス議員（Abg. Diemer-Nicolaus［FDP］）は、シュレー議員と類似した疑念を表明した上で、(15)「重大性」の要件を断念する可能性を認めた。ただ、ミューラー・エーメルト議員は、この問題に関する意見の表明を控えた。(16)

その後、「重大性」の要件の問題は一九六八年十月四日の第一一三会議において討議された。しかし、ここでは実質的議論がほとんど行われることなく、わずかにディーマー・ニコラウス議員が「重大性」の文言を削除すると、累犯要件が広くなりすぎるであろう、という点の指摘を行った程度で「重大性」の要件の削除が決定されてしまったのである。(17)

以上、検討したことから、以下のことが明らかとなった。

すなわち、(1)刑法改正特別委員会は、軽微な犯罪行為、とくに異種の軽微行為を累犯加重から排除しようと考え、(2)そして、それは異論もあるが比例原則に立脚した構想であったと解されるものの、(3)委員会は、それ以上の審議経過を書き留めていないために、「重大性」の要件が削除された理由を委員会の議論から詳細・明白に引き出すことはできない、という諸点である。

なお、J・ワーグナーは「重大性」の文言は漠然としすぎており、それゆえ実務に余りにも大きな不確実性の契機(Unsicherheitsmoment)をもたらすことが「重大性」の要件が断念され、それに代えて四八条二項が設けられた理由であったということを委員会での批判等から推測している。[18]

そして、特別委員会はこのような軽微累犯排除のための法技術的な変更の実務的効果に気付かなかった、とワーグナーは述べているが、[19] 裁判上軽微累犯はどのように扱われたであろうか、また学説はこの問題にどう対処したのか?

c　初期の判例と学説

軽微な犯罪はたとえ累犯であっても、重大な犯罪行為が累犯として行われた場合と同様に処罰されるべきではない、という考え方の萌芽は軽微常習犯に対する重罰に関する疑問の中においてすでに認めることができると思われる。

すなわち、軽微犯罪者(kleiner Delinquent)も、刑法旧二〇条a(以下、単に刑法二〇条aとする)の要件たる「危険な常習犯人(gefährlicher Gewohnheitsverbrecher)」といえるか、という点につき争われた事例があるので、軽微累犯関連の判例に先立って一瞥しておきたい。[20]

【判例①　BGH GA 1967, 111】

地方裁判所の判決は、「もし、常習犯人に関して、一定の蓋然性をもって将来においても予測される公共に対する諸行為が厄介(lästig)であるばかりでなく、法的な平穏(Rechtsfriedens)に対する重大な妨害を示すならば、彼は危険(gefährlich)なのである」(BGHSt, 1, 94(100))ということを前提としつつ、以下のような理由によって被告人の危険性を否定したのであった。

すなわち、被告人は、「頭が鈍く(schwerfälig)、意思薄弱(willenschwach)で、聡明とはいえない(unintelligent)人付き合いの悪い（kontaktarm）人間で、刑法二〇条aの前提とするような『重大犯罪者（Verbrecher von Format）』などでないばかりか、実行された諸行為および将来において予測される諸行為が、実際上決して重大な程度に達しないような軽微犯罪者の見込みしか生じない」ような行為者なのである。

これに対して、BGHは「財産犯の傾向を有する常習犯人は、その頭の鈍さや聡明とはいえないという特徴ゆえに、その性向と諸行為の実行において対人関係上のぎこちない態度からの愚かさ（Einfalt）をさらけ出す場合」にその危険性が否定されると解した上で、本件においてはまだ被告人が有する特徴の著しい影響を確認しえない、と判示したのである。

それに加えて、「刑法二〇条aの適用が、重大な（von Format）犯人を前提とするという視点は、一般的に正しいというわけではなく」、むしろ「二〇条aの規定は、LGのいうような軽微な犯罪者にも完全に適用可能」と認め、軽微な詐欺や他の財産犯罪への傾向も常習犯人の危険性を根拠づけうるというこれまでのBGHの判例を再確認したのであった。

本判例は、軽微な犯罪者も刑法二〇条aにいわゆる「危険な常習犯人」たりうる、と解しており前述のH・マイヤーらの見解と対照的な考え方を採用していることが認められるのである。常習犯人である以上、個別的な犯罪行為は軽微であっても「危険性」が肯定されうるという解釈である。ただし、危険性が否定される場合についての基準が設定されているものの、その内容は必ずしも明白とはいえないように思われる。ここでは、個別的な行為が軽微な場合には重罰を科せられるべき「危険な常習犯」とはいえないのではないか、という問題提起がなされているが、後述する軽微累犯の事例と異なり、「責任相応刑」の問題は現れず、「危険性」の存否のみが争点となっている。この相違は、もちろん規定の要件の差異の反映でもあるが、常習犯規定たる刑法二〇条aの場合、累犯加重規定である旧刑法四八条と異なり、刑の上限が加重されているに過ぎず、刑の下限の固定に伴う「軽微常習犯の責任相応刑」が問題となりえなかったことに由来すると考えられる。

しかし、常習犯の事例ではあるが、軽微な犯罪が反復されている場合には、特別な効果（この場合、危険性を否定して刑の加重を回避するという扱い）を発生させることを要する、という考え方が現れていたことは注目すべきであろう。その意味で、本事例には「危険な累犯者」と「微罪累犯者」とを区別すべきことを主張していた前述の刑事学的見解と同一の問題意識が、少なくとも地方裁判所レベルにおいては認められるのであり、その問題意識は後述の「軽微累犯の責任相応刑」の主張の根底にも流れ込んでいたと考えられるのである。(21)

そこで、次に「軽微累犯の責任相応刑」が争点となった事例を検討することとしたい。

【判例②　OLG Stuttgart, Die Justis 1971, 357】

本件は、無銭飲食につき刑法二六三条と刑法旧一七条(22)（＝四八条、以下、単に刑法一七条とする）の適用が問題となった事例である。被告人は、被害額二〇・九五マルクの無銭飲食詐欺（Zechbetrug）に関して詐欺罪に問われしかも累犯であったのだが、行為の責任内容（Schuldgehalt）が法定刑の下限に属する（刑法二六三条の刑の下限は、刑法三八条二項により一か月の自由刑）ということから、刑法一七条の適用につき異議が申し立てられたのであった。

しかし、シュトゥットガルト上級地方裁判所は以下のように判示して刑法一七条の適用を認めたのである。すなわち、「刑法一七条二項が、『定められた刑（augedrohten Strafe）』の上限を対象とすることにより、刑法一七条は個別的行為を具体的に累犯加重から排除するのではなく、一定の犯罪だけを抽象的に排除するということを明らかにしている」のだから、「刑法二六三条は五年までの自由刑を科しているので、（累犯でなければ）刑の下限に属する行為が刑法二六三条に該当する場合は、すべて刑法一七条によって把握される」のである。

つまり、刑法一七条の累犯規定はその二項において、法定刑の分量に鑑みて抽象的に軽微と考えられる犯罪を累犯行為から排除しているのだから、それ以外の具体的・個別的に軽微と考えられるような犯罪行為は累犯行為から排除されないと反対解釈した上で、刑法二六三条の規定はその法定刑の上限に照らして刑法一七条二項の適用対象とはならないから、もし累犯でなければ刑の下限に属すると解される程度の重大さしか有しない軽微な詐欺行為であっても累犯加重は排除されない、と結論づけたのである。

そして、本判決はさらに累犯規定が個別的な事例に介入するかどうかは、行為者が以前の有罪宣告を警告として役立てなかったことについて、彼を非難しうるかどうかに左右されるとして、軽微累犯の排除は非難性条項の解釈問題であるということと累犯の重い責任が「前刑の警告無視に基づく高められた行為責任」に起因するということを示唆している。

このようにして本判決は、軽微犯罪にも累犯行為としての適格性を認めたのであるがこれ以前にも、ハンブルク上級地方裁判所は被害額六マルクの詐欺に累犯加重を認めていたことを付け加えておきたい[23]。

【判例③　OLG Hamm HJW 1972, 1381】

本件も、累犯でなければ法定刑の下限に責任内容が存する場合であっても、刑法一七条の適用は排除されないと判示された事例である。

被告人は、給付詐欺を理由に[24]刑法一七条の累犯加重の要件のもとで区裁判所において九か月の自由刑を言い渡された[25]。

しかし、被告人による量刑に限定された控訴（auf das Strafmaß beschränkt Berufung）においてハンブルク地方裁判所は、刑の言渡しの中で区裁判所の判決を破棄し、被告人に対して六〇〇マルクの罰金ないしそれに代わる三〇日の自由刑を言い渡した。

地方裁判所は、被告人の前歴(26)・以前の犯罪の責任能力(27)・被告人の受動的性格(28)について述べた後、さらに本件犯行の軽微性の問題を論じている。

すなわち、本件で問題となった四件の給付詐欺において発生した損害額は全部でわずか五マルク程度なのであり、本件行為の種類と不法内容（Unrechtsgehalt）によれば、それだけではただちに刑法一七条による刑の加重を生ぜしめない、と結論づけるのであるが、その理由として地方裁判所は「累犯者の軽微な法律違反（geringfugige Verstöße）に対して、不均衡な手段で（mit unverhältnismäßigen Mitteln）処罰することは、刑法一七条の趣旨ではない」と述べているのである。(29)

これに対して、検察側からの上告は「被告人により実行された諸行為が、それらの軽微な損害および不法内容を理由として（wegen der geringen Schadenshöhe und des geringen Unrechtsgehalt）軽微な不法（Bagatellunrecht）の範囲に属しているから」といって、刑法一七条の累犯要件が否定されうるものではない、と主張したのであった。

そして上告を受けたハンブルク上級地方裁判所は、結局被告人に対する刑法一七条の適用可能性を肯定したのであるが、そこでは以下の事柄が判示されている。

(1)　まず、刑法一七条は少なくとも「平均的犯罪（Durchschnittskriminalität）に属する行為に対してのみ適用されるというわけではなく、微罪犯罪者（Kleinkriminelle）にも適用可能である、という点が肯定されるのである。

その理由としては、第一に刑法一七条の条文があげられる。すなわち、立法者がこの場合も、累犯でなければ「処せられるであろう（verwirkt gewesen wäre）」一定の刑の下限を目標としたのであれば、法律中の形式的要件において表現されるのが当然のはずであるのに、刑法一七条は累犯行為の重さについては第二項において「定められた（angedroht）」自由刑の上限が一年未満であることを、加重刑排除のための要件として規定していることがあげられる。

第二に、刑法旧二〇条aは「危険性」を常習犯の要件としていたにもかかわらず、常習犯の廃止と同時に新設された刑法一七条の累犯規定には「危険性」が要件とされていないのであり、このことは微罪犯罪者に対しても原則的に累犯規定が適用されるべきことを明らかにしている、と解されることが指摘されている。

第三の理由として、重大な犯罪、すなわち刑法一条一項の意味における「重罪」に対しては、いずれにせよ刑の下限としてすでに一年の自由刑が定められているのであるから、刑の下限を六か月に引き上げる効果を有する刑法一七条の規定は始めから軽い意味しか持っていない、という事実が示されるのである。

これらの論拠によって、刑法一七条は微罪犯罪者にもその適用可能性が保証されると説くわけである。

(2)　次に、累犯は責任増加事由であり、行為者に向けられる以前の有罪宣告についての考慮による高められた責任非難が決定的である、と判示している。

すなわち、以前の有罪宣告を考慮しただけの特別の警告機能が、累犯行為の他の犯罪的重さから独立して与えられるのである。

このことは、累犯行為自体の不法内容（被害の程度）が、累犯における刑罰の加重を根拠づけるものでないことを認める趣旨と解される。

ただ、非常に軽い重さしかないような可罰的行為を犯した犯罪者については、少なくとも三か月の自由刑に服したことを要すると規定する刑法一七条一項二号の形式的要件が充足されていないことが、しばしば認められるという事実の存在も肯定されているものの、それも刑法一七条の適用可能性を一般的に妨げるものではないから、結局原審の判決は破棄されるという結論に至っているのである。

このように、本判決は自ら、判例②と同一の問題を扱うことを認めつつ、その結論内容においても判例②の立場を踏襲したといえよう。しかも、比較的詳細な理由づけが行われている点で注目すべき判例といえるのである。

【判例④　BayobLG NJW 1977, 912】

本件は、万引きされた物件の価値の僅少さ（geringwertig）によって累犯加重が妨げられることはない、と判示した事例である。

区裁判所は、販売価格にして三六・九〇マルクの錫製の皿を窃取したかどで、被告人に対して三か月の自由刑を言い渡した。

その際、区裁判所は、累犯の形式的要件を確認し、前刑の警告機能の無視を肯定したものの、しかし、刑法四八条によって指定された刑罰枠（六か月の刑の下限）を適用しなかったのである。そして、その理由として区裁判所は刑法二四三条二項の規定に言及して、価値の僅少な物件に関しては、累犯加重は排除されるという解釈を主張したのであった。(30)

バイエルン州最高裁判所は、検察側の上告には理由があると認めた。

その論拠としては、(1)刑法施行法（EGStGB）における審議内容、(2)刑法四八条二項の趣旨、(3)刑法四八条と刑法二四三条との性質上の相違の三点が挙げられたのである。

まず、第一の論拠についてであるが、刑法施行法の審議に際して、財産犯の領域における軽微犯罪（Bagatelldelikt）を特別な犯罪事実として特別扱いしようとした連邦議会の提案は否決されたのであり、とりわけ財産犯の不法内容（Unrechtsgehalt）は、行為者が入手しようとした客体の価値によって左右されるものではない、という考慮が決定的となったのである。

次に第二の論拠として掲げられた刑法四八条二項に関する議論であるが、バイエルン州最高裁判所によれば、四八条二項は、累犯行為が一定の重さを持つ可罰的行為（eine strafbare Handlung von gewissem Gewicht）であることを要するという事を示すと同時に、その要件は刑の上限として一年未満の自由刑が抽象的に科せられている行為についてのみ満たされる、という事をも規定しているのであって、結論として犯罪行為（Verfehlung）が軽微事犯（Bagatell-kriminalität）に属するということは、刑法四八条二項以外の場合には、刑法四八条一項に由来する非難を妨げない、ということとなる、と判示するのである。

最後に第三の論拠につき、バイエルン州最高裁判所は以下のように述べる。

すなわち累犯規定と、窃盗罪の特に重大な事例に適用される規定との適合性が展望されるべきである、という区裁判所の考え方は立法者には仮定されえないのである。累犯規定について考えると、以前の有罪宣告を警告として役立てなかった行為者に対して高められた行為責任を帰するという思想が、その根拠となっているが、そこにおける「警告の無視」は「人格関連的（persönlichkeitsbezogen）」であり、それゆえ新たに実行された行為の「他の犯罪的重さから独立して（unabhängig von dem sonstigen kriminellen Gewicht）」いるのである。

それに反して、刑法二四三条一項による刑の加重は「行為関連的（tatbesogen）」にいわゆる「特に重い事態」と等価なグループ（Wertgruppe）に結びつくのである。したがって、刑法二四三条一項に当てはまり、〔前科を特色としない〕事例によって表示された高められた危険性あるいは非難性は、二四三条二項の価値の僅少性についての外部的メルクマールによってその重要性を失うのであるが、犯罪への固執の中にその正当性を見出す特別予防的に整えられた累犯者の加重処罰は窃取された物件の価値の大小には左右されないのである。

それゆえ、刑法二四三条二項は刑法四八条への推論（Rückschluß）を許さない、という帰結をもたらす。

この事例では、区裁判所が軽微累犯から加重刑を排除するために刑法二四三条二項の規定を援用したことが、まず注目される。判例③のハンブルク地方裁判所が、軽微犯罪を累犯の対象外とするために用いた論拠は、「此例原則」を基礎とするかのようなニュアンスであったが、本事例は実体法上の根拠が持ち出されたわけである。そして、軽微累犯に対する加重刑の排除を否定するための理由として、バイエルン州最高裁判所は、判例③と同様に四八条二項の定型的な軽微事犯排除の規定をあげている。しかし、刑法施行法の審議内容にまで言及し、さらに刑法二四三条二項との比較を経て軽微犯罪への四八条の適用を肯定している点は、従来の判例にみられなかった本判例特有のものである。

また、判例③がどちらかといえば「微罪犯罪者」にも累犯加重可能か、という視点から論じていたのに対して、本判例では犯罪行為・結果の軽微性がもっぱら問題視されていることも特徴的であろう。

次に、軽微累犯の事例であるにもかかわらず、軽微累犯に対する加重刑の排除という問題を正面から取り上げず、これを非難性条項の解釈を通じて処理しようとした判例について検討してみたい。

【判例⑤　LG Bonn NJW 1977, 1929】

被告人は傷害目的で住居に侵入し、そこでの価値の僅少な物件の窃盗を理由として（zum Diebstahl geringwertiger Gegenstände）区裁判所によって刑法二四二条が適用され、一年の自由刑を言い渡されたが、控訴審において刑罰が減軽され一日五〇マルク五十日間の日数罰金が宣告された[31]、という事例である。

本件においてボン地方裁判所は、刑法四八条一項一号および二号の形式的要件が充足されているにもかかわらず、累犯加重規定の適用が排除されると判断したのであったが、その理由は何に求められたのであろうか。

まず、考えられることは本件の軽微累犯としての性格である。すなわち、判例③のように「比例原則」的なアプローチを採用するか、判例④のごとく刑法二四三条二項との対比という実体法上の論拠を用いるかはともかく、軽微累犯に対しては加重刑が排除されるべきである、という考え方が本件においても現れているのであろうか。しかし、その答えは否定的であった。むしろ、ボン地方裁判所は判例②および判例③を引用しつつ、「軽微犯罪には刑法四八条二項の類推解釈は一般に不適当で、累犯加重が認められる」のかどうかという問題を決定する必要はない、と判示した上で、本件の場合非難性条項の解釈において刑法四八条の適用は失敗すると論じたのである。

すなわち、ボン地方裁判所は刑法四八条の累犯加重につき以下のような見解を前提としているのである。まず、刑の加重は行為者に生じた高められた責任非難に基づくのであり、行為者は以前の有罪宣告と刑罰の執行の中に存する警告機能を無視し、それによって増加した犯罪的エネルギーをもって行為に出たことが非難されるのである。[32]

しかも、前刑の警告機能は、前科行為と新たな行為との間に「内的な刑事学的に把握可能な関連性」が存する場合にのみ認められるのである。[33]このような前提のもとに、本件につき考察すると、累犯行為と前科行為とはその意思方向を異にする（累犯行為としての窃盗は、以前の窃盗に欠けていた報復感情に根拠づけられていた）ので、まず、関連性を疑わせる、とする。

そして、次に「被害の軽微性」が考慮されたのであった。すなわち、「いずれにせよ、このような事態においては、硬貨の僅少な価値も責任の吟味にあたって重要である。なぜならば、僅少な価値（geringer Wert）は精神的興奮状態においては（in der psychisch erregten Situation）、被告人の意識の前面に、以前の有罪宣告の付加的な警告機能を呼び起こすのに役立たないからである」と判示しているのである。こうして、「軽微累犯性」は非難性条項の「行為の種類と事情」の解釈の中に解消され、他の諸事情とともに「内的関連性」の存否を判断するための基準へと転化してしまっていると解されるのである。

要するに、本判決では「被害の軽微性」が「警告機能」の有無に結びつけられてしまい、問題のスケールが縮小化されてしまったのではないかと解される。しかも、被害の軽微性が警告機能を発生させない、という点は「内的関連性」の存否というより、むしろ内的関連性が肯定された後の問題であって、「激情犯」や「衝動犯」の事例のように「警告機能の有効性」に関する論点ではないかとも疑われ、本判決の「内的関連性」についての理解にも疑問が起こるのである。

ともかく、軽微累犯の責任相応刑の問題を正面から取り上げることを回避した上で、非難性条項の解釈問題にすりかえているのが本判例の特色であるといえよう。

【判例⑥　OLG Koblenz NJW 1978, 2043】

この判例も、刑法四八条一項は軽微犯罪（Bagatellstraftat）に適用されることを認めた。被告人は、三回にわたって万引きを行い、合計三三・九八マルク相当の商品を窃取したのであるが、彼はそれ以前財産犯を理由に六回自由刑を言い渡され、かつその一部を執行されていた。(34) 区裁判所は、被告人が刑法四八条一項の形式的要件を満たしているにもかかわらず、刑法四八条一項の要件の存在を否定したのであるが、その理由は端的に「刑法四八条の規定は軽微犯罪には適用されない」という点に求められた。価値の僅少なものだけを万引きしたのでは、累犯加重を根拠づけないとするのである。

このような、区裁判所の判断に対する検察側の上告を受けたコブレンツ上級地方裁判所は、万引きされた物件の価値の僅少さは累犯加重を妨げない、として刑法二四二条および刑法四八条一項の適用可能性を認めた。

そしてその論拠としては、(1)刑法四八条二項の存在、(2)刑法四八条の累犯加重の性質、(3)刑法四八条の現行法としての優越性、の三つがあげられる。

第一の論拠は、判例②・③・④で繰り返し指摘されてきたものであり、刑法四八条二項は、新たな行為につき抽象的に定められた刑罰だけを加重刑の排除される累犯行為の基準としている、という主張であり、累犯行為を平均的犯罪に属するものに限定しようとする解釈は法律の文言をないがしろにするものだ、と批判される。

第二の論拠は、刑法四八条は行為者人格に関連させた一般的な量刑事由として累犯を捉えているのだから、実行された行為の責任内容が法定刑の下限に存することによって累犯加重が排除されることはない、という議論である。すなわち、累犯は以前の有罪の言渡しおよび刑の執行に基づく自分自身の経験により得られた、行為者の新たな行為に際しての高められた当罰性の意識を狙っており、その結果以前の有罪宣告を考慮したうえで、行為者に帰せられる高められた責任非難が決定的である、ということから、行為自体の不法内容は刑の加重を決定するものではない、と解するわけであろう。判例③・④でも援用された論拠である。

第三の論拠は、刑法四八条の成立史（Entstehungsgeschicht）によれば、当初立法者は「重大な」犯罪だけが累犯を基礎づけうるようにすべきである、という意図を有していた、という見解に反駁するものであり、法律化された規定（四八条の条文）にこそ解釈上の優先権（Vorrang）が認められると論じるのである。

本判決にとって特徴的なのが、この論拠であり、前述した刑法改正特別委員会における議論に立脚する「軽微累犯に対する加重刑排除論」が、現行法の優越性を理由に批判された、と解される。

以上が、初期の判例の状況であり、刑法四八条二項の文言と累犯加重が累犯行為の不法内容から独立した「高められた行為責任」を根拠とするという二点を主たる理由として「軽微累犯に対する加重刑」が肯定されていた、と要約できよう。

そして、それに対して下級裁判所において展開された「軽微累犯に対する加重刑排除」の考え方の根拠は、「比例原則的思考」・「刑法二四三条二項との対比」・「刑法四八条の成立史」等であり、「軽微な被害」は高められた行為責任を発生させるための警告機能を十分に備えていないという、非難性条項に関わらせた見解に依拠する判例も存した。

ところで、この問題に対して、学説はどのような議論を行っていたのであろうか。結論的にいえば、一般的には体系書においても、注釈書においてもこの問題に関する学説の関心は低く、ほとんど議論らしい議論は存在しなかったのである。

たとえば、たいていの体系書においては「軽微事犯（Bagatellkriminalität）」もしくは「微罪犯罪者（Kleinkriminelle）」に関しては全く言及されていなかったのである。(35)

また、大多数の注釈書も諸判例だけを紹介し、刑法四八条は軽微事犯に対しても適用されるであろう、という論評をもってしめくくっているのであり、その際この問題について、それ以上議論を進めていないのである。(36)

しかし、中には刑法四八条二項に基づき、累犯行為は「一定の重さ（vongewissem Gewicht）」を持っていなくてはならないとか、決して「軽微犯罪（Bagatelldelikt）」であってはならないなどという結論を導いたりするが、その場合でもそれ以上それぞれの概念をさらに具体化したり、厳密に定義したりしないのである。(37)

ただ、ホルストコッテは刑法一七条の適用に際して生じるおそれのある責任主義との抵触を避けるために、累犯加重の対象を「平均的犯罪行為（Durchschnittskriminalität）」の範囲に限定すべきである、と主張していた。(38)

すなわち、「非社会的な微罪犯罪者（asoziale Kleinkriminelle）」の場合、その適応障害（Anpassungsstörung）や意思薄弱（Willensschwäche）等から、以前の有罪宣告によって警告されねばならなかったはずである、という非難をまじめに加えることは、全くといっていいほどできないであろう。また、「軽微犯罪（Bagatelltat）」は、一般に「行為の種類と事情」とを考慮しても、以前の有罪宣告の無視を行為者に対して責任増加的に惹起させるきっかけを与えないであろう。

さて、上述のホルストコッテの見解のうち前者は、微罪犯罪者が前刑の警告機能にそもそも感銘しにくいという人格的特徴を有することに着目した見解であり、後者は軽微犯罪に関して生じる有罪宣告は将来の行為に対しては、微弱な警告機能しか持たないという考え方に基礎づけられた主張であり、いずれにせよ、微罪犯罪者や軽微犯罪については「前刑の警告無視に基づく高められた行為責任」が生じないので、これらの場合に累犯加重を行うことは責任主義に反することとなり、したがってそれを回避するためには、加重刑、すなわち刑法一七条の適用を回避する必要がある、と論じるのである。

また、ブライは前述の判例③に対する評釈の中において、やはり刑法一七条が責任主義に違反するものである、と主張している(39)。すなわち、刑法一七条の要件を満たす累犯の責任内容が、常に一定の範囲（すなわち六か月の刑の下限）に引き上げられ、この刑量の中において相応な場所を得るというようなことは、全く真実とはいえない、と論じるのである。そして、量刑が通常の刑罰枠の内部で適当に高い刑をもたらす場合にも、刑の下限の引き上げが必要なのか、と疑問を投じ、刑の下限の引き上げはそれが、一般的原則に従えば、より低い科刑に帰着すべき量刑を制限する場合に、体系に逆らい（systemwidrig）有害である、と説くのである。

これは、不法内容において刑の最下限が相当であると解されるような場合においては、刑の下限の法的な固定によって高められた点において獲得される刑量は、責任相応とはいえないとする趣旨だと考えられる。

さらに、フロッシュはブライの主張を正当と認め、それ自身軽微な行為（bei an sich unbedeutenden Taten）には、六か月の自由刑が常に責任内容に合致するわけではなく、行為責任と関係のない特別予防的必要によってのみ六か月の自由刑が説明される、と述べている。(40)

すなわち、種々の構成要件において体現された不法内容（Unrechtsgehalt）は、区別のあるものであるにもかかわらず、六か月という同一内容の刑の下限は、個別的な諸犯罪間の原則的関係を狂わせるのである。それゆえ、刑法四八条の法的効果によれば、構成要件において比較的軽微な不法内容については必然的に行為責任の過大評価へと進むのである。フロッシュによれば、実現された不法内容（行為者人格中の評価要素を除いて）が大きければ大きいほど、行為責任はより大きく逆もまたその通りなのである。したがって、刑法四八条は責任主義に反するという結論が引き出される、と主張するのである。(41)

さて、学説上、軽微な累犯に加重刑を科することは責任主義に反するという少数の見解が存することを概観したわけであるが、ホルストコッテは軽微累犯を「非難性条項」の問題とし、軽微累犯には「高められた行為責任」が生じないので加重刑を科することは責任主義に反する、としたのに対して、フロッシュは軽微累犯に対して加重刑を加えることは「不法内容に応じた行為責任」に相応しないから責任主義に反する、と論じるのである。ブライは鮮明ではないが、たぶんフロッシュと同趣旨と解される。

しかし、これらの主張は責任主義違反を説くものの、軽微累犯に対する加重刑排除のための法文の限定解釈には本格的に取り組んでいないのである。ホルストコッテの「平均的犯罪論」は、判例⑤のような解釈論を導きうるであろうが、一般論としての性格が濃厚であったといえよう。そこで、次に軽微累犯に対する加重刑を排除するために展開された諸説について検討したい。

㈢　軽微累犯に対する加重刑排除論

a　刑法四八条二項の拡張解釈（extensive Auslegung）説

リヒターは軽微犯罪（Bagatelldelikt）を、刑法四八条の意味における累犯行為として排除するため刑法四八条二項を拡張的に解釈することを提案した[1]。

すなわち、リヒターによれば軽微事犯（Bagatellkriminalität）の場合には刑法四八条一項を適用することは、四六条の責任主義に対する明白な違反をもたらすことを意味するのである。従って、リヒターは刑法改正特別委員会における一般的累犯加重規定に関する審議経過および、刑法四八条一項・二項の総合的考察（Zusammenschau）を論拠とする刑法四八条二項の拡張解釈論に至ったのである。

彼の議論について少し立ち入って検討すると、刑法四八条の成立史は、すべての軽微犯罪が累犯加重の適用対象から除外されるべきであるという結論を導くという。

リヒターは、以下のように論述している。「連邦議会における刑法改正特別委員会での累犯規定の文言（Wortfassung）に関する議論では、委員会のメンバーの趨勢としては比較的軽微な（verhältnismäßig geringfügige）犯罪行為は、刑法四八条による六か月という刑の言渡しを正当化してはならない、という方向が全く圧倒的」であったのであり、「連邦司法省により第一に提案された刑法四八条一項の文言によれば、一般に重大な（erheblich）故意行為のみが累犯の要件を基礎づけることが可能なはず」であったのに、その後「重大な」という言葉が削除され刑法四八条二項が採用されたわけであるが、その際特別委員会はこの修正の意義を明確には自覚していなかったのであり、そのことは刑法四八条の適用からすべての軽微犯罪が排除されたであろうことを明示するのである、と。[2]

したがって、刑法四八条二項によって把握された刑法一〇六条a（集会禁止区域の侵害）、一〇七条b（選挙資料の偽造）、一六〇条（偽りの供述への誘惑）、一八四条a（禁じられた売春の実行）、二八四条a（禁じられた賭博への参加）等の「一年未満の自由刑を抽象的に科せられた」犯罪だけが累犯加重から排除され、たとえば刑法二六四条aや二四八条bの犯罪構成事実については、それが刑法四八条一項に該当し、四八二項によって把握されないという理由によって累犯加重の対象とされる、ということは想定されないはずであり、そのような立法者意思を議会の議事録から明らかにすることは全く不可能である、と論じるのである。[3]

ではリヒターは、刑法四八条二項によって把握されない軽微累犯をどのように加重刑の対象から外そうとするのであろうか？

リヒターは、刑法四八条二項を軽微累犯に対する加重刑排除論のための根拠規定と考えていた。なるほど、四八条二項の厳格な文理解釈はこの規定に該当する犯罪構成事実だけが、累犯行為としては一般的に不適当であるという結論を導く。

しかし、法律規定の明白な条文ですら、言葉の可能な意味を限度として、立法者がその観念を正当かつ誤解を与えないように述べているかどうかを、他の解釈基準に従って綿密に吟味する義務を免除されないのである。

累犯規定に関して言えば、刑法四八条の成立史はいずれにせよ、軽微累犯の事例では刑法四八条の適用を正当化すべきでないことを指摘してきているのであり、このような立法者意思は刑法四八条二項のなかにその法律的表現を見出したのである。

すなわち、刑法四八条二項が同条一項に追加されたという事実は、「より軽微な犯罪（Delikte minderer Art）」を累犯行為から排除する立法者意思を暗示する（hindeuten）のである。

同時に、刑法四八条一項がその形式的要件として「二個の先行する犯罪行為は、少なくとも三か月の自由刑を言い渡されるべきものである」と規定していることは、累犯行為は「かなりの重さ（von einigem Gewicht）」を伴うはずであるということを導き出すのである。

ただ、刑法四八条二項の文言からは、このような累犯行為に適した「故意の犯罪行為」がどのようなものであるか推論されないし、四八条二項のような例外規定は限定的に解釈されるべきである。しかし、刑法四八条一項からはそのことが読み取りうる。

なぜなら、刑法四八条一項はいわゆる「非難性条項」の中において「犯罪行為の種類と事情を考慮する」こと、すなわち「内的な刑事学的に把握可能な関連性」を必要としているのである。

リヒターは、この非難性条項の解釈の中において累犯行為の不法内容（der Unrechtsgehalt der Rückfalltat）が考慮されるべきだとするのである。(4)

そして、このような解釈は、累犯行為についてはいずれにせよ、その行為責任が六か月の自由刑を責任相応と思わせるようなかなりの重さを持った犯罪が問題とされねばならない、という責任主義の要求に応じることとなるのである。(5)

と同時に、犯罪の重さ（die Höhe der Strafe）が行為責任および惹起された損害と全く関係のないことが明白な場合、行為者に生じる当然の無理解と憤激が社会復帰の試みを最初から見込みのないものにするであろうから、加重刑は排除すべきなのであり、そのような軽微累犯を犯し既に三か月の自由刑を言い渡されている行為者は公衆に対する危険を少しも示さないから、公衆保護の観点からも加重刑は排除しうるのであって、結局このような刑法の意義と目的に照らしても上述の「軽微累犯に対する加重刑排除論」は擁護されうるのである。(6)

以上がリヒターの主張の外観であるが、立法論として彼は、刑法四八条一項または二項において「軽微累犯は累犯行為の中から排除する」ということを明示すべきであるとしていた。(7)

次に、刑法四八条二項の類推適用を主張していたクラマーの見解を検討することとしたい。(8)

b　刑法四八条二項の類推適用（analoge Anwendung）説

クラマーは、刑法四八条二項を同条一項一号のなかにおいて解釈することを提案し、刑法四八条一項一号の該当の有無につき審査されるべき行為が軽微犯罪（Bagatelldelikte）であるときは、刑法四八条の適用を否定するのである。すなわち、クラマーもリヒターと同様に刑法四八条の適用は責任不相応な刑罰に至りうるがゆえに、累犯規定の限定的解釈が必要となる、という前提に立っているのである。

クラマーの主張によれば「刑法一七条一項一号においては、（刑法一七条二項のような軽微犯罪に関する）制限は設けられておらず、それゆえ例えば刑法二四八条aの困窮窃盗（法定刑の上限は三か月）を理由とする（以前の）有罪宣告が、たとえば（刑法二六四条aの困窮状態の）詐欺（法定刑の上限は三か月）による（以前の）有罪宣告とともに刑法一七条の条文に基づいて累犯を基礎づけうる」という結論を導くということは当然のことではなく、「一七条二項の類推適用によって、一七条一項の形式的要件の中において軽微犯罪を排除しなければならない」という見解に至るのである。(9)クラマーの見解の出発点には、前刑の警告無視による責任非難の重さは先行する不法行為の不法・責任の重さと相関関係にある、という認識が存することは明らかであろう。前刑が軽微な犯罪を理由とする場合には、その警告機能は微弱であるから累犯行為に対する有効な抑止力となりえないという考え方であり、前述のホルストコッテと同じ主旨と思われる。

ただ、クラマーのような説の独自性は、前刑を基礎づける以前の諸行為から軽微犯罪を排除するにあたり、刑法一七条二項を類推適用しようとした点にある。

そして、それとともに、軽微犯罪の排除を累犯行為そのものではなく、累犯行為に先行する前科行為によって行おうとした点も特徴的といえよう。

c　責任主義に基づく「第三の要件」説

ホルンは「責任主義」の絶対的優位（absolute Dominanz）を前提としつつ、(10) 刑法四八条は累犯行為の行為責任がそれ自身少なくとも六か月の自由刑の重さに達している場合、はじめて適用されると提案するのである。(11) すなわち、行為が確かにその不法・責任内容（Unrechts-Schuldgehalt）からして、比較的軽微な（geringer）刑罰にしか値しないとみられ、しかも行為者が一定の形式的・実質的要件を満たす場合は、刑法四八条によれば少なくとも六か月の自由刑を科さなければならない。(12) しかし、四八条の想定する高められた行為責任は、少なくとも六か月の自由刑が責任相応（Schulkangemessen）であると認められるような重さ（Gewicht）に達していなければならないのである。(13) したがって、この場合刑法四八条の要件は満たされておらず、もし同条を適用して累犯加重を行えば責任主義に反したものとなるであろう。(14)

しかし、ホルンによれば立法者が刑法四八条の適用に関して責任主義を破るように命じ、かつ責任超過的な刑罰（Überschuldstrafe）を科すことを背負い込んだとは仮定されえないがゆえに、刑法四八条は裁判官に対して「初犯との関係で累犯により大きな行為責任が生じ、そして確実に六か月の自由刑に相応するであろう重さの責任が生じるかどうかを考慮する」ことを義務づけるのであり、そこに同条の意義も存するものと解されることとなるのである。(15)

そしてホルンにとって刑法四八条の形式的・実質的要件は、六か月に相応する責任を認定するための徴表（Indiz）であり、裁判官は個々の事件においてこの徴表を確認するか反駁するかしなければならないのである(16)。

このようにして、ホルンによれば刑法四八条の適用が可能であるためには、形式的・実質的要件が存在するだけでは十分ではなく、「行為責任が、個々の事例において少なくとも六か月の自由刑の重さを保っているべきである」という第三の要件が要求されるということとなるのであり、このような見解を採用するならば多くの軽微累犯が加重刑の対象から排除される結果となろう(17)。

以上が軽微累犯に対する加重刑排除論に関する主要な学説の概観であるが、ここでは刑法四八条の適用が責任不相応になるという、もっぱら責任主義の観点からの四八条限定論が展開されたのであった。

しかし、四八条の限定解釈としてはこのほかにいわゆる「比例原則」を根拠とする見解も認められるので、次にそのような議論について検討してみたい。

四　比例原則（Verhältnismäßigkeitsgrundsatz）(1)による限定論

a　判　例

比例原則に依拠しつつ、具体的な判断基準を設定した判例としては判例⑤があげられる。駅における浮浪者に対して刑法一二三条(2)と刑法四八条が適用されたこの事例に関して判示された内容は、その後の学説にも少なからぬ影響を与えたのであった。

【判例⑤　OLG Köln, GA 1978, 84】

被告人は、ケルン中央駅における三個の浮浪行為（Bahnhofsstreunern）を実行した、という理由で起訴されたが、一定の前科を有していた。一審は住居侵入罪として四八条の要件を認めつつ八か月の自由刑を言い渡したが、控訴審では累犯の要件が否定され三か月の自由刑に減軽された。これに対して検察側は上告し、それが認められたのであった。(3)

本件で注目すべき点は、まずケルン地方裁判所が控訴審において累犯の要件を否定するにあたって、軽微累犯性に対してどのようにアプローチしたのかという事である。結論からいうと、いわゆる軽微犯罪（Bagatelltate）も刑法四八条の刑罰加重の対象となるという原則論が、まず支持されたのである。

すなわち、そこでは刑法四八条の刑罰加重にふさわしいのは「平均的犯罪」の事例のみである、と主張したホルストコッテの見解が批判されたのであった。

その論拠は、法律の中に「平均的犯罪限定説」を擁護するための拠り所が全く見出せない、という点に求められている。まず四八条一項は形式的要件として「三か月の以前の刑の執行」を要求しているが、これはその限度において軽微な事例を累犯加重から排除しようという考慮であり、四八条二項が「自由刑の上限を一年未満」と規定するのも同様の主旨である、と解するのである。言い換えると、軽微累犯の排除については、それ以上法律は何ら要求していない、と厳格な文理解釈を貫こうという立場をとるものといえよう。

ケルン地方裁判所によれば、累犯加重にとって決定的なのは「高められた行為責任」なのであり、このことは刑法四八条所定の要件を充足するものである限り、たとえいわゆる「軽微犯罪」であっても、それに対する加重刑は「責任主義」の違反とはならない、ということを意味するのである。そして、ケルン上級地方裁判所も、それを正当視している。

しかし、本判例では、一審における「比例原則」侵害の存否に関する明白かつ確定的な評価が欠如していることが指摘されている。

しかもそればかりではなく、本判例は控訴審が「駅の浮浪の場合、行為者の責任とそれに対する国家の刑法上の反応が、もはや議論の余地のないほど不均衡である（in keinem diskutablen Verhältnis mehr stünden）ことを明白に認識していた」ことも確かだ、と指摘しているのである。

ただ、控訴審としては、本件においては「被告人に対する有罪判決が明らかになる諸結果と、行為によって惹起された不法（Unrecht）および行為者の責任を個別的に比較検討すべきであった」が、結局地方裁判所はそのような手法による「比例原則」の適用を行わなかったのである、と判示するのである。

そして、「その際、とりわけどの程度ドイツ国有鉄道の家宅不可侵権（Hausrecht）が、駅の禁止に対する被告人の違反により妨害されたのか、という点が決定的に問題とされたであろうし、かりに駅の禁止違反を理由とする住居侵入罪の構成要件に抽象的に該当する場合といえども、『社会的な悩み（Gemeinlästigkeit）』がせいぜい存在するのが関の山なのは言うまでもない」と締めくくっている。

この判旨は、軽微累犯に対する加重刑を排除するためには「比例原則」の適用が有効である、とするものと解される。すでに、刑法改正委員会においてシャッフホイトレ局長が指摘し、判例②においても示唆されていた「比例原則」による解決が明示的にその姿を現した点で、しかも「比例原則」適用のための判断対象・判断基準も掲げられている点で本判例は画期的といえよう。ただし、ここでは「比例原則」と「責任主義」がどのような関係に立つのかは明確ではない。

しかし、学説においては「比例原則」と「責任主義」とを考慮しつつ軽微な累犯を刑法四八条の累犯加重から排除しようという見解が登場していた。

J・ワーグナーの「重大性説」と呼ぶべき主張がそれである。

b　J・ワーグナーの見解

ワーグナーもやはり、その軽微性が不法―責任の重さの計測によって確定されるような非独立軽罪の場合、それが刑法四八条一項の意味における累犯行為としての適性を持つのかどうか、すなわちそのような軽微累犯の処罰が最低六か月の自由刑であることが果たして責任相応なのか、という点に疑問を抱いたのである。(4)

彼は刑法四八条は「以前の有罪宣告から生じた警告の無視を理由として行為者が受けた高められた責任非難」によって正当化される、と同時に特別予防を追求する規定であることを認めている。すなわち、立法者は裁判官に対し、罰金刑や六か月未満の自由刑では持続的な威嚇や改善の効果を期待できないときは、個々の事例においてより長期の自由刑を言い渡しうる可能性を与えようとした、とするのである。(5) だがしかし、四八条は量刑規定として一般的な責任主義によって限界付けられるのだから、その適用は先行する諸行為および累犯行為の不法―責任内容の概観（eine Zusammenschau des Unrechts–und Schuldgehaltes der vorausgegangenen Taten und Rückfalltat）が、六か月の自由刑の言渡しを責任相応なものと思わせる場合にのみ正当化されるのであり、原則として四八条の形式的・実質的要件が存する場合、四八条の文言と構造からすれば責任主義の要求は満たされるとしても、軽微犯罪の多くについては六か月の自由刑を科すことが責任主義と一致することはほとんどない、と解するのである。(6)

では、軽微累犯に加重刑を科すことから生じる責任主義の違反を回避するためには、どのような解釈方法を採用すべきなのか？

ワーグナーは既存の三説について考察したうえ、おのおのの説にして批判を加え、最後に自説を展開した。

まず、彼はリヒターの四八条二項の拡張解釈を批判する。すなわち、リヒターの四八条の成立史に関する解釈は適切であるが、四八条一項・二項の総合的考察およびそこから引き出される四八条二項の解釈についての結論は、許された解釈の限界を超えている、と論じるのである。ワーグナーによれば、一般に行われている客観的な解釈理論によると、規定の「可能な文言（mögliche Wortsinn）」こそ、それぞれの解釈の最後の限界なのであり、リヒターが独立軽罪と同様に非独立軽罪に対しても四八条二項を適用しようとするならば、同条項についての解釈の最後の限界を超えることとなるのである。

なぜならば、四八条の文言では「定められた（angedrohte）」刑罰を対象としているのであって、「処すべき（verwirkte）」刑罰を対象としているわけではないからである。つまり、定められた刑罰と処すべき刑罰との相違は立法技術上採用されたものであるから、両概念は明確な内容を持っており文理解釈の助けを借りて四八条二項を非独立軽罪にまで拡張することは許されない、と主張するのである。

したがって、刑法四八条の限定解釈は、一項についてのみ有意義（sinnvoll）と評価できるという結論が導かれるのであり、それがワーグナーの基本的見解となっているといえよう。(7)

次にクラマーの四八条二項の類推適用説が批判の対象となる。

ワーグナーによれば、クラマーの説はあまり有望とはいえない（wenig erfolgsprechend）と評されるのである。その理由は、類推適用される四八条二項は法定刑の上限が一年未満の自由刑である独立軽罪に限定されているが、刑法改正法の発効後そのような独立軽罪がわずかしかなくなり、その結果四八条二項の類推解釈による解決方法が十分な広がりを持たなくなったことに求められる（たとえば、クラマーが引用した困窮窃盗の規定は、削除されてしまった）。

また、四八条の限定解釈を一項一号の形式要件の中において行うための手掛かりは、四八条の文言や成立史からは全く得られないのである。

さらにクラマーの解釈によれば、その責任が個別的行為については、六か月以上の自由刑を正当化しないような微罪反復者（Serientätern）の加重処罰、という立法者が四八条によって達成しようとした目的を限定しえないと批判するのである。(8)

おもうに、クラマーの限定解釈の対象が累犯行為ではなく、前科行為（ただし、ドイツは三犯加重であったから、前科行為といっても第二前科行為は第一累犯行為ではある）であったことから、確かに連続的な微罪反復といった性格を有する累犯行為の限定は視野に入っていなかった、と考えられる。

最後に、ホルンの「第三の要件説」が検討された。

ワーグナーは「四八条の形式的基準を、それが存在するときは責任主義の観点の下においては六か月の自由刑が正当化されるような徴表（Indiz）と、立法者はみなしている」というホルンの見解の観念的・解釈論的な疑わしさを指摘する。

すなわち、四八条の文言および成立史によれば、累犯条項の形式的要件・実質的要件は一定の刑罰の分量を認定するための徴表に過ぎないものではなく、むしろ両要件は累犯を根拠づける犯罪行為の不法—責任内容を確定的（abschließend）に表現することを前提とする、というのが立法者の立場だったのである。というのも、四八条は当時の司法実務の中における分裂的な量刑を防止し、量刑のための指針を裁判官に提供するという目的をもっていたからである。

そしてもし、四八条の形式的・実質的要件が責任相応刑のための徴表に過ぎないとすると、裁判官にはさらに相対的により大きな自由裁量の余地を認めることとなろうから、上述の立法者の目的は達成されえないであろう。

刑法四八条の文言によれば、形式的・実質的要件が存在する場合には、もはや裁判官に対して量刑のための裁量が与えられることはなく、むしろ最低六か月の自由刑を科すことが裁判官に強制されることとなるのである。

そして、このことが四六条の責任主義に反するとしても、ホルンの指摘するような「特別法」としての四八条は、一般法たる四六条を破り、四八条の文言と構造の中においてしか裁判官を規制することができないのであり、四六条を持ち出すことはできないのである。(9)

ワーグナーによれば、ホルンはこのような主張を覆すような議論を怠っているのである。(9)

このように、リヒター、クラマー、ホルンの三者による軽微累犯に対する加重刑排除論は、ワーグナーによればいずれも難点が認められ支持しがたい見解なのであった。

そこで、ワーグナーはみずから、独自の軽微累犯排除説を唱えることになるのであるが、次にワーグナー自身の見解について検討する。

ホルンは刑法四八条を刑法四六条の特定規定と解していたが、(10) ワーグナーはそれとは異なった見解をもっていた。すなわち、「特別法は一般法を破る」という原則はたとえば競合しあう諸規定の法律効果が互いに排斥しあう場合にのみ、適用されるのであり、刑法四六条と四八条について検討すると前者は法的効果について全く確定していないのに対し、後者は一定の法的効果を生ずべき一定の量刑上の要件を定めていることから、両規定の間には矛盾は存在せず、したがって「特別法は一般法を破る」という原則により、両者の関係を調整する必要は生じないのである。(11)

このことは、刑法四八条によって強制される六か月の刑の下限が刑法四六条の責任主義によって規制されうることを意味するのである。

確かに四八条は、抽象的には、形式的・実質的要件の存在によって六か月の自由刑を責任相応となしうるような行為責任を要求しているが、しかし（軽微犯罪のような）具体的事例において責任主義との矛盾を生じえないということまで言い切るわけではないのである。つまり、四八条の適用が四六条の要求する「責任主義」に反することがありうるのであり、両規定の評価矛盾の解消が要求されざるをえない。

この場合、ワーグナーによれば四八条は四六条を補完する規定（eine ergänzende Vorschrift）なのであり[12]、したがって四八条は四六条およびその中において定式化（normiert）された諸原則に左右されるがゆえに、もし具体的事例において四六条と四八条の間に矛盾を生じたならば、その矛盾は四六条にウェイトを置きつつ解消されるべきこととなるのである。

具体的には、軽微犯罪の処罰に際して四八条の適用が四六条において定式化された「責任主義」と矛盾するならば、一般的な累犯規定は適用されず四六条の一般的な量刑規定によって刑の量定が行われるのであり、このような結論は四八条と責任主義との調和可能性を憲法上の視点から追求する場合に到達するものでもある[13]。

ワーグナーは言う。「（責任主義によれば）およそ責任なく行為に出た者は処罰されえず、次に刑罰は責任の分量を超えてはならないのである。……（憲法上の原則としての）責任相応の要求は、第二の憲法上の原則である罪責（Schuld）と刑罰（Strafe）に関する比例原則が遵守された場合にはじめて実現される」、と[14]。

この大前提に立脚しつつワーグナーはさらに、「四六条によるすべての量刑は、一般的な法定刑の考慮において抽象的に比例原則を守ることを要求するにとどまらず、（四八条の適用場面を含む）個別・具体的事例の量刑に際しても比例原則を遵守することを求めるのである」と論じている[15]。

そして結論として、軽微累犯への四八条の適用に当たり裁判官は以下の事柄を確認すべきである、と主張したのであった。すなわち、「当該法益の保護がその都度、行為者の自由への六か月間の干渉を必要とするのかどうかという点、および行為者に対するそのような自由の剥奪の意義が企図された国家的利益の重要性に相応する関係の中に存するのかどうかという点」、すなわち必要性（Erforderlichkeit）と比例性（Verhältnismäßigkeit）の二点の確認が裁判官に要求されたのである。(16)

従来の上級地方裁判所の判例中には、これらの要求を満たすものは一つもないというのがワーグナーの評価であるが、このような基準に照らして累犯行為が、その不法・責任内容から以前の行為と総合的にみて六か月の自由刑を責任相当と評価しうるような重みを有しない事例においては、刑法四八条は後退し四六条の適用が可能となるのである。

ところでワーグナーは、軽微累犯に対する加重刑の排除を四八条に関するどのような解釈を通じて達成しようとしたのであろうか？

まず、ワーグナーは、四八条は累犯行為が少なくとも重大な故意行為である場合に限って適用されるべきであり、そのことが立法技術上・実務上の観点から合目的的であり、有意義だとして、特別委員会において提案されていた「重大性」の要件を備えているものとして四八条の解釈を行うべきことを主張するのである。(17)

すなわち、ワーグナーは累犯行為の重大性は四八条一項の「犯罪行為の種類と事情」の要件の内部で考慮されうることをもともと認めており、(18)「重大性」が認められる場合としては、(1)累犯行為が一見して六か月に相応するような重大な被害をもたらしている場合と(2)非常に執拗な連続的犯罪（hartnächige Serientätern）の場合をあげている。(19)

結局、ワーグナーは刑法四八条一項の「犯罪行為の種類と事情」という文言の中において、特別委員会によって一時的に考慮されていた「重大性」の要件を把握しつつ、そのような「重大性」は「結果の重大性」と「連続的微罪反復」の二つを内容とするが、そのような「重大性」が存するか否かは「比例原則を遵守した責任主義」によってもたらされる基準によって判断されることとなる、と説き、このような見解に依拠しつつ軽微累犯に対する加重刑の排除を実現しようとしたのであった。ではワーグナー説は、他の論者によってどのように評価されたであろうか？

次に最も明瞭にワーグナーの考え方に反駁したツィップの見解を検討したい。

c　ツィップの反論

ツィップは刑法四八条二項につき、その刑の上限が一年に満たない本来的な軽微犯罪だけを排除しているのであって、非本来的な軽微犯罪（uneigentliche Bagatelldelikte）を把握しているわけではない、という点をまず確認している。非本来的な軽微犯罪とは、類型化された不法内容（typisierte Unrechtsmaterie）からするとどうしても当罰的で、しかもそれに対応して相応に刑罰枠が形成されるのに、個別的な事例においては、軽微な法益侵害（geringfügige Rechtsgutsverletzungen）がそもそも当罰的でないとか、あるいはそれが当該事例に関して四八条の六か月の自由刑たる刑の下限を不適切と思わせるような諸事例のことであるが、この場合「責任と予防（社会復帰）」との間の緊張関係が生じるのである。(20)

すなわち、社会復帰の観点からすると非本来的な軽微犯罪に対して六か月の自由刑を科すことは申し分のない結論（völlig konsequent）なのである。というのは、一般的な見解によれば六か月というのは行為者に対する社会復帰のための、有効な影響力を期待しうる最低限度の期間だからである。

しかし、具体的な行為責任が軽微であるならば、そのような六か月の自由刑は責任均衡（Schuldausgleich）の観点から理解困難なものとなる。(21)

判例②〜④は、このような緊張関係が問題と成った事例なのであるが、ツィップによると刑法四八条の条文には軽微累犯問題を解決するための手掛かりが含まれていないのである。(22)

たとえば、ホルンによって提起された前述の「第三の要件」説は、確かに軽微犯罪を累犯加重の対象から容易に排除するが、四八条が存在しなければ六か月の自由刑を科せられないだろうと思われる軽微な犯罪においてこそ、四八条は「存在理由（Daseinsberechtigung）」を見出すのであるから、ホルン説は四八条の実際的な効用を犠牲にすることとなる、とツィップは批判している。(23)

次に四八条の形式的・実質的要件が存在するならば、新たな行為の責任評価は、六か月の自由刑という立法者によって与えられた新しい刑罰枠の中において、はじめから生じているのである。(24) したがって、ホルンの主張するような「六か月の自由刑が責任相応かどうか」というような付加的な判断は、それ以上行われないこととなる。

もちろん、具体的な行為責任の評価が六か月の自由刑を疑わせるような場合もありうるが、そのような場合には「立法者レベルでの責任主義は、責任相応刑の発見に際して、法の適用の範囲内での責任主義とは別個の意義を持つということが考慮される」のである。すなわち、立法者にとってその可能な責任内容に対応する類型化された不法内容の分析評価が、刑罰枠創設のために通常もっとも重要な視点であるが、そのほかにも例えば、模倣の危険とか、実行の頻度なども考慮しうる。

四八条に即して考えるならば、六か月の自由刑への刑の下限の引き上げに際して、確かに立法者は「特別予防」を相当程度中心的な関心事としたのであるが、しかし、そのような視点にのみ刑罰の加重を関わらせたわけではなく、「以前の有罪宣告の無視が行為者につき非難可能なものでなければならない」という限りにおいて責任の観点をも組み込んでおり、それゆえ四八条は憲法判断に耐えられる規定といえるのである。(25)

したがって、軽微累犯に対しても四八条の加重刑を科しうるという、刑事政策上断然異論のある結論をも受入れざるを得ないが、軽微累犯の排除という刑事政策上の要求は、非難性条項における「警告機能の無視」に繋げることによってのみ可能となる、というのがツィップの主張であった。すなわち、特に些細な軽微犯罪の場合には、所有権・財産犯罪の範囲において、その違反の特別の頻度ゆえに警告機能が十分に保たれないことがあるから、「高められた行為責任」を生じないと解しうるのではないか、というわけである。これは、「非難性条項」による解決を意図する点において、前述の判例⑤に類似したアプローチであるが、後者が累犯行為の客体の持つ警告機能の喚起作用の乏しさに着目していたのに対して、前者は前刑の警告機能に対する累犯者の感受性の鈍麻に注目している、と解される点に差異が認められる。(26)

こうして、ツィップは軽微累犯に対する加重刑の排除論をすべて退け、それを「非難性条項」の解釈問題に転化してしまったのであるが、その最大の理由は「四八条の現実的重要性の堅持」にあったといえよう。(27)

しかし、ツィップの見解は学説の大勢に沿うものではなかった。大多数の学説は問題の発生後、次第に軽微累犯に対する加重刑の限定を主張するようになっていたのである。

たとえば、ヒルシュは「他の刑罰枠の下限におけると同様に立法者の意思によれば、考えられる限り最も軽微な不法・責任内容を伴う（mit dem denkbar geringsten Unrechts-und Schuldgehalt）」行為にも、法的な刑の下限は対応するのであり、それゆえ責任が個々の事例の中において現実的にも刑の下限を正当化するかどうか、という付加的な検証は原則として行われない」として、まず「非本来的な軽微犯罪につき、責任は六か月の刑量を全く正当化しないという理由で、四八条の実質的要件を原則的に否定すること、すなわち原因と効果を取り違えることは、やはりできない」という点を認める。

すなわち、刑法四八条に関しては「前刑の警告無視に基づく高められた行為責任」が肯定されれば、一応責任主義との抵触は免れるということを前提としている、と解される。(28)

しかし、「裁判所はこのような（軽微な）犯罪の場合、行為者が以前の有罪宣告を警告として役立てなかったという非難を、現実に犯罪行為の種類と事情とを考慮して、行為者に加えうるか否かの検証を、非常に厳密に行わなければならない」とツィップの主張に接近した見解を述べたうえで、さらに個別的事例では、場合によっては、行為責任と刑罰量とに関する比例原則が（六か月の）刑の下限を下回ることを正当化することも認めているのである。

これは、しかし難解な考え方である。四八条の要件が認められるならば責任主義の違反は原則的にありえない、と解するからこそヒルシュはホルンの「第三の要件説」を批判したのであった。

にもかかわらず、軽微累犯に関しては場合によって「行為責任と刑罰の分量」との間の比例原則が崩れることがある、というのでは首尾一貫した議論とはいいにくいのではないだろうか。むしろ、ワーグナーのように責任相応刑は比例原則が遵守された場合にのみ実現される、と解する方が「比例原則」の適用による軽微累犯排除説としては論理として徹底していると考えられるのである。

次に、ラックナーもまたヒルシュ同様に、ホルン・リヒター・クラマー・ワーグナーらの諸説は、明白な法の意味と事なると評価するものの、もしそうしなければ、すべての国家的干渉に妥当する現行の「比例原則」が明白に侵害されるような場合には、例外的に軽微累犯に対する加重刑の排除を主張できる、と論じている。(29)

さらに、シュトレーは四八条は憲法上の原則には反しないものの、価値の僅少な物件の窃盗のようにその責任内容からみて、せいぜい四八条二項で把握された事例程度の可罰性しか持たないような軽微犯罪の場合には、四八条の規定はほとんど実質的には正当とはいえないと述べ、それゆえ軽微犯罪の場合には、四八条による加重刑が「比例原則」に合致するか否かが常に検証されなければならない、と主張している。(30)

ただ、ラックナー・シュトレーの見解についても、軽微累犯に関して「比例原則」の適用による加重刑の排除を許容するものの、ワーグナーのように詳細な分析を行っておらず、それゆえ、責任主義と比例原則との関係や「軽微性」ないし「重大性」の判断基準、さらに軽微累犯を排除するための実定法上の手がかり等の諸点につき、ほとんど明確にされていないということが注意されなくてはならない。

さて、以上概観した通り学説においては軽微累犯に対する加重刑を排除すべく、ワーグナーのように「比例原則に支えられた責任相応刑」の観点から議論を行う見解と、ツィップのごとく「非難性条項における高められた行為責任」の問題として解決を図ろうとする考え方が主張されたわけであるが、では憲法裁判所はこの問題に対してどのような判断を下したであろうか。

(五)　憲法裁判所の判断

上述のワーグナーやツィップらの見解が出揃った時期に、軽微累犯に対する加重刑の責任相応性の問題が憲法裁判所によって扱われるに至った。(1)

すなわち、刑法四八条は、それが同条二項においては把握されないような比較的軽微な（minderer）犯罪に対して、刑の下限として六か月の自由刑を科しても基本法と一致するかどうか、という点についての憲法判断が下されたのである。(2)

まず、デュッセルドルフの区裁判所が「刑法四八条は、平均的犯罪の範囲に属さないような犯罪行為をも累犯としているし、その明文は相当な合憲的解釈を禁じている」として連邦憲法裁判所に対して刑法四八条の合憲性についての決定を求めたのに対し、(3)連邦憲法裁判所は、結論的には区裁判所の異議には与しえない（nicht teilen）と判示したのであった。

第一に、刑法四八条（旧一七条）が合憲的規定であることは、すでに連邦憲法裁判所第一部の一九七三年一〇月二日決定における付随的考量に際して認められていた、(4)という点が指摘されたうえで、刑法四八条二項によって把握されない比較的軽微な事例にも刑法四八条は適用されることが肯定された。

そして次に、連邦憲法裁判所は、刑法四八条が「憲法上の地位を持ち、正義の理念に指導され基本法一条一項と法治主義（Rechtsstaatsprinzip）にその基礎を有すると認められる」責任主義（Schuldgrundsatzes）の範囲内において設けられている、と述べ、さらに「刑罰は、行為の重大さと行為者の責任との正当な関係の中において規定されるべき」であり、そのように刑罰を限定する作用の中において憲法上の比例原則（Verfassungsgrundsatz des Übermaßverbots）と責任主義は一致する、という判断を下したのである。

すなわち、「責任主義」に対してどのような要求を行うかということと、比例原則の内容とは互いに無関係なのであり、裁判所が累犯規定において予定されている「責任主義」の内容を正当視するならば、そのように正当化された「責任主義」はただちに「比例原則」と合致するという大前提が用意されていたことに注意しなければならない。判例⑤やワーグナーらによって示されていた、不法内容の考慮を欠いた「責任主義」を補完する機能を有するものとしての「比例原則」という捉え方は、始めから採用されていなかったのである。(5)

そこで、憲法裁判所としては刑法四八条は加重された刑罰と調和するような「高められた行為責任」を前提としていなければならない、と結論づける。

そして刑法四八条の加重刑は明文上、「犯罪行為の種類と事情とを考慮して行為者が以前の有罪宣告を警告として役立たせなかった」ことにつき非難しうる場合に科せられるが、この実質的条項の定式によって四八条は「責任主義」を考慮するのである、という認識を示しつつ、憲法裁判所の理解としては、四八条は「以前の有罪宣告によって植えつけられた反対動機を無視する者は、場合により強められた犯罪エネルギーをもって、そしてそれゆえ増大した責任をもって行為するのである」ということを前提としている、と判示されたのであった。

そしてこのような「強められた責任を、以前の有罪宣告の警告機能に依存させる」解釈は、その成立史によって説明可能だと説くのである。(6)

ただ、このような累犯加重規定に対しては、ビンドカート・ハナク・シュトラーテンヴェルトらの批判を受けたが、そこで示された四八条の合憲性に関する疑惑の理由づけは適切ではなく、四八条の規定はやはり憲法上の責任主義とは矛盾しない、と反論されたのである。

憲法裁判所は、その理由を「非難性条項」の存在に求めた。すなわち、刑法四八条は累犯者に対して常に「前刑の警告無視に基づく高められた責任非難」を加えようとするものではなく、「非難性条項」の要件を満たすことによって「増大した責任非難を認めうる」場合にのみ加重刑が科せられるわけだから、警告機能に感銘しにくいという累犯の性格的特徴が考慮されていないわけではない。

そして「非難性条項」該当性につき、事実審裁判官は職務上調査すべきであり、さらに裁判官が全体的評価の中において、被告人の精神的要素や性格的特性・生活事情等を考慮すべきことは自明のことであり、その評価の根底にはおのずから「さほど狭く解されない行為責任概念（nicht zu eng verstandenen Tatschuld-Begriff）」が置かれるはずだから四八条に関しては、行状責任・行為者責任が把握される、という批判は妥当ではない、とするのが憲法裁判所の判断の趣旨と思われる。

もちろん憲法裁判所は、「非難性条項」の意味での警告機能を以前の有罪宣告について確認することの困難性を忘失していたわけではない。以前の諸行為と新たな行為との間に「内的関連性（刑事学的に把握可能な関連性・犯罪的連続性・行為責任的に重要な関連性）」が存する場合に、以前の有罪宣告には警告機能が認められる、という基準を裁判所に保証することによって「非難性条項」の適切な処理を可能にしていると抗弁している。

以上のような認識を前提としつつ、憲法裁判所は軽微累犯に対する加重刑の合憲性についての考察を進める。結論からいうと「刑法四八条において科された刑の下限は、責任主義・比例原則に鑑みて全く疑念を生じない」のである。その理由について、まず第一に立法者はどのような刑罰を科するかを原則として自由に決定しうるのであり、たとえば裁判所に対して一定の刑の下限を下回る刑は科すべきではないという指定を与えて、裁判所を拘束しうることが指摘される。

すなわち、四八条に即して言うと立法者は同条二項において「軽微犯罪」の観点を抽象的にのみ考慮し、その結果累犯行為から排除すべき対象を明白かつ確定的に規定したのであり、それゆえ「四八条二項によって捉えられない、比較的軽微な事例（Fällen miderer Kriminalität）に対する累犯規定の適用可能性を、解釈手段を通じて一般的に排除しようとする試みは、法的な支えが全く存しない」のである。

このような解釈は四八条の成立史によって確認されると判示した。

第二に、刑法四八条の「非難性条項」は、明示されている取扱の場合には十分に行為者の責任に相応した制裁を保証するのであり、その高められた責任に対して六か月という刑の下限は何がどうあっても不相応というわけではなく、「正義の観念（Idee der Gerechtigkeit）」に対して法律の規定が、絶対的に耐えがたい結果（schlechthin untragbare Ergebnis）に至る場合にのみ、責任主義および比例原則の違反を確認しうるに過ぎないという理由があげられている。

つまり、立法者は「軽微犯罪」をすでに四八条で抽象的に考慮しているから、それ以上の「軽微犯罪」を考慮しないのが文理の反対解釈から当然導かれるし、さらに「高められた行為責任」によって累犯の場合にも一定の責任相応刑を保証しており、しかもきわめて不当な場合を除いては責任主義や比例原則の違反は確認しえない以上累犯規定についての合憲性を疑うことはできない、というのである。

結局、前述したとおり憲法裁判所は「高められた行為責任」という形で、一定の「責任刑」が担保されている以上、「正義の観念に対して、絶対的に耐えがたい結果」に至ることがなければ「比例原則」には反しない、という見解を判断の基礎に置いていたものと解される。そして、このような考え方は「比例原則」によって、「高められた行為責任」が考慮しえなかった累犯行為の法益侵害の大小を補完的に考慮すべきである、というワーグナー説などとは明らかに異質であり、しかもこの場合の「比例原則」の具体的基準は必ずしも明確とはいえず、結局ワーグナー説の意味における「比例原則」に関しては沈黙していた、というべきであろう。

それでは、この憲法判断後、裁判所の軽微累犯に対する態度はどのように変化したであろうか？

(六)　憲法裁判後の判例

軽微累犯における法益侵害の軽微性という客観的事実に着目した上で、比例原則に依拠しつつ、加重刑を排除しようという限定解釈論は憲法裁判所によって斥けられた。

いまや裁判所に残された軽微累犯排除の方法としては、非難性条項の解釈のみとなったわけである。すなわち、判例⑤のように軽微犯罪は客体による警告機能の誘発力が弱いという議論や、ツィップの主張した累犯者の警告機能に対する感受性の鈍麻の事実が利用されうるであろう。

しかし、裁判所の解釈論は、より一層慎重であったことが窺えるのである。というのは軽微犯罪性と他の具体的事情を組み合わせつつ、軽微累犯から加重刑を排除するという手法が採られているからである。

その具体例を概観しよう。

【判例⑥　OLG Köln, MDR 1980, 510(1)】

この事例は、被告人が連続的な住居侵入罪を理由に累犯として有罪宣告を言い渡され六か月の自由刑を科せられたが、被告人は控訴し保護観察のための刑の延期を条件にそれが棄却されたことから上告し、その結果刑の言渡しが破棄されたというものである。ケルン上級地方裁判所は、累犯加重の要件が示されていない、という判断を下したのである。それは、何故なのであろうか？

本判決でも上級地方裁判所は、刑法四八条による刑罰の加重に関しては「責任主義」の観点から「以前の有罪宣告を警告として役立たせなかった」ということに基づく「高められた責任非難」を行為者に及ぼすものである、と理解している。

そして、その上で行為者の主観的要件として「彼が知的能力およびその動機づけ可能性により、警告を理解しそれにしたがって自己を方向づけうること」をあげ、そのような意味での累犯行為の際の自己規制能力を「制御能力(Steuerungsfähigkeit)」と呼んでいる。

この「制御能力」は、「意志薄弱」や「社会的無援助」の場合には妨げられるかもしくは部分的に遮断されるのである。すなわち、意志薄弱等の場合には累犯者は前刑の警告に感銘しにくく、警告によって規制されがたいのである。すなわち、意志薄弱等の場合には累犯者は前刑の警告に感銘しにくく、警告によって規制されがたいので「警告無視による行為責任の増加」を認めることは難しいということになる。

しかも、問題となっている事例が「行為者を取り巻く環境の中において、特別な反対動機（Hemmungsschranker）を乗り越えることなく、しばしば実行されるような軽微犯罪（Bagatelldelikt）の場合、「わずかしかない抑制能力(Hemmungsvermögen)が警告効果を妨げる」と判示している。つまり、軽微累犯については、特別な反対動機が形成されていないし、その意味で行為者には抑制能力が乏しいと考えている、といえよう。

このことは、軽微犯罪の反復を特徴とする軽微累犯の場合、前刑の警告機能も軽微犯罪を理由とする有罪宣告を基礎とするものであるから、その警告機能は客観的に判断しても元来微弱であるし、しかもそのような軽微犯罪の反復を特徴とする軽微犯罪の実行者は、警告機能に感銘しにくく、さらに抑制能力（制御能力）も乏しいという二つの側面において「非難増加的な警告無視」の把握を困難にするような事情が存在することを意味する。

そして、本件のように、軽微累犯者が同時に「意志薄弱」・「社会的無援助」の場合には、上述の「微弱な警告機能」あるいは「制御能力の欠乏」等の事情に基づいて「前刑の警告無視に基づく行為責任増加」の肯定を妨げうることとなるから、軽微累犯の場合には被告人の特質に関し綿密な人間性の記述が必要となるが、下級審はそれを怠っているとするのである。

単に微罪累犯性のみならず、意志薄弱や社会的無援助という事情まで併せて考慮することによって、「警告無視」を否定しうる根拠をより強力に合理化しようとする趣旨と解されるが、このような手法はおのずから加重刑の排除される「軽微犯罪」の幅を狭めてしまわざるを得ないであろう。

【判例⑦　OLG Celle, Stv 1982, 369(2)】

被告人の累犯行為は軽微犯罪（Bagatelldelikt）であり、その行為はしばしば特別な反対動機（Hemmungen）を乗り越えることなく実行されており、しかも以前の諸行為は本件累犯行為に比べてはるかに重大な重さを持っていた。すなわち、「無免許運転を伴う窃盗」という以前の有罪宣告からは「乗車券を所持せずに市街電車に乗ってはならない」という警告は出てこないと認定されたのである。

これらのことに鑑みてツェレ上級地方裁判所は、地方裁判所による累犯加重要件の肯定に法的な瑕疵があると判示したのであった。

本判例は、判例⑥によって指摘された軽微累犯特有の「微弱な警告機能」と「抑制能力の欠乏」に基づく、累犯者の「特別の反対動機の不存在」に関する一般的前提に、具体的な「警告機能の欠如」を加味して「警告無視による高められた責任非難」を否定した事例と考えられる。

ここでも、軽微累犯の事例においては「特別の反対動機」の無視が欠けているというだけでは加重刑は排除されておらず、「具体的な前刑の警告機能の欠如」も累犯要件の否定にあたり同時に考慮されていることが認められるのである。

【判例⑧　OLG Hamm, NstZ 1683, 366(3)】

本件においても上級地方裁判所は、「以前の有罪宣告の警告機能」の点に関して累犯加重のための要件が十分に考慮されたか否かが示されていない、と判示しその結果被告人の上告は成功した。

ハンブルク上級地方裁判所は、「刑法四八条一項において要件とされている以前の有罪宣告の警告機能は、刑法を支配する責任主義（Schuldgrundsatz）を考慮しており、この警告の無視を理由に行為者に対する強められた責任非難が向けられるのだ」という理解を前提とした上で、その際被告人の「警告に応じて動機づけられ、制御する能力」は限定責任能力（刑法二一条）の場合においても、必ずしも排除されないが、そのような場合には行為者が以前の有罪宣告を非難可能的に無視したかどうかにつき、特に綿密に検討することを要すると判示している。

その理由としては、このような「制御能力（Steuerungsfähigkeit）」が長年の薬物中毒やアルコール濫用によるアルコール依存の場合には、本質的に損なわれるかもしくは排除されうるという点が指摘されている（本件では、被告人につき一年間の甚だしいアルコール濫用の結果、刑法二一条の意味で制御能力は著しく減弱していたことが確認されていた）。

そして本件においても、結局「行為者を取り巻く環境の中において、特別の反対動機（besondere Hemmungsschranke）を乗り越えることなく、しばしば実行される軽微犯罪」に際しては、上述の「アルコール濫用（Alkoholmißbrauch）」による「制御能力の遮断」と軽微累犯特有の「微弱な警告機能」と「抑制能力の欠乏」（本判例では「抑制閾のいっそうの低下（eine weitere Herabsetzung der Hemmschwelle）」と表現されている）とが相乗的に作用して、「以前の有罪宣告の警告を非難可能的に無視した」という要件を否定しうる、という基本的見解がその基礎におかれていることが認められるのである。

【判例⑨　OLG Stuttgart, MDR 1985, 69】(4)

本判例は「以前の有罪宣告の警告機能は、軽微犯罪（Bagatelldelikt）が特別の反対動機（besondere Hemmschranke）を乗り越えることなく、行為者の社会的環境の中においてしばしば実行される場合」には欠如しうる、と指摘したうえ、「もしアルコールの影響下において実行された以前の諸行為が、窃取または盗取された物件によって軽微犯罪に数えられるならば、主観面への作用を欠いた可能性があるであろう」と判示している。

このことは、軽微累犯に特有な「（前刑の）微弱な警告機能」の点を特に強調したものと解される。本件は完全酩酊の事例であるから「制御能力の遮断」という事情も介在しており、明示されてはいないものの判例⑥〜⑧と同様の視点が存すると解される。

以上概観した通り、憲法判断後の判例は軽微累犯を「比例原則」の観点から排除しようとはせず、「非難性条項」の解釈を通じてそれをとりあげたのであり、その際軽微累犯は「微弱な警告機能」と「抑制（制御）能力の欠乏」に加えて、「意志薄弱」・「社会的無援助」・「アルコール濫用」等の諸事情が累犯行為者の「特別の反対動機の不存在」を導き、その結果「前刑の警告機能の非難可能的な無視」という要件が否定される、という定式化された思考が基礎に置かれていた、と結論づけることができよう。

しかしながら、このような判例による手法では、十分に軽微累犯に対する加重刑を排除しえないであろうことは想像に難くない。

前述したB・D・マイヤーの調査研究によれば、[5] 刑法四八条が刑量に対して及ぼす効果は(1)犯罪による被害の重大性、(2)行為者の以前の服役期間・犯罪数、という二つのメルクマールが行為者にはほとんど不利にならない場合に、最も大きいということが判明していた。このことは、軽微累犯に対する四八条の適用が限定的に行われていなかったことを示しているといってよい。

(七) 小括

さて、これまでの考察は、「前刑の警告無視に基づく高められた行為責任」が発生しても、軽微な法益侵害しか生じないような事例には、累犯加重できないのではないか、また累犯加重を排除すべきではないか、という問題に対してドイツの立法・判例・学説がどのように考えてきたのかを検討するものであった。

その結果、被害法益の軽微な累犯行為に対しては、その不法内容の軽微性に対応した責任量に基づく刑罰が相応するはずであるから、責任主義の観点からは被害結果の重大な累犯行為も軽微なそれも、一律に六か月の刑の下限が責任相応であると解するのは不合理であり、かりに狭義の責任の増加のみで六か月の刑の下限を画一的に増加させることが責任主義の認めるところであるとしても、比例原則の観点からなお累犯行為の不法・責任と累犯の加重刑との相応性とを比較検討することにより、軽微累犯に対する加重刑を排除する必要があるのではないか、という本質的な議論が十分に深められないまま、実定法の解釈問題に転化させられてしまった経緯を確認したわけである。

そして、とりわけ責任相応刑の要求は比例原則を遵守した場合にのみ実現される、としたワーグナーの見解がより成熟させられるべきであったのではないか、と考えられるのである。ツィップが立法論として「構成要件的に重く」定式化する手法を提言しているが、その場合ワーグナーの重大性説を無視することはできなかったであろう（1）。ただ、ワーグナーの考え方には、連続的微罪反復の事例を、行為者責任の観点から例外的に加重処罰しうることを認める、という難点が存在することには注意しなければならない。

しかし、累犯行為の被害法益の重大さに相応する責任の重さに累犯の加重刑を関係づけることによって、累犯加重を制限しようとしたワーグナーの主張は、やはり累犯行為の不法内容（被害結果）（2）の大小とは無関係に刑罰を加重するわが国の累犯規定にも、本質的に妥当するはずである（3）。すなわち、責任主義・比例原則を考慮すると一定の法益侵害性の重大さが、累犯行為にとって不可欠の要素なのであり、それがどのような内容をもつのかを確定することが問題であろう。

そこで、最後に以上の比較的考察をふまえた上で、わが国の累犯加重規定の責任主義の観点からの限定解釈のあり方、とりわけ責任相応刑の観点から重大な不法内容の確定という問題について検討を進めていきたい。

㈠

（1）　Klose, Die Bestrafung von Rückfalltätern, 1989, S. 14.

（2）　他に、Heike Jung, Fortentwicklung des strafrechtlichen Sanktionssystems, Jus 1986, 743. が、「刑法四八条の形式主義は、それ自体としては軽微な犯罪が、責任超過的に処罰されなくてはならないという結果を招きうる」と指摘しているほか、Dölling, Das Dreiundzwanzigste Strafrechtsänderungsgesetz, NJW 1987, 1045 が「比較的軽微な（leichter）犯罪行為の領域においては、責任不相応の刑罰を科する危険性を基礎づけた」として同様の問題点に言及している。また、Jescheck, Lehrbuch des Strafrechts, Allg. Teil, 4. Aufl., 1988, S. 802f. は、刑法四八条の削除理由として、⑴軽微犯罪にも刑の下限を六か月に引き上げることが、過剰反応（Überreaktion）を強行することになる、(2)累犯が責任加重事由であるという点についての疑わしさ、(3)前刑の警告機能の仮定における形式主義、(4)特別予防効果の欠如、の四点を挙げている。

（3） J. Wagner, Die schuldangemessene Bestrafung von Bagatelldelikten im Rückfall, GA 1979, S. 41.

（4） 阿部純二「累犯加重の根拠」岩田誠先生傘寿祝賀論集『刑事裁判の諸問題』（昭和五七年）九〇頁。

わが国においても、第二章第三節で述べたように同様のことが問題視されていたのである。すなわち、学説上、累犯加重に関してはそれが個別行為の不法（＝違法性）の量を超えて行為者の責任を肯定するものであることから、責任主義の原則に合致しないと解する考え方（井田良「量刑事情の範囲とその帰責原理に関する基礎的考察(一)」法学研究五五巻一〇号（昭和五七年）九一頁、吉田敏雄「責任主義」宮澤浩一先生古稀祝賀論文集第二巻『刑法理論の現代的展開』（平成一二年）三二八頁）と、行為責任主義からいうと責任量において優越的地位を占めるのは違法の程度であることを認めつつも、累犯における刑罰加重を基礎付けるのは違法性の分量ではなく、狭義の責任のみであり、その場合でも責任主義と調和しうると解する見解（阿部純二「刑事責任と量刑の基準」福田平＝大塚仁（編）『刑法総論Ⅱ』（昭和五七年）九八～一一〇頁、同・前掲論文九一～九五頁）とが対立している。

前者の立場からは、累犯加重は責任主義の例外とされる（井田・前掲論文九三頁）か、何らかの方法で累犯加重の根拠を不法の分量の増加に結び付けようという努力が生み出される（内田文昭・改訂刑法Ⅰ（総論）（昭和六一年）二二四頁等）こととなるが、後者の立場では、狭義の責任（高められた行為責任）の認定を厳密に行いさえすれば責任主義の要請は一応満たされることとなろうし、不法内容を考慮しない点から生じる責任主義との不一致の疑いについては、宣告刑の段階で調整が可能であると指摘することによって、これをことさら重大視しないという態度に至る（阿部・前掲書一一一頁）。

しかし、いわゆる盗犯防止法三条の常習累犯窃盗に関しては、どちらの立場からも被害軽微な場合の加重刑と責任主義との適合性の問題につき、解答が与えられていないのが現状である。

（二）

（1） 朝倉京一「累犯加重の法理」専修法学論集三七号（昭和五七年）二一頁。

（2） H. Mayer, Typologie der Gewohnheitsverbrecher oder Rezidivisten, in: Kriminalbiologische Gegenwaltsfragen Heft 5, 1962, S. 139.

（3）　H. Mayer, a.a.O. [Anm. 2], S. 139. なお、わが国においても軽微累犯を特別に扱ったうえで、加重刑を排除すべきであるという主張が、どちらかといえば刑事政策的な観点から行われている。

まず、藤木英雄・刑事政策（昭和四三年）一五四頁は、「いかに常習犯罪者であっても、極くわずかの財産を窃取したのに対して異常に長期の刑、例えば無期刑を科することは、正義の感覚からいって、甚だしい衝撃を覚えさせるものがある」として、罪刑均衡的見地から責任を基調とする刑罰の限界を認めている。

また、朝倉・前掲論文（注1）二六頁は、厄介なだけで危険とはいえない微罪累犯者のように予防の必要性をほとんど考える余地のないような場合には、たとえ累犯者であっても刑を加重すべきではない、と指摘している。

さらに、阿部純二「累犯加重の根拠」岩田誠先生傘寿祝賀論集『刑事裁判の諸問題』（昭和五七年）九四頁は、「前刑の警告機能」に着目して「一般に、前犯が軽微な罪であれば前刑の期間も短かく、したがって有効な警告機能をもち得ないであろうし、また新たな行為が軽微なものであれば前刑の警告と関係なく行為がなされる可能性が強い」から、あまり軽微な罪まで累犯をひろげることには賛成できない、とされる。近年では、梅崎進哉＝宗岡嗣郎・刑法学原論（平成一〇年）五一頁において、常習累犯窃盗規定の形式的適用は、罪刑不均衡という意味での「明白な不正義」をもたらすことがある、という事実が指摘されている。

そして、平場博士は「（軽微な）事例が最も常習犯としては捉え易く、また刑の加重等の根拠に乏しいことは、諸外国の経験の教えるところである」として、窃盗の軽微類型を設けることを立法論として提言されている（平場安治「窃盗及び強盗の罪」平場安治＝平野龍一（編）『刑法改正の研究2』（昭和四七年）三八一頁。

（4）　Müller-Dietz, Möglichkeiten und Grenzen der Behandlung erwachsener Rückfalltäter, in: Kriminologische Gegenwaltsflagen Heft 8, 1968, S. 139.

（5）　Geerds, Zur Rückfallskriminalität Erwachsener, in: Kriminologische Gegenwaltsfragen Heft 8, 1968, S. 43ff.

（6）　朝倉京一「累犯者の処遇」小川太郎博士古稀祝賀『刑事政策の現代的課題』（昭和五二年）二九七頁。

（7）　Protokolle des sonderausschusses für die Strafrechtsreform, Deutscher Bundestag, 5. Wahlperiode（以下、Prot. v と略称する), S. 381.

なお、参考案の第一案は以下の通りである。すなわち、

(1)　ある者が、

1　すでに、二回故意の犯罪行為により、そのつど少なくとも三か月の刑を言渡されて確定し、かつ

2　その刑罰の全部又は少なくとも一部の執行を終えた後、重懲役もしくは軽懲役を科せられるべき重大な故意の犯罪行為を犯し、犯罪行為の種類と事情とを考慮して、その者が以前の有罪宣告を警告として役立てなかったという非難を、その者に加うべき場合において、その行為が他の法令でより重い刑罰を科せられていないときは、累犯者として六か月を下らない軽懲役をもってこれを罰する。（以下略）

また、第二案の方は

(2)　ある者が、

1　すでに、二回故意の犯罪行為により、そのつど少なくとも三か月の刑を言渡されて確定し、かつ

2　その刑罰の全部又は少なくとも一部の執行を終えた後、重懲役もしくは軽懲役を科せられるべき重大な故意の犯罪行為を犯し、犯罪行為の種類と事情とを考慮して、その者が以前の有罪宣告を警告として役立てず、しかもその種の犯罪行為を犯す誘惑に陥りやすいという非難を、その者に加うべき場合において、その行為が他の法令でより重い刑罰を科せられていないときは、累犯者として六か月を下らない軽懲役をもってこれを罰する。（以下略）

という内容であった（傍線筆者）。

ちなみに、特別委員会の審議に関しては、内藤謙・刑法改正と犯罪論（上）（昭和四九年）二六一頁等を参照。

（8）　Prot. v, S. 382.
（9）　Prot. v, S. 384.
（10）　Prot. v, S. 384.
（11）　Prot. v, S. 388.
（12）　Prot. v, S. 388.
（13）　Prot. v, S. 389.
（14）　Prot. v, S. 389.
（15）　Prot. v, S. 389.

（16）　Prot. v, S. 389.

（17）　Prot. v, S. 2201f.

（18）　J. Wagner, Die schuldangemessene Bestrafung von Bagatelldelikten im Rückfall, GA 1979, S. 47.
なお、Hirsch, in; Jescheck-Ruß-Willms（Hrsg.）, Strafgesetzbuch, Leipziger Kommentar, 10. Aufl., 1978ff., §48, Rdn. 5 においては、「重大性」の要件が四八条二項によって代替された理由につき「（重大性の要件を用いても）別の解釈上の困難をもたらしたにすぎなかった」と述べている。

（19）　J. Wagner, a.a.O. [Anm. 18], S. 48.

（20）　刑法旧二〇条aの一項の条文は以下の通りである。
「すでに二回以上有罪の判決を言渡されて確定した者が、新たに故意による行為によって自由刑に当る場合において、行為の全体としての評価上当人が危険な常習的犯罪人であることが明白となるときは、新たな行為がより重い刑を科せられるのでない以上は、五年以下の重懲役が、新たな行為がこのような刑の加重なくしても、なお重罪であるときは、一五年以下の重懲役が宣告される。この刑の加重は、前の二つの有罪の判決が重罪又は故意による軽罪のために言渡されたのであって、且つそのそれぞれにおいて死刑、重懲役又は六ヵ月以上の軽懲役を宣告されたものであることを前提とする。」（法務資料第三二九号（昭和二九年）八頁）。

（21）　J. Wagner, a.a.O. [Anm. 18], S. 44. は、（軽微累犯の責任相応刑の問題は）「いわゆる微罪累犯者（Kleinkriminelle）が犯した軽微犯罪（Bagatelldelikt）に対して刑法四八条が適用されると、一層複雑（komplizierter）なこととなる」と指摘している。

（22）　刑法二六三条一項の条文は以下の通りである。
「自己又は第三者に不法な財産上の利益を得させる目的で、虚偽の事実を仮構して真実らしく見せかけることにより、または真実の事実を歪曲し若しくは隠蔽することにより、錯誤を起こさせ、又はこれを持続させることによって、他人の財産に損害を加えた者は、五年以下の自由刑又は罰金に処する。」（法務資料第四三九号（昭和五七年）一七五頁）。

（23）　OLG Hamm v. 17. 4. 1970-1 Ss 199/70. 本判決は、未公刊である。後出の判例③によれば、継続的詐欺を犯し、その際たばこと四分の一ポンドのコーヒーの入った総額六マルク相当の二個のボール箱を虚偽の申告によって騙し取り、または騙し取ろうとした被告人に対して、累犯加重がほどこされた事例である。判例③は、この判決が「累犯規定は、いずれにせよ原則としていわゆる軽微犯罪（Bagatellstraftat）にも適用される」という点を暗黙の前提としていると指摘している。

(24)　給付詐欺（刑法二六五条a一項）の条文は以下の通りである。

「対価を支払わない意図で、欺罔により、自動販売機若しくは公共の目的に役立つ長距離通信網の給付、交通機関による運送、又は興行物若しくは設備への入場を得た者は、その行為について他の規定でより重い刑が定められていないときは、一年以下の自由刑又は罰金に処する。」（前掲法務資料（注22）一七八頁）。

(25)　区裁判所の認定によれば、被告人は一九七一年一月六日、同月一二日、同月二二日、五月三日の四回にわたって、市街電車もしくはバスの無賃乗車を実行したのであった。

(26)　被告人は、一九三〇年生まれだが、一九五〇年から一九七〇年までの間に一六回処罰されており、その内容は詐欺・累犯詐欺・横領・器物損壊・酩酊行為・窃盗・累犯窃盗からなっている。

(27)　被告人は犯罪の実行に際しては、常に飲酒によるアルコールの影響下にあり、しかも抑制能力が発育不全と認められ、刑法五一条二項にいわゆる著しく減弱した責任能力を有していたであろう、と地方裁判所は認定している。

(28)　地方裁判所は、被告人は利得の好機を利用しようという唆しに対して、その薄弱な抑制〔能力〕ゆえに、将来においても抵抗しないであろうし、今後の新たな感銘（Eindruck）の下ですら、繰り返して機会犯を実行するであろう、と述べている。

(29)　この見解は、前述した刑法改正特別委員会におけるシャッフホイトレ局長の主張である「重大性の要件の論拠としての比例原則」の考え方を必ずしも明確とはいえないものの、採用しているのではないかと解される。

(30)　本件は、刑法二四二条の単純窃盗罪が適用された事例である。また、本判例では刑法二四三条一項および二項について言及されている。そこで、これらの条文を以下に掲げておく。

「不法に領得する目的で、他人の動産を他人から奪取した者は、五年以下の自由刑又は罰金に処する。」（刑法二五二条一項）。

「特に重い事態においては、窃盗は三月以上十年以下の自由刑に処する。次の場合には、原則として、特に重い事態が存する。

行為者が

一　その行為を実行するために、建物、住居、仕事場若しくはその他の閉鎖された場所に侵入し、忍び込み、合鍵若しくはそ

の他の正規に錠を開くのに予定されていない器具を使用して押し入り、又は右の場所にひそみ隠れていたとき、
二　閉じられた容器又はその他の安全装置により奪取に対して特に保護されている物を窃取したとき、
三　職業的に窃取したとき、
四　教会、又は礼拝に用いられるその他の建物若しくは場所から、神に対する礼拝のために捧げられ又は宗教上の崇敬のために用いる物を窃取したとき、
五　学問的、芸術的、歴史的意義を有する物又は技術的発展にとって意義のある物であって、一般人の出入りできる収集所にある物又は公に展示された物を窃取したとき、
六　他人の保護のない状態、災害又は公共の危険を利用して窃取したとき」（刑法二四三条一項）
「行為が些細な価値の物に関するときは、特に重い事態は存しない。」（刑法二四三条二項）（以上前掲法務資料［注22］一六六〜一六七頁）
なお、「特に重い事態」の意義については、林美月子「量刑事情と評価方向」神奈川法学二七巻二・三号（平成四年）一五七頁参照。

(31)　窃盗の前科のある被告人が、家具を傷つけた飲食店の主人に復讐する目的で、夜間ほろ酔いの状態（血中濃度一・九八‰）で、飲食店に侵入し、その後カウンター上の開いた窓ガラスから二〇マルク相当の外国硬貨を窃取したという事案である。

(32)　BayObLG NJW 1972, 1380.

(33)　BGH NJW 1974, 465.

(34)　被告人は、⑴一九七七年三月三一日、デパートで三・九五マルク相当の家具用スプレーを万引きし、⑵同年四月二〇日、七・九五マルク相当の電気コードおよび〇・八〇マルクと一・四五マルクのノートを万引きし、⑶同年四月二三日、スーパーマーケットで一九・八三マルク相当の肉製品を万引きした。そして、それ以前に被告人は全部で六回、特に財産犯を理由として自由刑を言い渡されており、その一部につき（一九七三年に八か月、一九七六年には五か月）執行されていたのである。

(35)　たとえば、Baumann, Strafrecht, Allg. Teil, 8. Aufl., 1977, S. 673.; Jescheck, Lehrbuch des Strafrechts, Allg. Teil, 3. Aufl., 1978, S. 718.; Maurach, Deutsches Strafrecht, Allg. Teil, Ein Lehrbuch, 4. Aufl., 1971, S. 856.; Schmidhäuser, Strafrecht, Allg. Teil, Lehrbuch, 2. Aufl., 1975, S. 779. なお、この領域において用いられる「軽微犯罪」に関する用語として

は、すでに観たように《Bagatelldelikt》・《Bagatelltat》・《Bagatellkriminalität》・《Kleinkriminalität》等がある。

そして、これらの概念は、J・ワーグナーによれば「すべての『軽微な不法・責任内容をもつ（mit geringem Unrechts- und Schuldgehalt）犯罪を統括するもの」（a.a.O. [Anm. 18], S. 44.）であり、更にツィップは具体的に「軽微な法益侵害が、当該個別的事案に関しては刑法四八条の六か月の自由刑を不適切と思わせるような諸事例である」と定義している（Zipf, Anmerkungzur Entscheidung des BayObLG vom 21. 12. 1976, JR 1977, S. 388.）。

また、刑法四八条二項によって捉えられない軽微犯罪を、たとえばJ・ワーグナーは「非独立的軽罪（unselbständige Bagatelldelikte）」と呼び（a.a.O. [Anm. 18], S. 44.）、フロッシュは「非本来的軽罪（uneigentliche Bagatelldelikte）」と称している（Frosch, Die Allgemeine Rückfallvorschrift des §48 StGB, 1976, S. 139.）が、前者がクリュンペルマン、後者がドレーヤー創始の概念を借用していることは明らかである（Krümpelmann, Die Bagatelldelikte, 1966, S. 36ff.; Dreher, Die Behandlung der Bagatellkriminalität, in; Festschrift für Werzel, S. 918.）。フロッシュによれば、「非独立的軽罪」も「非本来的軽罪」も「原則として重大な不法（schweres Unrecht）が示されうる」のである（a.a.O. S. 139.）。

(36) たとえば、Dreher-Tröndle, Strafgesetzbuch und Nebengesetze, 38. Aufl., 1978, §48, Rdn. 8.; Lackner, Strafgesetzbuchmit Erläuterungen, 12. Aufl., 1978, §48, Anm. 3.; Preisendanz, Strafgesetzbuch Lehrkommentar, 30. Aufl., 1978, §48, Rdn. 2c.

(37) Preisendanz, a.a.O. [Anm. 36], §48, Rdn. 2c.; Stree, in; Schönke-Schröder (Hrsg.), Strafgesetzbuch, Kommentar, 19. Aufl., 1978, §48, Rdn. 19.

また、Koffka, in; Buldas-Willms (Hrsg.), Strafgesetzbuch, Leipziger Kommentar, 9. Aufl., 1974, §17, Rdn. 22. は、「微罪累犯者に対しても通常、非難が高められうるか否かは、ホルストコッテの言うように疑わしい」と述べている。

(38) Horstkotte, Die Vorschriften des ersten Gesetzes zur Reform des Strafrechts über den Rückfall und die Maßregeln der Sicherung und Besserung, JZ 1979, S. 153f. また、Härtel, Zur Rückfallstrafe nach §17 StGB, 1973, S. 163f. は、ホルストコッテの見解を基本的に承認している。

(39) Blei, Anmerkung zur Entscheidung des OLG Hamm vom 25. 5. 1972, JA 1972, S. 647f.

(40) Frosch, a.a.O. [Anm. 35], S. 139ff.

(41) Frosch, a.a.O. [Anm. 35], S. 72.

㈢

(1) Richter, Bagatelldelikt als "Rückfalltat", NJW 1977, S. 1907ff.
(2) Richter, a. a. O. [Anm. 1], S. 1908.
(3) Richter, a. a. O. [Anm. 1], S. 1908. なお、リヒターが刑法四八条二項によって把握されうるとする条文は、刑法一六〇条一項二号後段と刑法一八四条aおよび刑法二八四条aである。
(4) Richter, a. a. O. [Anm. 1], S. 1908.
(5) Richter, a. a. O. [Anm. 1], S. 1909.
(6) Richter, a. a. O. [Anm. 1], S. 1909.
(7) Richter, a. a. O. [Anm. 1], S. 1909.
(8) Cramer, Das Strafensystem des StGB, JurA 1970, S. 197.
(9) Cramer, a. a. O. [Anm. 8], S.197.
(10) Zipf, Anmerkung zur Entscheidung des BayObLG vom 21. 12. 1976, JR 1977, S. 388f. 刑量の決定においては、予防目的の考慮は不可能・不必要であり、量刑とは元来、有責な違法行為の重さを刑罰の量として表現することである、というホルンの考え方については、阿部純二「量刑における位置価説について」団藤重光博士古稀祝賀論文集三巻（昭和五九年）一四二頁以下参照。
(11) J. Wagner, Die schuldangemessene Bestrafung von Bagatelldelikten im Rückfall, GA 1979, S. 52.
(12) Horn, Neuerungen der Kriminalpolitik im deutschen StGB 1975, ZStW Bd. 89 (1977), S. 566.
(13) Horn, in, Rodolphi-Horn-Samson (Hrsg.), Systematischer Kommentar zum Strafgesetzbuch, Bd. 1, Allg. Teil, 2. Aufl., 1977. §48, Rdn. 9.
(14) J. Wagner, a. a. O. [Anm. 11], S. 52.
(15) Horn, a. a. O. [Anm. 13], §48, Rdn. 13.
(16) Horn, a. a. O. [Anm. 13], §48, Rdn. 13.

(17)　J. Wagner, a. a. O. [Anm. 11], S. 52.

㈣

(1)　比例原則とは、処分の重さがその処分によって追求される効果と正しく均衡しなければならないという原則をいう（内藤謙・西ドイツ新刑法の成立（昭和五二年）一四九頁）。ドイツの刑法典においては、このことは保安・改善処分に関してのみ述べられている（刑法六二条）が、同じことは刑罰についても受け入れられなければならない。ドイツ連邦憲法裁判所は、繰り返し以下のように述べている。すなわち、「すべての基本的権利の制限のためには比例原則が当てはまり、国家はそれに特有の目的を市民の諸権利に対する適切な関係の中において定めなければならない」（BVerfGE 16 302, 19 342）と。

このことは、「すべての国家的な犯罪への反作用が、個別的に国家的な課題の達成のために、すなわち市民の領域内でそのような干渉を行うことが国家的課題の達成のために必要であるかどうか、そしてそのような干渉を受けた者の権利の制限に対する守られるべき国家の諸利益及び重要性が適切な関係の中に存するかどうかという諸点について検証されるべきこと」を意味する（Stree, in; Schönke-Schr der (Hrsg.), Strafgesetzbuch, Kommentar, 22. Aufl., 1984, § 46, Rdn. 74.）。

ところで、宮澤浩一「責任主義」中山研一＝西原春夫＝藤木英雄＝宮澤浩一（編）『現代刑法講座第一巻』（昭和五四年）一九〇頁は、「たしかに、比例性の原則は、刑の量定論の分野では、責任主義に代わりうる内容を有している」ことを認めているが、堀内捷三「均衡（比例）の原則と保安処分の限界」ジュリスト七七二号（昭和五七年）三九頁以下では、ドイツにおける責任主義と比例原則との関係の歴史、とりわけ刑法改正作業の過程で憲法上の観点から、比例原則に対して国家的反作用を責任相応の範囲に限定させる機能が付与された事情について論述されている。

また、林美月子・情動行為と責任能力（平成三年）四三頁以下は、比例原則（比例性原理）による量刑が、「行為の客観的重大性」を考慮するものであると分析している。

なお、公法上の比例原則を論じたわが国の文献については、石川明「強制執行と比例原則」平成法政研究四巻二号（平成一二年）八九頁注（1）に列記されている。

(2)　住居浸入罪（刑法一二三条一項）の条文は以下の通りである。

「他人の住居、営業若しくは垣をめぐらせた地所、若しくは公の営業若しくは交通の用に供せられる遮断された構内に、不法に浸入した者、又は権限がないのに、これらの場所に滞留し、権利者の要求を受けて退去しなかった者は、一年以下の自由

刑又は罰金に処する。」（法務資料第四三九号（昭和五七年）一〇二頁）

（3）被告人は、⑴一九七五年一二月一八日、ケルン中央駅のスナックバーに滞在し、そこで深夜、他の浮浪者の中に留まり、⑵同年一二月二四日朝、一等待合室のテーブルに座って宿泊し、⑶一九七六年二月五日夜、ケルン中央駅のホールにおいて浮浪者グループの中に留まった、という三件につき住居侵入罪に問われたのであった。

（4）J. Wagner, Die schuldangemessene Bestrafung von Bagatelldelikten im Rückfall, GA 1979, S. 44.

（5）J. Wagner, a. a. O. [Anm. 4], S. 49.

（6）J. Wagner, a. a. O. [Anm. 4], S. 49.

（7）J. Wagner, a. a. O. [Anm. 4], S. 50f.

（8）J. Wagner, a. a. O. [Anm. 4], S. 51.

（9）J. Wagner, a. a. O. [Anm. 4], S. 52f.

（10）Horn, in: Rudolphi-Horn-Samson（Hrsg.）, Systematischer Kommentar zum Strafgesetzbuch, Bd. 1, Allg. Teil, 2. Aufl., 1977. § 48, Rdn. 13.

（11）J. Wagner, a. a. O. [Anm. 4], S. 54f.

（12）J. Wagner, a. a. O. [Anm. 4], S. 55f.

（13）J. Wagner, a. a. O. [Anm. 4], S. 56.

（14）J. Wagner, a. a. O. [Anm. 4], S. 56. なお、小野坂弘「『責任と予防』について」法学四七巻五号（昭和五九年）一一六頁以下によれば、BVerfGE 20, 331 においては「責任原則は、刑罰の原因としての行為と刑罰との間の均衡性（Angemessenheit）をめざす」と判示しているが、この原則と「過剰禁止（Übermaßverbot）」の原則とは必ずしも別個のものではなく、「制限原則」であるという点で共通していると解されている。また、堀内捷三・刑法総論（平成一六年）〔第二版〕一二頁では、均衡（比例）の原則は「刑罰は法益侵害の限度を超えてはならないという意味で」刑罰を限定する機能を営む、とする。

（15）J. Wagner, a. a. O. [Anm. 4], S. 56.

（16）J. Wagner, a. a. O. [Anm. 4], S. 56f.

（17）J. Wagner, a. a. O. [Anm. 4], S. 57.

(18) J. Wagner, a. a. O. [Anm. 4], S. 46.

(19) J. Wagner, a. a. O. [Anm. 4], S. 57. なおワーグナーは「短期間に六〜八個の同種の軽微犯罪を実行する者に対しては、場合によって六か月の自由刑を責任相応と見なしうる」として、判決⑤は擁護しうるとしている。このような連続的微罪反復者に対しては六か月の自由刑の特別予防的効果が疑わしいとしても、そのような人格的特徴ゆえに特権を与えられるべきではない、としていわば「連続的微罪反復者」を可罰的な行為者類型とみるのである。しかし、このような例外的重罰を認めることによって、行為責任主義を堅持してきたはずのワーグナーが、「行為者責任」に陥ってしまっており、ここに「重大性説」の限界を認めうる。

(20) Zipf, Anmerkung zur Entscheidung des BayObLG vom 21. 12. 1976, JR 1977, S. 388.

(21) Zipf, a. a. O. [Anm. 20], S. 388. ツィップは、ハンブルク LG (MDR 1959, 511) の判決を引用している。そこでは、少年の食料窃盗に対して九か月の自由刑を科したが、その理由は少年に現れている加害的傾向 (schädliche Neugungen) の矯正のために、その刑罰期間が必要と思われるからであると判示されていた。刑法四八条制定以前にも、行為責任は軽微であるにもかかわらず、教育上の理由から刑の下限が引き上げられている規定が、少年刑法中に存していたわけである。

(22) Zipf, a. a. O. [Anm. 20], S. 388. ツィップによると「不適切な刑の下限 (inadäquate Mindeststrafe)」という問題は、刑法四八条制定以前には刑法旧三一六条 (刑の下限は五年) の枠の中で議論され、今日では特に刑法二一一条 (謀殺罪) につき浮かび上がってくる問題だと指摘されている。すなわち、不定型の謀殺行為が、その終身刑の絶対的法定により、責任相応でないと認められる場合が考えられるからであり、山本光英・ドイツ謀殺罪研究 (平成一〇年) 二四七頁以下では、責任主義・比例原則の観点から同条の限定解釈に関する綿密な考察が行われている。

(23) Zipf, a. a. O. [Anm. 20], S. 389. さらに、Maurach-Gössel-Zipf, Strafrecht, Allg. Teil, Teilband 2, 6. Aufl., 1984, § 48, Rdn. 38. もホルンのような見解は、刑事政策的には好ましいが、解釈論上は裁判官の拘束を伴う合憲的な四八条の刑罰枠と一致させられず、四八条の現実的重要性を失わせると説き、このことはワーグナーやリヒターの主張にも当てはまるとしている。

(24) Zipf, a. a. O. [Anm. 20], S. 389. しかし、ワーグナーは納得していない。すなわち、責任主義の機能としての「責任超過禁止 (Schuldüberschreitungsverbot)」は立法者のみならず、裁判官にも認められているという事実は、責任が立法段階で評価し尽くされているのではないことを物語っている、としてこの点についてのツィップの見解は、確信を抱かせるように努力していない、と批判している（J. Wagner, a. a. O. [Anm. 4], S. 55.）。ツィップの反論は、「現実的な重要性」のレベルで終了しており、ワーグナーの批判に対しては「構成要件的に重く定式化」する等による軽微累犯排除論、という立法論を展開するにとどまっている（Zipf, a. a. O. [Anm. 20], S. 389.）。

また、川崎一夫・体系的量刑論（平成三年）一〇六頁は、「しかし、責任以外の観点を重要視しすぎたために、決定された刑罰枠が類型化された不法内容に対して相応性を欠くにいたったときは、その刑罰枠は適正な刑罰枠とはいえず、違憲の疑いすら生じるであろう」とワーグナーのような議論を支持している。

(25) Zipf, a. a. O. [Anm. 20], S. 389.（BVerfGE 36, 41 参照）

(26) Sonnen, Anmerkung zur Entscheidung des OLG Koblenz vom 13. 4. 1978, JA 1979, 111. も、軽微累犯に対する加重刑の排除法としては四八条二項の類推適用より、「非難性条項」による解決を決定的と評価している。

(27) Spendel, Anmerkung zur Entscheidung des OLG Stuttgart vom 7. 6. 1984, JR 1985, 294. は、非難性条項を通じての軽微累犯に対する排除は、刑法の軟骨化（Abschwächun）を招くと批判している。

(28) Hirsch, in; Jescheck-Ruß-Willms（Hrsg.）, Strafgesetzbuch, Leipziger Kommentar, 10. Aufl., 1978ff., §48, Rdn. 43. なお、この見解はホルンの説に対する批判として行われていた。その点に関しては Dreher-Tröndle, Strafgesetzbuch und Nebengesetze. 42 Aufl. 1985, S. 283. においても「六か月の自由刑がなおも責任相応か否かという吟味が追加的に更に行われることがない」と指摘されている。

(29) Lackner, Strafgesetzbuch mit Erläuterungen, 16. Aufl., 1985, S. 275f.

(30) Stree, in; Schönke-Schröder（Hrsg.）, Strafgesetzbuch, Kommentar, 22. Aufl., 1984, §48, Rdn. 19.

(五)

(1) BVerfGE 50, 125ff.

(2) 被告人は、一九七六年一一月乗車券を所持せずに市街電車を利用し給付詐欺（§265a）に問われたが、同人は一九七一・一九七三・一九七五年給付詐欺を理由に罰金及び自由刑を言い渡されていた。しかも被告人は、一九五三年以来二五件の刑事手続き（特に窃盗と詐欺の累犯で）において合計一〇年以上の自由刑を科せられ、そのために都合一四か月以上服役したという前歴があった。

（3）　AG Düsseldorf NJW 1978, 128.

（4）　BVerfGE 36, 41 [46].

（5）　堀内捷三「刑罰目的としての『法秩序の防衛』の意義」堀内捷三＝町野朔＝西田典之（編）『判例によるドイツ刑法（総論）』（昭和六二年）二五〇頁によれば、比例原則は「啓蒙主義の原理」として犯罪と刑罰の関係を規定し、その後責任主義の展開に伴い、責任主義に包含されるに至ったものの、責任主義の否定により再び表面化したものと解されているが、責任主義に代わって人権保障機能を営むことは否定しがたいであろう、とされている。刑の下限を固定された累犯加重規定との関係では、警告理論ではフォローしきれなかった累犯行為の法益侵害性の大小を考慮させる機能を有し、責任主義と相互補完的に刑罰を限定する作用を期待されていたといえよう。

（6）　六二年草案でも、刑法改正特別委員会においても「非難性条項」による行為責任原則の考慮が強調されていた。

(六)

（1）　被告人は既に以前からしばしば命じられ、その違反ゆえに処罰もされてきたケルン駅の禁止を無視して一九七八年七月二一日、八月三日、八月一二日、部分的には九月一八日の夕方から夜間にかけてケルン中央駅に滞在し、刑法一二三条一項の住居侵入罪に問われたのであった。

（2）　被告人は、一九七三年一月三一日に実行された給付詐欺のかどで罰金刑を宣告され、さらに一九七六年初めに実行された無免許運転（Fahrens ohne Fahrerlaubnis）に伴う窃盗を理由に一年間の自由刑を言い渡されていた。

（3）　被告人は、重度身体障害者の証明書の保持者としての権利を有するが、ハンブルクS鉄道の二等車に無賃乗車し、二二件の事件で必要な特別料金を支払わずに一等車を利用した。さらに被告人は彼に与えられていた立入り禁止に反して、八件の事件で権限なくハンブルク高架鉄道株式会社の駅およびドイツ鉄道会社に滞在し、最終的に四件の事例においてデパートの食料品売り場から約七四マルク相当の食料品および嗜好品を万引きしたのであった。

（4）　被告人は、(a)一九八二年一二月二三日、T商社の事務所においてタバコ二箱を窃盗すると同時にそれをコートのポケットに突っ込み、(b)一九八三年四月一一日再びT商社の事務所において対価を支払わないつもりで、タバコ四箱を上着ポケットに突っ込んだが、被告人はこれらの行為に先立って、一九八〇年共同窃盗を理由に八か月の自由刑を、一九八一年詐欺と窃盗を理由に一か月の自由刑の言渡しを受けていた。

（5）B. D. Meier, Anwendung und Bedeutung der allgemeinen Rückfallvorschrift, ZStW Bd. 95（1983）, S. 330ff.

㈦

（1）ツィップは、四八条の廃止後警告理論を反省し、軽微累犯問題に対応するべく、累犯性の重心を「前科性」から「反復性」へ移行させ、さらに累犯加重の根拠を法益侵害の重大性に結び付けた累犯構成要件を構想しており、その典型例としてオーストラリア刑法八四条三項をあげている。

オーストラリア刑法八四条三項（重い傷害）は、「行為者が少なくとも三個の独立の行為を、理解可能な動機なしに、かつ重大な有形力を行使しつつ実行した場合、三年以上の自由刑に処する」という条文であり、八三条の単純傷害罪（六か月以上の自由刑または三六〇日以下の日数罰金）の加重類型である。

ツィップは、前科の要求されていないこの規定を、累犯加重を定めたものであると指摘し、その不法内容の重大性は三個以上の各行為の不法内容の合算によって自ずからもたらされる、と考えるのであるが、後述の私見（第四章参照）との相違は「併合罪との比較」という視点が欠落していることだけである、と解される（Zipf, Die Behandlung des Rückfalls und der Vorstrafennach Aufhebung des §48, in; Hans-Heinlich Jescheck und Theo Vogler（Hrsg.）, Festschrift für Herbert Tröndle, 1989, S. 448.）。

（2）累犯加重を不法増加と関係づけたのは、アルミン・カウフマンであった。彼は以前の有罪宣告を警告として役立てなかった、という付加的な不法の実現に着目したわけであるが（Armin Kaufmann, Lebendiges und Totes in Bindings Normentheorie, 1954, S. 211f.）、ホルンはこれに対して「行為不法ではなく、行状不法を問題視するものである。構成要件は『行為』の禁止もしくは着手を命じるに過ぎず、以前の有罪宣告を警告として役立てるというような特別の行状まで命じるわけではない」という趣旨の批判を行っている（Horn, in; Systematischer Kommentar zum StGB, Bd. 1,3. Aufl., 1981ff. §48, Rn. 6）。

なお、ムースは「同一の加害的習癖（gleiche schädliche Neigung）」を要件とするオーストラリア刑法三九条の累犯加重規定について考察を加えたが、そのような累犯においては不法（Unrecht）の増大は「同一の法益侵害の反復（Häufung）」によるものであって、あたかも何回も切り付けられて深くなった刻み目（Kerbe）に準えることができる旨を指摘している（Moos, Die authentische Interpretation der Strafschärfung beim Rückfall nach §39 StGB und der Schuldbgriff, ÖJZ 1980, S. 143.）。ただこれは累犯行為それ自体の不法増大を結果無価値的側面から解明しているのではなく、「加害的習癖」という要件を手掛かりにして累犯行為の背後に存する複数の法益侵害行為の累積を語るものであり、むしろ常習犯の加重根拠を不法増加に関連させて説明する場合に近似しているといえよう。

(3)　そもそも、わが国では、常習犯や累犯について特別に微罪性を考慮しようという刑事政策面での謙抑主義的考慮が、はじめから欠如しているように思われる（前田雅英「微罪処分と刑法解釈」松尾浩也先生古稀祝賀論文集上巻（平成一〇年）一九七頁注（17）参照）。

第四章　累犯加重規定解釈の一試論

第一節　総説

これまでの考察は、刑法典の一般的累犯加重規定（五六条・五七条）および盗犯等ノ防止及処分ニ関スル法律第三条（以下、盗犯防止法三条と略称する）のいわゆる常習累犯強窃盗罪を対象としたうえ、責任主義の諸観点からの批判を考慮しつつ、累犯加重の根拠づけとそれにともなう限定解釈の方向づけについて、ドイツ刑法旧四八条（以下、単にドイツ刑法四八条と呼ぶ）を素材として比較法的検討を行ってきたものである。(1)

その際、ドイツの議論から示唆を得ようとした理由は、(1)ドイツの累犯加重もわが国の通説的見解と同様に、「前刑の警告無視に基づく高められた行為責任」がその根拠とされていたが、責任主義の観点から種々の批判を受けていたこと、(2)それらの諸批判を克服するための立法論や解釈論が活発に行われており、そのような議論の本質的な部分はわが国の累犯論に関しても妥当すると解される点にある。

しかし、第三章で論じた通り、「高められた行為責任（警告理論）」という累犯加重を支える基本的思想は法理的に問題が存するのみならず、その本質的性格に内在する難点、すなわち「累犯者の心理状態に関する非常に正確な評価の要求とそれに必然的に付随する裁判所の過大な負担」ゆえに、実務的にも維持しがたく、従って警告理論による通説的な累犯加重の根拠づけは不当である、と評価せざるを得ないから、累犯加重は他の根拠づけを必要としたのである。

そこで、「軽微累犯に対する責任相応刑」の問題を契機に現れた「累犯の不法内容」(2)の解明が重要となったのであった。すなわち、累犯の不法内容が確定されるならば、軽微累犯の排除という刑事政策上の課題に応じうると同時に累犯加重の根拠づけも可能となるのではないか？

しかも、そこでの累犯加重の根拠づけは行状責任や人格責任等に依拠しない行為責任および行為の不法に関連する行為責任に立脚しうるはずである。

ドイツでは、四八条の「刑の下限の固定に基づく責任相応刑」の問題が、累犯加重と責任主義に関する重大な問題の一つであったことは、前述した通りである。

そしてこのことから、まずドイツ刑法四八条と同様に刑の下限を引き上げている盗犯防止法三条の常習累犯強窃盗罪について、ドイツの議論を及ぼしうると解されるので、以下においてはさしあたり、盗犯防止法三条の常習累犯強窃盗罪を対象としながら考察を進めることとする。

なお、ドイツ刑法四八条は量刑規定であるのに対して、盗犯防止法三条の常習累犯強窃盗罪の規定は構成要件であるから、比較は困難ではないか、という疑問が生じるであろうが、犯罪論と量刑論の分離は、責任主義の保障機能が量刑論に及ばなくなるという点で、認めがたく、量刑責任も犯罪論の責任も統一的視点のもとで扱われるべきであろう。(3)

(1)　なお、すでに述べた通り、一般的累犯規定たるドイツ刑法四八条は、一九八六年四月一三日の第二三次刑法一部改正法により削除され、ドイツでは累犯加重規定は過去のものになったと思われていたところ、一九九八年四月一日に施行された第六次刑法改正法によって、忽然と蘇ったのであった。すなわち、各則ながらドイツ刑法一七六条a一項四号によって性的児童虐待（der sexuelle Kindesmißbrauch）の累犯が「一年以上の自由刑により」加重処罰されることとなったが、「とっくの昔に克服されたと信じられていた時期における」累犯加重の再導入は、「後退（Rückschritt）」と評されている（Renzikowski, Das Sexualstrafrecht nach dem Strafrechtsreformgesetz-2. Teil, NStZ 1999, S.441.）。

今回の累犯加重の復活は、性的児童虐待問題の解決を支援する人々に対する政策的譲歩の帰結である、という立法の内実を指摘しながらも、一七六条a一項四号の採用は、「残念な事である」と告白する論稿も存する（Kreß, Das Sechste Gesetz zur Reform des Strafrechts, NJW 1998, S.639.）。

また、前記レンジコウスキーは、この事態について「政策的な譲歩が、どれほど実体法を歪めることか」と嘆いている（Renzikowski, a.a.O.S.441）。

なるほど、性的児童虐待の被害の実態は確かに衝撃的ではあるものの（特に、林弘正・児童虐待（平成一二年）一頁以下参照）、ドイツ刑法四八条の削除に至るまでに行われた膨大な議論とそこで費やされた多大なエネルギーを顧みるならば、累犯加重規定の復活は「全く遺憾な出来事」というほかはない。たとえ、政策的要求が強くても、法理的な支えの乏しい制度は本質的に脆弱な存在であることは多言を要しない。

すなわち、被害者感情の考慮は、犯罪行為の違法（法益侵害・危殆化）評価に帰着するのであるから（秋山哲治「量刑における一断面・序説」大阪経済法科大学法学論集九号（昭和五八年）一四頁、高橋則夫「法益の担い手としての犯罪被害者」宮澤浩一先生古稀祝賀論文集第一巻『犯罪被害者論の新動向』（平成一二年）一六二頁）、たとえ、これまで若年女性に対する性的犯罪のもたらす精神的・心理的悪影響が軽視されてきたという反省が、近年、生まれてきているとしても、法益侵害の程度と切り離された被害者感情の強さを受け入れて、刑罰加重を行う方向へと短絡すべきではなく、被害者の精神的ケアを含めた全体的な救済を図るべきであったろう（小暮得雄「犯罪被害者の復権」渡部保夫先生古稀記念『誤判救済と刑事司法の課題』（平成一二年）六〇九頁注（24）、原田國男「被害感情と量刑」田宮裕博士追悼論集上巻（平成一三年）四九五頁以下等）。

本稿で行われてきた、警告理論や軽微累犯に対する責任相応刑に関しての責任主義の観点からの批判的議論が、ふたたび粘り強く主張されなくてはならない。

（2）「軽微累犯の不法内容」の問題においては、論者によっては「不法（Unrecht）」概念を用いることもあれば、「違法（性）（Rechtswidrigkeit）」概念を使用することもある。両者は、通常区別なしに使われていると言われているが（福田平・違法性の錯誤（昭和三五年）一八四頁）、この領域においても不法と違法（性）は区別を設けることなく用いられている。

（3）岡上雅美「責任刑の意義と量刑事実をめぐる問題点（二・完）早稲田法学六九巻一号（平成五年）四九頁以下、城下裕二・量刑基準の研究（平成七年）一一二頁参照。これに対して岡本勝・犯罪論と刑法思想（平成一二年）三一五頁注（22）は、犯罪成立要件の責任と量刑責任との差異を強調している。鈴木茂嗣「犯罪論と量刑論」松岡正章先生古稀祝賀『量刑法の総合的検討』（平成一七年）一二頁も同様。

第二節　責任主義と比例原則

ドイツにおける軽微累犯に対する責任相応刑の問題は、累犯加重が累犯行為の重大な不法内容に応じるものでなければならず、しかも不法内容のなかに法益侵害性の重大さをも加味すべきこと、の二点を累犯規定の解釈において考慮すべきことの必要性を示していたといえよう（1）。

ホルンが、このような観点からの議論を展開したことは前述の通りであるが、ホルンの具体的解釈論は確かに明文上の手掛かりを欠くものであった。

また、ワーグナーの見解は、「責任相応刑は比例原則を遵守することによって、はじめて実現される」としたことは、結果無価値的な不法内容に対応する行為責任の重さに応じた累犯の加重処罰という図式を前提とした議論の典型例であると思われるが、「微罪反復者（Serientatern）」を累犯行為の重大性の一例として掲げた点において、「一定の行為者類型の処罰（Strafen bei bestimmten Tätertypen）」を許容してしまったのであり、このことは行為責任主義の破綻を意味するであろう。

しかし、ワーグナーが「累犯行為の重大性」の内容として⑴結果の重大性と、⑵連続的な微罪反復（者）を取り出したのは示唆に富む。

思うに、累犯加重を根拠づける「累犯行為の重大な不法内容」の中に、「結果の重大性」を掲げることに異論はないであろう。「軽微累犯」の排除を実現しうるし、不法内容の重大性をも理論的に基礎づけることを可能にするはずである。

しかし、問題は「重大」と「軽微」の内容を端的に明らかにしえない点である。ドイツでは、たとえば刑法二四八条aとの関係において「軽微性」の限界を三〇～四〇マルクの範囲内と考えているとされているが、[2] 問題の本質はそのような量的なものではなく、むしろ質的なものなのである。すなわち、類型的に重大な法益侵害が不法内容の重大性を基礎づけるべきであろう。ツィップが「構成要件的に重く定式化」して軽微累犯を排除すべきことを提案したのは、そのように類型的に重大な不法内容を捉えることによって、最初から定型的に軽微犯罪を加重刑の対象から排除しようとする趣旨なのである。

すなわち、結果の重大性は定型的な不法内容として構造化されていることを要するのであり、そのように解するならば「軽微」と「重大」の具体的解釈に際しての明確化の要求という困難を避けられるし、とりわけ「累犯の不法内容の重大性」を構成要件レベルで問題とすることを必須とする常習累犯強窃盗罪に関しては、このような方向性を受け入れることがいっそう可能で合理的と思われる。

また、「微罪反復」も重大性の一内容を（例外的だが）なすことが可能であるとしている点も注目される。沿革において既にふれておいたように、ドイツの累犯立法を指導したのは「反復は刑を重くする」という原理であった。

すなわち、この原理からは、それ自体軽微な犯罪行為であっても、何らかの反復的性格を備えるならば、刑罰加重に結びつく「重大性」を有する行為といえる、という結論を導くことが可能だと解されるのである。

ワーグナーが、この原理を意識していたか否かは、必ずしも明らかではないが、「反復性」を「重大性」の一内容としたのは後述するように、鋭い着眼であったと思われる。

ただし、それを行為者類型と結合させた点、および「反復」の類型的構造が示されず、「結果の重大性」同様、裁判官の具体的判断にすべて委ねられている点、そのことから「反復的事例」の中においてさらに「重大・軽微」の量的問題が生じる可能性を残している点で、なお不十分な見解であったと思われる。

以上、ドイツとの比較法的考察をふまえる一方、他方においてあらためて確認しておくべきことが以下の諸点である。すなわち、

①行為責任は、行為の不法内容に応じたものでなければならない。(3)

②その不法内容は法益侵害性の大小の考慮を不可欠とする。(4)

③このように理解された責任主義を基礎としつつ、累犯加重の根拠を求めるならば、「累犯行為の重大な不法内容」が確定されるべきであり、このことは比例原則の要求とも合致する（構成要件レベルの議論においては、このような重大な不法内容は類型的に確定されるべきである）。(5)

このような前提に立つならば、たとえ「前刑の警告無視に基づく高められた行為責任」が認められたとしても、累犯行為の法益侵害の大小が考慮されないのであれば、一律に加重刑を科すことは責任主義に反して許されないのである。

ドイツでは、このような責任主義についての議論が、比例原則という憲法上の要求に支持されていたわけであるが、

わが国では罪刑均衡原則が、責任主義の内容に「法益侵害性の大小の考慮」を加えることを不可欠とすべきことを求めている、と解する余地がある。(6) また、軽微累犯に対する加重刑の排除という刑事政策的要求は、このような解釈を通じて自ずから相当程度達成されるはずである。(7)

次に、累犯の不法内容を条件づける別個の視点について検討する。

(1) 行為責任の分量が、不法の分量を上回ってはならないという議論については、第二章第三節参照。

(2) Zipf, Anmerkung Zur Entscheidung des BayObLG vom 21.12.1976, JR 1977, S.388.

(3) 井田良「量刑事情の範囲とその帰責原理に関する基礎的考察（一）」法学研究五五巻一〇号（昭和五七年）九〇頁は、「責任が具体的な行為不法を前提とし、責任判断が不法を対象とするものであることを認め、不法の程度・分量によって刑量が画されるとするところに（個別）行為責任のメルクマールがある」と述べているが、責任が違法を前提とする点に異論がない以上、本稿もこの考え方を支持する。

(4) 刑法上の責任は、法益を侵害する行為をしたことについての法的非難可能性である、と解すべきであり、その意味において責任非難の対象である違法行為は法の立場からの法益の侵害・危険として把握すべきである（法的責任論）。この点については、第一章（二）参照。

(5) なお、比例原則と責任主義の関係につき、ドイツの連邦憲法裁判所は、責任相応刑の要求を（狭義の）比例原則の問題とみており（萩原滋「刑罰権の限界としての比例原則（一）」愛知大学法経論集一五五号（平成一三年）三八頁）、学説においては、この点についてのとらえ方は様々であるが、なかでもヴァイゲントの見解は、刑の下限の固定されている場合を比例原則違反と解しており、本稿の問題意識に最も近接していると思われる（萩原滋「刑罰権の限界としての比例原則（二・完）」愛知大学法経論集一五六号（平成一三年）五九頁）。

(6) 松宮孝明・刑法総論講義（第三版）（平成一六年）一五九頁は、累犯や常習犯だからといって、その行為がもたらす害悪よりも重い刑罰を科すことは、「罪刑の均衡」からも「責任主義」からも疑問である、としている。なお、累犯加重と罪刑均衡の問題については、拙稿「罪刑均衡について」平成法政研究六巻一号（平成一三年）六一頁以下参照。

(7) 内藤謙「軽微犯罪と刑事裁判」中野次雄判事還暦祝賀『刑事裁判の課題』(昭和四七年) 四三七頁では、軽微犯罪に対する軽い処分には「前科制限」が付されることがあった事実が指摘されているが、軽微累犯に対する加重刑の排除というような刑罰制約的な考え方は、従来の刑事政策の分野では乏しかったといえよう。

第三節　累犯加重の本質

――「反復は刑を重くする」(iteratio auget poenam)

すでに、ワーグナーによって指摘されていたように、それ自体軽微な犯罪でも「反復性」を帯びると累犯の加重刑に相応する「重大性」を有するに至りうるのである。

ドイツでは一八世紀のいわゆる普通法時代に「反復は刑を重くする」という原理が確立され、その後の累犯立法を指導したのであった(1)。そして、この法原理は、今日なお常識のなかにもぐり込んでいるのだが(2)、それが依拠したのはローマ法とカロリナ法であった。

問題は、累犯立法を指導した原理の基礎となったローマ法やカロリナ法が、通常累犯の本質的要素と考えられている「前科」を累犯成立の必要条件としていたか、という点にある。なぜならば、「前科行為」と「累犯行為」の組み合わせによる「反復」の場合には、「一事不再理 (ne bis in idem)」に抵触することから(3)、累犯行為それ自体の反復的性格による累犯加重の根拠づけの可能性が問われざるを得ないからである。

まず、ローマ法についてであるが、ユスティニアヌス帝学説彙纂(ディゲスタ)四八巻一九章第二八法文三節と一〇節がその該当部分だとされる(4)。

それによると三節のほうは確かに「前科」が要求されている。すなわち、「以前に訓戒された (admoniti)」ことがない場合には、そうでない場合に比べて刑罰が軽いのである。(5) しかし、一〇節に関しては「前科」の必要性は明らかではなく、単に「反復（saepius）」が求められているに過ぎない。(6)

次に、カロリナ法の場合であるが、その一六一条において「再度の盗犯」が、一六二条で「三度の盗犯」が加重処罰されていたが、(7) これらの規定についても「前科」が要件とされていたかどうかについては、学説上争いがあるのである。

すなわち、第一説は、両規定とも、以前処罰が行われたこと、つまり「前科」を要する規定であったとするものであり、第二説は逆に「前科」は要件ではなく、したがって「競合犯（Konkurrenz）」の規定であるとみるものであり、第三説は二つの規定はともに累犯と競合犯とを扱っていたと解するのであり、第四説は一六一条が競合犯の規定で、一六二条は累犯の規定であったと主張している。(8)

以上のように「反復は刑を重くする」の原理の根拠となったローマ法もカロリナ法も、「前科」が要求されていたとは即断できない。このことは、「反復」とは「前科行為」と「累犯行為」の反復のみならず、累犯行為の反復的性格（集合犯・結合犯等）をも含む概念であることを意味するであろう。

現にミア・プイクは、累犯加重について必ずしも「前科」に依存することなく、「実質的な行為の反復（materielle Tatwiederholung）」による根拠づけの可能性を認めているのである。(9)

ただし、犯罪の反復というだけでは「実在的競合（Realkonkurrenz）」と累犯との区別の理由が明らかではないし、犯罪の反復に「犯罪への傾向（Hang zum Verbrechen）」を付加させるならば「常習犯」のように行為者の危険性を把握することとなり不当である。(10)

ワーグナーについていえば、行為者責任に陥ってしまったことはすでに見たとおりである。(11)

したがって、「犯罪の反復」のみによって累犯加重を根拠づけようとするならば、競合犯（併合罪）との区別を可能とし、しかももっぱら行為者の属性として捉えられる常習犯の加重根拠の説明にしばしばみられるような、行為者の危険性の援用を回避することが要求されざるを得ない。プイク自身は、このような課題に応える可能性を見いだすことができず、「高められた行為責任」の問題に関心を移してゆくこととなってしまった。

その結果、第二節において考察した視点と併せて考察すると、「法益侵害性が、類型的に重大と考えられるような累犯行為の不法内容」は累犯行為の反復的性格に由来すべきこととなるが、その場合、併合罪との区別を可能にし、行為者の危険性に依存してはならない、という条件を満たすことが要求されるのである。

（1）Bindkat, Zur Rückfallstrafe de lege ferenda, ZStW Bd.71（1959）, S.282 f.

（2）Haffke, Rückfall und Strafzumessung, in; Bernd Schünemann（Hrsg.）, Grundfragen des Modernen Strafrechtssystems, 1984, S.212.

（3）「前科行為」と「累犯行為」の組み合わせでも、前刑の警告機能が累犯行為の際の反対動機の強化という主観面に解消されている限り、なお「一事不再理の原則」からの逸脱を回避しうる可能性が残されていることは第三章第二節で述べたが、他方、たとえ前科が累犯行為の主観面に解消され、それが通説的見解であるとしても、「前科に筆を費しすぎて一事不再理違反を疑われたりする例が」、なお、わが国の実務には見受けられる旨指摘されたり（柴田孝夫「有罪判決に示すべき理由」注釈刑事訴訟法〔新版〕第五巻（平成一〇年）四一五頁）、依然として端的に一事不再理の原則との矛盾を衝かれたり（吉田敏雄「責任、統合予防そして行為者」内田文昭先生古稀祝賀論文集（平成一四年）一三一頁）している。

（4）Frosch, Die allgemeine Rückfallvorschrift des §48 StGB, 1976, S.4.

（5）4 The Digest of Justirian 851（Momsen-Krueger-Watson ed. 1985）によると、本節は「前科者の治安妨害」に関するものである。以下のように記述されている。すなわち、「不穏な町において俗に『少年』と呼ばれる者たちが、野次の拍手のために見物人を利用する場合。もし彼らがそれ以上のことをせず、しかも以前に長官から訓戒されていなかった場合には、棒で殴打された後に解放されるか、または公衆の娯楽に出席することを禁じられる。しかも、もしそのような懲らしめの後、同じことをして取り押さえられるならば、彼らは国外追放に処せられるべきである。あるいは、たとえば彼らが余りにもしばしば治安妨害や暴動で有害となったか、もしくは反復的な逮捕や寛大すぎる処分の後も無分別な態度に固執する場合には、極刑が科されてもよい。」

(6) Id. at 852. 本節は、「反復的路上強盗」についてのものである。すなわち、「ほとんど山賊とみなされるような略奪行為を目的として、そのような行為に出る追剥。そして、もし彼らが襲撃や剣を用いた強奪に着手するならば、彼らは極刑を受けるのであり、とりわけ反復的にかつ路上で行為を犯した場合はそうだ。その他の場合、彼らは鉱山に送られるか島への流刑を宣告される。」

(7) 塙浩「カルル五世刑事裁判令（カロリナ）」神戸法学雑誌一八巻二号二七七頁以下に一六一条と一六二条の訳文がある。それによると、

「第一六一条（再犯の盗につきて）　さらに何者かが、住居登床または住居破開にあらずして、既述のごとく再度盗を働きて、しかもかかる再度の盗が、すでに探知につきて明白に規定せらるるごとく、真実の徹底せる探知をなしたるのちに確定せらるるときは、その二つの盗が五グルデンまたはそれを超ゆる価値のものの盗ならずとも、第一の盗は第二の盗を加重し、このためその盗人は晒し柱に繋留せられ、かつ、そのラントより放逐せられうるか、または、彼が犯行をなしたる地区または場所に永久に留まることを差し止められて、裁判官の意に応じかつ最良の方式によりて永久のラント復帰ないし復讐放棄誓約をなすをう。この場合、盗にさいして、初犯の盗につきて前述せらるるごとく救助悲鳴をあげられざりしことまたは逮捕せられざりしことは、その盗人に利を与うることなかるべし。しかれども、かかる二箇の盗が五グルデンまたはそれを超ゆる価値に当たる場合には、その事件は、全状況を探知し、また後記のごとく法に精通せる人びとを用いて、前条に述べられるごとくに扱わるべし。」

「第一六二条（三犯の盗につきて）　さらに、しかれども、三度び盗を働きたる何者かが逮捕せられ、しかして、かかる三重の盗が、真実の探知につきて前に規定せらるるがごとき良き証拠をもって確定せらるるときは、かくはさらに不名誉なる盗人にして、強奪者と同様に考えらるべく、このため、男は綱をもって、また女は水をもって、しからずば、各ラントの慣用に従い他の方法をもって、生より死へと処刑せらるべし。」

(8) Effert, Die strafrechtliche Behandlung des Rückfalls, 1927, S.9.

（9）ドイツの秩序違反法（OWiG）一二〇条一項一号は、売春の実行を禁じる規定であるが、この規定に「執拗な（beharrlich）」という要件を加えた加重的構成要件がドイツ刑法一八四条aである。そして、この一八四条aを「形式的に限定されない累犯規定（formfreie Rückfallvorschrift）」と評価する文献があり（Tröndle-Fischer, Strafgesetzbuch und Nebengesetze, 50. Aufl., 2001, § 184 a, Rdn.5.）、しかも、「執拗性」の要件が充足されるためには「前科」は不可欠ではなく、むしろ「連続犯の一部をなす行為（Teilacte einer fortgesetzten Handlung）」があれば足りるとされている点に鑑みても、「累犯の本質は前科ではなく反復である」という考え方が今日でも通用していると考えられる。

（10）Mir Puig, Dogmatische Rechtfertigung und kriminalpolitische Kritik der Rückfallschärfung, ZStW Bd.86, 1974, S.177 ff.

（11）第三章第五節（四）注（19）参照。

第四節　併合罪との比較

――累犯加重の効果の方が重い

プイクの指摘した意味での累犯と併合罪との相違は、重要な視点を提供するのである。

わが国では、併合罪も刑が加重されるが[1]（四七条）、その効果は法定刑の上限の一倍半である。そこで、等しく犯罪反復現象であるにもかかわらず、「累犯加重」のほうが「併合罪加重」よりも重く処罰されるのは何故なのか、という点が問題となる[2]。そして、この問題は盗犯防止法三条の常習累犯強窃盗罪についてもあてはまる。

すなわち、常習累犯として、窃盗・強盗を反復するとその刑の下限は窃盗ならば三年であり、強盗の場合には七年であり、二回の法定減軽をおこなっても、前者の刑の下限は九ヵ月、後者は一年九ヵ月に固定される。通常の窃盗罪の刑の下限は一ヵ月、強盗は一年三ヵ月であり、併合罪加重されても同じである。しかも、常習累犯強窃盗罪については執行猶予の可能性を考えることは現実的ではない。常習累犯に要求される十年内に三回の刑の執行のうち、最新のものは執行猶予の否定される五年内に着手されていることがほとんどであろうからである。

さて、客観的には数罪という点において、累犯も併合罪も同じであるのに、前者の方が重罰を科せられるのは、累犯が単なる数罪の合算以上の不法内容をもつからである、という解釈を行うことも可能であろう。[(3)] 従来は、累犯について「前刑の警告機能の無視」を考えたのに対し、併合罪・連続犯・集合犯・結合犯等に関しては「犯罪の反復にともなう反対動機の麻痺」を想定したため、このような解釈が現れにくかったのではないか、と考えられるが、警告理論を維持できない以上、「累犯固有の不法内容」を確定する方向が開けてくるのである。[(4)]

そして、議論がここに至った以上、累犯加重は危険性説によって把握された「結果的加重犯」との対比が可能になるのではなかろうか。

なぜならば、危険性説によれば結果的加重犯の場合も、客観的な数罪（観念的競合・併合罪）と解した場合よりも刑の効果が重くなる点に責任不相応の理由があったからである。[(5)] ただ、結果的加重犯の場合、その形式的特徴として予め法定された重大な結果が、一定の可罰的行為から発生することが要求されている、という点に鑑みるならば、常習累犯はそのような明確な特徴を備えていないので、両者は相異なる性質を有すると反駁されるかもしれない。もちろん、従来の考え方からすれば、常習累犯が結果的加重犯ではないことは当然すぎるほど当然のことである。

しかし、これまでの考察に基づいて、常習累犯を「故意の基本犯に内在する潜在的な、重い結果発生の危険性の現実化を加重処罰する犯罪類型」と構成しなおすならば、「重い結果」として財産犯を予定する点においては、もちろん典型的な結果的加重犯とは言いがたいとしても、危険性説の考え方をあてはめていくことは論理的に不可能ではないと思われる。[(6)]

すなわち、先行する行為の重大な法益侵害発生の危険性が、現実に重大な法益侵害として実現した場合に、累犯加重を認めることとなる。

この議論は、危険性説を踏まえながら常習累犯を「故意ある結果的加重犯（vorsätzliche qualifizierte Delikte）」に類似したものと理解することを通じて、併合罪よりも重い刑を科されている常習累犯の不法内容を解明し、同時に刑の下限の固定に伴って生じる軽微累犯の責任不相応刑の回避要求にも応えようとするものなのである。(7)

さて、以上の考え方は、一見唐突な印象を与えるかもしれない。そこで、これまでの考察を要約して、論旨を整理しよう。

まず確認すべきことは、ここで登場する「責任相応刑」の議論が二種類ある、という点である。つまり、「軽微累犯に対する責任相応刑」と「併合罪との比較における責任相応刑」との二種類の議論である。

すなわち、前者は「累犯行為の結果が相対的に軽微な事例においても、それが重大な場合と同一の刑が常に科せられるのは責任不相応な刑を認めることとなり、責任主義に反する」というものである。ワーグナーが、(a)累犯行為の結果自体が重大な場合と、(b)結果そのものは軽微であっても反復的性格を有する累犯行為の場合との二つの事例に「重大性」を認めることによって、「軽微累犯の責任相応刑」の問題を解決すべきであると主張したのは、この第一の議論と関係している。

したがって、これまでの議論を構成してきた上記の三つの視点（①重い不法、②累犯の本質としての反復性、③併合罪との比較）のうち、①と②とはそれぞれワーグナーの主張した(a)と(b)との事例をふまえており、それゆえ第一の議論、すなわち「軽微累犯に対する責任相応刑」の問題に関わっていることが認められるはずである。

そして、ワーグナーによれば(a)と(b)はいずれか一方が存するならば、累犯行為の重大性は肯定されるのであった(a)の場合は、法益侵害の重大性に相応して当然責任が増大するはずだし、(b)については「反復は刑を重くする」という一般原理あるいは行為者責任の重大性を考えていたと解される）が、量刑規定である四八条の累犯の重大性はこのような場合分けによって併記可能だとしても、わが国の盗犯防止法三条のように「累犯性」が構成要件要素とされている場合には、はじめから「重大性」が類型的に認められるような不法内容を構想しなければならないであろう。「微罪」か「重大事例」かという量的判断を必要とするような累犯構成要件を想定することは不可能ではないにせよ、構成要件判断の安定性は相当程度奪われてしまうし、次にみるもう一つの責任相応刑の議論もそのような構造的把握を要求しているからである。

そしてこの場合、①の視点からの要求である「結果の重大性」と②の視点からの要求である「反復性」とを同時に充足するような犯罪類型を確定しうるならば、そのような犯罪類型は必ず「重大な累犯行為」を把握しているであろう。

なぜならば、ワーグナーの主張では、「結果の重大性」か「反復性」かのいずれか一方を備えるならば、「重大性」の要件は充足されることになるが、両方を兼ね備えた場合には十二分に重大であろうからである。

そして、そのような犯罪類型を確立できるならば、そこで把握される累犯行為の不法内容は定型的に重大なのであるから、重大性についての量的判断は要求されず（もちろん、可罰的違法性の存否に関する判断は、すべての構成要件に共通する一般的なもので、別個の考慮を必要とするのはいうまでもない）、構成要件判断の安定性を損なうという批判も免れうる。

ただし、そのような犯罪類型を確定するためには、第一の責任相応刑に関する議論とは区別されるもう一つの責任相応刑の問題を手掛かりとせざるを得なかった。なぜならば、「反復性」が累犯加重を根拠づけるとしても、ワーグナーの説明は行為者責任に依拠していたので、行為責任主義と合致した議論がなお追求されねばならず、そのヒントが第二の議論、すなわち「併合罪との比較における責任相応刑」の議論のなかに示唆されているからである。

それでは、もう一つの「責任相応刑」の問題はどのような内容を有していたか？

それは「同じ犯罪反復現象である併合罪に解体された場合以上の刑罰を科すのは責任不相応であり、責任主義に反する」という議論であった。

これは、第一の責任相応刑に関する議論とは論理必然的な関連性を有するものではない。前者は累犯行為自体の結果の大小を比較しあう次元の議論であり、後者は累犯行為そのものの結果を含めて、その累犯行為に先行する一定範囲の行為をも累犯構成犯罪と解した場合に、そのように反復的性格を与えられた累犯行為とその数罪に分解された場合で、等しく反復的性格を有する併合罪とを比較対照するレベルの問題なのである。

この問題自体は、ミア・プイクが累犯加重の根拠を前科に依存せず累犯行為の反復的性格に関係づけて説明しようとした場合に生じる疑問として提起していたものであるが、このような客観的数罪に解体された場合以上の刑の重さが本質的争点となって議論が展開されたのは結果的加重犯の領域であり、そこではこの問題の解決のためにいわゆる「危険性説」が唱えられ、今日では通説化しつつある。

そこで、客観的数罪に解体された場合以上に刑が重い、という点で結果的加重犯と共通の状況に置かれた反復性を核心とする累犯行為についても、これを「危険性説」的な不法内容を持つものとして把握したうえで、「責任不相応」の批判を回避すべきである、という主張が導かれたのであった。つまり、この議論は③の視点と関係し、①および②の視点とは直接に関連する性質のものではなかったが、②の視点において累犯行為の本質が「反復性」にあるとされたことによって、第一の議論との関わりを間接的に持つことになったのである。

そして、この危険性説的な不法内容が確定されるべき累犯行為は、①および②の視点からすでに「結果の重大性」と「反復性」との条件を備えることが要求されていることは、前述した通りである。

したがって、結果的加重犯における「基本犯」と「重い結果」とが固有の危険性とその実現という関係に立つべきである、という危険性説の考え方を累犯行為に妥当させるための前提条件はすでに①および②の視点からの議論によって整えられていたことを認めうるのである。

すなわち、「反復性」の要求は「基本犯」に相当する行為と「重い結果」に相当する行為とが確定されることによって充足されよう。そして、ここで想定されている結果的加重犯とは、前述したとおり故意ある結果的加重犯である。また、重い結果に相当する行為が要求されることによって、結果の重大性という①の視点からの要求は、ある程度満たされるであろう。

このようにして、③の視点から導き出された、累犯の危険性説的な把握によって「併合罪よりも重い刑に関する責任相応刑」の問題が解決されると同時に、①および②の視点からの要求である「結果の重大性」と「反復性」とが累犯構成要件に類型的に構造化されることによって、「軽微累犯に対する責任相応刑」の問題も一定程度解決されえたのであった。

ところで、ワーグナーは累犯行為の「重大性」を「非難性条項」という明文上の要件のなかで把握しようという解釈論を展開したが、常習累犯の場合、累犯行為の重大な不法内容、すなわち上述の危険性説的構造の存否は盗犯防止法三条における「常習性」の要件において判断されるべきであろう(8)。

その理由を以下において明らかにしなければならない。

（1）　併合罪加重の法的性格についての研究として、山火正則「現行併合罪規定の成立過程」荘子邦雄先生古稀祝賀『刑事法の

思想と理論』（平成三年）二一五頁以下参照。
（2）瀧川春雄「併合罪と累犯」日本刑法学会（編）『刑法講座四』（昭和三八年）一九三頁は、「数個の犯罪を犯すという点において、両者は似ている」が、「刑罰の体験を無視してさらに罪を犯すということは、それだけ反社会性が強くあらわれていると考えたのであろう。累犯の加重刑に比べて併合罪のそれが単なる数罪倶発として軽いゆえんである」と述べている。これに対して、西原春夫・刑法総論（昭和五二年）四四七頁は、「累犯は、有罪の言渡のみならず刑の執行という国家の司法作用を受けているにもかかわらずふたたび規範に対する侵害を行っているという意味で、併合罪の場合よりもさらに規範的な非難の度合が高い」と説明している。前者は単なる行為者の危険性に関わらせている点で、責任主義の観点から、後者は規範違反の観点を強調している点において、法益保全主義の面から、それぞれ不満が残るであろう。
（3）大場茂馬・刑法総論下巻（大正六年）九八八頁以下。齋藤金作・刑法総論（昭和三〇年）二五七頁では、併合罪も累犯も数罪であり、前者は並立の関係に立つ数罪であり、後者は累次の関係に立つ数罪としている。近年においても、岡野光雄・刑法要説総論（平成一三年）三五九頁は「累犯は、刑の加重に関するものであって、本来の罪数論ではないが、複数の犯罪を犯し、刑が加重される点で併合罪と共通する」と説いている。
（4）佐伯千仭・刑法における違法性の理論（昭和四九年）三四一頁以下。
（5）丸山雅夫・結果的加重犯論（平成二年）四頁、四九頁以下、二八三頁以下。危険性説とは「重い結果発生について固有の類型的な危険性の存在こそ結果的加重犯に特有な不法内容であるとし、そのような危険性が重い結果として現実化している以上は、それが過失的に実現された場合であれ、故意的に実現された場合であれ、結果的加重犯の本質的部分は完全に充足されている」と考える見解であり、結果的加重犯の重罰を正当化すると同時にその妥当な成立範囲を限界づける機能を有すると論じられ、わが国において通説化しつつある。
（6）「重い結果」として「人の死傷」以外のものが規定される場合（わが国の延焼罪やドイツ刑法の自由剥奪罪における「一週間を超える監禁の継続」等）もあるが、このような形態の結果的加重犯を認めることが妥当なのか、といった観点からの検討が必要である、とされている（丸山・前掲書（注5）一二頁以下）。
（7）故意ある結果的加重犯については、拙稿「故意ある結果的加重犯」平成法政研究六巻（平成一四年）二九頁以下参照。
（8）小野清一郎「盗犯防止法三条の常習盗犯と累犯加重」刑事判例評釈集二巻（昭和一七年）一九一頁は、「累犯も、常習犯

も、ひとしく犯罪行為の反復である場合で、刑事政策的に其の刑の加重が要求せられるといふ點で其の性質を同じくするものである」としていることからも窺えるように、累犯・常習犯はともに「犯罪反復性」という共通の性質を有するがゆえに、常習性を累犯加重の成立要件と解することは不可能ではないと思われる。ただ、従来累犯と常習犯が同時に規定されている場合は、「常習犯を認定する有力な手掛かりとしての累犯」というのが両者を規律する関係と考えられがちだったにすぎない（森下忠・刑法改正と刑事政策（昭和三九年）一一一頁以下では、累犯を常習犯の形式的要件として理解している各国の立法例が紹介されている）。

むしろ、常習犯の出発点として、累犯の指導原理の素材となった既述のディゲスタ四八巻一九章二八法文三節ないし同一〇節あるいはカロリナ刑法典一六二条をあげる学説が存する（内田文昭「常習犯と違法性の意識」神奈川法学三四巻二号（平成一三年）一七〜一八頁）点に鑑みるならば、累犯と常習犯は同根と解されさえするのである。

第五節　「常習性」の性格

㈠　行為類型性

累犯行為の不法内容の重大性を常習性の要件のなかにおいて捉えるといっても、常習性は行為自体には影響を及ぼさない「行為者の属性」であり、したがって常習犯は行為者類型なのではないか、という疑問がまず生じるはずである。

そうだとすれば、累犯行為に関する一定の構造を把握するための要件として、常習性を持ち出すことは不適切であろう。

確かに、判例は常習性を一貫して「行為者の属性」と理解しているし、それを支持する学説も有力である。(1) 判例によれば、常習とは「犯罪行為を反復累行する習癖」を意味するのであり、「常習として……犯す」とは一定の犯罪行為の習癖を有する者が、「その習癖の発現として」犯罪行為に出ることを要するのであり、客観的に犯罪行為が反復されただけでは足りないのである。(2) そして、その「習癖」概念につき、従来の判例は「性格的ないし人格的特性（傾向）」としてこれを理解してきたのであった。(3)

したがって、常習犯罪における実行行為の認定の後、改めて常習性の存否について、事実認定が行われるという段取りになるのである。このような考え方を前提とする以上、常習累犯の実行行為の有無の判断を、常習性の要件の中において行うということはできないであろう。

しかし、常習性を「行為の属性」と考えることは可能である。(4) そして、常習性を行為の属性と考えるならば、常習性の存否は、常習累犯行為が存在するか否か、という問題に直結しうるはずである。学説においても、常習性を「行為の属性」と解する立場があって、さらに刑罰加重の根拠をどのように説明するかによって見解が分かれている。たとえば、「常習性を行為の属性と解し、反復して行われた数個の行為が集合して一個の犯罪を構成するものと考えたうえ、その数個の行為のおのおのの個別行為責任が累積して」刑罰が加重されるとする考え方、すなわち、常習性を客観的に把握した上、犯罪行為の累積性に基づく法益侵害の増大とそれにともなう行為責任の増加に重罰の理由を求める見解が注目される。(5)

このような立場によると、一個の犯罪行為だけでは常習犯が成立しないことは明白であり、(6) しかも反復的構造を有する犯罪類型としての常習犯が対象とされることから、常習犯の実行行為の存否がただちに常習性の有無の認定に直結するであろう。

このほかにも、常習性を「行為の属性」と解しつつ、独自の考え方によって常習犯加重の根拠を説明する学説がある。すなわち、「犯行をたえずくりかえす『意思の発現』として具体化された……『行為』は、法秩序に対して重大な脅威を与えるばかりでなしに、法益侵害性（危険性）の面でも、非常習行為とは違った客観的な意味を有し、その限りで強い違法性を示すのである」として、行為の反復によって培われた強い犯罪意思の反映する常習行為は、意思が違えば行為・結果も違ってくるはず、というのが論理の帰結である以上、強い法益侵害性を有する、と論じるものであるが[7]、前述した法益侵害の累積的増大に加重根拠を求めるのではなく、法益侵害の危険性の強さにその根拠を見いだす点に差異がある。

また、常習性を「行為の属性」であると同時に「行為者の属性」でもあると理解する立場からも、常習行為の法益侵害性の強さが指摘されている。

すなわち、「（常習者に対する刑の加重という点については）性格責任論によれば、かれの主体的な人格形成の過程に、それぞれ責任加重の根拠を求めることができよう。ただし、常習性が行為自体の反風俗性に影響を及ぼす面のあることも看過すべきではない。常習者による賭博は、彼の個人的頽廃をより救いがたいものとするばかりではなく、習癖を通じてひろまる社会的悪弊も、一般に単純賭博の比ではないからである。この意味で、常習性は、責任要素であると同時に、じつは違法要素でもある」と述べられているのは、法益侵害の危険性に着眼したものといってよいであろう[8]。

しかし、行為の持つ法益侵害の危険性に関連づけてしまう見解は、法益侵害それ自体の重大性を問題とする契機を喪失せざるを得ないし、また次に述べる「反復性」と結びつく余地がないことから、累犯加重と責任相応刑の問題の解決にとっては適切とはいえないであろう。

(二) 反復性

学説のみならず、そもそも条文自体も「常習として行為する」と規定されており、このような文理からすると「常習」を行為の属性とみる解釈は十分に可能であり、(1) さらに一歩進んで「常習として」の意義を「反復して」と解する途も開かれていると思われる。

判例もまた、「常習として」という文言を「習癖の発現として」という意義において、長年捉えてきているのであるが、このような特殊な主観的要素を経由して「常習性」の意義を理解しなければならない理由は乏しい。現に、昭和五四年のゲーム機賭博の事例においては、「習癖」概念を必ずしも明瞭とはいえない仕方で拡張したことにより、「行為者の属性」から「行為の属性」へと接近した、と評されるに至っているのが判例の現状なのである。(2) 見方を変えると、「常習性」と「営業性」とが実質的に互換性を帯びた概念として理解されているのが、判例の状況であると解しうる。(3)

このような状況が可能となるのも、常習犯と営業犯とがともにいわゆる「集合犯」に属しているためであろう。集合犯の歴史的に形成されてきた特徴は、行為の複数性ないし反復性にあると解されることから、(4) 集合犯たる常習犯にとって本質的な要素は、行為者の習癖であることにも増して、行為の複数性ないし反復性である、と考えられ、さらに条文の規定形式や判例も、そのことを裏付けているのではないか、に窺われる。

このように考察を進めるならば、前述した常習行為の累積的反復という客観的事実に着眼する見解が「累犯行為の重大な不法内容を把握すべき常習性概念」を明らかにするための基軸とならざるを得ないであろう。

そして、このような解釈の方向性は、(常習)累犯の、不法内容の確定を必然的に要請する。すなわち、行為の複数性という要素は、集合犯の本質的性格であるから、(常習)累犯行為の備えるべき不可欠の要素であるが、さらに、不法内容を確定することにより、（常習）累犯の構成要件を明確化して罪刑法定主義の要請に応えるとともに、[5] 漠然とした複数行為の存在だけでは解明されなかった類型的に重大な法益侵害性の構造が説き明かされるはずである。

三　類型的に重大な法益侵害性

学説のなかには、行為者類型に基づく常習犯加重と行為責任の抵触という難点を克服するために、常習性を漠然とした行為者の危険性として把握されがちな犯罪行為への準備状況としての行為者特性としてではなく、「過去に何度か行われた犯罪行為との関連において今回犯行を特徴づける行為特性として把握されるものとなろう。問題は犯人が常習者かどうかではなく、当該犯行が常習行為と呼べるものかどうかということになる」と主張するものがある。[1]

そして、そのように解したうえで、「常習犯加重の根拠としては、犯人の危険性そのものではなく、一連の行為の特殊性が表す、通常のものより高い法益侵害性・違法性が持ち出されることになろう。そして、累犯加重がその客観的要件を潜り抜け、また、犯人の危険性が主観的違法要素と名前を変えて脱法的に入り込まないようにするためには、実際にもたらされる害悪としての違法性が類型的に大きいと思われるものだけが常習犯規定として維持されなければならない」という解釈論の指針が示されるのである。[2]

ここでは、「犯罪の反復的累行」を基礎とした行為類型として常習犯を把握しようという前提が存在するといえよう。

そしてその反復性は、特殊な性格を持つことが認められており、さらに刑罰加重が単なる法益侵害の危険性によって基礎づけられることを許さず（行為者の危険性が脱法的に把握される危険性を回避するためであろう）、現実の害悪すなわち法益侵害の類型的重大性によって正当化されるべきことが主張されるのである。

すなわち、この見解では常習犯の有すべき特徴として、「行為の反復性」、「反復の特殊性」、「法益侵害の類型的重大性」が行為責任の観点から要求されており、私見と軌を一にするのであるが、常習性を構成する行為の個数を漠然と「数個」と考えているために、「反復の特殊性」および「法益侵害の類型的重大性」に関してその内容を具体化できなかったのではなかろうか。集合犯だから「二個以上」の行為を不可欠と解すべき理由はないであろう。(3)

そこで、前述したように、ここにおいて結果的加重犯の危険性説的構造が想定され、先行する重大な法益侵害を発生させる危険性を有する行為とその危険性が直接実現して発生した重い結果行為との「二個」の行為があれば、「行為の複数性」ないし「行為の反復性」の存在を肯定することはぎりぎりで可能であろう。

かようにして、「累犯行為の類型的に重大な不法内容」を常習犯の要件のなかにおいて把握することが可能であることを明らかにしえたと思う。(4)

㈠

（1）　たとえば、大判大正三年五月一八日刑録二〇輯九三二頁は、「犯人ノ一身ニ属スル特殊状態」と判示し、最判昭和二六年八月一日刑集五巻一七〇九頁も「賭博常習者というのは……犯罪者の属性による刑法上の身分である」と認めている。

ただし、判例は当初常習賭博罪における「常習」を行為者の属性と解していなかった。

たとえば、大判大正三年三月一〇日刑録二〇輯二六八頁は、「単ニ他人ノ賭博行為ヲ幇助シタル場合ハ、仮令其幇助者ガ賭博ノ常習アル者ナルトキト雖、常習賭博ノ従犯ヲ以テ論ズベキモノニ非ズ」として単純賭博罪の従犯として論ずべきだと判示している。

そもそも、現行刑法の立法者自身が、常習性の意義について「不断…をすること」と説明し、常習性を行為の属性と理解しうる余地を残していた（拙稿「常習犯に関する一考察」平成法政研究七巻一号（平成一四年）六七頁）し、現行刑法成立直後の学説も「習癖」概念を使用していなかった（磯部四郎・改正刑法正解（明治四〇年）三八一頁、大場茂馬・刑法各論下巻（明治四三年）五〇〇頁等参照）。

常習性を行為者の属性と解する学説としては、板倉宏・刑法総論（平成一六年）二六二頁、植松正・再訂刑法概論Ⅱ各論（昭和五〇年）二二七頁、小野清一郎・新訂刑法講義各論（昭和二五年）一四八頁、岡野光雄・刑法要説総論（平成一三年）一五四頁、川崎一夫・刑法各論（平成一二年）三九一頁、川端博・刑法総論講義（平成七年）一二四頁、吉川経夫・刑法各論（昭和五七年）三三七頁、荘子邦雄・刑法総論〔第三版〕（平成八年）一〇五頁注（2）、団藤重光・刑法綱要各論〔第三版〕（平成二年）三五五頁、西田典之・刑法各論〔第三版〕（平成一七年）三六四頁、日高義博「常習賭博罪の問題点」植松正＝川端博＝曽根威彦＝日高義博（編）『現代刑法論争Ⅱ』（第二版）（平成九年）三二三頁、福田平・全訂刑法各論〔第三版増補版〕（平成一四年）一四〇頁、堀内捷三・刑法各論（平成一五年）二八八頁等がある。なお、野村稔・刑法総論〔補訂版〕（平成一〇年）八八頁、一六六頁注（1）は、常習性を行為者の属性であるとともに、主観的違法要素でもあるとする。

ただ、常習性を「行為者の属性」とする考え方に対しては、正当にも「人格に対する国家の不当な干渉」であるという批判が加えられている（林幹人・刑法各論（平成一一年）四一一頁）。

（2）　たとえば、大判大正三年四月六日刑録二〇輯四六五頁、大判大正五年五月二一日刑録二二輯三〇一頁。盗犯防止法についても同じことが妥当すると判示されている（大判昭和七年八月六日刑集一一巻一一六九頁）。

（3）　谷村允裕「常習犯罪における常習性の認定」判例タイムズ七一一号（平成二年）五五頁。

（4）　常習性を行為の（主観的）属性と解する学説として、内田文昭・刑法各論〔第三版〕（平成八年）五二四頁、大越義久・刑法総論（第三版）（平成一三年）一二四頁、木村光江・刑法〔第二版〕（平成一四年）四二七頁、島伸一「常習賭博罪の加重根拠」内田文昭（編）『争点ノート刑法Ⅱ各論』（改訂版）（平成九年）二〇三頁、曽根威彦・刑法総論（第三版）（平成一二年）一五九頁、内藤謙・刑法講義総論（下）Ⅰ（平成三年）七四〇頁、中山研一・刑法各論（昭和五九年）四七三頁、平野龍一・刑法概説（昭和五二年）二五二頁、前田雅英・刑法各論講義〔第三版〕（平成一一年）四一九頁、山中敬一・刑法各論Ⅱ（平成一六年）六七九頁、吉岡一男「累犯と常習犯」中山研一＝西原春夫＝藤木英雄＝宮澤浩一（編）『現代刑法講座第三巻』（昭和五四年）三一六頁等がある。ただし、常習性を「行為の主観的属性」とする考え方に対しては、常習行為は「結果を含む客観的事情を重要な内容としている」という理由から疑問が投げかけられている（林・前掲書（注1）四一一頁）が、正当と思われる。

客観的違法論・結果無価値論に立つ本稿の基本的立場からは、常習性は、行為の客観的属性で、違法要素という理解を出発点としなくてはならないと思われる。

(5) 中義勝・講述犯罪総論（昭和五五年）一六六頁。

(6) ただし、判例は一回の行為でも常習性を認めている（大判大正四年九月一六日刑録二一輯一三一五頁）。学説もたとえば、中森喜彦・刑法各論〔第二版〕（平成八年）二七三頁が同旨である。

(7) 内田文昭・改訂刑法Ⅰ（総論補正版）（平成九年）一〇〇頁、一七九頁、二二七頁。他に、吉田敏雄「社会の平穏に対する罪」内田文昭（編著）『刑法Ⅱ各論　法学セミナー別冊七七号』（昭和六一年）一四〇頁。なお、内田文昭「常習犯と違法性の意識」神奈川法学三四巻二号（平成一三年）二〇～八二頁では、常習犯が従来明確な法律上の定義づけが行われることがないため、常習犯概念はあいかわらず不明確であるということ、そして心的特性において常習犯が意識されるようになったのは、古くからのことではない、ということ、しかも「人の心の内」はこれを完全に知ることはできないということが肯定されたうえ、なお、諸立法例や学説の成果を前提として、常習犯概念が「累行熟練により、犯罪が『容易で快適な仕事』（フォイエルバッハ）となり、あるいは『うまくいった』ことに『味を占め』（アシャフェンブルク）、その『とりこ』（ヴァールベルク、ボッケルマン）になって、絶えず犯行の『機会を求め続け』（カール）、したがって、犯行決意も『素速く自明のもの』（ドッヒョー、リリエンタール）として生じてくる行為者ないしは、そのような行為者になることを決意した者」と定義づけられる。もちろん、常習犯の加重根拠は、違法性の強烈さにあることは前提とされてはいるが、常習犯の主観的性格を強調したアプローチは、「罰すべきは行為者ではなく、行為である」という原則から遠ざかるように思われる。

また、大谷実・人格責任論の研究（昭和四七年）三七五頁は、「爆発型の精神病者のように、たえず法益侵害への現実的脅威をもつならばともかく、犯罪を反復したからといって、国家権力によって排除されるほどの法益侵害の危険性を有するとは考えられない」として常習犯の法益侵害の危険性の強さに対しては否定的な見解を示している。

さらに、常習行為のもつ違法性の強さを、法益侵害の高度の「危殆化」に関連付ける見解は、いわゆる、「法益保護の早期化・前傾化」の問題（金尚均・危険社会と刑法（平成一三年）一頁以下参照）とパラレルな議論を招くこととなろう。

(8) 小暮得雄「賭博及び富籤に関する罪」団藤重光（編）『注釈刑法（4）』（昭和四〇年）三四二頁。常習性を「行為の属性」であると同時に「行為者の属性」でもあると解するものとして、青柳文雄・刑法通論Ⅰ総論（昭和四〇年）四九九頁、大塚仁・刑法概説（総論・第三版増補版）（平成一七年）一〇四頁、大谷實・新版刑法講義各論〔追補版〕（平成一四年）五三五頁、佐

久間修・刑法講義各論（平成二年）二四二頁、山口厚・刑法各論（平成一五年）五一一頁等がある。

㈡

（1）　小暮得雄「賭博及び富籤に関する罪」団藤重光（編）『注釈刑法（4）』（昭和四〇年）三四二頁。しかし、判例が常習性を習癖と解し「行為者の属性」と捉えるのは、もともと常習犯が端的に行為者の危険性に着眼した概念であったという、立法例や刑法学・犯罪学上の事情を重視するためといえよう（内田文昭「常習犯と違法性の意識」神奈川法学三四巻二号（平成一三年）一七頁以下、吉川経夫・三訂刑法総論（補訂版）（平成八年）三三八頁）。

そして、団藤重光・刑法綱要各論〔第三版〕（平成二年）三五五頁が、「厳密にいえば常習犯人はあっても常習犯というものはない」と指摘するのは、そのことを物語っているのである。

だとするならば、「習癖」という判例によって持ち出された概念に立脚しつつ「常習性は習癖であるから、常習性があるといえるためには、賭博を反復累行することが習慣化していること、あるいは、それが行為者の人格的・性格的性向となっていることが必要であり、その基礎として行為が継続してなされている必要がある。このような常習性は、あくまでも行為者の人格特性であり、これを行為の属性として把握するのは無理であろうといわざるをえない」と主張しても（川端博「賭博罪」阿部純二＝板倉宏＝内田文昭＝香川達夫＝川端博＝曽根威彦（編）『刑法基本講座第六巻』（平成五年）三〇二頁）、結局判例の立場を無批判に前提とする点で問題が残るはずである。

（2）　岩井宜子「常習賭博罪の常習性が認められた事例」警察研究五八巻四号（昭和六二年）五七頁、沼野輝彦「賭博及ビ富籤ニ関スル罪」大谷實（編著）『要説コンメンタール刑法各論（罪）』（平成四年）一八八頁。

ただ、昭和五四年判例（最決昭和五四年一〇月二六日刑集三三巻六号六六五頁）に対する評価としては、単なる事実認定の相違によって一審と二審との間に差異が生じたにすぎず、習癖概念の修正は存しないという見解（日高義博「営業形態による賭博と常習賭博罪」判例評論二五八号（昭和五五年）四九頁）も可能であろうし、習癖概念が人格的ないし性格的傾向のみならず習癖に準ずる一定の意思態度を含みうる方向へと拡張された（渡部保夫・最高裁判所判例解説刑事篇昭和五四年度三〇一頁）と理解することもまた可能であろうが、これらの考え方はなお「行為者の属性」として「常習性」を把握するものであることはいうまでもない。

（3）　大谷實「常習賭博罪の常習性が認められた事例」ジュリスト七四三号（昭和五四年）一八〇頁、岡野光雄・刑法要説各論

〔第四版〕（平成一五年）三〇二頁、亀山継夫「ギャンブル機具の設置と常習賭博罪」研修三一五号（昭和四九年）四三頁、木村栄作「遊戯機の設置による常習賭博」警察学論集二八巻一二号（昭和五〇年）一六二頁、藤岡一郎「常習賭博罪の常習性が認められた事例」産大法学一五巻三号（昭和五六年）一八九頁等。

（4）拙稿「集合犯概念」平成法政研究七巻二号（平成一五年）一四一頁以下。

（5）中山研一・刑法総論（昭和五七年）五六一頁。常習犯の実行行為の不明確さは、特にゲーム機賭博の事例において認定されるべき実行行為の範囲についての見解の分裂となって問題化した。この点につき、川崎一夫「ゲーム機使用の常習賭博罪と没収・追徴」判例評論三〇七号（昭和五九年）五九頁、中野久利「集合犯」刑法の基本判例（昭和六三年）八八頁、能勢弘之「常習賭博罪の罪となるべき事実の程度」ジュリスト八八七号（昭和六二年）一九一頁、松浦恂「常習賭博罪の立証の程度」研修四三七号（昭和五九年）三三頁、森本益之「ゲーム機による賭博の事案における常習賭博罪の成立範囲」判例評論三一六号（昭和六〇年）六七頁参照。

㈢

（1）吉岡一男「累犯と常習犯」中山研一＝西原春夫＝藤木英雄＝宮澤浩一（編）『現代刑法講座第三巻』（昭和五四年）三一六頁。

（2）吉岡・前掲論文（注1）三一六頁。

（3）拙稿「集合犯概念」平成法政研究七巻二号（平成一五年）一四一頁以下。

（4）本説は、結局常習犯を累犯に解消する見解に含まれようが、内田文昭「常習犯と違法性の意識」神奈川法学三四巻二号（平成一三年）二六頁以下においては、常習犯を累犯に解消しようとしたホェーゲェルの議論の検討が行われた結果、常習犯を否定するための累犯概念は極端な考え方であると批判され、結局主観性の強い常習犯概念をベースとする議論へと移行してしまったが、惜しむらくはそれはもっぱら、ドイツの立法例や伝統的な学説に根拠を置くものである。しかし、常習性を違法要素として捉えるとしても、常習性の心的特性に着眼した議論を続ける限り、いずれにせよ不明確な常習性概念に振り回されつづけるほかはないであろう。常習性は心のなかの問題であり、目に見えない事柄に属するという出発点を忘れるべきではない。目に見えない事柄である以上、常習性に関するドイツの歴史的認識にも誤りがないとはいえないからである。

第六節　累犯加重規定解釈の一試論

㈠　常習累犯強窃盗罪の解釈

では、常習累犯窃盗・強盗を危険性説的に理解された「故意ある結果的加重犯」類似のものと解するとしても、そのように捉えられた常習累犯の成否を判断する基準としては、いかなるものが提示されうるのであろうか。(1)

そもそも結果的加重犯とは、立法者によって一定の犯罪から一定の重い結果が発生する類型的な危険性が高度である、という事前的な判断を下された独立の犯罪類型を意味するというのが危険性説の一般理解である。(2)

したがって、常習累犯強窃盗の規定たる盗犯防止法三条を、結果的加重犯に類似した犯罪類型として把握するならば、(3)そこで具体化されるべき行為態様も、一定の重い結果が発生する類型的な危険性が高度であるという性格を備えていることが必要とされるはずである。そして、そのような性格を有する行為類型が模索されるべきである。

しかも、かような事前に判断された高度で類型的な危険性が存在することは、ある犯罪を結果的加重犯として構成することの根拠にすぎず、現実に結果的加重犯を成立せしめるためには、事前に判断されていた危険性が実際に重い結果として実現したものであることが要求されねばならない、という点も危険性説の主張内容であった。したがって、ここで問題とすべき常習累犯の行為態様は、このような事前の類型性判断と蓋然性判断を経ていることと、重い結果が事前に判断されていた固有の危険性の実現であること、という二つの要件を充足していることが求められるであろう。(4)

それゆえ、常習累犯窃盗ないし強盗（結果的加重犯類似のものとして把握された）の成否を判断する基準は、この二つの要件を充足しうるものか否かという観点からその内容が検討されるべきこととなるのである。

まず、結果的加重犯的構造を可能にするような、盗犯防止法三条に規定された構成要件的行為の組合わせであるが、一般には使用窃盗（二三五条）と窃盗（二三五条）および窃盗と強盗（二三六条）の結合が想定されるはずである。しかし、本条は集合犯（常習犯）であり、複数の行為の存在は事前に了承されているはずである。また、使用窃盗については不可罰ではないか、という反論もあろうが、ここで取り上げるのは、可罰的窃盗と限界事例的な関係にある一時的無断使用である。(5)

このほかに、窃盗の減軽類型たる森林窃盗罪（森林法一九七条）と窃盗罪の組み合わせも抽象的には考えられなくもないが、(6)盗犯防止法三条の規定する構成要件的行為は、同二条に掲げた「刑法各条ノ罪又ハ其ノ未遂罪」に限定されており、それを超えて刑法上の犯罪にすら当たらない森林窃盗罪を盗犯防止法三条の実行行為と解することは明文の準用規定が存しないかぎり、罰刑法定主義に反するであろう。(7)

ちなみに、利益窃盗は不可罰であるから、通常の窃盗よりも違法性が類型的に小さいのではないか、従って利益窃盗と通常の窃盗との組み合わせも考えうるのではないか、という疑問もありえようが、そもそも刑法上不可罰の利益窃盗を盗犯防止法三条の構成要件的行為と解することは不合理であるし、明文の規定もなく窃盗罪の加重類型である盗犯防止法三条の実行行為とすることは、やはり罪刑法定主義に反するであろう。(8)

したがって、上述した形態（使用窃盗と窃盗、窃盗と強盗）のみが盗犯防止法三条の実行行為たりうるはずである。すなわち、具体的にはたとえば、(1)使用窃盗中の窃盗として、甲所有の自動車を一時無断使用して、その間に路上を走行中の被害者乙からハンドバックをひったくった後、(9)直ちに自動車を甲に返還した事例、(2)窃盗と強盗の組み合わせとして、甲刃物店から万引きした包丁を用いて、ただちに隣接する乙商店に対して強盗をはたらく事例、(3)やはり窃盗と強盗の結合として、夜間、甲商店に対して侵入強盗を敢行したAは、そこで、甲商店所有の財物を窃取した途端に、店員乙に発見されたので居直って、乙から乙所有の金品を強取した事例[10]などが考えられる。そして、これらの事例においては結果的加重犯に於ける危険性説の判断を以下のように適用すべきである。

a. 危険性説は、危険性を二段階で判断する。[11] すなわち、第一段階は、基本犯の中に重い結果発生についての固有の危険性が存在していることを、結果的加重犯の立法根拠として重視し、当該行為がかような立法根拠としての危険性の程度に達していたか否かという判断である。この判断は、類型的な事前判断に基づいた危険性の存否を問うものであり、重い結果とされている事実が発生している以上、多くの場合に肯定されることになる、と解されている。

次に、第二段階は、基本犯に内在する固有の危険性が重い結果として実現した場合に、結果的加重犯の成立を認めるという判断であり、被害者や第三者の行為介入があった場合等が問題となるのである。[12]

そこで、このような危険性判断を常習累犯強窃盗罪に適用する場合には、人の死傷を重い結果として考える典型的な結果的加重犯の場合と比較すると、財産犯であることに起因する差異が生じることは避けられない、という点を注意すべきであろう。

すなわち、一時窃盗が窃盗に至る場合と、傷害が致死結果をもたらす場合とを比べると確かに発生頻度において後者のほうが相対的には高い、ということは経験則の教えるところかも知れないが、それはあくまでも相対的な差異であって、絶対的なものではない。さらにまた、「先行行為に固有の危険が重い結果として実現した」という観点からの判断においては、上述の性格上の相違から一定の緩和を免れないであろうが、それは危険性判断の適用を根本的に無効とする様なものではない。

では、具体的には危険性判断はどのように常習累犯強窃盗罪に適用されることになるのであろうか。以下においては、前述して事例に即して考察してみたいと思う。

b．まず「使用窃盗中の窃盗」の事例について検討する。危険性判断の第一段階は既に述べた通り、基本犯の中に重い結果発生についての固有の危険性が存しているか否かを問うことであったが、この判断は類型的な事前判断である。

そこで、使用窃盗、すなわち一時的な無断使用に、重い結果として想定した通常の窃盗に至る類型的な危険性を認めうるか、が問題となるが、一時的に他人の所有物（特に乗物）を無断で借用に及んだ場合、それが時間的・場所的な近接性を伴った別の窃盗行為の手段として利用されることは必ずしも稀ではない。(13)

したがって、第一段階の危険性判断は、通常肯定されてよいと解される。

次に、危険性判断の第二段階である。具体的には、第三者や行為者自身の行為介入が問題となるが、結果的加重犯に関する典型例を挙げると、たとえば、「行為者が一定の傷害を与えただけで満足して、それ以上の行為に出ようとしていないにもかかわらず、被害者は逃げだして死亡したような場合や負傷後の医師の不適切な対応によって被害者が死亡したような場合」である。(14)

さて、使用窃盗の形態から窃盗が発生するような事例においては、窃盗の被害者自身の介入によって使用窃盗が窃盗に至ったというケースは考えにくい。

ただ、第三者の介入によって窃盗に至った場合は想定できないことはない。たとえば、当初単なるドライブ目的で他人の自動車を無断使用したが、走行後まもなく路上で某悪友と遭遇して同乗させ、彼の主導によって急遽

「ひったくり」目的に変わり、現にひったくり犯した場合は、当初の使用窃盗の危険から窃盗が現実化したとは評価できないであろう。それゆえ、この事例は使用窃盗（窃盗罪として可罰的とされた場合であるが）とひったくり（窃盗罪が成立した場合）とが併合罪の関係に立つこととなろう。

さらに、この危険性判断の第二段階においては、通常の結果的加重犯の場合、基本犯の「機会」に重い結果が発生したのは確かであるが、それが基本犯の行為に内在する固有の危険性とは無関係に生じたと解される事例に関しては、危険性の実現とはいえないことから結果的加重犯としての処断は否定されるべきである、という議論が存する。(15) ところで、このような議論は常習累犯強窃盗罪の場合、どのような形で現れるであろうか。

思うに、当初やはりドライブ目的で無断使用に及んだものの、走行後相当の時間と場所の隔たりを生じた時点において、たまたま所持金の持ち合わせが皆無なのに気付いて、前方を走行中の被害者が肩から掛けているバックをひったくってやろうという犯意をにわかに催し、犯行に出たような事例が該当するであろう。

この場合は、使用窃盗の機会に偶発的に「ひったくり」という窃盗行為が発生したに過ぎず、他人の自動車の一時的な無断使用行為の中にひそむ次なる窃盗への第一段階という意味での危険性が実現したとは評価できないであろう。従って、この事例も　やはり、二つの窃盗の併合罪となるはずである。

c．万引きした包丁を用いて、隣接する商店へ強盗をはたらいた場合はどうか。

持凶器強盗という犯罪類型はすでに旧刑法時代（三七九条二項）から存在するし、軽犯罪法一条二項は、正当な理由のない凶器を携帯する行為を処理しているが、これらの事実は、包丁の万引きという窃盗行為の中に存する窃盗への類型的危険性を肯定させるはずである。(16)

かようにして、危険性判断の第一段階はおおむね積極的に解されると思われるが、では第二段階はどうであろうか。

この事例においても、第三者・被害者の介入が問題となりうるが、被害者の介入により強盗の結果が発生するという現実的ケースは、想像が困難であるものの（もちろん、事実は小説より奇なり、というから絶無であるまい）、第三者の行為の介入という事態の想定は比較的容易である。

すなわち、例えば当初は単に包丁が欲しくて万引きしたが、帰宅途中の路上で万引きを目撃していた見知らぬ男に誘われて、銀行強盗を手伝ったような事例がそれである。このような場合には、窃盗行為の含む強盗への固有の危険性が実現したとはいいがたいであろう。また、使用窃盗の事例同様、ここでも窃盗の「機会」における強盗の場合が問題となる。

例えば、包丁を万引きして帰宅する途中、帰路に存する商店の中に人気がないことが路上から窺われたので、試しに中に入ってみると、なぜか店員も客も一人もいなかったことから、商店内にあった金品を窃取して立ち去ろうとしたところ、突如入口に店員が現れたため、逮捕を免れる目的でその店員を所携の包丁で脅しつけて逃走したような事例である。これは、一見包丁の万引き（窃盗）と事後強盗との組み合わせであるが、包丁の万引きに固有の危険性が実現したというよりも、そのような危険性とは無関係に偶然窃盗をした機会に事後強盗が行われたにすぎない場合であろう。

したがって、窃盗罪と強盗罪の併合罪が成立する。

d. では、夜間商店に忍び込んで店内の商品を窃取したところで、店員に見つかったので、その店員に脅迫を加えて所持金等を奪った場合はどうであろうか。

夜間の住居浸入は窃盗に内在する強盗への類型的危険性を肯定することは、容易であろう。盗犯防止法二条が、夜間住居浸入窃盗を加重処罰していることは、このような類型危険性をものがたっているものといえる。[17]すなわち、危険性判断で問題なのはやはり第一段階よりも、むしろ第二段階であるといえよう。ここでも、被害者・第三者の行為介入が問題となる。

たとえば、窃盗の既遂後、逃走しようとする行為者に向かって、店員が罵声を浴びせて挑発したことから激情に駆られた行為者が引き返してきて、店員から財物を強奪して再度逃走したような事例では、当初の窃盗に内在していた強盗への危険性が一旦消滅した後、被害者の挑発行為によりあらためて強盗が生じたと評価すべきである。

また、窃盗の既遂後、ただちに逃走したのに、途中で偶然同時に窃盗のために忍び込んでいた泥棒仲間に激励されて、あらためて一緒に店員に対する強盗の手伝いをしてしまったような事例も、当初の窃盗に内在する強盗への危険性は、逃走と仲間との共同行為の発生によって一旦失われた、と解すべきであろう。

かようにして、危険性判断の第二段階では、被害者・第三者の行為が介入して窃盗の危険性が強盗に実現したとは評しえない事例が認められるが、このような場合には窃盗と強盗の併合罪となると解すべきである。

さらに、窃盗の機会に強盗を生じたというケースは、商店への夜間窃盗という時間的・場所的に限定された条件のなかにおけるものであるだけに、通常夜間侵入窃盗に際して、店員への強盗が発生した場合には、（夜間住居侵入）窃盗に内在する固有の危険性が実現した、という評価が可能となるであろう。

e．以上が、危険性説の具体的適用例であるが、その基礎となっているのは、屡述したとおり、結果的加重犯における危険性説ないし、そこでいう「高度で類型的な危険性の現実化」を個別的事案ごとに具体化した直接性（Unmittelbarkeit）の要件である。

そして、そこでの判断は前述したように、(1)基本犯の中に重い結果発生について固有の危険性が存在しているか（この関係では、基本犯の未遂的形態から重い結果が発生した場合等が問題となるが、重い結果が発生している以上、多くの場合に肯定されることになろう）、(2)基本犯に内在する固有の危険性が重い結果として実現しているか（主として、被害者・第三者の行為介入があった場合、基本犯の機会に重い結果が発生した場合等に問題を生じる）、という二段階から成り立っている。ただ、直接性の要件は経験的な判断方法に頼らざるを得ないため、具体的な判断基準を提示するまでには至らず、したがって統一的な要件として機能しえないのではないか、という批判を受けてはいるが、一定の結論は引き出されているほか、判例の集積による解決も期待されている。(18)

ここで、検討された具体的適用例も、そのような危険性説・直接性要件に関する議論を土台としており、そこで追求された客観的帰責の限定基準は、従来の「習癖」という主観的概念をめぐって展開される限定解釈の基準(19)よりは相当に明確で類型的な性格を持ちうると思われるし、何よりも、本質的に行為責任論に立脚している点については、いくら強調しても強調しすぎることはない。(20)

(二)　累犯加重規定の解釈

さて、責任主義の観点から行われる刑法五六条の限定解釈もまた、基本的には前記の常習累犯強窃盗罪のそれと同様の構造を持っている。(1)すなわち、故意ある結果的加重犯の基本犯部分と重い結果に相応する部分とは、危険性説的に結合して、一個の反復構造を構成している場合に、そこに累犯の本質的構造の存在を肯定したうえで、刑罰の加重を認めることができるはずである。

では、その意味で累犯加重が認められるのは、どのような場合であろうか。

典型的なのは、外形上併合罪や牽連犯にも擬せられうるような形態の犯罪で起訴されている場合であろう。すなわち、牽連犯の場合、その成立には「数罪間に罪質上通例その一方が他方の手段又は結果となる関係」としての抽象的牽連性と「具体的に犯人がかかる関係においてその数罪を実行した場合」としての具体的牽連性とが必要とされるが、(2)前者の性質は、まさしく危険性判断の第一段階において、すなわち基本犯の中に重い結果発生についての固有の危険性が存在しているか否かを問う際に、かかる危険性の存在を肯定させる根拠といってよかろう。

ただし、具体的牽連性が存在する場合には、行為者の目的意思により一方の犯罪から他方の犯罪が生じる危険性が限りなく高まり、いわば「重い結果が生じる危険性」が「重い結果の発生は、当然といってよい」という状態へと発展し、結局、重い結果に該当する後続犯罪の期待可能性が低下することにより、先行する犯罪（基本犯該当部分）と後続犯罪（重い結果該当部分）の結合した全体についての可罰性が、累犯加重を正当化するほどには増加しないということとなる。

したがって、牽連犯的事例の場合は、抽象的牽連性のみが、重い結果発生の固有の危険性、すなわち累犯加重を根拠づけるであろう。

そして、危険性判断の第二段階において、基本犯に該当する行為に内在する固有の危険性とは、無関係に生じた事例を除外する点については、常習累犯強窃盗罪に関して論じたところと異ならず、被害者・第三者の介入問題を考慮すればよい。(3)

また、併合罪も牽連犯との区別がしばしば問題となる点に鑑みて、牽連犯同様、先行犯罪と後続犯罪との間に固有の危険性とその実現という関係を認めうるかどうか、という判断の対象とすることができると思われる。

すなわち、二個の行為の間に牽連関係、吸収関係、包括一罪の各関係が認められない場合で、しかも、先行行為に内在する固有の危険性が後続行為として生じた、という関係がある場合には、単純な併合罪ではなく、累犯加重の対象となる数罪と解すべきであり、そのような関係が認められない数罪が、併合罪として考慮されるべきである。この判断方式は、刑法七二条で規定された累犯と併合罪との判断順序とも矛盾しない。

かようにして、刑法五六条の累犯加重については、牽連犯や併合罪となりうる二個の犯罪で、しかも後続犯罪の法定刑が先行犯罪のそれよりも重い事例が、危険性判断の対象となりうると考えられる。そして、そのような犯罪の反復形態の主要なものを、判例に現れた事例にかんがみて列挙するならば、たとえば以下のとおりである。

①住居侵入罪→現住建造物放火罪(4)
②建造物侵入罪→非現住建造物放火罪(5)
③建造物侵入罪→建造物以外放火罪(6)
④住居侵入罪→強姦罪(7)
⑤住居侵入罪→殺人罪(8)
⑥住居侵入罪→傷害罪(9)
⑦住居侵入罪→逮捕監禁罪(10)
⑧住居侵入罪→窃盗罪(11)
⑨住居侵入罪→強盗罪(12)
⑩私文書偽造罪→公文書偽造罪(13)
⑪放火罪→殺人罪(14)

⑫監禁罪→恐喝罪(15)
⑬業務妨害罪→恐喝罪(16)
⑭放火罪→詐欺罪(17)
⑮公正証書原本不実記載罪→詐欺罪(18)
⑯賭博罪→賭博場開帳図利罪(19)
⑰逮捕監禁罪→強制わいせつ罪(20)
⑱監禁罪→傷害罪(21)
⑲監禁罪→強盗罪(22)
⑳背任罪→横領罪(23)
㉑横領罪→有価証券偽造罪(24)
㉒公用文書毀棄罪→公文書偽造罪(25)
㉓凶器準備集合罪→公務執行妨害罪(26)
㉔堕胎罪→殺人罪(27)
㉕身代金目的誘拐罪→殺人罪(28)

これらの形態は判例上、併合罪か牽連犯かのいずれかを肯定した事例であり、危険性判断の対象となりうる資格を有すると解される（もちろん、各判示された具体的事実が、ただちに本稿で理解された累犯加重として適切な事例とは限らない）。これらの犯罪の組み合わせが、訴因として掲げられている場合に、危険性判断が下されることとなるが（本稿では、その具体的判断は個別的に行わないが、基本的には常習累犯強窃盗罪について示されたのと同種の判断が行われるといってよい）、判例上牽連犯であることにほぼ異議のない形態については、直ちに前述した危険性判断の第二段階に進みうるはずであるが、必ずしも牽連犯という見方の固定していない類型については、まず先行犯罪に固有の危険性が内在するか、という第一段階の判断を行わなくてはならないであろう。

㈠

（1）「故意ある結果的加重犯」を認めるかどうかは深刻な問題であるといわれ、それを認めると結果的加重犯概念が複雑化する、という難点が指摘されている（丸山雅夫「結果的加重犯の加重根拠」阿部純二＝板倉宏＝内田文昭＝香川達夫＝川端博＝曽根威彦（編）『刑法基本講座第二巻』（平成六年）一三六頁、同「結果的加重犯」井田良＝丸山雅夫『ケーススタディ刑法〔第二版〕』（平成一六年）一五五頁。わが国における学説の変遷・現況については、拙稿「故意ある結果的加重犯」平成法政研究六巻二号（平成一四年）二九頁以下参照）。

（2）丸山・前掲書（注1）一四二頁。

（3）盗犯防止法三条の規定形式は、必ずしも、結果的加重犯の外形を有していないが、同条は常習犯、すなわち集合犯であることから、構成要件が複数の行為（Handlung）により、つまり結果的加重犯的な結合性を有する二個の行為により成立している、と解釈することは、そもそも許容されないものではなかろう。

なお、従来の常習累犯強窃盗罪に関する構成要件解釈については、松宮崇「常習累犯窃盗の構成要件」研修四四七号（昭和六〇年）三五頁以下、小島吉晴「常習累犯窃盗罪の成否について」研修五〇八号（平成二年）五三頁以下、八木宏幸「常習累犯窃盗の実質的要件」研修五七七号（平成八年）七五頁以下、瀬戸毅「刑法二四〇条の強盗致傷罪が常習累犯窃盗罪の受刑前科に当たるとした事例」研修五八七号（平成九年）一一頁以下、佐々木善三「窃盗等の防止及び処分に関する法律（六）」研修六一五号（平成一一年）一〇三頁以下等参照。

（4）丸山・前掲書（注1）一四四頁。

（5）使用窃盗（Gebrauchsdiebstahl）とは、使用後に返還する意思で他人の財物を無断で自己の支配下に移す行為であり、判例・通説は、一般論では、「権利者排除」の意思を欠けば、不法領得の意思がないから窃盗ではないとする（小田直樹「使用窃盗」三井誠＝町野朔＝曽根威彦＝中森喜彦＝吉岡一男＝西田典之（編）『刑事法辞典』（平成一五年）四二一頁）が、改正刑法草案では、その三二二条において自動車等の一時使用に関する規定を置き、窃盗罪（三二〇条→一〇年以下の懲役）より軽く（三年以下の懲役、一〇万円以下の罰金または拘留）処罰し、ドイツにおいても、刑法二四八条bが自動車・自転車等の無権限利用を単純窃盗（二四二条→五年以下の自由刑または罰金）よりも軽く（三年以下の自由刑または罰金）処罰している。

（6）阿部純二「森林窃盗と刑法二四二条」ジュリスト六四二号（昭和五二年）一六六頁。森林窃盗が、普通の窃盗よりも法定刑が軽い理由は、占有形態がゆるやかで侵入しやすく盗みやすいこと、森林の産物の財産的価値が比較的軽いことに求められる（阿部純二「窃盗の罪」福田平＝大塚仁＝宮沢浩一＝小暮得雄＝大谷実（編）『刑法（4）』（昭和五二年）四一頁。

（7）最決昭和五二年三月二五日刑集三一巻二号九七頁は、刑法二四二条が、同法三六章の窃盗及び強盗の罪の処罰範囲を拡張する例外規定であり、この規定を森林窃盗罪にも準用する明文の規定がないにもかかわらず、森林窃盗罪に適用することは、罰刑法定主義の原則に照らして許されない旨判示している。盗犯防止法は、窃盗・強盗の拡張的処罰とはいえないであろうが、加重類型であることは確かであるから、やはり明文の規定がなければ、森林窃盗罪を取り込むことはできないと思われる。

（8）仮に利益窃盗罪が窃盗罪の減軽類型として規定されているとすれば、侵入窃盗の目的としている家に、金属片を投入して公衆電話から電話をかけて虚偽の情報を伝えて家人を追い出した後、空き巣に入って財物を窃取するような場合が、その具体例といえようか（自動設備の不正利用が詐欺罪にあたるのか、窃盗罪を構成するのかという点につき、下村康正「自動現金支払機と詐欺罪の成否」研修四一二号（昭和五七年）三頁以下を参照）。

（9）いわゆる「ひったくり」行為は、事情により窃盗にも強盗にもなりうる（名和鐵郎「ひったくり行為」刑法判例百選Ⅱ各論（昭和五三年）一五七頁等参照）。

（10）このような事例は、本来窃盗と強盗の合併罪になるであろう（香川達夫「包括的一罪」総合判例研究叢書（一三）（昭和三四年）六七頁）。なお、窃盗犯人が窃盗既遂後、さらに同一家屋内において強盗をはたらいた場合、これを強盗罪の包括一罪とみる判例（大判明治四三年一月二五日刑録一六輯三四頁）と、強盗罪と窃盗罪との併合罪とする判例（最決昭和三二年三月五日刑集一一巻三号九八九頁）との双方がある。

（11）丸山雅夫・結果的加重犯論（平成二年）二一一頁。

（12）なお、注意しなければならないのは、ここで「被害者・第三者の介入」という概念が登場するとはいえ、直ちに相当因果関係論一般の問題には直結しないという点である。すなわち、危険性説は、確かに因果関係における相当因果関係が構成要件要素の一つとして機能することを明らかにしたエンギッシュによって、理論的背景が与えられてはいるが、構成要件論としての危険性説と因果関係論としての相当性説とは必ずしも論理必然の関係ではないのである（丸山・前掲書（注1）一四一頁）。

(13)　判例のなかには、他人の自転車を一時借用して、強姦の被害者の家まで乗って行き、強姦未遂で逮捕された事例がある（京都地判昭和五一年一二月一七日判時八四七号一一二頁）。

(14)　丸山・前掲書（注1）二一一頁

(15)　丸山・前掲書（注1）二一二頁

(16)　軽犯罪法一条二号における「凶器携帯罪」の立法趣旨は、凶器を隠して携帯することが、人の生命・身体に危害を加える犯罪（殺人・傷害・強盗など）に発展する危険性があるので、そのような犯罪の発生を未然に防止するために、その前段階の凶器携帯行為自体を処罰対象としたもの、と解されている（伊藤榮樹「軽犯罪法」伊藤榮樹＝小野慶二＝荘子邦雄（編）『注釈特別刑法第二巻』（昭和五七年）一八頁、稲田輝明「軽犯罪法」平野龍一＝佐々木史朗＝藤永幸治（編）『注解特別刑法七』（昭和五七年）三二頁等）。

(17)　およそ、窃盗が強盗へと移行しやすいことは、いわゆる「居直り強盗」という概念が存在することに鑑みれば、常識と化しているといえよう（なお、香川達夫「居直り強盗」学習院大学法学部研究年報二五（平成二年）三頁では、居直り強盗を五つの類型にまとめている。）

(18)　丸山・前掲書（注1）二一〇頁。

(19)　盗犯防止法三条は、従来前科性としての累犯性よりも、むしろ常習性を基本とする加重的構成要件と解されてきた、といえよう（坂本武志・最高裁判所判例解説刑事篇昭和四四年度二二三頁、平本喜録「窃盗ノ防止及処分ニ関スル法律三条の意義」研修三七九号（昭和五五年）七八頁等）。そして、その場合一般に、常習性とは「習癖」（性格的ないし人格的な特性・傾向）と理解されてきたのであるが（谷村允裕「常習犯罪における常習性の認定」判例タイムズ七一一号（平成二年）五五頁）、このような意味での常習性の認定基準ないし認定資料に関する判例理論の内容・変遷については、拙稿「常習累犯窃盗罪における『常習性』」渡部保夫先生古稀記念『誤判救済と刑事司法の課題』（平成一二年）五四七頁以下を参照。

(20)　井田良「量刑理論と量刑事情」現代刑事法二一号（平成一三年）四三頁注（8）では、行為責任の観点から累犯加重の限定解釈を再検討する必要性が指摘されている。

(二)

(1) ただし、刑法五六条の累犯加重規定の法的効果は、刑の下限を固定する盗犯防止法三条のそれと異なり、刑の上限倍加にすぎず、具体的な宣告刑算出の過程において責任主義との調和をはかることが可能である、という考え方も可能であろう。
しかしながら、本稿においては最終的に上限の加重もそれが責任不相応であれば、一般人に与える法不信感という点において、下限の加重と異なるところはなく、宣告刑形成に際しての裁判官の良識に委ねるという考え方は、消極的に過ぎ、責任不相応刑の問題は上限加重であり下限加重であれ、抽象的理論としては全く同一である、という点を強調したい（中谷瑾子「強盗殺人罪の未遂」刑法判例百選Ⅱ各論（昭和五三年）一六六頁）。それゆえ、盗犯防止法三条の解釈において示した本稿の見解を刑法五六条に関しても貫きたい。浅田和茂・刑法総論（平成一七年）五〇八頁は、累犯加重の根拠を違法性の増大に求める考え方は、一律に形式的要件のみで刑を加重する現行法の規定に合致しない、とする。

(2) 最判昭和二四年一二月二一日刑集三巻一二号二〇四八頁等。

(3) 牽連犯の刑の確定は累犯加重判断に先行する（大判明治四二年三月二五日刑録一五輯三二八頁）。

(4) 大判明治四三年二月二八日刑録一六輯三四九頁。

(5) 大判昭和五年一一月二二日刑集九巻八二三頁等。

(6) 東京高判昭和四六年三月八日東時二二巻三号九頁。

(7) 大判明治四四年五月二三日刑録一七輯九五三頁等。

(8) 大判明治四三年六月一七日刑録一六輯一二二〇頁。

(9) 大判明治四三年八月三〇日刑録一六輯一四八五頁等。

(10) 東京地判昭和五三年三月六日判時九一五号一三〇頁等。

(11) 大判明治四五年五月二三日刑録一八輯六五八頁等。

(12) 大判大正一一年一〇月二七日刑集一巻五九三頁。

(13) 大判昭和二年一一月一日刑集六巻四〇七頁。

(14) 大判昭和七年六月二〇日新聞三四四三号。

(15) 大判明治四三年一〇月一〇日刑録一六輯一六五一頁。
(16) 大判大正二年一一月五日刑録一九巻一一一四頁。
(17) 大判昭和五年一二月一二日刑集九巻八九三頁。
(18) 大判明治四二年一一月一一日刑録一五輯一五六六頁。
(19) 大判明治四四年二月二三日刑録一七輯一六二頁等。
(20) 福岡高那覇支判昭和五九年一〇月二五日判時一一七六号一六〇頁。
(21) 最決昭和四三年九月一七日刑集二二巻九号八五三頁。
(22) 東京高判昭和三七年一二月二六日下集四巻一一＝一二号一〇一二頁。
(23) 大判大正一五年二月八日刑集五巻二六頁。
(24) 東京高判昭和三八年七月二五日高集一六巻六号四六一頁。
(25) 大判明治四五年七月二六日刑録一八輯一一〇七頁。
(26) 東京高判昭和四四年一二月二二日東時二〇巻一二号二七五頁。
(27) 大判大正一一年一一月二八日刑集一巻七〇五頁。
(28) 仙台高判昭和四一年一〇月一八日下集八巻一〇号一三一三頁。

〈著者紹介〉

中島広樹（なかじま・ひろき）

1958年　滝川市に生まれる

1995年　北海道大学大学院法学研究科（修士・博士）課程修了

現　在　大宮法科大学院大学教授・法学博士

累犯加重の研究

2005（平成17）年8月15日　初版第1刷発行

著　者　中　島　広　樹

発行者　今　井　　貴
　　　　渡　辺　左　近

発行所　信山社出版株式会社

〔〒113-0033〕東京都文京区本郷6-2-9-102

電話　03（3818）1019

FAX　03（3818）0344

Printed in Japan.

印刷・製本／亜細亜印刷・大三製本

ISBN4-7972-2299-9 C3332